章开沅先生，铜版画，2015，

2013年湖北省学术著作出版专项资金资助项目

章开沅文集

章开沅/著

【第四卷】

華中師範大學出版社

新出图证（鄂）字 10 号

图书在版编目（CIP）数据

章开沅文集　第四卷/章开沅著. —武汉：华中师范大学出版社，2015.7
（章开沅文集）
ISBN 978-7-5622-6940-3

Ⅰ. ①章…　Ⅱ. ①章…　Ⅲ. ①章开沅－文集　②中国历史－文集
Ⅳ. ①K207-53

中国版本图书馆 CIP 数据核字（2015）第 066478 号

章开沅文集　第四卷

© 章开沅　著

责任编辑：古　沁　　责任校对：罗　艺
编辑室：学术出版中心　　封面设计：甘　英　胡　灿
出版发行：华中师范大学出版社　　电话：027—67863220
社址：湖北省武汉市洪山区珞喻路 152 号　　邮编：430079
电话：027—67863040（发行部）　027—67861321（邮购）
传真：027—67863291
网址：http://www.ccnupress.com　　电子信箱：hscbs@public.wh.hb.cn
印刷：湖北恒泰印务有限公司　　督印：章光琼
字数：408 千字　　印张：27.5
开本：710mm×1000mm　1/16　　版次：2015 年 7 月第 1 版
定价：83.00 元　　印次：2015 年 7 月第 1 次印刷

欢迎上网查询、购书

走出老宅

1937 年初冬，摄于芜湖老宅。

章开沅出生在安徽芜湖青弋江边这所老宅内。抗战爆发后，芜湖形势危急，章开沅随父母逃难到四川，离开老宅前在大门口摄影留念。前排右三为章开沅。此行入川八年，从此走出老宅。

求学“金陵”

1947年秋，金陵大学历史系部分师生合影于美籍教师贝德士住宅前。一排左二：王绳祖，二排左三：陈恭禄，二排左四：贝德士，二排右一：章开沅。

昙华林忆旧

2004 年 6 月，章开沅与夫人黄怀玉摄于华师老校区昙华林。这是章开沅夫妇工作多年的地方，章开沅的中国近代史教研室、黄怀玉的世界古代史及中世纪史教研室都在此楼一层。钱基博先生捐建的文物陈列室亦在其侧。

故里寻根

2012年6月，全家湖州留影。章开沅的祖籍是浙江吴兴(今湖州市)菱湖镇荻港村。回湖州寻根问祖是家人多年的愿望。章先生右边是大女儿章明明、女婿董黎、外孙女董昕及其男友于秉彝；章夫人左边是小女儿章雪梅、外孙女陈乐章、女婿陈迎新。

出任院长

1983年底，章开沅被群众推举、国务院任命就任华中师范学院院长。

1984年，与党委书记高原（左）共商校务。

走向世界

1986年3月，章开沅与美国孟菲斯大学校长（前排右）在华中师范大学互签交流协议留影。后排右起：邓宗琦、王庆生、孟菲斯大学外事负责人及王秋来、杨庆德。

组织校友总会

1988年10月，华中师范大学校友总会成立，章开沅致辞。前排右二为老领导刘介愚。

相约桂子山

1995 年 10 月，章开沅与部分弟子合影。1995 年华中师范大学历史研究所举办建所十五周年庆典，海内外弟子纷纷回到母校，相聚一堂，章开沅颇感欣慰。前排左起：乐正、马敏、赵军、章开沅、莫世祥、马小泉、周洪宇；二排左起：宋亚平、郭国灿、桑兵、王杰、张富强、虞和平；后排左起：林济、高钟、郑焱。

为工友祝寿

1986 年冬，章开沅与华中师范大学绿化组姚水印老师傅（右）合影。以姚水印师傅为代表的绿化组几十年勤奋工作，努力创新，为把华师建设成花园式学校立下了汗马功劳。学校领导聘请姚师傅为生物系讲师，并为他隆重庆祝六十大寿。

寄语新生

2004 年 9 月，章开沅为新生作“寄语新同学”讲演后，在党委副书记何祥林陪同下步出会场。近十年来，几乎每年他都要为入学新生作一次演讲。他的演讲成为新生大学阶段的第一堂课。

为"辛亥"立传

1976 年，人民出版社编辑林言椒力邀章开沅出面组织撰写一部多卷本《辛亥革命史》，以填补国内外学术界空白。章开沅先后邀请隗瀛涛、吴雁南、刘望龄、肖致治、王天奖、冯祖贻、林家有等多名学者参与其事，又请林增平共同担纲主编。

1977 年，贵阳会议后，编写组部分成员在游龙宫洞时合影。左起：吴雁南、林增平、隗瀛涛、章开沅。

经过编写组三年的共同努力，120 万字的三卷本《辛亥革命史》终于问世。宋庆龄先生应章开沅之恳请，为此书题写了书名。

两岸盛会

1982 年 4 月，中国大陆代表团出席芝加哥亚洲学会的年会后，部分团员在华盛顿美国国会前合影。左起：章开沅、陈德仁（翻译）、胡绳（领队）、美中友协代表、李宗一。

台湾方面出席的学者有：秦孝仪（领队）、张玉法、李云汉、张忠栋、林明德等。这是新中国成立后两岸史学家第一次坐在一起开会，会场爆满。章开沅与台湾的张玉法被分别指定为答辩人，讨论辛亥革命的性质，争论非常激烈。两人从此成为好友。

反思"辛亥百年"

2011 年 7 月，章开沅在北京国家图书馆演讲。

为南京大屠杀取证

1998年5月，摄于美国耶鲁大学神学院档案馆。此馆藏有1937年12月南京沦陷后南京安全区国际委员会档案全宗，此乃日军侵华、进行南京大屠杀滔天罪行的铁证。章开沅在金陵大学的业师贝德士是该会的创建人之一，而且是最后一任主席。这一批重要历史文献由贝德士带回美国。

会师东京

1997年12月13日，摄于日本东京，右为翻译。世界南京大屠杀研究者云集东京，共同纪念惨案六十周年。章开沅为此会作主题演讲，他列出如山铁证，义正词严地驳斥并谴责日本右翼势力的荒谬言行。

世纪馈赠

2005年12月，章开沅与日本池田大作先生（右）在东京“对话”留影。对话涉及许多方面，主题是强调正确历史观的重要，反对军国主义，促进中日友好，并且共同追求、营造祥和幸福的21世纪。对话录于2010年及2011年先后在日本和中国出版。

教会大学研究

1989 年 6 月，摄于华中师范大学科学会堂。这是中国教会大学史研究的首次国际研讨会，章开沅作为会议主席致开幕词。左为北京大学张寄谦教授，右为英语翻译。

张謇研究

2003 年 4 月，在北京与张謇亲属合影。左起：张绪武夫人、张绪武姐姐张柔武、章开沅、张绪武（张謇嫡孙）、张绪武之儿媳及孙女。这次论坛在北京人民大会堂隆重举行，由章开沅作主题演讲。

受聘“资深教授”

2003 年 9 月 10 日，章开沅先生被聘为华中师范大学资深教授，左为时任校党委书记丁烈云，右为时任校长马敏。

荣休仪式

2014 年 4 月 16 日，校长杨宗凯颁发荣誉资深教授证书时留影。

88 岁的章开沅因身体欠佳，力不从心，主动请辞资深教授，并放弃与之相关的待遇。

同事留影

2014 年 4 月 16 日，荣休仪式结束后，章开沅与华中师范大学中国近代史研究所全体同事合影留念。

自　序

今年正逢米寿，应该盘点一番自己的生平，这套文集的出版就是在集体帮助下的自我盘点。

我从事历史教学与研究整整 65 年，但这并非出于自己的选择，终生与史学结缘纯属偶然。

1946 年 9 月进入金陵大学就读，原本报的志愿是农业经济系，因为这是金大的王牌专业，卜凯早已成为知名教授，而我此前曾经在教育部办的计政人员专修班读过将近一年的会计专业。没有想到金大的正式录取书却把我拨归历史系，个中情由至今仍百思不得其解。但我也从未申请转系，因为历史系有好几位良师，他们都对我热心教诲，我不好意思说对史学不感兴趣。实际上我的课余时间多半用于研究陀思妥耶夫斯基的《被侮辱与被损害的》，并努力阅读与印第安人相关的文学作品。

我未能完成历史系本科学业，因为 1948 年 11 月进入中原解放区参加革命。原想经过短期培训即奔赴前线，最好是当个战地记者，不料却被当时设在开封的中原大学视为理论人才，就留在校部政治研究室中共党史组。是金大历史系肄业的学历害苦了我，我从此再无任何机会上战场杀敌。

1949 年 6 月，我随中原大学南下，在武汉继续从事干部短期培训工作。稍后中原大学分设政治、财经、教育、文艺等学院，我被划归教育学院，仍然从事中共党史与新民主主义论的教学工作。1951 年暑假，又随教育学院与已经改制为公立的华中大学合并（以后改名为华中师范学院，后又改名为华中师范大学），并且正式成为历史系教师。最初仍然是教中共党史等政治课，直到1954年才开始担任中国近代史本科教学的主讲老师。

因此，我常说，是革命为我选择了职业，而职业又使我从家族的历史走向中国的历史与世界的历史。我又常自我解嘲：我的职业像包办婚姻，通常应该是先恋爱后结婚，我却是先结婚后恋爱。我是在担任历史课老师以后，才逐渐增长了对于史学研究的兴趣。不过，1956年以前主要还是应付课堂教学。试想，一个只读完大学二年级的肄业生，要独立地为大学本科生，甚至为在职中学历史骨干教师开课，而且经常是每周3门课（历史、政治、教育三个系分头上），总共13个课时，那是多么勉为其难。当时，也没有一部完整的教材可供凭借，范文澜的《中国近代史》只有上册，戴逸的《中国近代史稿》也只有一半，此外则为胡绳的《帝国主义与中国政治》等少量参考书，陈恭禄、蒋廷黻的教材则已作为反动书籍被封存。幸好华师历史系系主任田家农到中央党校学习，胡绳为他们系统讲授中国近代史，有一个较详尽的教学提纲，田家农赶紧为我寄来一份，我就按照这个提纲编写简要讲义，印发给学生参考。当时中央强调“厚今薄古”，课时的分配上中国近代史与中国古代史门当户对，结果是中国古代史为课时不够发愁，而中国近代史却深感课时过多，没有那么多内容可以搪塞。至今回想起来，我仍时有愧疚。幸好1948年我在南京一所私立高中兼任过世界史课程，多少有点教学技巧，所以无论是本科生还是中学在职老师都还愿意听我讲课，这才不断增强继续教学的信心，并且挤出一点时间进行结合教学需要的课题研究。

中国近代史是个年轻的学科，如同当时国内其他年轻同行一样，初期的研究也是赶潮流，热心参加中国近代史分期问题讨论，并且花费很多精力研究太平天国的性质与土地制度。直到1960年以后，才真正把精力转移到辛亥革命研究，特别是张謇研究。1961年10月纪念辛亥革命50周年的全国性学术讨论会在武汉隆重召开，对我的学术生涯来说这是一个重大转折。此前我与外地同行学者交往极少，可以说是僻处乡野，孤陋寡闻。正是通过这次盛会，我不仅聆听了许多著名前辈学者的教诲，并且结识了一批来自北京、上海、广州等地的青年俊彦，我们从此风雨同舟，共同为中国近代史学科的营建奉献终生。

正是在此次会后，华师领导念我多年苦战在教学第一线，从来没有享受过出外进修的优厚待遇，慷慨地给我两年学术休假，让我借此访师问友进一步提高学术水平。当时，北大与近代史研究所对我都很有吸引力，北大是经过侯仁之亲自联络，邵循正满口答应接受；近代史研究所则是由于范文澜曾经挂名当过中原大学校长，刘大年等已把我看作势在必得的“自己人”。但没有想到更为热心的却是曾任华中师院院长的杨东莼，他在征得华师党委同意后，于1963年春天正式以全国政协文史资料委员会的名义，把我借调赴京协助征集北洋政府时期资料，而北大与近代史研究所只不过是经常联系单位。

从1963年春天到1964年10月，我名义上是协助征集北洋史料，但实际上这方面可做的事情并非很多，无非偶尔陪同章士钊与其几位北洋时期的同僚漫无边际地闲聊而已，真正有价值的史料还是他们自己过去已经发表的忆述。坦白地说，这一年多时间我主要是研究张謇，利用北京图书馆善本室收藏的《近代史料信札》（即《赵凤昌藏札》）和此前在南通市市委档案室搜集的《张謇未刊函札》等相关原始文献，对照《张季子九录》、《张謇日记》等已出版书籍，做系统的史料长编与部分笺注工作，然后在此基础上写成20多万字的传记初稿，这就是迟至1986年才改由中华书局出版的《开拓者的足迹——张謇传稿》一书的原坯。

北京之旅使我大开眼界，我不仅得以充分利用北京图书馆、北京大学与近代史研究所的丰富藏书，而且得以经常向许多学识渊博的师友问难切磋，这将近两年的进修比我读个学位的收获更大，可以说影响了我整个学术生涯。

在朋友圈中，首先要感谢李侃与龚书铎。我刚到北京时，为接待重点“北洋老人”（如曾毓隽、邓汉祥等），陪同他们住在全国政协临时性招待所（在中央社会主义学院招待所租用的两层楼），与北京史学界仍然比较隔绝。只有李侃特别热心，因为此前他已与总编金灿然商定，把我与祁龙威等都列入中华书局的重点扶植青年学者计划。灿然虽然生病住院，仍召我面谈一次，多所垂询并给以鼓励。所以每逢星期天，李侃必邀龚书铎一起来看我，多半是在附近的玉渊潭公园紫竹院品茶、抽烟、神聊，中午就在院中活鱼食堂进餐。当时物价便宜，一餐饭加上二锅头还不到一包中华烟的价钱。那时星期天难得清闲，不谈国家大事，更不谈声色犬马，主要是谈书论学，自得其乐，我从他们那里获取许多学术界的最新消息。大约半年以后，“北洋老人”多已回家，李侃遂按原计划安排我住进中华书局潜心治学撰述。中华书局书库本身就有丰富收藏，有些是还来不及整理出版的大型书稿，如《梁启超年谱长编》，对我写作提供了极大方便。加以当时集中力量校订二十四史，全国史学大家都聚集在公主坟中华书局幽静的原址，作为年轻后辈，请教问难更为方便，其中唐长孺、王仲荦都成为我的忘年之交。正是在中华书局，特别是筹建中国近代社会历史调查委员会期间，我才真正开始融入全国史学界。

李侃豁达大度，急公好义，有古君子风。他明明知道我的张謇传稿在来北京以前已与上海人民出版社签约，但毫不计较，只要求为“历史知识丛书”写一本《武昌起义》就算交差，而且还给以优厚的稿酬。1964 年 10 月，我因撰文评价李秀成惹祸，中宣部通知全国重点批判，中华书局对我的扶植计划亦告夭折。但李侃对我的友情始终如一，就在我回武汉接受批判并且又患黄疸肝炎之际，他仍不断寄来北京上好小米，供我作为中医药丸的添加剂，使我的肝功能迅速恢复正常。

李侃比我参加革命早，原先曾在东北局宣传部任机要工作，以后来北京调入中华书局任近代史编辑室主任，成为金灿然的得力助手，与中宣部的几位老领导关系也比较密切。也正因为如此，“文革”爆发时他就作为中宣部“黑线人物”横遭批斗；我的另一好友戴逸也因《论清官》一文得祸，大字报铺天盖地。华师历史系有一位曾在北京进修的“造反派”教师，看见这些大字报后联想到我与李、戴关系十分密切，认定我是隐藏在桂子山的中宣部“黑线人物”，甚至把我们在紫竹院把酒论学也视为暗授机宜的“黑会”，公开在大会小会发难，借助所谓群众声势逼迫我“彻底交代”。但是，“文革”10 年，我们这些老朋友都是自己做事自己承担，从未牵扯别人以图“立功赎罪”。此所谓道义之交，自有坚守的做人的底线，所以“紫竹院黑会”的爆炸性新闻也就无疾而终。与此相类似的著名编辑还有《新建设》的王庆成、《光明日报》的苏双碧、人民出版社的林言椒，他们都是我推心置腹、放言无忌的密友，我们也都“好汉做事自己担”，从未诿过他人或牵连上级领导。这是我们心知肚明聊以自慰的一点小秘密。遇上这些懂行贴心的好编辑，是我学术生涯的极大幸运。

好不容易熬到1976年，“文革”总算走到尽头。天安门广场人民自发悼念好总理，声讨“四人帮”，尽管被定性为反革命事件，王庆成仍然给我寄来周总理的著名遗像，我挂在床头日夜思念，热泪湿透枕巾。“四人帮”垮台，普天同庆，京师螃蟹涨价畅销，李侃等高阳酒徒更是持螯尽欢。对于我们这一代曾经的“民主青年”来说，“文革”的结束等于第二次解放。中共十一届三中全会以后，我国进入改革开放的新时期，并且自上而下提倡解放思想与实事求是的新学风。学术界与其他各行各业一样，人民备受压抑而又积蓄已久的积极性像埋藏地下的泉水一样突然喷涌而出。这是我一生精力最为旺盛而成果也最为丰硕的时期，1981年继合编的《辛亥革命史》三卷本之后，又陆续出版了《辛亥革命与近代社会》、《开拓者的足迹——张謇传稿》、《离异与回归——传统文化与近代化关系试析》、《辛亥前后史事论丛》等专著，并在国内外重要刊物上发表了许多论文。从1979年秋天开始，我又多次应邀前往美、欧、澳、亚许多国家与地区开会、讲学与访问。1990年—1993年更先后在美国普林斯顿、耶鲁、加州3所大学连续任教与研究共达3年以上，在促进中国近现代史研究，特别是在辛亥革命研究领域的中外学术交流方面，也做了大量有效工作，并且结识了一大批风义之交与良师益友，正所谓“环宇岂无真知己，海外偏留文字缘”。

“文革”前后，我的学术理念、方法、路径与风格发生很大变化。20世纪80年代以来，我在教学与研究工作中非常强调对社会环境、社会群体与社会心态的阐析，也比较注意区域研究（如江浙）与个案研究（如张謇）。有些人以为我可能是接受了美国同行或法国年鉴学派的影响，才发生如此明显变化。其实历史唯物主义本来就很注意对社会环境（特别是经济结构与政治制度）的研究，而我自己对辛亥革命的研究从一开始就以社会运动作为整体对象，并没有局限于单个的人物与事件。日本有的学者认为我是大陆学者中较早也较多把社会学方法引入历史研究的，其实这要感谢已故的老师马长寿教授，他在金大作为历史学家开社会学通选课，自然会在我这个历史系学生身上产生深远影响，所以我对社会学的某些理论、概念与方法早已略有所知。我还要感谢另一位已故老师王绳祖教授，是他在动荡不安的校园为我们开设汤因比史学介绍讲座，使我们对这位大学者的思想体系兴味渐浓。所以，在20世纪80年代国内引进西方学术新知形成热潮时，我并不感到十分陌生，反而有故人归来之感。

回顾既往，我在多年史学实践中并非简单借用社会学的概念，而是确实形成了自己的风格特点：一是比较注意分析个人、群体与社会环境的互动关系；二是把研究的重点置于个人与阶级的中介——群体之上。其实这两个特点从张謇研究即已开始显现，只不过长期受“左”倾教条主义的束缚，难以自由挥洒而已。我们这一代学人生不逢辰，青少年时代基本上在战乱中度过，特别是我自己竟连大学本科都未读完，因此就学术根基而言，实乃“先天不足，后天失调”。新中国成立以后，政治运动甚多，上山下乡频繁，很多时间都浪费了，连“勤可补拙”都难做到，何况又常以文字得祸，屡遭无妄之灾，自然难以学有大成。尽管由于历史的机缘谬膺学科带头人之选，但自己究竟有多少学术底蕴，内心经常为此惶恐。我从来不敢以“人梯”自喻，因为缺少必要的学术高度，只能为年轻的后辈充当铺路石子，或者是披荆斩棘的前驱。20世纪80年代以后，我很快就从业已成为国际显学的辛亥革命研究先后转入商会研究与中国近代化研究；90年代以后又把主要精力投入中国教会大学史研究与日本侵华南京大屠杀研究，而最终又从基督宗教研究扩大为东西方文化交流史研究。我从不趋时跟风，但却难免喜新厌旧、浅尝辄止之讥，颇似一个流浪成性的行者，经常漂泊在没有航标的江海。我并不认为这是多大的失误，因为自觉只有这样才能为后继者探索新路，扩展更大的学术空间。但也正因为如此，我的治学从来没有驾轻就熟的轻松，经常是“八十岁学吹鼓手”，必须从头学起，从头做起，永远都在艰难的探索之中。我很高兴，我所开辟的这些领域大多后继有人，而且比我做得更多更好，这就是我们这一代人的最大幸福。

为我这样学无大成的老人出大型文集，内心深感惶恐与歉疚，因为害怕如古人所讥刺的“灾梨祸枣”，流于不必要的资源浪费。但作为学术史而言，一部完整的论著辑录，也许可以供后世的研究者更便于检索。我忽然又想起晚清张维屏的那首诗：“沧桑易使乾坤老，风月难消今古愁。惟有多情是春草，年年新绿满芳洲。”与宇宙乾坤、文化长河相较而言，吾辈普通学人岂不正如一株野草，渺小之至，也平凡之至。春草的多情也无非是自作多情，既无耀目光华，更非国色天香。但小草作为具有生命的植物亦自有其存在的价值。“野火烧不尽，春风吹又生。”小草的生命意志何等刚毅，何等充盈，它用亿万群体的集体苏醒，萌发出漫山遍野的新绿，一片又一片为大地增添了春天的颜色。诗人以春草自喻，既非故作谦抑，更非妄自菲薄，而是对世事对人生已有更深层的领悟，其实也是彻底的自我解脱与更高的精神追求。我常以此诗题赠年轻学人，现在就作为文集自序的结语。

章开沅

甲午仲夏于桂子山麓

目　录

张謇传

张謇传①

① 该书原由中华工商联合出版社 2000 年出版。

自　序

我在1986年曾经由中华书局出版过《开拓者的足迹——张謇传稿》(以下简称《张謇传稿》)一书，其所以称为传稿确实是因为自觉尚不成熟。书稿基本上写成于20多年以前，付印前又由于学校行政事务的繁忙而无暇认真加以修改，出版后虽然不能说是悔其少作，但毕竟遗憾之处甚多。当时就有一个心愿，希望能够加以修订充实，以期有所改进，但10多午来由于种种原因始终未能如愿。

幸好绪武兄去年春天专程来访，希望能对原书加以修改，重新交出版社出版，这才促使我下决心把改写张謇传提上日程。从去年10月开始，断断续续改写了一部分，自觉思路还比较顺畅，论析也颇有新意。今年1月下旬，按惯例到广州女儿家探亲兼避寒，同时也想利用南方的温暖气候抓紧工作，便把已改写的那部分稿子放在衣箱中随身携带。不料正好碰上客运高潮，广州火车站秩序甚为混乱，出站后竟被窃贼把衣箱偷去（几近于抢)。虽经向公安部门报案，并且托人多方查找，始终没有下落。3个月的劳动成果顷刻化为乌有，对于我这样年过古稀的老人来说真是莫大的打击。加以出版社又要求提前交稿，这样更打破了原来从容改写的美梦，我只能在有限的时间作有限的修改。史学本来就是充满遗憾的职业，但是此次由于“天事人心两相违”，给我留下的遗憾也就更为深沉。

当然，既已动笔修改，我还是有自己的谋划，具体说起来有四点：

一是对传主早期生涯的陈述有所补充。1985年修订书稿时，虽然看过台北影印出版的《柳西草堂日记》前面那一部分，即同治十二年至光绪十八年，但由于时间过于仓猝，未能过细做必要的笺注，因而没有充分利用。此次动笔修改之前，倒是有充分时间认真阅读并做了笔记，自觉现今这部传记比旧传较为完整、丰满，至少是就早年张謇而言。

二是对张謇在庆军幕府的生活增添了笔墨。张謇在庆军前后 8 年，与统帅吴长庆关系相当密切，其间还曾随军前往朝鲜协助解决其内乱，即所谓“壬午之役”。这些年的军旅生涯使张謇受到多方面的锻炼，增加了相当丰富的阅历，从军事到政治、外交都初步显示出干练与才华。他走出了国门，因而也就具有国际观念或称世界眼光。《朝鲜善后六策》也许并非上乘之作，但从此张謇逐渐形成了自己思维的大格局，即习惯于把中国的事务放在世界全局中来考察，从而决定自己事业的取向与策略。同时，张謇与吴长庆既是宾主关系，同时也是少长关系。过去有些论著过多渲染吴长庆对张謇的礼遇与倚重，其实吴长庆的言传身教与奖掖呵护，对张謇成长与出道的良好影响也不容忽视。因为长庆毕竟是身经百战的儒将，而张謇则是初出茅庐的年轻文士，何况前者还没有进入衰暮昏聩之年。

三是对传主科举生涯的论述有所加强。张謇从同治七年开始应试，到光绪二十年大魁天下，前后有 26 年之久，历经县、州、院、乡会试 20 多次，仅直接消磨在考场的时间就有 120 多天，穷年累月为准备应试还耗费了大量时间与精力。由于有着切身的痛苦经验，张謇对科举之弊知之最深，要求变革的心情也最切，所以他能顺应历史潮流，接受新的教育思想，在 20 世纪初兴办各级各类新式学校。此次修改传稿，结合张謇的应试经历，对晚清科举制度及其具体实施情况稍加铺述，特别是对张謇高中会试一甲一名以后的复杂心情加以论析，目的是说明科举制度衰亡的必然，以及张謇在甲午以后热心兴办新式教育的思想基础。同时，细心的读者不难发现，张謇在漫长的科举生涯中也并非毫无收益，至少他对传统文化的熟悉与理解有所增强，思维的条理化与文字表达（包括吟诗作赋）能力大为提高。而更重要的是，一次又一次连遭挫跌，一次又一次重新应试，反复经历科场内外的各种痛苦熬煎，在客观上反复磨炼了张謇的意志，增强了他对此后各种事业上的挫折的承受力。读者可能会提出一个问题：何以张謇能够在腐朽科举制度的折磨下，不仅没有变成百无一用的科举迷，反而成为精明练达的具有通识的干才？我认为其原因有三：（1）家庭务实教育和经世学风给他的深刻影响，让他在熟练背诵经典之余颇能致力于理解，以求学以致用，增长办事才干。(2) 长期的游幕生涯，使他不同于一般困守书斋小天地中的迂腐士人。他很早就走出通海，在江南政治、文化中心江宁地区工作、学习多年，又不断奔走在上海、天津、北京海陆途中，还曾经有山东、汉城的军旅经历与对外折冲的多方面锻炼。社会生活是他的无形老师，正是或主要是这个老师使他没有拘守陈腐而狭隘的经义，反而把熟读的经书作为因应事变的文化资源之一。(3) 张謇早年读书虽然受应试教育的严格制约，但在江宁受到桐城派大师张裕钊的影响，合义理、考据、词章为一，所读之书逐渐广泛，除加强史部的阅读外，也增多了对子、集两部的涉猎，甚至连《扬州十日记》、《嘉定屠城记》等禁书也不放过。此后，为治理黄河和经营农桑，他还注意对西方相关科技书籍的搜集。所有这一切，似乎都可以看作他最终摆脱科举牢笼的内在根据。

四是对张謇的精神世界作进一步发掘。张謇乃性情中人，其情感之丰富不仅表现于诗文，而且也表现于行为，特别是表现于人际交往。他当然重物质，否则就不会舍翰林清望而兴办实业，就不会因标榜棉铁主义而歌颂棉之白与铁之黑。但是他更重精神，是他率先提出“父教育而母实业”的根本序列；他重视培养人才，而且更为重视涵育人格；他恪守儒学大义，但又绝对地反对道学先生。尽管他 60 岁以前主要忙于做事，即令是 60 岁以后依然像蜜蜂和蚂蚁那样忙忙碌碌，但他懂得如何享受人生，尤其是在夕阳无限好的晚年。他热爱生活，热爱生活中一切美好的事物，特别是戏剧与其他各种艺术。他的一生不仅追求真，追求善，而且追求美。他对美没有强烈的占有欲，或把美当作包装或炒作自我的手段，他的一切努力在于营造美的文化氛围，培育各种艺术精品，并且把这些美好的东西奉献给南通，奉献给中国，奉献给世界。他没有多少私人的文物珍藏，却为创建并且不断充实南通博物苑殚思竭虑。他虽然也有几处私有而并不完全私用的别墅，但同时还营建了为市民所共同享用的公园与风景区。他创建更俗剧场，热心戏剧改革；他协助沈寿撰写《雪宧绣谱》，让古老的苏绣焕发青春；他对南通城市建设有较完善的布局，其目的也是为市民的生活与工作提供一个合理而优美的整体环境。总之，如果没有进入其精神世界，就很难真正理解张謇其人。

我研究张謇虽然动手较早，但过去主要是侧重研究张謇其事，顶多是以社会学的眼光考察其梯级式的纵向群体转换，以及甲午以后质变式的横向群体演化。这次修改虽然时间仍较仓猝，但我决心加强描绘与剖析张謇其人，特别是他的心理活动与精神世界。或许这仍然是浅尝辄止，但毕竟体现了新的思路，希望有若干比我年轻的学者在这方面投入更为富有成效的努力。因为，张謇的精神世界正如他的事业实践，涉及的范围太广，而内容又极为丰富，怎么写也自觉挂一漏万，这一深沉的缺憾只有靠众多学者特别是年轻学者的共同努力，才能逐步给以弥补。事非经过不知难，我现在真是越来越感到很难为张謇写一本真正堪称完善的大型全传，而只有把希望寄托于年轻的优秀学者。

现今中国有没有儒商？需不需要儒商？这是一个颇有争议的重要问题。但如说半个多世纪以前的张謇是个儒商，大约不会引起任何争论。这不仅因为他早已自我界定为“言商仍向儒”，而且确实是从儒学营垒走进商界，虽已商化而仍然保留许多儒的本色。正如其他许多学派与宗教一样，儒生群体中也有形形色色的区分，有乡愿也有狂狷，有假道学也有真君子，有学而优则仕的猎官族也有匡时济世的大丈夫……很难一概而论。但如商而冠之以儒，而且又是作为正面的人物类型来理解，则应具有以天下为己任的历史责任感，以诚信自律的伦理规范，以取之于民用之于民为宿愿的回馈思想，如果要求稍高一点，还应该具有较高的文化素养与优美情操，即所谓虽厕身商贾而仍不失其儒雅风度者也。当然，商也不是一成不变的纯粹群体，他们也是形形色色与随时演化的，每个时代都有自己的特定商人阶层。正如死人不能复活，现今也无须按昔日的模式来培育单一的儒商，至少是犯不着打着儒商的牌子进行拙劣的模仿。但是应该从清末民初张謇这类真正儒商的身上汲取若干有益营养，无论是现今的商人或非商人。当然我更希望现今的商人能够发扬前辈的某些优良传统，这就是我在现今这本传记中着重从儒商的角度对张謇其人进行解读的用意所在。我不再把自己著作的读者群只设定为史学同行，我希望有更多的人，特别是正在从事实业经营的人，也能了解张謇其人，并且或多或少从这本书中获得某些借鉴。当然我更希望当代的中国商人能够超越张謇，在比南通更为广大的空间成就比大生集团更为宏大的业绩，不仅利已而且利国利民，功在当代，泽惠后世！

在本书即将付梓之际，我由衷地感激南通的两位老友，曹从坡与穆烜，就张謇研究而言，他们都是我的先行者。如果没有他们的指引与热情帮助，我就很难如此顺利地跨进张謇研究之门。我永远不会忘记，1985年深秋在南通修订《张謇传稿》时，从坡亲自为我安排一处与啬公园相邻的幽静宿舍，连饮食起居都一一细心安排。我也永远不会忘记，当年南通那些老前辈，如费范九、管劲丞、徐海萍等，曾经通过座谈和导游把我引入张謇生时的历史情境。如今除穆烜依然健在，其他大多均已去世多年，但他们为促进张謇研究所作出的多方面努力，应当被人们永远铭记。

当然，我还要感谢南通市历届领导和各有关部门，如博物苑、档案馆、图书馆等，尽管30多年来历经许多事变，他们对我的热情帮助却始终如一。我每次到南通确实有宾至如归的感觉，而把我们联结在一起的便是张謇研究这个共同事业。在南通以外的朋友中，我要特别感谢南京大学的严学熙，他对通海地区的情况特别熟悉，并曾陪同我前往大丰等盐垦地区参观，对黄海之滨那一大片滩涂开发的历史与现状作了实地考察。在国外的朋友中，自然不能不提到野泽丰、中村英基、巴士蒂、朱昌崚，他们除与我经常有资料交流外，还不断进行相关问题的切磋探讨。尤其令我感动的是藤冈喜久男教授，他虽然年事已高，但却花费许多时间与精力把拙著《张謇传稿》译成日文，交由东京东方书店出版。《张謇传稿》一书是实证性学术专著，引证原始文献甚多，特别是那些用典甚多的旧体诗，其翻译工作量之大与用力之勤可想而知。我也不能忘记我国台湾的一位好友张朋园，是他首先在60年代初就注意到我的张謇研究，并且把我的学术见解介绍到台湾和海外。

从国内有关机构来说，我要特别感谢全国政协文史资料委员会与中华书局，1963年至1964年我写作《张謇传稿》期间，他们先后为我提供了相当舒适的工作与生活条件，并且还帮助我在北京图书馆善本室等单位借阅了许多珍贵文献。20年以后，又是中华书局的李侃和陈铮率先旧事重提，敦促我把这部冷落多年的旧稿修订出版。如果没有这些好友的关切与鞭策，以我当时行政事务之忙与海内外各种各样稿约之多，《张謇传稿》一书不知何时才能付梓问世。当然，我更要感谢我工作于斯已近半个世纪的华中师范大学及其历史研究所，这里的历届领导与同事数十年如一日对我关怀备至，他们对我的帮助、鼓励与期望，始终是我在学术之途不断前进的鞭策力量。为了现今这本传记的出版，周静云女士承担了全部打印任务，时间紧迫，日以继夜，劳累可想而知。年轻的同事田彤毅然拨冗帮助我校核全书的注释，这也是需要加以说明的。这大半年，为了保证我顺利完成书稿的修订，贤淑的妻子默默承担全部繁重家务。两个女儿虽然远在广州和太平洋彼岸，但也时时关心我手头的工作和健康。特别是当她们获悉我的书稿被窃以后，其焦急更有甚于我本人，不断当面或来电子信件慰解。我常常感觉，家庭的温馨对于学者著述也是不可缺少的。

最后当然要感谢中华工商联合出版社，他们在如此短促的时间内承接本书的出版，其卓见远识与慷慨大度都令我钦佩无已。

我还要感谢所有挤出宝贵时间阅览拙著的众多读者，并且再一次恳切地期待着大家的批评指正。

2000 年暮春于桂子山麓

引　言

很难说近代中国曾经有过什么伟大的预言家，倒是有几位历史人物的言论具有相当高明的预见性。仅以对清末民初这段历史的事先展望而言，有两位前辈的论断就给人们留下极为深刻的印象。

一位是曾经充当曾国藩幕僚的赵烈文。他在同治六年六月二十日的日记中曾有一段精彩记述："初鼓后，滌师（曾国藩）来畅谈，言得京中来人所云：'都门气象甚恶，明火执仗之案时出，而市肆乞丐成群，甚至妇女亦裸身无袴，民穷财尽，恐有异变，奈何？'余曰：'天下治安统一久矣，势必驯至分剖。然主德素重，风气未开，若非抽心一烂，则土崩瓦解之势不成。以烈度之，异日之祸必根本颠仆，而后方州无主，人自为政，殆不出五十年矣。'师（曾国藩）蹙额良久，曰：'然则当南迁乎？'余曰：'恐遂陆沉，未必能效晋、宋也。'师曰：'本朝主德正，或不至此。'余曰：'主德正矣，而食报已不为不厚。国初创业太易，诛戮太重，所以有天下者太巧，天道难知，善恶不相掩，后君之德泽，未足恃也。'"① 这一年，上距顺治元年清军入关 223 年，下距清帝逊位民国成立 45 年，而距袁世凯称帝阴谋破产与各派军阀混战则大致是 50 年。这一预测并非信口胡言而偶然巧合，它是建立在审慎的对时代潮流与政治局势的判断基础之上的，因此当时即具有令人信服的力量。正因为如此，连功业如日中天而又富于政治经验的曾国藩，听到这番话后也不禁毛骨悚然，发出"吾日夜望死"的哀叹。

赵烈文的预测似乎并未摆脱传统的历史循环论的思维格局，如所谓

---

① 转引自刘厚生：《张謇传记》，龙门联合书局，1958 年，第 158—159 页。

"统一久矣"、"势必分剖"之类语言，即很近似"合久必分，分久必合"。但他已注意到"风气"的作用以及"德"与"报"之间的互动关系。他虽然不属于早期维新思想家行列，但与龚自珍的新派儿子孝拱关系密切，与早期报人王韬交往亦甚相契，加以旅居上海时间较多，所以并不缺乏当时的新知。他所说的"风气"已有新潮流和知识界的醒悟等含义。至于"德"与"报"，则不仅指君民关系，而且包括满汉关系。君之德体现于文治武功，而尤表现为国泰民安，社会经济文化迅速发展。清朝入主中原两百多年以来建树颇多，但嘉庆以后即已开始走下坡路，所谓盛世徒有其表。道咸两朝外患内忧迭起，清王朝在农民大起义冲击下风雨飘摇，如果没有以曾国藩湘系为代表的汉族地主武装的尽忠"报"国，恐怕早已寿终正寝，所以赵烈文说是"食报已不为不厚"。但清王朝积弊已深，"善恶不相掩"，民怨日增，而且满汉矛盾依然潜在，因此，"后君之德泽，未足恃也"，其覆灭仍然无可避免，而为时不过50年。

刘厚生最早充分肯定赵烈文其人，认为他的"才识与其人格，确为咸、同年间绝无仅有之知识阶级也"[①]。所以曾引用上述赵烈文那段极富前瞻性的议论，作为读者理解张謇前期生涯历史背景的指南。

赵烈文死于光绪十九年，所以对于甲午以后的世情与国情都无法了解。而作为下一代"绝无仅有之知识阶级"的则为梁启超，他在光绪二十七年发表《过渡时代论》，对于时代潮流和中国的历史发展趋势作出更为深刻的论述。此文开宗明义即指出："今日之中国，过渡时代之中国也。"并且进一步说明："过渡时代者，希望之涌泉也，人间世所最难遇而可贵者也。有进步则有过渡，无过渡亦无进步。其在过渡以前，止于此岸，动机未发，其永静性何时始改，所难料也；其在过渡以后，达于彼岸，踌躇满志，其有余勇可贾与否，亦难料也。""故今日中国之现状，实如驾一扁舟，初离海岸线，而放于中流，即俗语所谓两头不到岸之时也。"梁启超还断言，每个时代都必然会产生自己的历史人物。他说："时势造英雄耶？英雄造时势耶？时势英雄，递相为因，递相为果耶？吾辈虽非英雄，而日

---

① 刘厚生：《张謇传记》，龙门联合书局，1958年，第55页。

日思英雄，梦英雄，祷祀求英雄。英雄之种类不一，而惟以适于时代之用为贵。故吾不欲论旧世界之英雄，亦未敢语新世界之英雄，而惟望有崛起于新旧两界线之中心的过渡时代之英雄。”① 张謇正是这类崛起于新旧两界线之中心且适于时代之用的英雄，尽管梁启超当时还没有充分理解这位比他年长20岁的前辈的伟大价值。

以甲午中日战争为界，在此前40年，很难说张謇是一个英雄，顶多只能说是为成为英雄准备了必要的条件。尽管他高高取中状元，但如果不办工厂，或办工厂而无成效，他也成不了英雄。由于是状元办厂，彻底突破了“学而优则仕”的陈旧格局，而且居然办成中外驰名的大生纱厂，开“实业救国”一代风气之先，顺应了发展社会生产力的要求，这就使张謇成为中外注目名噪一时的英雄。这恰好是两个世纪交接的年代，张謇的企业群体恰好成为中国旧世纪终结与新世纪发端的众多显著标志之一，因此确实可以称之为“崛起于新旧两界线之中心”。

“崛起于新旧两界线之中心”，除了时代的含义以外，还有营垒的含义。19世纪末到20世纪初，是中国知识分子弃旧趋新的重要年代，以科举废止与学堂勃兴为标志，传统的封建文士群体走向衰亡，新兴近代知识分子群体则逐渐成长。在转折的初期，新群体的成员大多来自旧群体，这就是人们习惯称之为“转化”的社会现象。由于“转化”大多是渐变，甚至是没有显山露水的内在渐变，旧式文人的转化过程又往往与新式学生的成长过程形成部分重合。张謇没有读过新式学堂，也没有正式出国留学，他的弃旧趋新便是一个相当缓慢的渐进过程。甲午战争以前，也就是他40岁以前，他基本上是一个具有强烈爱国心的士大夫，完全属于旧营垒。甲午战争以后，也就是在他40岁以后，外来侵略的强烈刺激与西方文化的浸润潜移，促使经世致用的传统学问增添了“实业救国”、“教育救国”等新内容。他经由官绅队伍跨过企业家群体的门槛，也就是从旧营垒游离出来并且趋向于归属新营垒。由于已经具有“大魁天下”的显赫声名，又经由翁同龢而接近新旧党派斗争的核心，所以真正是“崛起于新旧两界线之

① 梁启超：《过渡时代论》，《清议报》第82期。

中心”，使他的转化产生一般人难与比拟的社会效应，其辐射作用决非仅限于“倾倒东南”，而实际上是波及全国。不过这又是一种藕断丝连式的转化，也可以说是新旧相互包容式的转化，在转化过程中缺乏具有足够力度的冲突与决裂。没有刀光剑影的惊险，没有叱咤风云的雄武，然而却是脚踏实地改变着中国社会的根基，其影响甚至在百年以后也可以看见。这就是无可替代的一块历史丰碑——“南通张謇”！

第一章　少壮篇

一、少年时代

清朝咸丰三年五月二十五日，张謇出生于江苏海门常乐镇一个富裕农民兼小商人的家庭。当时谁也没有想到，这个穷乡僻壤的农家子弟，以后竟会中了状元，并且投身实业、教育，成为中国近代化的开拓者之一。

张謇的祖上是江苏通州（今南通）人，原来是个比较富有的地主家庭。到祖父辈因为“不治生计”和纵情赌博，才把家产败尽。张謇的祖父名朝彦，在穷困潦倒之余入赘于吴圣揆家。吴圣揆原在通州金沙开一爿小瓷货店，后来迁到海门常乐镇。朝彦除租种几亩田以外，也兼事瓷器贩运。据说，生意最好的时候，经常雇来挑运叫卖瓷器的工人有十几个之多，可见已逐渐富裕起来。

张謇的父亲名彭年。朝彦为履行入赘前约，命彭年兼祧吴氏。彭年先后娶葛氏、金氏。葛氏生长子誉、五子警，金氏生二子謩、三子詧、四子謇。张謇小名长泰，因为兼祧之故，进书塾时取名吴起元，直至五弟警出生后始还本姓。15 岁到如皋小考，由于冒籍曾改名张育才，字树人。到 24 岁才最后改名謇，取直言之义，字季直。50 岁以后以啬庵为号，有时亦称张季子。晚年则自号啬翁。中年时还曾自拟处默、宜宦两个别号，但不常用。

南通位于长江入海口的北岸，距上海吴淞口不及 100 公里。但在远古时代，这一带还是波涛起伏的海域。经过漫长岁月长江泥沙的冲积，才逐渐形成沙洲陆地。距今五千余年始有人类居住，最早筑城据说是在五代后周显德五年。自给自足的小农经济的发展是缓慢的。直到明清时期，随着棉花生产与手工纺织业的逐步增长，这里也逐渐成为一个商业城市，并因处于四通八达之地，定名曰通州（为与直隶之通州相区别，亦称南通州）。但是与长江南岸的一些城市相比较，南通地区仍然是落后的。在甲午战争以前，不仅没有一家机器工厂，就连小手工业作坊也为数不多，文化教育的发展更远远不及苏州、常熟等地。

张謇的出生地海门常乐镇的历史更非悠久。据近人研究，约在雍正年间，这里还仅仅是长江北侧初涨出的沙洲。随着沙土淤积渐次连片成陆，人们陆续来此栖息，才逐渐形成规模很小的集镇。这里的居民都是客籍，他们大都是从江南来此垦荒的移民。江岸涨坍的变化无常，耕地方位的常有转换，使这些移民很难保持“安土重迁”的传统保守心态，却增加了不少浓郁的忧患意识，以及顽强抗争、勇于进取的开拓精神[①]。

南通名胜狼山远景

张謇出生的时候，已经是在第一次鸦片战争爆发十多年以后；而在此不过3个多月以前，太平军刚刚定都于金陵。由于僻处江北，通州、海门一带，在鸦片战争以后十多年当中，既未受到战争烽火的直接损害，也未受到外国商品倾销的直接侵袭，基本上保持着千百年来的古老滞缓状态。

① 参见赵鹏：《张謇传略》（稿本）。

但是，自从太平军进逼江南以后，大批江浙、皖南的地主和商人，把邻近上海的通海地区看作世外桃源，他们的纷纷到来，增进了这个偏僻地区与外界的经济联系，也带来若干新的信息，张彭年的家庭经济正是在这些年月里获得明显的改善，据说他已能借些钱经由上海到宁波做生意了。因此，与一般旧式农民相比，彭年显得比较精明，稍有市场意识，略知经营之道，对张謇的教育也有所不同于普通农家。

几个孩子当中以老四比较聪明，所以张謇自幼至长便得到读书的机会。起初是入邻塾从邱畏之先生学习，到10岁已经读完《三字经》、《百家姓》、《神童诗》、《酒诗》、《鉴略》、《千家诗》、《孝经》、《大学》、《中庸》、《论语》、《孟子》、《诗经》等书。乡村塾师无非是令学生死记硬背，教属对不特不讲究四声，连平仄声也不区分，可见相当平庸。彭年深知自己这样的小户人家若想提高社会地位，只有命子弟走科举入仕这条道路，所以在张謇11岁那年，他咬紧牙关，另请宋蓬山先生来家授读。这位宋先生已50多岁，是个屡试不中的老秀才。他检查张謇弟兄学业，发现“音训句读多误”，命他们从《大学》、《中庸》、《论语》、《孟子》开始，尽换新课本重读。有时结合《三字经》、《四字鉴》、《千家诗》为学生讲历史故事，教属对则授以四声。张謇的学业有所进步，又读了《诗经》、《尚书》、《易经》、《孝经》、《尔雅》、《礼记》等书，学习作五七言诗、试帖诗，到13岁那年居然能够“制艺成篇”了。一个普通农家子弟已经经过投身科举的基本训练，彭年心满意足，对先生优礼有加。有一次，先生举“人骑白马门前去”，张謇对以“我踏金鳌海上来”。在乡镇迷信家们看来，这自然是好兆头，仿佛张謇金榜题名、光宗耀祖的灿烂前程已经指日可待，彭年更是满心欢喜。

宋先生虽比邱先生略胜一筹，但也无非是一个学识有限的农村塾师，再加上年老病弱，自己还要继续应考岁试、科试、乡试，有一年停课竟达6个月以上。彭年对儿子的教育也与一般富有的士族大家不同，他不仅命张謇兄弟为先生洒扫侍应，而且还要他们随雇工在棉田锄草，在家中建房时帮忙做杂工。彭年在这方面要求相当严格，张謇以后曾回忆说：“后有兴作，凡木石砖瓦，一一度其修短厚薄之尺寸而预计之，无有差忒。临时必使謇兄弟杂作小工，而于砌墙每层将合时，尤令注意于需砖之度，相其修短厚薄，检以界工。曰：‘工屡觅砖，或断砖不合，则耗时而费料，亦以练儿童之视力。’至他人家，亦视其营造之合否而教之。以是謇兄弟于土木建筑计划，稍稍有知识。”①

南通名胜文峰塔

彭年为人处世都非常严谨，“每作一事必具首尾，每论一事，必详其表里。虽仓卒小札，盐米计簿，字必完正，语必谨备，亦往往以此教子而观人”。他种田也极为讲究，“麦豆之行，必使纵横相直，田四周薙草必洁，种树木亦然。佣不如法，必移正之，不厌其数。乡人语曰：张家种树，一回不住”②。这些美德对张謇熏陶颇深。

彭年是个务实、精细而又颇有心计的人。他看见宋先生垂暮之年仍然屡试不中，知道科举的道路并非平易可行，所以不能不为儿子准备一条后路，兼作农事经营方面的训练。由于家庭经济逐渐宽裕，儿子曾劝他把已有的二十几亩田佃出收租，彭年却谆谆告诫说：“子弟非躬亲田间耕刈之

① 张謇：《述训》，《张季子九录·文录》第1卷，中华书局，1931年，第10页。这种家庭教育对张謇影响颇深，在他成年后的日记中常可发现有关建筑材料的数字记载。如光绪十四年四月三十日记：“青口圩周九百丈，高一丈八尺。外基砖六层，最上二层无砖，有谯楼。砖每个重六斤八两，每个钱六分半……合工料二万五千金上下，木石料不在内。”这就与一般旧式文人习惯于模糊思维有别。

② 张謇：《述训》，《张季子九录·文录》第1卷，中华书局，1931年，第10页。

事，不能知稼穑之艰难。汝曹日后无论穷通，必须有自治之田。”① 这种注意农工生产，进而科举出仕，退可终老庄园的家训，对张謇此后的人生道路产生了重大的影响。

二、冒籍风波

同治七年，张謇15岁就开始进入科举试场。

通州旧俗，家庭三代均无人入学为生员者，称之为“冷籍”，子弟应试往往要受到学官与保人相互勾串的多方勒索。张謇的家庭自然属于“冷籍”，为避免入场前后的种种刁难敲诈，经他人介绍冒充如皋人张驹的孙子，并改名育才在如皋应试。这当然是需要报酬的，“许院试隽，酬以钱二百千”。此类事当时不足为怪，而且索取价值不高，所以彭年父子便一一照办。

张謇初上考场，县、州两试居然顺利通过。但是州试成绩欠佳，取在百名以外。老师宋璞斋（宋蓬山之子，举人）督责甚严，大骂说：如果有一千人应试，定额录取九百九十九，惟一不取的那个人必定是你。张謇羞惭至极，在住宅的窗户和帐顶上“并书九百九十九为志”。睡觉时在枕边系两根短竹，夹住自己的辫子，只要翻身牵动辫子，惊醒立即起来读书。每夜读书“必尽油二盏”，看见“九百九十九”往往泪下如雨。夏夜多蚊，便在书桌下摆两个坛，将双脚置于坛中。经过发愤准备，院试果然被取中第26名附学生员，获得了秀才称号。彭年一家人的欢喜自然是难以形容。

张謇在科举道路上迈出了第一步，但人生的忧患也随之降临。原来张驹及其弟张骊、侄张镕都相当狡诈，除索取“学官认派保廪生贽及其他费银一百五十元”外，又到彭年家坐索80元，还要220元约券作为酬谢。其他乘机敲诈者纷至沓来。彭年这才发觉中了圈套，想请宋璞斋先生出面疏通让张謇改填履历归还原籍。璞斋嗤之以鼻，反而斥责彭年：“如若言，

① 张謇：《述训》，《张季子九录·文录》第1卷，中华书局，1931年，第11页。

发达后请改不迟。今请改三代，则秀才立时斥革[①]。种田人家甫得一秀才，易视如此耶?”原来这位老师本身就是为诈骗牵线的媒介，而且也已经得到“重谢”。彭年是个庄户人家，怎敢与举人老爷顶撞，从此更加不堪骚扰。

从同治七年到十二年，在这5年间张謇全家受尽了敲诈与凌辱之苦，不仅经济上遭受严重损失，而且多次被张镕等人串通学官、董事反诬陷害。张謇19岁那年因为害怕被如皋县官吏拘押，穿着破鞋，手执灯笼，深夜冒风雨仓皇出城逃归。“白日惊看魑魅走，灵氛不告蕙荪愁。”二十几年以后，张謇回忆往事还为此愤慨不已。“折出东门，过桥骤风灭灯。时甫浚城河，缘河泥淖深二三尺，连续不绝。虽雨势稍细，而云黝如墨，立桥下久之。易钉鞵，而藏鞵弃灯，持盖柄为杖。蹲地定瞬，辨路高下险易，行十余步辄一蹲。足陷泥淖及踝，钉鞵屡堕，揞杖起之而行。是时忿火中烧，更不知有何畏怖，亦辄作挟利刃斫仇人头之想。又念父母在，此身事大，不值与鼠头并碎，且自解自行。东门至北门才三里许，三四时始达。比至友人处叩门，街柝四声，雨止天霁。友见余状狼狈，大虢。告以故，急借衣履易焉。外雨内汗，襦袴尽湿，足疱累累，遂坐而待旦。”[②]

在封建社会里，农民与士子，是两个相互隔绝的群体，处于不同的梯级。作为农民子弟的张謇要走出自己固有的群体，上升到一个较高的梯级，他必然要面临上层群体的排斥，并且需要付出昂贵的代价。当时海门

---

① 清朝对冒籍处理本来甚严，《钦定科场条例》规定：“士子考试，须确查的籍，取具印甘各结，并无违碍，方准送考，其有假冒籍贯者，该生及保一并黜革，因而中式者革去举人，照例治罪，仍将送考、收考官、出结官、学臣，地方官，教官一并议处。”但康熙三十九年以后逐渐松弛，虽禁而不能杜绝，故允许在一定限期内坦陈改籍（即归原籍）。冒籍有多种情况：有顺天乡试南人冒捐北监入试；有官员在现任地方令子弟冒籍；有不经呈明即以寄籍报考；有同城异县，蓄意通考；尚有冒旗籍、军籍、商籍应试者。张謇系普通农家，地位低下，又不了解有关法令、条例，遂被连年敲诈。

② 张謇：《归籍记》，《张季子九录·专录》第3卷，中华书局，1931年，第10页。《啬翁自订年谱》（原稿石印本）有较详记述：“张驹子镕关通如皋教谕丹阳姜堉南、训导太仓杨泰瑛，冒铨名控逆，姜、杨签传。海门师山书院院长王菘畦先生汝骐，杨同县中表也，余试书院，亦被称录，因付书为地。四月杪，单舸往，不听申诉，押于学宫，索重赂。先君请于璞斋先生，先生谢不能为力，余家实不支，而金太夫人郁疾。阅三月，先君多方贷集百数十金，延某甲往说，仅获放归。”

师山书院院长王崧畦曾致如皋训导杨泰瑛一函，介绍张謇说："少年聪隽，性质温美，洵佳士也。本籍通州，寄居海门，家世务农，乍得读书子弟，州人名之为冷籍。虽身家清白，亦难考试。"[①] 这就已经透露出其中消息。

19 世纪中叶，特别是太平军起义以后，清王朝的统治面临严重危机，在武力和金钱两方面都急需各地的支援，因此下层群体往往可以通过"军功"或"捐纳"向上层群体进行有限的渗透。张謇既未当兵作战，又缺少足够金钱，他只能以苦读与品格来显示自己的价值，谋求赢得上层群体的识拔与接纳。王崧畦与海门训导赵菊泉、通州知州孙云锦相继察觉张謇的潜在价值，他们最先向这个朴实勤学的农家子弟伸出了援救之手。正是由于这些正直的地方官员的帮助，以及江苏学政彭久余的同情，令通州知州孙云锦查办，以自行检举被罔之误处理。其间又几经周折、几经磨难，直到同治十二年才经礼部核准"改籍归宗"，总算了结这场无妄之灾[②]。

南通唐家闸通扬运河帆影

① 张謇：《归籍记》，《张季子九录 · 专录》第 3 卷，中华书局，1931 年，第 5—6 页。

②《啬翁自订年谱》同治十一年记云："以如皋生员归通州原籍，本彭侍郎与孙先生委屈玉成之意，然殊周折。法须先销张镕冒名控案，须原试时廪生保证，由学官知县加勘转州，州详院咨部，部可乃可。而学官仇也，知县袒学官者也，廪生仰学官鼻息者也。余既委曲得廪生保结，至如而杨泰瑛欲阻余归通，则又关通如皋知县周际霖，据抚幼塾董阻留之禀签付。"直至次年，"归籍须补之世系图，里邻亲族及廪保结，呈学转州详院文既县，自赍至苏州，投于院胥，速院咨部。夏，部报可，首尾已三年。"

张謇家庭虽然号称小康，但底子本来就很单薄，经过这番洗劫性的勒索花费，负债银达 1 000 两之多，已经濒临倾家荡产的边缘。但是，对于张謇进入士人群体来说，倒也具有突破性的收获。一是取得上述若干地方官员（主要是学官）的赞赏，开始得到上层人士的援引。二是结识了一批同案生员，如通州范当世（肯堂）、海门周家禄（彦升）、如皋顾锡爵（延卿）、陈国璋（子璹）等，扩大了交游面。三是在科举训练方面也有某些进益。同治十年，张謇开始求教于海门训导赵菊泉。“先生令尽弃向所读之文，以桐城方氏所选四书文及所选明正、嘉、隆、万、天、崇文授读。每课艺成呈阅，则乙抹过半；或重作，乙抹如前。训督严甚，乃大愤苦。逾半年，抹渐少，复命从事朱子《四书大全》，自是益进，读宋儒书。”①这年科试，果然取中一等第十五名，取得参加乡试的资格，张謇在科举道路上又前进了一步。而更为重要的是，张謇从此开始走进了社会，并且逐渐增进了对这个社会的理解。

三、 客幕之始

同治十三年，张謇 21 岁。当时孙云锦已调任江宁（今南京）发审局，念张謇家贫，便邀他任书记。这是张謇游幕生涯的发端。

对于张謇这个孤陋寡闻的乡村知识分子来说，江宁当然是一个更为广阔的天地。发审局书记的公务不多，张謇主要是伴同云锦的两个儿子读书。江宁是东南文化中心，四方人才荟萃，几个大书院的山长都是国内知名学者，如钟山书院山长临川李小湖、惜阴书院山长全椒薛慰农、凤池书院山长武昌张裕钊等。张謇如饥似渴地向这些名师学习“治经读史为诗文之法”。其中以桐城派大师张裕钊对他的影响最大，20 年后，他在为张裕钊所写的祭文中说：“呜乎！道义橐籥，寓于文章。三代悠邈，下迄汉唐。越宋、元、明而昭代，纽微著于归、方。刘、姚禅作，姬传尤昌。再传之盛，崒起湘乡。孕忠耿于天骨，荡元气而翕张。惟夫子之轶绝，乃尽窥其

---

① 张謇：《啬翁自订年谱》卷上。

室堂。”[①] 可见推崇之极。此后，张謇的治学逐渐摆脱了制艺文章的狭隘格局，接受了当代桐城派合义理、词章、考据为一炉的宗旨。

这年夏天，张謇随孙云锦到淮安查勘渔滨河积压讼案。此行对这个初出茅庐的青年文士产生了明显的影响，张謇发现学问不仅不限于八股制艺，而且也不限于经史古文，在许多实际事务中还有更多深奥的道理需要钻研。他在旅途中所写的十多首诗中，有“苍生安石与同忧”、“船山不是一经儒”等质朴的语句，表明他有继承明末清初朴学诸大儒经世致用优良传统的强烈愿望。“谁云江南好，但觉农妇苦，头蓬胫赤足藉苴，少者露臂长者乳。乱后田荒莽且庑，瘠人腴田田有主。”[②] 出身农家的张謇对民间的疾苦是关心的，淮扬地区的贫穷落后使他感受很深。“建炎时事重江淮，故垒萧萧说将才。欲问中兴宣抚使，愁云无际海潮来。”[③] 这已经俨然以经营江淮与中兴清朝自相期许了，表现出张謇新的志向和抱负。张镕之流的欺诈凌辱已成往事，正所谓“亦既歔为冷风、荡为空波矣”。张謇再不是那个任凭他人愚弄摆布的乡镇青年了，他更多关心的是国家的命运和时局的艰难。不过，当时“同治中兴”的幻想还有很大的影响，所以在张謇的诗文中，对于民族危机与社会危机的反映并不十分强烈。

张謇在江宁扩大了自己的社交圈，结识了许多有声望的师友。士人群体终于承认和接纳了这个来自低层的农家子弟，张謇也自觉而勤奋地力求适应这个群体环境。张謇在自订年谱中曾经回忆过一件往事：“三月朔，投考钟山书院，校官课者丹徒韩叔起弼元摈不录。余负气投书，求示疵垢，无一人知。望课借他名再试，钟山院长临川李小湖先生联琇取第一。复以他名试经古课于惜阴书院，院长全椒薛慰农先生时雨亦取第一。二先生皆传见。既投韩书事泄，薛先生亦诘韩，语孙先生（指孙云锦）。先生索观书稿，曰：‘少年使气，更事少耳，须善养。’余惭谢，即日先生为余谢韩。四月朔，复投课（钟山书院），取亦第一，始诣韩谢。”

---

① 张謇：《祭张濂亭夫子文》，《张季子九录·文录》第16卷，中华书局，1931年，第7页。

② 张謇：《农妇叹》，《张季子九录·诗录》第1卷，中华书局，1931年，第9页。

③ 张謇：《从孙观察公奉差淮安十六首》，《张季子九录·诗录》第1卷，中华书局，1931年，第15页。

这件事在他的日记中有较详实的记载：同治十三年三月初二日“五更起，偕陈丈课钟山书院。是日为方伯梅课，题：《君子创业垂统》二句；诗：陈言务去。作二卷，二更出”。张謇对自己的制艺文字较为自信，却不料竟未得到校阅者韩叔起的赏识。三月十二日，他偕友人游雨花台，“返已午后，（钟山）书院案发，被斥。自顾文字何至于百人中不能得一名？肄业前，海师（孙云锦字海岑）本欲为扬于韩某之前，余为干请事虽小，不欲以气节换虚名，乃与侩为伍尤不能也。噫！不以为怯者，谁哉？作韩某书”。愤愤不平，溢于言表。由于向韩质问又得不到答复，所以便于十六日改名再应钟山书院课。二十五日“同陈丈去钟山书院看案，余名列第一，何前之不幸而今之幸也”。四月一日谒见钟山书院山长李小湖，才知道正是这位长者“暗中摸索”所评定的，可见确为公正。对于张謇的“少年使气”，除孙云锦给以批评外，了解内情最多的“陈丈”也给以规劝：“才须晦以养之，谦以益之，否则恐招忌招损。”隶属于正统儒学的士人群体，不容许张謇的少年意气和逞强个性得到自由发展，所以有长者以“耐烦读书，耐苦处境”八个大字相规劝。张謇既然要投入这个正统儒学的文化圈，而且还想在其中出人头地，他势必要接受这个营垒的行为规范。

这年冬天，张謇回家探亲，带回所得薪金100两作为还债之用。彭年夫妇甚为喜欢，把银子供奉在祖先牌位之前，叹息说：“通海乡里，老师宿儒，授徒巨室，终岁所得，不过如此，汝何能一出门即得之。”老四已经成人自立了。江宁虽然距通海不过200多公里，但在乡下人眼里仿佛是另一个世界。旧俗送灶或曰过小年的前夕，张謇迎娶海门徐氏[①]，这是一家破落大户的女儿，俭朴而又贤淑。婚后家中困穷如故，索逋者纷至，而亲友则很少人来致贺。张謇在日记中叹息：“数日中门无可罗之雀，心同

---

① 徐氏卒于光绪三十四年，张謇在《亡妻徐夫人墓表》（《张季子九录·文录》第14卷，中华书局，1931年，第5页）中追念其贤德云：“夫人年十八来归，未弥月，謇即为书记出门。由是岁率腊归而正出，盖十二年。过是或以科举，或为旁州县书院长，或事实业，岁十八九役于外，又二十三年。凡此三十五年中，父母起居疾痛之养，家人之调护烹任瀚濯箴黹之璅职，督治田园宅庐纺织，与夫宾客祭祀之供备，一委诸夫人，事举而上下安之。”

失食之鸿。人情薄似秋云，世事畏如夏日。是即室有芙蓉，不足消此侘傺，况下此者乎。”幸好新妇安贫而又勤劳，两人关系颇为融洽。

但张謇当时毕竟还只是20岁刚出头的青年，他不可能事事都中规中矩。在公务和学业之暇除徜徉山水以外，也难免偶尔有秦淮风月之游，这里毕竟是六朝金粉之都。就在到江宁的第二年五月六日，友人刘筱泉招饮，并邀“桐华女史”作陪。张謇初次出道，其感觉是：“但增嘈杂，那得风情？”但两天以后情况就发生明显变化，有五月八日日记为证：“复为筱泉扯往章台之柳，则居然司空见惯，重来崔护矣。”五月十一日日记：“晚至笛楼处小坐，步月返，则知三游画舫，而一孔之儒，蜚言如雨矣。然亦置之不论不议之列而已。”居然已是名士风流气派。此后连续三天，他或为这些“女史”、“姬人”题扇书联，或偕友人同往“桐花深处”。直到五月十七日作书院功课之后，才有所醒悟与自责：“累日鹿鹿，岂忘三年磨折乎（指三次乡试未中）？”不过秦淮夜游画舫笙歌实乃当时风尚，张謇和他的年轻朋友们很难完全抵拒声色的诱惑，所以此后仍不免有这类世俗酬应，但内心的理欲之争则与日俱增。如光绪三年二月二日，与周家禄等友人狎妓酗酒。“二更席散，有沈沈者，有号呶者，有蹩躠去者，千状万态，极酒国之奇观。同人因彦升（周家禄）坚卧不起，为叶子戏候之。予乃局于短足榻假寐。烛焰横烟，帐痕如水，履声钗影，亦不可谓非知己。然琴心虽迫，泥絮不飞，则不得不有负斯人矣。”总算是逢场作戏而不及于乱。但此次酗酒后遗症颇重，第二天“彦升醉而卧，烟锄醉而吐，薰南、子青醉而倦。余非醉而几吐，不能卧而倦，几兼数子之苦。计予青囊中短去佛饼十许，同人皆悔。则知天下事阐发无遗，必无余味。文章之贵酝酿，处世之贵浑厚，何莫不然耶”。纵饮之后自责，却由此体会到文章之道，季直毕竟是书生。第二年正月途经上海，照例借宿在永安街太古昌洋行候轮，虽然只有一天停留，然而无谓的应酬却终日不断，而且都是在“校书”、“词史”寓所置酒宴请。直至晚上，“湖北涂某，湖南周某、陈某置酒相延，珠围翠绕，丝竹嗷嘈，不复问夜何其已。是夕计用番钱七十余枚。贫家终岁作苦，所得讵有此耶！浩费若此，日复一日，吾不知税驾之所矣。四更乃息”。上海开埠30多年，商业发达，华洋杂处，已经成为全国最繁华的城市。出身贫苦农家且秉承勤俭家训的张謇，对于这十里洋场的骄奢淫逸之风，自然会产生相当的反感情绪。

张謇是个性很强的青年，他通常是寓矜持于自律。对于乡愿式的“一孔之儒”的如雨蜚言，他可以不屑一顾；但自幼所受的父母教诲以及儒学伦理的长期濡染，却使他自觉地经常进行内心的反省。青少年时期的孟浪经历是一个人成长过程中所难以避免的，问题是并非所有的人都能正视自己的过失，及时总结经验教训，使自己逐渐健全与成熟起来。当然，外在的亲人与师友的关切规劝也是很重要的，张謇不仅经常受惠于父母的亲切教诲，而且还得益于许多时时给以诤言的师友。孙云锦与他不仅是主宾关系，而且简直是把他视为自己的子弟，既严格要求又关怀备至，而且以自身的风范深刻地影响着这个初出茅庐的青年。李小湖、薛慰农、张裕钊三位名师对他更是关怀备至，不仅帮助他为一生的学业打下坚实的基础，而且在为人处世方面也给以言传身教。例如，同治十三年十月五日，张謇回通州应岁试之前，孙云锦特地为这个年轻幕客设宴送行。当天的日记表露了张謇的内心感动：“海师殷殷之意，厚无复加，濒行亲为检点行李，以肩舆送至舟。”第二年七月二十八日张謇在江宁参加恩科乡试之前，薛慰农又“甚相属望，坚嘱场前勿多访友，勿读闲书，一以凝文心、养文机为主。且谓于子期望最切，勉哉勉哉”。张謇激动得在日记上写道：“噫！不才安得掊九万里风，扶摇直上，报我生平知己耶！”还有最早识拔并援救张謇的海门训导赵菊泉，也始终关怀着张謇的成长。光绪元年十月十五日，正当张謇借住赵府本拟读书而被一群年轻朋友连日邀请欢宴青楼之际，这位长者“谆谆以韬晦浑厚为勖；且戒勿蹈名士习气，谈次滴泪下”，可见情感之深挚。所以张謇“心颇不安，以既壮之年，不能厉学问，博科名，贻吾师之忧，虽木石心肠，能勿动哉”。

这些前辈的教诲都有助于张謇品格的自我完善。儒家的自省与某些宗教徒的修炼一样，只有首先战胜心中的魔障，然后才能战胜外界的魔障。张謇在客幕期间，除饱读诗书与制艺精进外，在道德自律与增加定力方面也有明显的收获。

但是，也可能正是由于张謇的崭露头角与深受幕主眷顾，江宁发审局内部的人际关系却渐起波澜。

张謇涉世未深，意气犹盛，他对幕主并非一味顺从。光绪元年三月十五日，他与孙云锦在公务之暇谈论钟山书院韩叔起由于评卷不公被人“揭控”之事。孙云锦可能是从官员的立场出发，认为“衡文者而受请托之名，与剖符者蒙得赃之谤，同一可怜”。张謇颇不以为然，在当天日记上写道：“理诚是矣，而范文正所谓，一家哭何如一路哭；论文而妄抑人，与受贿而妄屈人，其罪不间以寸。文正斥污官而先生亮（谅）盲椽，或殊途而同归欤？我不得而知也。”说明这个游幕江宁不过一年的年轻文士已有若干独立见解。孙云锦是宽厚长者，对张謇依然多所奖掖如故，主宾之间犹如师生父子，孙云锦的两个儿子东辅、亚辅与张謇共学也亲如兄弟。但同僚之间已有不能相容者，时时可以在词色中感受到讽刺。同年七月二十二日日记有所记述：“晚饭与海师痛谈一切，悲人情之刻薄，恨谗人之高张。然余已有去志，略谈一二，为海师解闷，殊不敢以憨直丛谤也。”但这已不再属于士人群体的外向排斥，而无非是它内部的嫉贤妒能。好在反正没有多少文书需要处理，张謇干脆借住惜阴书院读书，避开无谓的人事纠纷。次年四五月间，“应科试，经古制艺正覆，四场皆第一，补廪膳生”①。眼看着就可取得参加优行试的机会，他却自己放弃了机会。原因是学官要求“先具挚而后举”，张謇却坚持“未举义不当先挚”，这是正统儒士自我标榜的操守，也是所谓可免于谄的“贫贱之骄”，而时人却往往讥之为古板。

四、投入庆军

光绪二年闰五月，张謇入庆军统领吴长庆幕府，时年23岁。

---

① 张謇：《啬翁自订年谱》卷上。张謇日记与年谱略有出入，由于学政门斗蒋某索取规费，謇颇反感，并未去为学使送行。但可能由于师长的劝谕，张謇有所妥协，事后除自往学政处补送贽卷外，也把规银补给蒋某。未参加优行试却是事实。清制，学政于三年任满时，会同督抚考试各府、州、县荐举的文行兼优之生员，录取者称为优贡，可赴国子监读书，或依等第高下授予教谕、训导之类官职。惟录取名额较少，大省五六人，中省三四人，小省只一二人。张謇甚得学政林天龄好评，如及时参加优行试，未尝没有取中可能。

早在去年春天，张謇即已经由孙云锦介绍，结识驻军浦口的吴长庆。张謇避居惜阴书院期间，吴长庆曾有意延揽，邀张謇到军营中小住，并把他的文章送名流审阅，极力加以奖掖①。当时，张謇曾赋诗“骏骨从来能得马，好收骐骥共殊勋”，已经流露出投靠庆军的意愿。孙云锦原本就是吴长庆的父执，他知道张謇已有去意，自然乐于推荐与撮合。入幕以后，吴长庆对这个青年文士优礼有加，在自己住宅后面筑茅庐 5 间，作为张謇读书和起草文稿的处所。俸银也增加了，从江宁发审局的每月 10 两提高到每月 20 两。这些都表明张謇的声望和地位又有所增进。

历史有许多机缘，碰上或错过这些机缘，并非人人事先都能预知。如果没有孙云锦的识拔，张謇也许会长期蹉跎于场屋，终老于乡曲。而张謇与吴长庆的结合，却使他从此渐渐卷入清末政治派系斗争的漩涡。

吴长庆（1827—1884），安徽庐江人，由于随父组织地主武装镇压太平军和捻军而不断得到提拔。他虽属于淮军系统，但却长期处于历任两江总督曾国藩、沈葆桢等人的直接管辖和影响之下，因此没有成为李鸿章亲信的嫡系，庆军保持着相对的独立性和自己的某些特点②。19 世纪 70 年代，绵延 20 多年的全国范围的农民起义风暴暂告结束，而随着西方资本主义逐步向帝国主义过渡并加紧掠夺亚洲，中国的民族危机逐渐严重起来。在这种新的政治局势下，湘、淮两系内部出现一定程度的分化。后起的淮系由于买办性较重，在外国侵略者扶持下，声势很快就超过已趋老朽的湘系；而某些湘系头面人物则往往应和士大夫的主战清议，借攻击李鸿章的屈辱求和政策以抬高自己的身价。在这种复杂而微妙的纷争中，吴长庆与

① 据《张謇日记》，同治十三年春，三月初三日在江宁发审局进餐时即曾见到吴长庆，印象是“吐属尚风雅”。七月十五日受孙云锦委托，乘“横云”轮船解军饷 5 000 两去吴营，并参观吴亲自指挥筑建的江阴鹅鼻嘴炮台工程，此后相知渐深。光绪元年二月二十三日再次去江阴工地，“吴军门来嘱应顺天试，并有资助征囊之说。余以离亲太远，又未返告，不欲为营营觅举之事，仍返金陵。然而感遇之心若环。嗟嗟，世风不古，怜才者谁，虽军门只有虚语，然如此之口惠亦寥寥焉，不重深人感叹乎！”但吴长庆也并非“口惠”，他于 3 日之后即派人送来白银百两壮行。此时，张謇已为发审局人事纠葛所苦，遂萌发投吴之意。

② 咸丰四年，吴长庆在父亲廷香战死庐江后，纠集其残部数百人在合肥一带作战，为两江总督曾国藩所赏识，于攻克三河后正式成立庆字营。同治元年奉调随李鸿章去上海作战。但不久又被曾调回安徽，所以与淮军关系不深，并与淮军某些粗鄙将领格格不入。

淮系另一著名将领张树声都具有离心倾向，在某种程度上与湘系接近。按照张謇的描述，吴长庆“颀长白皙多髯，肫然儒者。善谈论，与人语，必反复详尽，惟恐不达。折节善下人，僚友论事，或盛词厉色，公不以为忤。……为学喜读经，临事必用经术辨析；其研理则自《中庸》下逮宋儒之书，靡不穷索”，并且“爱士而门左千客，门右千客；罗贤而朝拔一人，暮拔一人”[①]。他是一个仗义疏财而又礼贤下士的儒将，在幕府中着意延揽了一批学者、名士，因而能够得到清议的好评。

张謇之所以投身庆军，不仅是期望辅佐吴长庆成为“高勋照图丹”的第二个“懿懿湘乡侯”，同时也未尝不想借此攀登更高的梯级，“朝鱼而暮龙，功名蜕侯伯”[②]。不过，从光绪二年闰五月到六年四月，四年之间幕府生活都是闲适而又平静的，张謇除处理一些日常文字工作以外，还可以继续向张裕钊习作古文，再就是师友[③]之间的酬应唱和。其间，他曾多次参加乡试，虽然科试、会考成绩优异，博得沈葆桢、夏同善等颇有声望的督抚和主考官员的赞赏，但是乡试仍未能获捷，连举人的名号都迟迟难以求得。

光绪六年春天，吴长庆升授浙江提督，并奉命入京陛见，张謇等随行。张裕钊因事往济南亦同行，在颠簸的骡车中掌握牙管悬空练习书法，前辈这种“专勤”的精神使张謇终生难忘。途中曾登泰山，游泰庙，观汉柏唐槐。黄河流域的春天较南方稍迟，但大可数围、中心已空的古槐，旁枝已经叶色青葱。张謇在途中时吟杜甫望岳诗：“岱宗夫如何？齐鲁青未了。造化钟神秀，阴阳割昏晓。荡胸生层云，决眦入归鸟。会当凌绝顶，一览众山小。”吴长庆在快活岭下题名：“光绪六年四月，浙江提督庐江吴长庆入觐道此，偕乐平彭汝云、崇明杨安震、通州张謇登岱及顶。庆于兹山凡六游，而陟顶巅且三度矣。”[④] 这是张謇第一次到京师，所以进京以后

① 张謇：《吴军门五十寿序》，《张季子九录·文录》第9卷，中华书局，1931年，第6页。

② 张謇：《酬泰兴朱曼君》，《张季子九录·诗录》第1卷，中华书局，1931年，第20页。

③ 张謇在庆军幕府结识泰兴朱铭盘（曼君）、武进何嗣焜（眉孙）等，海门家禄（彦升）亦聚处一军。他们相与友善，许为知己，以后在事业上颇多合作之处。

④ 张謇：《啬翁自订年谱》卷上。

畅游紫光阁、陶然亭、龙泉寺等名胜，并且结识桐庐袁昶（爽秋）、合肥张华奎（蔼卿，系张树声之子）等名士，眼界较之在江宁、浦口更为开阔。入觐事毕，吴长庆一行乘船到天津，取道海上南归，主宾的心情都是很欢悦的。

但就在这一年，海陆边情同时吃紧。俄国在伊犁交涉中、日本在琉球问题上都采取强硬的侵略政策。法国加强吞并越南，并且窥伺中国领海。日本则在《江华条约》基础上继续插手朝鲜，直接威胁中国东北。正是在这样的形势下，吴长庆于冬季调补广东水师提督，奉命帮办山东防务。庆军留六营于浦口、下关、吴淞，移六营驻山东登州、黄县。张謇随军去登州，驻防风云变幻的渤海湾。“微闻玉帛方修好，却倚危阑日听潮。”① 他在风景佳妙的蓬莱阁上凭栏远眺，但见海涛汹涌，水天相连，心事浩茫，感奋不已。

然而战事毕竟没有马上爆发。尽管张謇等人协助吴长庆“并海周视”，去济南与山东巡抚商议防务，但并没有完全实现他们的海防部署。清王朝的实权掌握在恭亲王奕䜣和北洋大臣、淮系领袖李鸿章等人手中，当权者宁可出让领土主权以换取虚假的和局。蓬莱军中的岁月显得异样的优闲，明代抗倭名将戚继光所筑水城故垒任凭惊涛拍击。张謇在百无聊赖中阅读了《老子》、《庄子》、《管子》，并且与友人时相唱和。“锦衣仗节空都护，墨绖临边有上卿。坐使积薪仍厝火，牺牲玉帛任寻盟。”② 他只能借诗文发泄对误国权臣的憎恨。

渤海湾表面上的平静态势终于被朝鲜的突发事变搅动了。光绪八年六月，朝鲜爆发了反抗封建势力和日本侵略者的“壬午兵变”。正好朝鲜国王李熙生父大院君李昰应与王妃闵氏争权，利用并策动“禁卒内乱，攻突王宫，戕其大臣及日之使其国者”。日本驻韩公使馆被焚，日使花房义质逃回长崎。日本政府认为时机已到，立即派海陆军随花房义质进抵仁川，逼迫朝鲜政府赔款，并且签订新的不平等条约。朝鲜国王通过中国驻日公使黎庶昌电讯告急，请求清朝政府出兵援助，斗争于是又扩大为中日之间

① 张謇：《驻军蓬莱阁呈节使》，《张季子九录·诗录》第2卷，中华书局，1931年，第7页。
② 张謇：《重有感》，《张季子九录·诗录》第2卷，中华书局，1931年，第7页。

的冲突，形势更为紧急而又复杂。这时，李鸿章正因母丧“丁忧”，直隶总督由张树声署理。张树声倾向于对日本采取比较强硬的对抗政策，于六月下旬邀吴长庆到天津，张謇随行，共商如何应付当前事变。

关于赴韩前的准备，张謇日记有简略记述。六月二十四日：“丁雨亭（汝昌）军门来，说高丽、日本斗衅事。”丁为北洋水师提督，此行显然是奉树声命前来召吴长庆计议朝鲜事宜。所以二十五日即“偕延陵（吴长庆）诣津”。二十六日船抵大沽，因为水浅夜泊，吴长庆先去天津，张謇等第二天才到达。就在二十六日这天，张树声还派丁汝昌偕候选道马建忠率超勇等兵轮 4 艘先行赴韩探查。张謇在天津只停留两天，二十八日抓紧时间与树声重要幕僚何嗣焜等好友“久谈”，可能是作为统帅机要人员讨论援韩军事行动细节。当晚即乘小船湄云号在风浪颠簸中走上回程。二十九日一到登州，张謇就忙于为吴长庆书写各处急信，三十日替吴起草《陈援护朝鲜事宜》，七月一日又作《谕朝鲜檄》，可见工作之紧迫繁忙。《啬翁自订年谱》亦云：“吴公奉督师援护朝鲜之命，五日即回防，属余理画前敌军事。时同人率归应乡试散去，余丁内艰（母丧）独留，而措置前敌事，手书口说，昼作夜继。苦不给，乃请留慰廷（袁世凯）执行前敌营务处事。”张謇初次在紧急事变中显示镇静应付和勤奋干练的良好素质，这与平素的好学深思并注意实务有很大关系，当时他还只有 27 岁。

庆军于七月三日出发，距奉命援朝不过七天。四日上午，张謇随吴长庆登“威远”轮，“下午开行，同发者‘镇东’，继发者‘日新’。因添煤，小泊烟台，风雨夜作”。五日，“风大，早行。泊威海卫”。六日，“辰刻开行，风平，‘泰安’偕发。与金洵卿允植笔谈”。七日，“辰刻至朝鲜南阳府境海内。‘泰安’、‘拱北’同。与金谈”。金允植时任朝鲜吏部参判，系奉王命来华请援的领选使。他与吴长庆的笔谈保存于张謇当年日记中，当系张謇整理后用正楷誊写之副本。这是了解“壬午之役”极为宝贵的原始资料，照录如下：

吴：贵国人才有可称举者否？

金：鄙人本无藻鉴，不敢妄对；亦不无翘楚者，未知此次得免乱锋否也。

吴：现在仁川府使任荣镐亦有才略否？

金：未之闻也。前任府使，以议约（指仁川条约）时地方官之罪，已经赐死。想任荣镐是一边亲信之人也（可能指倾向于李昰应。——引者）。

吴：各道不闻有义师，是摄李昰应之威，抑果无其人也。

金：兴宣（李昰应）十年秉政，余威尚存。且彼据私亲之位，名曰辅政，在敝邦之人，实难举兵相向，此非上国（指清朝政府）不能办也。

吴：所论亦是，但既图危宗社，即是祖宗罪人。现在为其胁从者，是否为其所驱逼，抑见理不明。

金：敝邦之人苦无此识见，惟以绝和闭门为安宗社之至计。彼之所以能做此事者，亦顺人心也。

吴：大兵越境问罪，必先正名，如《春秋》书子突救卫。昨日作檄文（指《谕朝鲜檄》）一首，预备将来之用，须先生来审定，以先生能熟贵国情事也。缓急总须到彼相机裁度，急固恐有他变，太缓亦恐不济事。

金：先不必声讨，须好言诱之，以安其心，然后图之似好。

吴：本如此办，但恐昰应未肯即至耳。

金：以势言之，现今日人滋事，彼不得不款附中国也。

吴：由仁川至王京，有星岘山，是否险要？

金：星岘山不甚险，但比中国道路不平。

吴：然则由仁川至京，可以为中权策应之地何处？

金：并未详此处形胜，另有地图带来者，请试一阅。

吴：贵国向来额兵多少、兵制若何？

金：敝邦京城宿卫五营，仅万余名，多老弱虚冒，名存实无。兵制则在高丽时用唐朝府兵之制。入本朝，升平日久，兵制尽坏。至前明万历年间有日本之乱，改用戚南宫《纪效新书》法。今所用者，即其遗制，亦具文而已。

吴：各道有知兵者否？有应乱者否？

金：各道也没有。凡才须养成，事必经熟。敝邦五百年无事，不能养才需用久矣。山泽间或有志气不碌碌者，亦无从得而开闻见，但悬空说去，不中实用。且或以役鬼、推数等左道煽惑愚民，自谓知兵者，反不如愚鲁无识之人。

吴：由汉江水路至王京，路程如何？

金：轮船可由江华，再抵盐仓项，距王京不远。但孙梁项有石，两岸极狭，轮船难以通行。若潮盛时，可以驾过。往在丙寅年，法国轮船亦入江华至盐仓项。此次亦可测水前行，较仁川旱路为便。

吴：日本通商口岸有三处，此外两处，去王京较仁川远近。

金：虽仁川水路未详，距王京德源元山（日本人谓之鷋山）五百里，东莱釜山一千里。

吴：乱首万一他乱，能策其所向否？

金：若至他窜，更需费力。所窜地方虽不能逆料，彼邦有南汉、北汉，俱有山城，极陡绝难上。北汉在王京后二十里，南汉在王京东南五十里，如窜他两处不足深虑。若东走江原道，南走忠清、全罗、庆尚道等地，不可一定。愚意庆尚道近日本，全罗道三面临海，必不敢此向。此地忠清道公州有双树山，城在三南之冲，或者暂避此处也。西北两路近上国，若知兵自上国，必不敢走西北也。

吴：乱首既有权力，恐其事急，反复走通日本耳？

金：缓则不无是虑，急则造次，恐不能办。

吴：军中带去饷银如何用法？银价是否七百文？有钱铺兑换否？

金：敝邦不用银子，无有换钱之铺。惟用以首饰、器皿，或买用银子，大约一两换七八百文不等。近日敝邦钱贵，想银价随而低也。

吴：米价如何？

金：平年一斗，敝邦铜钱百文，中国钱二百文，较中国斗似稍小，米则好矣。但此时民皆窜匿，市不出米。

吴：定要买，当如何设法？

金：仁川小港僻村，本无储米之家。王京外，汉江沿村，漕米在仓。又江村富民，亦有贸米积置之处，此时虽散避，必不能尽载而去。若近到王京，合有买米之道。

吴：木柴煤炭等易办否？

金：煤炭本无，惟有木炭，木柴亦可贸用。

吴长庆虽然是多年南征北战的宿将，但过去毕竟只是在国内与农民起义军作战，现在则是到国境以外作战，而且是在一个还维持着宗主关系的邻邦，他所面临的敌人，不仅是朝鲜叛军，而且还有以国王生父为首的某些朝鲜政治权势，特别是虎视眈眈且以武力相要挟的日本侵略者。对清朝政府，他要恪守传统礼制，维护“上国”体面甚至要高于维护朝鲜权益；而对于日本和其他野心勃勃的西方列强，他又必须尽快了解外在世界，了解新的国际态势与处理国际事务的游戏规则。加以，他没有强势的政治后台，一贯奖掖他的曾国藩、沈葆桢等已先后逝世，掌握军政大权且对外主和的李鸿章对庆军早已视为眼中钉。因此，他必须谨慎从事，不容许自己有丝毫失误，哪怕是胜利在握也不敢掉以轻心。他受命于朝鲜情势危急之时，已经没有可能作从容的调查分析，而只能在行军途中向熟悉本土情况的金允植作必要的了解。他提出的涉及朝鲜的政治态势、兵力配置、人心向背、叛军动向、行军路线的问题，乃至有关后勤补给的若干紧迫问题，如银钱比价及如何交换、粮食燃料如何购买等等，提纲挈领，胸有全局，确有一代名将之风。金允植也一一据实相告，为庆军的“壬午之役”提供了极为必要的信息，作为一军统帅的吴长庆的战略决心，可能就是在兵轮上最后形成的。张謇随行在侧，固然表现出优异的机要幕僚的优秀资质，同时也必然会从中学到许多书本上所没有的宝贵知识。

七月八日晚，“威远”驶进朝鲜内港马山津（位于朝鲜南端，距釜山较近），“登瀛洲”号继至。张謇连夜为长庆“定戡乱策”，这是把统帅的决心具体化为可以操作的行动方案，对幕僚的要求是更为细密而又准确，不容许有丝毫马虎。九日黎明登陆，驻马山，显然是考虑到“仁川水路未详”，故舍近求远，改为从陆路往北进军汉城。次日开拔，张謇虽已感风寒，仍随军宿鱼鳞川。当天行军日记：“行五十里，一路山多树密，田畴皆倚山水，种植与中土略同。是时稻有未秀者，据土人云，今岁较歉于往。”十一日，“宿果川，行七十里，道由水原。其地域极竣整，置留守一人，盖王京南一大都会。其北门外夹道皆松林，万石渠迎轺馆水木尤胜，至此小憩。果川县无城。是夕，李昰应命其子训将载冕来”，训将即上将军。“轺”音 yao，原意为轻便马车，后延伸为出使之意，如光绪二年出使英国的刘锡鸿就把自己的日记标名为《英轺日记》，迎轺馆相当于现今国家级的迎宾馆，所以长庆一行在此小憩，而当时仍把持朝政的李昰应则派遣其亲信的另一个儿子训将（官居上将军）前来迎接。在训将到达前，可能已有另一位朝鲜高官与长庆晤谈，所以在张謇日记中还附有一份笔谈记录，亦颇具参考价值，照录如下。

此件未具对方姓名，张謇在上端注曰：“此条本在初十日笔谈第一之后”：

> 日本公使花房义质进见国王，以七件事为请：一则限十五日捕诛乱首也；一曰人死者为十三，亦赔给银五万元；一曰人动兵之费，至回兵时计量赔给；一三处开港之地，四面百里以内定租界；一内地无碍往来。（以下二条传者忘之，亦不打紧云。）大抵此次祸乱，若非兴宣（李昰应）出而调停，则其势如滔天，靡所止届。现今大得民情，王师声讨不宜遽加于无罪之人，以拂民心。入城（指汉城）后，更探事机，务臻安全恐好。

这次笔谈提供了日本侵略军要价的底线，同时也说明了李昰应确有其群众基础，这些对于庆军进一步如何行动的计议应当很有裨益。

七月十二日，庆军“渡汉江（汉江水因山涨深浅，潮不能至。沙滩北宽数里，南岸皆山），至屯子山驻军，去王京七里。请延陵速入城，觇昰应动静，乘机执送。是夕眉叔（来定计）”。这显然是接受了上述朝鲜某官员建议，先由吴长庆进城拜谒，借以麻痹昰应同时也观察其心态动向。马建忠已先期来汉城，负责外交方面的交涉，所以也乘夜前来庆营密商擒李大计。

十三日，“延陵入城，晚昰应以申刻（约在下午5时）出城答拜，因见执，即席送南阳，军益威严。与振帅（张树声）讯”。诱捕李昰应是一险着，但又是必下的一步棋。张謇事后曾有追忆：“谍者刺乱军方益造兵，日以七兵舰逼仁川要款，昰应颇观望。当是时趣弭乱，逮昰应就理（似指理蕃院），羽书骆驿道路。公度盛兵多杀，非朝廷意，而昰应为乱军心胆，乃从数十骑入谒昰应；即因其来，宣示诏旨，致之天津，而使使以书白张公，请独任军事。”其所以请独任军事，是由于对日本态度与马建忠稍有分歧，不愿承担外交可能失利的责任。

智擒李昰应以后，汉城肯定大为震动，所以朝鲜国王赶紧派要员前来询问，张謇日记中附有七月十四日吴长庆与朝鲜左承旨严世荣的笔谈：

> 吴：顷复书与国王。弟等奉命而来，一为贵国正名，二为贵国讨乱，非仅为和约已也。名不正，则祸靡有已；乱不讨，则日人藉复仇为要挟之计，呶呶不休。此弟等禀承于枢廷之大旨。方贵国乱作之始，朝廷□（缺一字。——引者）未得其魁，又闻国太公（指李昰应）为众心所附，皇帝欲进而问其事状，冀望特切。臣子之义，惟有奉行，故昨日国太公来营，即偕丁军门诣阙。我皇上以孝治天下，岂有为其子而失其父者。况太公于国王则父子，于中朝则旧臣；有此一行而全父子之恩，定君臣之分。我辈同寅协恭之谊，亦交尽而无憾。今日丁军门与太公早至海边，不日即可抵津。我朝素行宽大，笃伦近恩，必能两全而无敝，请国王万万放心。（张謇边注：是日严世荣笔谈自行检去，故未录。）

这是擒李的第二天，连日下雨，庆军“席地卧，熏湿殊甚”。但军容严整，士气仍盛，因为不战而擒乱首，给全军将士以极大鼓舞。吴长庆向朝鲜政府说明既定方针：一是正名，二是讨乱。正名是恢复国王李熙的权力，讨乱是杜绝日本要挟借口；擒李昰应乃是为国王复权扫清障碍，同时也就是根除乱源，一举而两得焉。诱捕李昰应后，连夜送往南阳；而金允植早在九日庆军登陆时即已分道赴南阳，想必也是事先的部署。李昰应随即以“登瀛洲”号送往天津。张謇日记说是八月二十一日“入朝”，实即被清政府幽禁于保定府。庆军的行动可谓迅雷不及掩耳，所以北洋方面称之为“奇功”。如果擒李之举失败，或虽擒而仍留在朝鲜，后果都不堪设想，或至少不可能如此迅速结束“壬午之役”。

擒李之后，正名目的已经达到，所以下一步即为应国王之请定乱。张謇七月十五日日记：“乱军有思逞之意。夜得国王讯，因定攻剿枉寻里、利泰院之计，枉寻、利泰，乱军所居。朝鲜仍世禄之旧，兵亦世兵，故蟠结易于为乱。”十六日：“寅刻（凌晨）延陵自攻利泰，别遣将攻枉寻，辰刻（上午七至九时）收伍，擒执数百人。由国王令捕盗将讯别首从，诛十人，攻剿创死者数十人。”[①] 从发起进攻到胜利收兵前后不过三四个小时，而且对叛军诛戮不多，清军更少伤亡，亦可谓干净利落之至。当天即发信向张树声报捷。定叛之后，朝鲜政局恢复稳定，庆军赴朝任务也就胜利完成。

七月十八日，张謇首次进入汉城，除与马建忠等中方官员有所商谈外，还会见了朝鲜兵部判书赵宁夏、宏文馆侍讲鱼一斋，都是出身于世家之佼佼者。二十日，吴长庆“移军枉寻里东庙，庙祀关壮缪，以居城之东，曰东庙。宏壮匹南庙，朝人祀壮缪，盖极虔云”。这天晚上，张謇通宵达旦忙于公务。二十一日同样是“事甚剧”。二十二日才得空写家信并至枉寻里察看。只见“所谓乱军之家，十室其九鸡犬绝响矣”，战争无论规模大小，总难免给当地民众带来损害。二十三日，朝鲜吏部参判金石菱来访，据说是该国之通晓洋务者[②]。参判相当于清朝官制之侍郎，判书则相当于尚书。二十四日，金允植来，共商迎还闵妃，“妃遘乱创，逸阴竹族人舍”，此前曾误传已经“死难”。当天，吴长庆一行还正式谒见朝鲜国王。国王以酒馔赏赐庆军劳苦功高的张謇和袁世凯，张謇事后还书写了颇

---

① 张謇《啬翁自订年谱》亦有所记述：“十六日，因国王密请，督军攻剿枉寻里、利泰院二处，廛宇连属，乱军所在也；阵斩数十人，擒一百余人。余察其中有父子兄弟之偎依共命者，言语不通，杀则易妄，白吴公请国王迅命捕盗将及司法判书驰至军，讯别首从或非辜，得罪人十数焉。”

② 金石菱的祖上是中国人。张謇曾赞之曰：“石菱参判者，金匮之华裔，而鸡林之故家也。往缘公事，来俟王师，昕夕戎旃……故都廿代，能说其替兴；道辖八区，从咨夫险易。多闻识要，瞻智用愚，朝鲜多材，亦其楚已。”（张謇：《朝鲜金石菱参判谭屑序》，《张季子九录·文录》第5卷，中华书局，1931年，第3页。）可见石菱与允植对庆军“壬午之役”均有帮助，而且都是张謇诗文之交关系亲密者。

具文采的《谢还朝鲜王酒具启》。文曰："往拜大王盛饔之赐，今见盛酒瓷盎，尚在军中行厨。列讯庖丁云：比还役仓卒遗此。廋上宫之履，既审辨乎是非；还合浦之珠，宜叙明其来去。反璧为例，削简增惭。"[①] 虽然是漏还一件酒器，亦必说明原委并及时送还，这也反映出张謇恪守纪律，维护军威国威的优良作风。而谢笺典雅凝重，言简意深，所以更加赢得国王的器重。二十五日，张謇又是"写各讯达旦"，估计是为迎还闵妃事请示机宜并通报有关部门。二十六日吴长庆亲率士兵百人迎接闵妃，据说"妃素英武，能佐王治其国，而昰应所深恶者"。

此后一段时间张謇稍得余暇，因而能够与朝鲜士大夫交游并购买图书。七月二十七日，他到汉城访问金允植不遇，但见其家"门巷湫隘，茅舍数楹，墙垣不能蔽邻人之目"，说明是个颇讲操守的清廉官员。原来允植当天已调任江华留守，前往上任去了。二十八日，张謇在汉城书肆购得《全唐诗》、《太平广记》、柳河东、韩魏公、曾南丰、王临川各集，以及《高丽名臣传》，共付银 18 两，可算是小小的奢侈，因为他在庆军每月薪俸也才 20 两，何况家中还负债累累。

张謇在朝鲜的最后十几天，生活节奏更较舒缓而有情趣，慕名来访并结交的朝鲜文士也与日俱增。如八月四日与金石菱叙谈，因为石菱不识金器，张謇嘲以联曰"论金不识青黄赤"，并请对以下联。"石菱大喜，谓肖其生平"，可能是以清廉自恃，并转请张謇代书下联，一并贴在墙上留念。张謇想到石菱在同治初年曾出使中国，对华夏文化了解较多，遂应以"观乐能知雅颂风"。石菱更加高兴，问张謇可否更拟数对。张謇随即应以"标卷平分甲丙乙，贡赋犹区下上中"和"闻乐徐参肉竹丝，品酒能分碧白红"。信手拈来，对仗工整，均切合石菱的经历与个性。最后一句是调侃石菱善饮，而朝鲜酒以色分等，红上碧中白下也。六日，张謇又购买了《全唐文》、《册府元龟》、《经籍纂诂》。可能由于购大部头善本书过多，次日还向袁世凯及另一同事分别借银十二两和三十两六钱。

---

① 张謇：《谢还朝鲜王酒具启》，《张季子九录·文录》第 11 卷，中华书局，1931 年，第 10 页。

八日以后朝鲜上层精英人士来访者渐多，可能有惜别之意。十一日，国王赐以三品官服，张謇作为“考古冠服沿革之资”留作纪念，并书笺谢之。金石菱、金允植等来送行，“皆眷眷有不忍舍意”。十二日启程，当晚宿水原府，“是时居民安集矣”，这多少给“壬午之役”的参与者张謇一些安慰。十三日抵马山津，也就是一个多月以前庆军最初登陆之地。当晚乘“登瀛洲”号出发，风和浪微，十五日凌晨即到达烟台。张謇重新踏上祖国的土地，带回的不仅是胜利的喜悦，还有更为深沉的内心忧虑。

其所以忧虑，是因为“壬午之役”的背后，一场统治阶级的内部纷争正在悄悄地展开。原来这年三月李鸿章丁忧虽然免去直隶总督，但仍署北洋大臣，对朝鲜问题的善后处理依然有很大发言权。他不仅对张树声、吴长庆的坚决主战有所不满，而且还想把战功卓著的入朝庆军转交给自己的亲信马建忠。此事在张謇八月五日日记中已有记载：“李相以延陵军属马建忠，益叹马前书生之语。然因此离异，亦延陵之幸也，不然后世谁能亮其心迹哉！为之慨然无已。”庆军已经成为派系争夺对象，而且主和派仍然处于主流地位，张謇自然产生消极引退思想。他当时还不到而立之年，依然是涉世未深，阅历尚浅。他讥笑马建忠是书生之语，而自己又何尝不是书生意气呢？

八月十五日晚“登瀛洲”号从烟台启碇北上，气候已转为恶劣，“大风颠簸殊甚”，张謇只有“偃卧终日”。十七日，“抵天津，感寒而病。据医者言，心气亦甚亏损也”。在朝鲜一个多月，日理万机，昼夜操劳，有时还在“熏湿”天气席地而卧，加以政争暗潮涌动，自然会感到心力交瘁。十八日，张树声的亲信幕僚何嗣焜来访并“久谈”，大约主要是分析吴长庆的处境和庆军的前途。张謇在当天日记上写道：“往为延陵陈进退之策，坚劝乘势止足，譬谕再四。初亦然之，至四乃更变计，以袁、周为之画计也，甚矣！知进退存亡而不失其宜者，难其人也。”袁、周即袁子久与周馥，其时均为长庆部属，而且关系更深于张謇，地位亦高于张謇，所以长庆容易受到他们的影响。就这一天，张謇还“写朝鲜善后六策稿”，希望通过再一次进言影响清朝政府的决策。两天以后，又作《壬午东征事略》，他仍未放弃继续匡时救世的努力。

但是，由于李鸿章主和论调已在政府中占优势，张謇经由吴长庆积极献策未能获致任何结果。他在30年后曾回忆此事：当《朝鲜善后六策》上陈后，“时张靖达公（张树声）回粤，李（鸿章）复督直，嗤为多事，阁置不议。乃自宛转致于京朝大官，大官中独吴县潘文勤公（潘祖荫）、常熟翁相国（翁同龢）称善，宝竹坡（宝廷侍郎）曾采以入告。孝钦（慈禧）询政府，政府奉教于李（鸿章），亦斥之”[①]。当时支持吴、张建议的，除潘、翁、宝外，还有左宗棠、彭玉麟、张之万、张树声、夏同善、张之洞等。情况很清楚，当权的慈禧和已经处于主流地位的淮系集团宁愿坐视日本侵占朝鲜，以求保存自身实力和统治地位的稳固。而与淮系对立的湘系头面人物，以及属于清流派的一些官员，则鼓吹强硬对日政策以打击淮系，并且谋求提高自身的社会声望。

“壬午之役”是鸦片战争以来清军在对外战争中难得的一次胜利，所以事后清廷论功行赏颇为优渥。九月二日上谕，除主将吴长庆赏给轻车都尉外，张树声赏加太子少保衔，丁汝昌赏穿黄马褂，马建忠赏戴花翎，以海关道员用；其他如薛福成、袁世凯、何嗣焜等30余人，包括筹办南中转运有功的张詧[②]，均列保举，升擢有差。惟有张謇，虽然协助吴长庆运筹帷幄，劳苦功高，却未列名保举。这是由于张謇从一开始就不愿以军功求官职，并且对“举主”有所选择。事见八月四日日记：“得枚生讯，知延陵以定乱之功论荐余及无锡薛叔耘（福成）、枚生三人。枚生坚谢，意与余同。”八月二十二日又记：“与枚生（何嗣焜）讯，辞合肥相国（李鸿章）、振轩督部（张树声）及延陵合荐：‘阎丹书（阎敬铭）欲为彭雪琴（彭玉麟），而终不免向纱帽下求生活。吾辈如处女，岂可不择媒妁，草草

① 张謇：《为东三省事复韩子石函》，《张季子九录·政闻录》第3卷，中华书局，1931年，第35页。张謇为吴长庆所作行状，亦有简略追述：“事方定，而道员马建忠、朝鲜参判金宏集、李裕元已以番钱五十万款于日矣。于是天子以功最，诏赏公三等轻车都尉。而是时有谋代公军者，公请于所主，则又不许。而因台谏论劾主朝鲜和约之人，则又疑公所嗾，公用忧邑。朝鲜，神京之重藩，广斥贫国，介俄罗斯、日二强间。日戍兵逼处王宫，朝鲜兵疲弱，互市之国至。公念朝廷倚公东方事至重，顾兵又至单，数奏请所主陈说利害，不省，且咥咥笑公愚，不足论兵事。”“所主”即李鸿章。

② 张詧得花翎五品衔知县。

字人。令海内知吾两人者，引阎彭近事，笑张季直不若枚生贤哉！幸为清何说此。至悃。'盖其时张吴欲力荐，而鄙意慎举主故也。"彭玉麟为湘军名将，刚直不阿[①]，慎于出处，曾先后力辞安徽巡抚、署两江总督等职，只专注于水师征战和江海防务，且为支持吴长庆对朝建议的重量级人物之一。阎敬铭意欲学彭而未成，先后出任山东巡抚、工部侍郎、户部尚书等职。就在张謇写此信的第二年，彭玉麟又借口"衰病"辞去兵部尚书（实际上是不满主和派），恰好是由阎以户部尚书兼署。兵部尚书一职，从光绪九年到光绪十四年，彭玉麟先后5年都辞不就任，直至最后正式病免，一时传为美谈。而阎敬铭则长期在宦海浮沉，终于高升到大学士、军机大臣，可谓显赫一时，但从人品而言终略逊彭玉麟一筹。张謇引用这个故事的用意很明显，功名自然是需要的，但却不屑于"向纱帽下求生活"，特别是不愿认同政见与志趣均不相合的李鸿章为"媒妁"（举主）。吴长庆是理解张謇的，所以不再坚持保荐，但却在次年赠以1 000两白银作为奖酬。此事在日记中未记，而《年谱》却有追述："吴公属苏松太道刘芝田瑞芬寄千金于余家，盖援朝之初，公有建策速定其乱者酬赏三千金之谕，此犹其意也。余念却则违公意，又似余病其少者，乃声明作无息之贷款。"这也是不屑于居功邀赏之意，时人或以为是矫情，而张謇却认为是洁身自好。

张謇早曾劝吴长庆"筹所以救之而去就争之"，但吴在李鸿章压制下进言不纳，求去不得，终于成为派系纷争的牺牲品。张謇察觉庆军前景黯淡，态度渐趋消极。光绪九年秋，他已把哥哥张詧引进庆军幕中，准备行"金蝉脱壳之计"[②]。这年冬天，他提前回到家乡，专心料理家庭和乡里有关事务。次年春，朝鲜和越南局势同时吃紧，中国东北和南方边疆也同时面临外来侵略的威胁，京师政局发生重大变化，以李鸿藻为首脑的北派清

① 张謇曾把"衡阳（彭玉麟）之风烈"作为自己的学习榜样，誉之为"苍茫六合，更有几人"。事见光绪十七年张謇的《致顾延卿函》(《张季子九录·文录》第11卷，中华书局，1931年，第7页)。

② 张詧少年时即以家贫失学，助理家事并经商。光绪八年在张謇帮助下，以"筹办南中转运"名义捐保江西贵溪知县。次年八月，亦入庆军幕府。

流（亦称前清流）受到严重打击。恭亲王奕䜣、武英殿大学士宝鋆、协办大学士兼吏部尚书李鸿藻、兵部尚书景廉、工部尚书翁同龢分别受到罢职、降调或谕令休致的处分，统统被排挤出军机处。换上来的一批军机大臣如礼亲王世铎和工部左侍郎孙毓汶等，大都是更为昏聩无知的王公和阿谀趋奉的腐败官僚，而在军机处以外为之枢纽的则是慈禧的小叔子兼妹夫醇亲王奕譞，也就是年幼皇帝的生父①。这是张謇第一次亲身感受到朝廷内部纷争的震波，因为斗争的结局将直接影响到他所栖身的庆军的命运②。张謇迟迟没有回到军中，直至四月吴长庆调防奉天金州并来函催促，他才从上海循海路返回庆军幕府。及至赶到金州，长庆已经抑郁病重。闰五月二十一日吴长庆逝世，张謇为之料理后事。时庆军已分二支，朝鲜、金州各三营，前者由提督吴兆有继统，后者由提督黄仕林继统，逐渐失去自身的特点。

长庆死后，幕府宾客星散，而且行前多向粮台索取银钱，未能如愿即攻讦粮台，甚至迁怒为粮台辩护的张詧，完全不顾宾主之间多年的厚重情谊。张謇早就对世态炎凉、利尽交亡的社会现象有所认识，曾对友人说："观人于不得意时，于不得意而忽得意时，于得意而忽不得意时，经此三度，不失其常，庶可谓士。"现在目睹这幅尔虞我诈的世情图，他的内心自然更为愤懑。而在这些势利小人中，张謇最为恼怒的则是吴长庆生前爱之甚深望之甚切的"世侄"袁世凯。

袁世凯（1859—1916），河南项城人，字慰廷。其叔祖袁甲三以镇压捻军官至漕运总督，生父保中亦参与举办团练。世凯自幼过继给甲三之子保庆为嗣子，而保庆又曾与吴长庆订"兄弟"之好。袁世凯是个骄奢淫逸的纨绔子弟，因事被乡里所不容，于光绪七年带其家旧部数十人前

① 张謇：《啬翁自订年谱》卷上，并参见拙作：《翁张交谊与晚清政局》，《近代史研究》1981年第1期。

② 多年以后，张謇对此事的意义更为重视，在《啬翁自订年谱》中指出："自恭王去，醇王执政，孙毓汶擅权，贿赂公行，风气日坏，朝政益不可问。由此而有甲午朝局之变，由甲午而有戊戌政局之变，由戊戌而有庚子拳匪之变，由庚子而有辛亥革命之变，因果相乘，昭然明白。以三数人两立之恩怨，眩千万人一时之是非，动几甚微，造祸甚大。经言：治国平天下始于正心诚意，斯固儒者事矣。故谈朝局国变者，谓始于甲申也。"

来投奔庆军。他原以为长庆督办海防用人必多，可以凭借“世谊”得到破格提拔。但长庆当时受到妥协势力阻抑，防务计划无从展布，所以只把世凯留在营中读书，并请张謇指点制艺。不久，长庆命世凯帮办营务处差使，目的是让这个少不更事的世家子弟在办事中增长才干。光绪八年，庆军奉命赴朝，因幕客多离军参加乡试，张謇筹措前敌事务苦于缺少帮手，请求长庆将世凯留在前敌营务处效力。袁世凯读书虽然不甚了了，办事却颇为精明能干，更善于揣摩他人心理，既能慷慨而谈，又似谦抑自下，入朝鲜后表现得亦颇为勇敢，因此得到吴长庆和张謇的器重。3 年之间，袁世凯“由食客而委员，由委员而营务处，由营务处而管带副营”，并被奖叙五品同知衔，可说是步步高升。世家子弟少年得意，渐渐滋长了野心与傲慢，待人接物的态度很快就发生了变化。所以张謇曾讽刺说：“謇今昔犹是一人耳，而老师、先生、某翁、某兄之称，愈变愈奇，不解其故。”长庆归国后，留袁世凯代管庆军驻朝三营，还不到两个月他就自行巴结李鸿章，“一切更革，露才扬己，颇有令公（长庆）难堪者”[①]。张謇知人论世多用正统儒家的伦理标准，他立论的着眼点并非袁的“更革”效果，而是其自我表露的动机和对待旧主的是否恪守道义。所以，光绪十年四月，他与朱铭盘、张詧联名写信痛责袁世凯：“……胸中既恃家世，又谓二十许人作营务处营官，姓名见知于一新办洋务之宰相，是旷古未有之事。又有虚憍者、浮检者、圆熟者、庸恶陋劣者左之右之，颂功述德，务求合乎司马（指袁世凯。——引者）之所乐。而司马亦遂志得意满，趾高气扬，而又不顾蹈于不义。”[②] 张謇不久即与袁世凯绝交，直到 20 多年以后才恢复关系。

从光绪二年到光绪十年，张謇辅佐吴长庆先后有 8 年之久。他本想借助庆军建功立业，但这个梦想随着长庆之死很快破灭了，虽不能说是壮志消磨，却颇有几分心灰意懒。两广总督张之洞委托专人延请入幕，并向北

---

① 张謇：《啬翁自订年谱》卷上。

② 张謇：《与朱曼群及叔史致袁慰亭函》，《张季子九录·文录》第 11 卷，中华书局，1931 年，第 4 页。原书系年为光绪九年癸未，查与事实不符，现据《啬翁自订年谱》改正。据《张謇日记》，此函作于五月十一日。

洋大臣推荐请其聘用，张謇都婉言谢辞了[①]。正统儒家是讲究慎于出处的，张謇早就向友人说明过这层意思："吾辈如处女，岂可不择媒妁，草草字人。"[②] 功名自然是需要的，但却不屑于"向纱帽下求生活"，这就是当年讲究操守的士大夫们的矜持。

"少壮事行役，悠悠十余载；患难亮非一，奔走亦云殆。北寻微闾山，东泛渠弭海；之罘碣石间，风涛去来每。陈军箕子国，玉剑戛犀铠；当其壮往时，盛气辄百倍。束缚报恩私，功名置有待；风云一朝变，苦心听功罪；浩然归沧洲，徘徊惜文采。皓鹤乘戎轩，置身已凡猥；况与鸡鹜争，但见鸥凫喂。往计真自疏，来辙庶几改；有宅一区存，有田一墺在。农桑世所业，荼荠吾可采；抚今眷畴昔，慷慨有余悔。"[③] 这首诗仿佛是早年游幕生涯的总结，张謇带着七分懊悔与三分惆怅回到故乡。

但是张謇的 8 年军旅生涯，特别是"壬午之役"的艰苦磨炼，却为他的一生事业打下了坚实的基础。

首先是他本人经受了全面锻炼，不再局限于科举制艺，而且初步成为兼谙军政事务并且略知外交的通识型人才。

他走出了国门，与朝鲜、日本众多官员相周旋乃至结交，渐渐知道一些中国以外的事务。作为主要幕僚之一，他不仅要为统帅作军事方略的献策，而且还要为外交折冲建言。为研究朝鲜问题的善后策划，他深感以往知识的不足。光绪八年九月在登州因病休养期间，他曾连夜摘录国际公法中有关朝鲜的约款寄给吴长庆参考。并且知道："公法有便览、会要各种，其所主只论权利，而亦有不乖于理者。"他开始具有国际意识和世界眼光，并且瞧不起某些一知半解的趋时之辈。"自中国人行之，便多挟其说以愚枉一切，甚至上以是殴人而入于夷，下以媚夷而图其利，真狗家哉!"（九月二日日记）他认为马建忠等对日本侵略者让步太多，因为亲眼看到："日兵甚弱，行不成列，吾甚惜朝人以五十万元款之为失计也。"（八月三日日记）当时日军的实力还不足以与北洋水师及庆军相抗衡。他反对放弃

① 当时有张謇"南不拜张，北不投李"的说法，提高了他的声望。

② 张謇：《致何梅生函》，《张季子九录·文录》第 11 卷，中华书局，1931 年，第 1 页。

③ 张謇：《昔悔》，《张季子九录·诗录》第 2 卷，中华书局，1931 年，第 13 页。

朝鲜，因为朝鲜是中国北方的屏障，也是日、俄侵华的桥梁。如果中国争得先机，不顾俄国的虚声恫吓，并且以增兵阻遏日本的侵略野心，事态也许不至发展到不可收拾[①]。张謇不仅关心国家大事，而且关心世界大势，经常形成自己的独到见解，这表明他已进入一个新的认识层次。

其次，他的《朝鲜善后六策》等建言，赢得朝鲜许多有识之士的好评，并且成为朝野恳挚延揽的对象。

他离开朝鲜前夕，国王赐以三品官服，金石菱、金允植等均依依不舍。他回登州的第二天，朝鲜官员李祖渊（浣西）等即来访谈，表示“欲言于王以宾师相待”。次日，张謇又以《善后六策》请阅，李等“谓纯正切近，必可行”。张謇则认为：“余窃料鬼蜮太多，二君之言未可恃也。”(八月三十日日记）所谓“鬼蜮太多”，不仅指中国有一味对日退让者，朝鲜亦有苟且偷安，乃至投靠日本之人。九月一日，李等又与张謇谈朝鲜国事，愤慨“几于目眦欲裂”。“二君以是日下午登舟，坚强余（张謇自称）行。余曰：《六策》如行，虽为朝鲜宾师可也，不然去何益。”（九月一日日记）张謇也始终关切朝鲜情势，曾于九月十八日“上朝鲜王书论善后事；与灵（云）养判官（金允植）书，论国王处变宜行经事”。九月二十三日得到金石菱、李浣西等来信，“浣西望余（张謇自称）之去尤切，谓《六策》王甚服膺，或可行也”。光绪九年张謇曾一度重返朝鲜为吴长庆处理机要文书，与朝鲜爱国士大夫诗文酬应甚多，与金允植、金泽荣（沧江）等交谊尤深，可谓生死不渝。20多年以后，张謇曾深情地回忆这段往事：“往岁壬午，朝鲜乱。謇参吴武壮军事，次于汉城，事平。访出其国之贤士大夫，咨政教而问风俗。金参判允植颇称道金沧江之工诗。他日见

① 光绪十年朝鲜内乱再起，他在《为朝乱事致驻防吴提督孝亭书》中即云：“东事之不可为而祸悬眉睫，謇在壬午八月即历历言之，今其国中尚有謇所作《朝鲜善后六策》为证。然亦初不意所谓近而三四年祸且踵至者，今不幸而吾言之偶中也。”他对朝鲜问题已是胸有成竹，所以认为：不宜“再赔兵费于日，更蹈从前覆辙。此事似不必待日本向我说，我即先须向日本理论曲直。此次进兵不可由马山，当即先据仁川至王京形胜之地，连络屯扎，兵轮分布口门，为先声夺人建威销萌之举为好。若计不出此，恐事将有不可问者”。用今天的语言来说，张謇已堪称朝鲜问题专家。日本学者藤间生大在《壬午军乱与近代东亚世界的成立》中认为，对于中、韩、日三国来说，壬午兵变“可以成为眺望其相互关系的立足点”。清廷决策的失误贻患甚大。

沧江于参判所，与之谈，委蛇而文，似迂而弥真。其诗直窥晚唐人之室，参判称固不虚。间则往还，欢然颇洽。"[①] 光绪三十一年九月，金泽荣有感于日本在实际上已吞并朝鲜，愤而辞官携妻女来华。张謇热情接待，并安排在南通翰墨林任编校工作，主要是从事自己的撰著并整理出版朝鲜诗界前辈申紫霞作品结集（近千篇）。金允植的身世更为悲惨，他不屈于日本殖民主义统治，年过七十而"以孤忠窜孤岛"。张謇曾感叹："不复能有握手谈诗之一日。"民国初年，张謇收到金允植的讣告，立即作长诗挽之。诗云："破晓飞来尺一纸，开缄叹嗟泪盈眦。朝鲜遗民老判书，生已无家国俱死。国何以死今匪今，主孱臣偷民怨深。强邻涎攫庇无所，昔尝语公公沉吟。自是别公三十载（癸未与公别），东海风云变光怪。居州独如宋玉何，楚人甘受张仪绐。一窜投荒不复还，国社夷墟犹负罪。李家兴废殊等闲，河山辱没箕封贤。白发残生虏所假，赤心灰死天应怜。噫吁嚱！朝鲜国，平壤城，李完用不死，安重根不生，运命如此非人争。居士低头惟诵经，诵经之声动鬼神。后生拔剑走如水，亡秦三户岂徒然，从会九京良有以。公胡遽化九京尘，淬患缠忧八十春。回忆南坛驻军日，肠断花开洞里人（花开洞，居士昔居处）。"[②] 张謇旅居朝鲜的时间不算很长，但却为这个民族的悠久历史文化的魅力所吸引，同时也为这个文明古国的沦亡而感到悲愤。他终生反对日本军国主义，希望中国与其他同遭日本侵凌的各国人民联合起来，共同反抗这个亚洲最横暴的邪恶势力，而这也就是张謇与韩国友人诗文之交的深刻意蕴。

第三，张謇的《朝鲜善后六策》虽然未被清廷采纳，"壬午之役"却大大提高了他的社会声望。赏识并且支持这一建议的，除上述潘祖荫、翁同龢、宝廷、左宗棠、彭玉麟等京朝枢臣与封疆大吏以外，还有相与应和的若干好发议论的清流名士，如右庶子张佩纶于壬午九月八日上《星象主

---

① 张謇：《金沧江刊申紫霞诗集序》，《张季子九录·文录》第6卷，中华书局，1931年，第6页。

② 张謇：《朝鲜金居士赴至年八十七矣哀而歌之》，《张季子九录·诗录》第7卷，中华书局，1931年，第30页。诗中所提到的安重根为朝鲜爱国义士，曾于1909年10月刺死刚辞职的韩国统监伊藤博文于哈尔滨火车站。

兵请修德讲武》奏折，其附片谓：“日本与朝鲜订约，加兵费五十万元及驻兵王城两条，所关甚大。闻道员马建忠实主其事，且言赔偿兵费，朝鲜无资，可由中国商局（招商局）代借。又恐李鸿章察出，乃属朝鲜使臣弥缝其事，谓此约非建忠主谋，正其欲盖弥彰。吴长庆亦归罪该道，谓其擅预倭约，任意妄为。此事内关国体，外系洋情，虚实皆应彻究。”[①] 此折表面似乎专攻马建忠并为李鸿章开脱，实际上是借马以批李。因为马建忠是李鸿章身边的大红人，马对朝鲜善后的处理实即秉承李的意旨。这只要稍为浏览“壬午之役”结束后李鸿章给吴长庆的复信即不难理解，此信一是维护和约，二是拒绝增兵。如云：“日朝约款，既经定议，虽偿款五十万元，嫌其稍多；而朝鲜君臣，自甘忍让，中国未便代为翻悔。”“振帅（张树声）原拟以黄镇护卫练军三营应命，克日东渡。适鸿章过烟（台），闻乱军剿散，日朝定约，议令暂缓拔队。想执事公忠明恕，必能默喻斯意也。”李鸿章对外一味求和，宁肯让日本在朝鲜长期蟠踞，所以还说什么“日本业经议和，无再启衅之理，我更不必从旁生衅”[②]。李鸿章这样怯弱而又固执的主张，自然要引起社会舆论更为强烈的不满与抨击。也正因为如此，张謇以一个连举人都不是的年轻幕客，遂成为朝野人士议论的热点，并且成为某些高官争相延揽的对象。甚至连断然摈斥《六策》的李鸿章，也未尝不想把这个才识超群的青年俊彦，作为可供自己驱驰的部属，由此亦可看出当时张謇的身价。所以桐城派大师吴汝纶致函张謇说：“执事声实久已倾动一时。”[③] 金允植也来信说：“当今用人之时，如吾先生之才，谁不欲以礼致之。”

过去由于资料的限制，我们对“壬午之役”给张謇的影响认识不足。其实，经过“壬午之役”，张謇已经不再是一个落魄士子，而是逐渐成为可以成就大事业的栋梁之才。只不过由于张謇过分拘泥于出处的纯正，再加上屡试不第，浪费了大好光阴，遂使他的宏图大展整整推迟了 10 年。

---

① 北平故宫博物院：《清光绪朝中日交涉史料》，1932 年，铅印本。
② 李鸿章：《李文忠公朋僚奏稿》，铅印线装本。
③ 扶海垞编：《来函汇集》（原件）。

五、 场屋蹉跌

张謇于光绪十年七月二十一日返抵家园。事情也真有这样凑巧，九月十四日《申报》又传来了张树声病逝于广东军次的噩耗。张树声与吴长庆一样，都是张謇非常器重的爱国将领。在张謇以后的诗文中，常把他们的相继死亡归因于李鸿章的压抑和对国事的忧愤[①]。因此他更有感于政海波涛的险恶，心情愈加抑郁。

就在这一年，中法战争爆发，朝鲜又发生“甲申政变”，东北与南部边疆的局势又趋严重。张謇对形势仍然关心，但多限于在信函中发表一些空泛的主战言论，并没有多少积极的具体建议。甚至对朝鲜友人，他也流露出消极情绪。譬如致朝鲜参判金允植函，在谈到辞谢张之洞等督抚礼聘时自我表白：“自以天下之事，方用纷纷，好伪惧真，所在而是。苟非难进而易退，鲜有不丧身而辱名者，是用卷然，引义避谢。”[②] 过于珍惜个人的声名，为保全个人名誉，甚至在国事危急之际仍然主张“难进而易退”，这乃是士大夫们标榜道义所隐藏的弱点。

直到19世纪末年，人们仍然习惯于把科举视为“正途”，所以张謇也很难超越“学而优则仕”的惰性影响。张謇回乡以后，至少是囿于孝道，遵从父兄之命，在10年间一次又一次经历了场屋的蹉跌。

先此，张謇在光绪五年五月曾回通州参加优行试，被主考官吏部侍郎夏同善录取为第一名（亦称贡元）。同年七月底，张謇在江宁参加两江总督沈葆桢、巡抚吴元炳、学政夏同善对优行生的会考，亦被取为第一名。贡生有恩贡、岁贡、拔贡、优贡、副贡之别，张謇属于文品均优的优贡。

---

①《张謇日记》光绪十年九月十四日有如下记载：“申报述张振轩（树声）宫保以初七日殁于粤东军次，知己凋零，可为伤已。”张謇为吴长庆所作行状表述得更为清楚，如说左宗棠、彭玉麟、张之洞“论当世人才，皆藉藉誉公。用是忌者益心衔公”。吴长庆病危时犹关心国事。“瞑眩之中，妻子远道驰省，公略不语家事，日日与将吏论战守所宜。有告法夷将至奉天省，公蹶然起，立呼车移营中。僚吏力阻，乃叹息而止。”

② 张謇：《为韩乱事致韩参判金允植函》，《张季子九录·政闻录》第1卷，中华书局，1931年，第5页。

贡生比廪膳生稍高一个层次，如定制一般生员品服式只能用银顶，而贡生可用金顶。不过同年八月接踵而来的乡试却“榜发被黜”，惜阴书院山长薛慰农为张謇设想说：“尔家贫亲老，依人非计，明年如得知县可就也。今时便得翰苑焉用耶？不如为令，实心行政，可作事也。”（九月十六日日记）优贡于录取后即可向学政领文，五月前到礼部报到，由礼部依定制于六月内合各省优贡在保和殿朝考，取列一、二等者以知县、教职录用①。但张謇却不愿走这条捷径，他认为：“患学不修耳，科名奚能重人哉！况余阅世情悉矣，见世之得科名者亦悉矣，退而自处复何尤耶?”（九月十三日日记）仍回庆营利用公余时间刻苦攻读，准备再度应试。

此后几年，由于母丧和“壬午之役”事忙，张謇未能再次参加乡试。直到光绪十一年四月，张謇才北上参加顺天乡试。此时张謇由于国事家事都不如人意，心情颇为抑郁。动身那天在日记上写道：“去岁将七十之亲，求不可必得之名于二千里之外，事与心违，思之泣下。”（四月十七日日记）途经天津，遇见朝鲜乞留清军的使臣闵泳翊。分别之日，“泳翊眷眷，至欲下泪，盖日使与李相（鸿章）既定撤兵之约，闵诣李相，凡数日不一见也。我兵一撤，恐东事益不可问耳。”（四月二十七日日记）这更使他的内心增加几分沉重。幸好到北京以后得到张裕钊、文廷式、袁昶等师友的关切与鼓励，才又安心下来认真作乡试准备。

六月十一日循例在国子监“考到”，经祭酒盛昱录取为第一名，多少受到一些鼓舞。八月八日入考场，文、沈、王旭庄、梁鼎芬等新知旧好均来“送场”，鼎芬且赠送食物，这都是为了鼓舞张謇的斗志。

此次考试情况张謇日记记录如下：

> 八月八日，申刻（相当于下午三至五时）入场。
>
> 八月九日，丑亥（凌晨一至三时）得题，“实能容之”三句，“子华使于齐”一章；“孔子尝为委吏矣”一节；诗：“尽放冰轮万丈光”，得光字。三更后四艺成。
>
> 八月十日，检点文字，誊清。酉刻（下午五至七时）出场。

① 商衍鎏：《清代科举考试述录》，生活·读书·新知三联书店，1958年，第32页。

八月十一日，未刻入场，伯希（盛昱）馈食物。

八月十二日，子刻（半夜）得题："六二鸣谦贞吉"、"先知稼穑之艰难乃逸"、"潜多有鱼"三句。成四艺，用选体。

八月十三日，早成一艺。二更出场。

八月十四日，未刻入场。

八月十五日，子刻得题。第一问经《论语》，第二问史杂史，第三问小学郑注，第四问贡举，第五问农政。

八月十六日，戌刻纳卷。为候子冲（另一应考友人），三更（半夜）出场。

八月十七日，索稿者纷如，亦可见人之望我者殷矣。星海（梁鼎芬）、云阁（文廷式）尤拳拳，可感也。

从日记可以看出，此次应试心态比较正常，文思亦比较顺畅，而且没有出现以往在试场常发的病症，如齿痛、感冒、痰中带血等。文章写得大概得心应手，所以"一时论者谬加奖许"。但鉴于过去挫折已多，张謇对于是否能得阅卷官员的赏识，并无十分把握："然我文与当时之体不类，利钝不敢自必也。"（八月十八日日记）所谓"与当时之体不类"，就是张謇对科举已有逆反心理，逐渐认识到"虽应制诗文，亦当自道其心之所明，自见面目，不戾于凡为文之义理"[①]。这种心迹在此次试卷中已有所流露。

兹以首场"孔子尝为委吏矣"一卷为例，张謇的文章总共只有720字，但其中颇多借题发挥的微言大义。照录如下：

奉职惟称，圣人且然矣。夫委吏乘田，其职虽卑，而不得谓非职也。会计牛羊，孔子何尝不求其称哉！且国家所以少任事之人者，以喜事之人多也。喜事则好为难事，而忽所易事。夫事者，何者可视为易？易乎事者，岂真才有余于其事？惟未周乎事之分际，而自以为才，则心日轶于事之外而冀功，才并不足于事之中而课效。而国家任

---

① 张謇：《自序》，《张季子九录·外录》，中华书局，1931年，第1页。

事之人乃少，而国家废坠之事乃多。曷观孔子处卑且贫之时乎，孔子抱经纶万物之才，使得畀以建邦定国之权，则酌盈剂虚，必有以均于万物。孔子裕覆育群生之量，使上处夫凤舞麟游之世，则调元赞化，必有以蕃阜乎群生。然方其贫也，则尝为委吏矣。委吏者，《礼》所谓掌领野赋，以稍聚待宾客，以甸聚待羁旅，以余聚待颁赐者也，贫则为之。又尝为乘田矣，乘田者，《礼》所谓掌牧六牲，祭祀共其享求，宾客共其牢礼，乡射共其膳膳也，贫则为之。为之则有委吏之事，为之则有乘田之事。自计吏综覈之风盛，而大体不明。其甚者至身秉国钧，但日亲乎酒酤盐铁之微，校量锱铢而自为得计。而缙绅委蛇之士，又或举国家所赖以度支财用者，听之胥吏而漫不经心。始第遗其事之数也，终且并其事之意而忘之，往往然也。自长吏司牧之义堕，而物生益蹙，其甚者虽托以民命，亦且视为草芥犬马之贱，恣肆残贼而靡有终穷。而园林猥璅之官，益得举国家所资以修明典礼者，任其瘝蠹而有所藉口。始第病其物之生也，终且并其物之数而减之，往往然也。若夫孔子为委吏，则曰会计当焉。会者由散而至聚，计者于合而见分；而聚散分合之间，必使之料量平而差分析，当何如也。治人之事者，固不必即事居功；但使所治之事，俾其人不至有付托之悔，而吾责已可谢矣。度孔子亦曰，会计当而已矣。为乘田则曰，牛羊茁壮长焉。茁者孳生相续，壮者蕃盛为群；而孳生蕃盛之际，尤使之饮食节而起居时。长何如也？受人之物者，莫患于物损其旧；诚使所受之物，如有人所本欲爱惜之心，而吾心已无愧矣。度孔子亦曰，牛羊茁壮长而已矣。由是观之，任事者必不容于事外喜事，而不当任事者不当处重任之地，不益晓然哉！

清朝乡试分三场，八月初九日为首场正场，十二日为二场正场，十五日为三场正场。首场题出于四书（《论语》、《孟子》、《大学》、《中庸》），二场题出于五经(《易》、《书》、《诗》、《春秋》、《礼记》)，三场则为策问五道，涉及经史、时务、政治等方面[1]。一般来说，首场试卷最为考官所重

① 商衍鎏：《清代科举考试述录》，生活·读书·新知三联书店，1958 年，第 64 页。

视，应试者写作时也最下功夫。张謇此卷，起承转合，悉中规矩，言简意深，气势恢弘，堪称八股文章之上乘。但只要反复细看，便可发现其议论或多或少越过了时文规范的界限，讲穿了就是对现实政治与权势人物有所触及，而这也就难免要冒一点风险。正如其他各种行业一样，举业也有自己的游戏规则。张謇自幼至长，历经十多年岁、院、科、乡各级考试的反复磨炼，已经学会了应付科举考场的全副本领，撰写八股文章自然是熟能生巧，所以善于利用其基本构架与逻辑规范，隐约地“自道其心之所明，自见面目”。这是一种颇有趣味而又相当艰难的游戏，好比是足球比赛的合理碰撞，或是乒乓球比赛的擦边球，只有体育高手才能得心应手。

此文主旨是强调人生目的应为做事而非做官，即使是做官，无论级别高低，都应努力把自己主管的事情做好，切忌处于高位而徒务虚名。这与他以后所自励的话“天之生人也，与草木无异，若遗留一二有用事业，与草木同生，即不与草木同腐”，显然是一脉相承。张謇把“职”与“事”联系在一起，就是把岗位与工作联系在一起；任这个职就得干这个事，这就是所谓“职务”。职者，官职也；务者，任务也。古今猎官族之通病，就是眼睛只盯住职，却把务视为可有可无。所以张謇开宗明义就标榜“奉职惟称”这个原则。委吏为“主委积仓廪之吏也”，相当于现今的仓库主管，虽然位卑但“不得谓非职也”。既然是职，任职者必求“称”职，就是履行自己的职责，尽力做好本职工作。以孔子之大才，既任委吏，虽会计牛羊也得管好，务求称职。司会计，“必使之料量平而差分析”；为乘田，则须确保“牛羊茁壮长焉”。孔子抱经纶万物之才，怀覆育群生之量，可以建邦定国，可以教化万民。但他既然因家贫出任委吏、乘田，就兢兢业业以求称其职，这才是做人任世的楷模。张謇实际上是利用钟馗打鬼，抬出孔子以抨击时政。所以他笔头一转，直截了当地指摘：“且国家之所以少任事之人者，以喜事之人多也。”所谓“喜事”，就是好大喜功专务虚名，但张謇的措词又相当巧妙，他说这些官员是“好为难事而忽所易事”。张謇批评说，既然做事就不会容易，那些把事情看得容易的人并非才过于事，无非自以为才高八斗而其实对事的本身并不了解，更缺乏应有的办事才干。因此，他们的心思未能用于任事，却整天盘算如何邀功，其结果便是国家任事之人少而废坠之事多。许多当政者漫不经心，把国家的度支财用听之胥吏，“始第遗其事之数也，终且并其事之意而忘之”。“其甚者虽托以民命，亦且视为草芥犬马之贱，恣肆残贼而靡有终穷。”文章的结语是：“任事者心不容于事外喜事，而不当任事者不当处重任之地。”在位者就得把本职工作干好，不称职者就得从高位上撤下来。真是字字掷地有声，饱含着张謇对世情的洞察，内心郁积的忧愤。

张謇已是多经场屋蹉跌之人，尽管友人索稿纷如，赞誉备至，他仍无必中把握。八月十九日，也就是三场结束后的第二天，张謇以卷稿请张裕钊审阅，老师“甚见许可”，友人亦置酒慰问。但张謇仍不免在关庙求签，结果求得“四十签上吉”，签文是：“新来换得好规模，何用随他步与趋。只听耳边消息到，崎岖立尽见亨衢。”仿佛正是冲着张謇报来的佳音。此后 20 天诗文酬应与酒食征逐不断，以至“感寒疾作”又加上“腹疾”，不过张謇和他的友好圈似乎都充满着喜悦的期待。以下便是听录、发榜及其后的那几天日记：

十一日，听录。二更后，节庵、云阁、晦若（于式枚）来，知中第二。

十二日，看榜。钱新甫（贻元）、沈子封（曾桐）、杨叔乔（锐）、屠晋三（寄）皆同榜。第一刘若曾，闻亦孝友诚实君子也。诣礼卿，知出第十二房。房师为商城黄梅岑编修彝年，见时极道闱中事。知以二十日荐卷，本童侍郎所取中，先定第六。后潘、翁两尚书以二、三场争之，乃定第二。见潘尚书则谓：“论学我当北面，徒以一日之长，抗颜为师。一第在子不足轻重，朝廷得人，殊可贺耳。”声闻过情，惕然若砭于肌也。奎都宪见时唯唯否否而已。

十三日，见翁尚书，相待尤极拳挚。童侍郎故始冠之年取为生员者。

二十二日，复试于保和殿。

二十三日，答拜各友。复试取一等二十六名。

此后连日循例拜谒监临诸官以及师友相互宴请，不必一一缕序。

此次乡试正考官为兵部尚书潘祖荫，副考官为工部尚书翁同龢、左都御史奎润、礼部侍郎童华。潘、翁作为南派清流领袖人物，自然满心期望张謇高中。奎润为宗室，隶正蓝旗，与清流无涉，所以对张謇的态度比较冷漠。童华取中张謇的卷子，虽定为第六，但仍属看好。其所以最初没有列入前三名，问题仍出在首场，张謇有些议论显示棱角可能略多。幸好有潘、翁两位大主考强调二、三场考得特好，而童华也并未坚持已见，张謇才得以提前为第二名。当时考官阅卷最重首场，二、三场的成绩一般很难影响录取名次，关帝庙的签文似乎果真有所应验。有清一代，南方士人取中“北榜”（指顺天乡试）第二名的不多，据说从顺治年间到光绪十一年前后仅有 3 人。“物以稀为贵”，他们虽然不是“会元”，却习惯称作“南元”，就是参加顺天乡试的南方士人中的魁首。张謇自从 15 岁考中秀才，前后经过 17 年断断续续的试场折磨，直到 32 岁才取中举人，而且又是引人注目的“南元”，其心情的兴奋喜悦可想而知。翁同龢、潘祖荫为了提高这个同乡后起之秀的声望，命他代作《乡试录》的前序和后序，这也是一种特殊的优渥。这年冬天，张謇留在北京准备参加第二年的会试，大多数时间每日无非写字、读书、作文，可说是专心之至。

光绪十二年三月举行会试，典试者为吏部尚书锡珍、左都御史祁世长、户部侍郎嵩申、工部侍郎孙毓汶。锡珍属蒙古镶黄旗，嵩申属满洲镶黄旗，孙毓汶则是张謇和清流们素所不齿者，他们对这个新科“南元”的应试似乎没有表现出特殊的关注。张謇于三月十日午刻进场（首场），十八日申刻出场，考试倒也顺利；只是出场那天“晨起受寒”，第二天即“病寒咳嗽”，不过并无大碍。四月十二日，沈曾植等好友邀同张謇到万福居听录，同时应试的沈曾植、陈三立等均取中，而张謇则“报罢”，与去年的高中正好形成鲜明对比。张謇意兴阑珊，十三日即托钱新甫代为“注选教谕”，意在谋求一职以济家贫。翁同龢自然也很失望，特地前来慰问。张謇在当天日记上写道：“是日所谈皆披肝露胆之言，师可敬也。”潘祖荫则想把张謇留在京师，边教书边准备下一次会试。但张謇去意已决，遂于四月二十九日出都返南。

光绪十五年二月，张謇再次北上应试，但仍有不得已而为之的消极情绪。抵京后曾给吴汝纶一封信叙说心曲："謇自丙戌薄游江宁，丁亥流转梁苑，七年橐笔往来，屑屑于江淮南北之间。尝窃自怪，不知与世上中风狂走人何以异也。以此弇迹不欲师友知之。归则翻种树之书，躬学圃之事，栽桑种桐，植竹艺柏，亦复粗有端绪。唯为家人门户目前之计，叔兄不能不待次（候补）江西，謇仍不能免此一行耳。壮年意趣，岂应如此？顾念人生豪宕之气不足终恃，偷生浅知，不当蹈荀卿所讥，遂尔慵散，不自知其不可也……试后无论中否，决计南归。"①

此次会试总裁为礼部尚书李鸿藻、工部尚书（满）昆冈、工部尚书（汉）潘祖荫、礼部右侍郎廖寿恒。李、潘均对张謇抱有期望，翁同龢虽未主考，但曾于进场前一日赠银四两以壮其气。张謇于三月八日进场（首场），十六日下午七时出场（三场），除"左足拇指大肿"并感"困惫已极"外，别无其他病痛。不过对于此次考试，张謇自我感觉似乎并非甚好。一是首艺用的是皇侃义疏而未用朱子集注，因为他觉得朱子把"为邦"解释为"治天下"，乃是"推广之义"，即有点望文生义，"不如《义疏》之为安（妥）"。张謇自认为是"道其心之所明"，但又觉得似乎违反了墨守程朱的时文体例。因为思想上有疙瘩，这篇首艺从凌晨一直写到下午六七点钟才终篇，影响了整个进度。幸好二、三艺是"戌亥子丑四时成矣"（即大约一个通宵），但多少显得有些紧迫（三月八、九日日记）。一是他又发现三场策问"题中讹误不少"（三月十四日日记），是辨明其是，还是将错就错，也颇费一点思量。其所以文思较滞并感困惫，原因或在于此。

四月九日听录，"被放"，而同时应考的乡试同年（第一名刘仲鲁）却中式了，考场上有幸有不幸，这也是常有的事情。张謇似乎尚能以平常心对之，所以照常与友好"论学论文"，并且还为翁同龢写了寿文。翁同龢于十二日前来慰问，张謇在日记上只写下4个字："意甚肫至"，感激而非沮丧。但是次日了解闱中内情后，却使张謇别有一番滋味在心头。照录当天日记如下：

① 《扶海垞未刊函电》。

知挑取誊录四十四名。盖场中主试率分，中以正大光明四字为别。自一至二十二李（鸿藻）所取，自二十一至四十崑（冈）所取，自四十一至六十则潘（祖荫），自六十一至八十则廖（寿恒），虽誊录亦如此也[①]。荐卷（指张謇卷）为长白熙小舫侍读麟。首场批："主鲁旧法，主论疏落，入古湛然，经籍之光。次三兴高采烈，畅所欲言。诗亦有豪气。"二场批："援据精详，笔势浩瀚。"三场批："五艺博大昌明，其补叙论断处，纯摹两汉，不能第以时策目之。"潘堂批："首艺说本皇疏，颇有是处。次三略疏。次、三场极佳，额溢，惜之。"榜前，论者以熙为最无文名，恐余卷之出其房，而以为荐至吴县（潘祖荫）则必中。乃熙竟力荐，而斥之自潘，于此益可以安命矣。

原来人们惟恐张謇的卷子落在同考官熙麟手中，因为他汉文水平不太高，可能看不出此卷的好处。没想到偏偏是他推荐了张謇的卷子，而且给以很高的评语。张謇的卷子随后碰巧落在潘祖荫手中，但偏偏又是人们最为看好的一位主考官对他评语欠佳，以致落选，真是时也命也！张謇归心似箭，发榜不过8天，便匆匆启程南下。

光绪十六年为光绪皇帝亲政恩科，张謇再次北上参加会试。此次北行情绪似更低落，行前即有咳嗽寒热等症状，入场前又是齿痛连日未愈。首场诗题竟"未得出处"，这是张謇科举生涯中少有的情况。四月十日"听录，被放，齿痛顿愈"，精神反而轻松起来。次日，"知荐卷出高蔚光房。第一场批：'笔情倜傥，词旨精详。次三有笔有书，抑扬尽致。诗有雄浑句'"。二场批："《春秋》断判有识，余亦切实发挥。"三场居然"无批"，可见评阅之马虎。所以张謇讥之为"誉非所誉，毁非所毁也"。堂（主考官）批则更流于荒疏，只有"滑衍"两个大字。此科正副总裁为刑部尚书孙毓汶、左都御史贵恒、吏部左侍郎许应骙、副都御史沈源深。稍后，张謇得知堂批出于孙毓汶之手，更觉啼笑皆非，在日记上写道："二人素不

---

① 会试主考曰总裁，一正三副，其次序用正、大、光、明四字为别。同考官为18人，有18房之称。试卷先由房官阅批，择优推荐。再由正副主考分头批阅，细心评校，取定中额及名次。誊录相当于备取，不列正榜，另出榜曰"挑选誊录"，可以作为议叙资格，亦可参加下科会试。誊录定额为40名，张謇为44名，所以连备取都没份。

为清议所齿，得失无伤也。”发榜10天以后，张謇即踏上归程。

光绪十八年春，张謇再次北上参加会试。此次旅途更为劳累。二月十六日乘太古公司“武昌”轮北行，“舟中人极喧挤，几无可容”；“卧舱板上，人与人头足相抵也”。十九日到烟台，“入夜大风顿作，船甚颠簸”。二十日抵大沽口，“船高沙重，不能驶进，易小舟而行。近口十八里，风逆水溜，一叶掀舞，行一时许，始过口门”。二十一日乘火车至紫竹林，次日改乘骡车，途中即“病咳”。而车夫“趱程疾驰，颠顿万状，下车劳倦已甚”。到北京后咳嗽仍迟迟未愈。不过这次会试的正副总裁为户部尚书翁同龢、工部尚书祁世长、内阁学士霍穆欢、刑部侍郎李端棻，倒给张謇带来若干心理上的温暖。他在三月六日日记上写道：“翁固乙酉座师，祁复试一等师，李国子监受知师也。”同考官中有袁昶、沈曾桐、刘仲鲁等，均为相知较深的友好或同年。

三月八日首场，“拥挤之苦，为从来所未有。既入号，疲困已甚，病咳犹未愈也”。幸好首次三艺“文皆称心”，但又“不知能稍异时辈乎”。三月十一日第二场，天气又“极暖，号中只能着一短衫”。及至三月十四日第三场，又下起微雪，老天爷真是有意作弄这些长途跋涉进京赶考的举子。张謇此次应考自我感觉不佳，所以每天为人写字（鬻书）或奔走酒食，借以打发时光。四月十一日听录，他仍“独居寓舍为人作书”，友人周家禄代为探讯，“三更始归，知已报罢”。张謇不胜感慨，在当天日记上写道：“于是会试四次，合戊辰以后，计凡大小试百四十九日在场屋之中矣。前已丑既不中于潘师，而今之见放又值常熟师主试，可以悟命矣。”

四月十二日，沈曾植前来慰问，转述其弟沈曾桐所透露的闱中内情，更增加了张謇的感喟。原来翁同龢当江苏省的试卷送上来时，叮嘱同考官要“细心校阅”，惟恐张卷被遗漏。先是袁昶推荐一份其实是施启宇的卷子，认为有可能为张謇，继而又怀疑非是。翁同龢也认为不像，特别是不欢喜其中“声气通于宫掖”一句。后来另一位同考官施纪云又推荐一份其实是刘可毅的卷子，因为其策问第四篇中有“历乎箕子之封”之类的话，认为一定是到过朝鲜的人才写得出来，翁同龢等也颇信为张謇的手笔。只有袁昶持怀疑态度，认为其“文气跳荡”与张謇风格有别。直到已经录取即将填榜之前，沈曾桐请观此卷，从《孟子》一艺与诗卷判断决非张謇所作。但取额名次已经正副总裁斟酌议定，无从作任何改变，翁同龢“叹为无可如何”。继而在拆封（拆开弥封）时，根据编列号次才知道此卷属常州而非通州，启封后果然是刘可毅的卷子。尽管事已如此，翁同龢、祁世长、沈曾桐仍然查寻张謇卷子的下落，结果发现是送交第三房同考官冯金鉴之手。当时第一房同考官为朱桂卿，第二房为袁爽秋。堂荐之日，江苏卷送进而朱桂卿病遂撤第一房，而冯、袁便成邻房。袁曾多次叮嘱冯细心校阅江苏卷，但冯因“吸鸦片之时多”，晕晕乎乎地把张謇的卷子作为“词意宽平”而斥落。就是因为这一关键差错，翁同龢才把刘卷误为张卷并置于第一，“及见其非，为之垂泣”。祁世长也为这一阴错阳差叹息不已。刘可毅原名毓麟，平日亦能文，但不知为何此次改名，而且没有到过朝鲜偏偏要说是“历箕子之封”。当然，这些疑团只有刘可毅自己才能说得清楚，究竟是善于揣摩还是偶然巧合。刘可毅当时被人谑称为刘可杀，张謇则斥之为“黎丘之鬼”，虽然取中会元但并无任何建树，后死于庚子义和团起义之时，这倒真正是一种偶然巧合。

此次落榜对张謇刺激更深而归意亦更决。翁同龢、盛昱颇想把他留在南学（国子监）任教，学内诸生且愿为他捐纳学正官职①。张謇理解“其意甚殷”，但仍“坚谢至再，未遂许也”。国子监官员阮引传、李智俦反复劝说，张謇却竣辞谢之，略谓：“甲申以后，盘旋闾里，不能远客。非独横览九州无可适足之地，亦躬耕养亲其素志也。报罢而因人之赀以为官，非独名义有所不可，将从军时之不受保举，己丑、庚寅之不考中书学正，区区微旨亦无以自明于天下。人之立身行己，当使本末校然，岂可苟简……亲在而望中进士，不中进士，依旧归去，生平志事，即此校然，毫发不可自昧。”(四月二十一日日记)

不久，他却接受了崇明瀛洲书院院长一职，其理由在致盛昱函中已有说明：“崇明距侨寓（指海门）百里，隔一小江，舟车至便，于治圃养亲

---

① 国子监设祭酒、司业、监丞、博士、助教、学正、学录、典籍、典簿等官，分任管理与教学工作。

得以兼顾。效其尺寸之智以附学究之末，亦庶几自食其力。谢太学之官，而就客授；谢六百之俸（指学正俸），而企三百（院长俸）；谢师友过当之矜宠，而转正当祠禄之陈乞。区区下忱，公可鉴其本末矣。”五月四日启程南下，翁同龢“以百金赠行”，再一次表现出对这个得意门生的理解与慰勉。

张謇例次考试情况请见下表：

年　岁	考试名称	主试官	名　次
同治七年 15 岁	二月如皋县试	县令贵州周际霖	取第二百余名
	四月通州州试	知州合肥梁悦馨	取第二百余名
	十月院试	侍郎覲县童华	取第二十六名附学生员
同治九年 17 岁	六月科试	侍郎覲县童华	取一等第十六名
	七月乡试		不中
同治十年 18 岁	十一月院试	侍郎江夏彭九余	取一等第十一名
同治十二年 20 岁	六月科试	侍郎江夏彭九余	取一等第十五名
	八月乡试		不中
同治十三年 21 岁	十月岁试	侍郎江夏彭九余	取一等第四名补增广生
光绪元年 22 岁	八月恩科乡试		不中
光绪二年 23 岁	四月科试	翰林院侍讲学士长乐林天龄	取第一名补廪膳生
	七月乡试		不中
光绪三年 24 岁	九月岁试	侍讲学士长乐林天龄	取第一名
光绪五年 26 岁	五月科试	侍郎仁和夏同善	取第一名，优行试亦第一名（贡元）
	七月总督、巡抚、学政三院会考优行生试	总督侯官沈葆桢、巡抚固始吴元炳、学使仁和夏同善	取第一名
	九月乡试		不中
光绪十一年 32 岁	六月国子监考到	祭酒宗室盛昱	取第一名

续表

年 岁	考试名称	主试官	名 次
	九月顺天乡试	总裁尚书吴县潘祖荫、常熟翁同龢、左都御史宗室奎润、侍郎童华等	中第一名（南元）
光绪十二年33岁	二月礼部会试		不中
光绪十五年36岁	正月礼部会试	同考官内阁侍读长白熙龄	挑取誊录四十四名
光绪十六年37岁	二月礼部会试		不中
光绪十八年39岁	二月礼部会试		不中
光绪二十年41岁	二月礼部会试	总裁尚书李鸿藻、总宪徐郙、侍郎汪鸣銮、副宪杨颐等	中第六十名贡士
	三月礼部覆试	主试官同上	取一等第十名
	殿试	阅卷大臣相国张之万、协揆麟书、尚书李鸿藻、翁同龢等	中一甲第一名赐进士及第（状元）
	六月翰林院大课	主试官同上	取第一名
光绪二十四年45岁	四月保和殿散馆		取二等第三十七名
	（七月以经济特科荐）	侍郎唐景崇	

注：据张孝若《南通张季直先生传记》第25—28页附表，略有删节，年龄按实足年龄更正，以求前后一致。

六、经营乡里

张謇毕竟是一个有抱负的爱国士大夫，他不同于一般单纯醉心于功名利禄的庸俗士人。重视农事经营的家庭教养，经世致用的传统继承，冒籍风波和试场蹉跌的刺激折磨，尤其是十年游幕生涯的实际锻炼，使张謇成为一个务实、进取、事业心很强的人才。他的不断应试，与其说是为了追逐功名，倒不如说是谋求成就一番事业的手段。他的局限是囿于传统成见，把动机看得比效果更重，而手段则必须服从个人的操守。他谢绝吴长庆的代为捐纳，又坚辞张树声的专折特保，用意都在于保持“学而优则仕”的纯正。虽然他曾为张詧捐官，那是因为这位老兄早年失学，根本没有应付科举考试的本领，而且为之捐官也是为了便于与自己协同做事。张謇把自己离开庆军回到家乡称作“归隐”，那无非是一种解嘲式的自我慰藉，以此在心理上弥补考场失意带来的某种空虚。在此期间他的许多诗文确实颇有田园风味，但这多半出于传统的格调和表象的模拟，他的情趣素质缺乏真正的闲适与恬淡。他的“归隐”是积极的，是在军营和试场以外的另一个天地里施展才能，期望为故乡多少办成几桩事业。

当然，必须看到，张謇也具备了在家乡办事的身份和条件，因为他的家庭经济与社会地位都有明显变化，他已经跨进地主阶级中间绅士这个群体的门槛。从光绪十一年到光绪二十年，张謇“经营乡里”主要是办了以下几件事：

协助张謇经营乡里的三兄张詧

首先是办理通海花布减捐。

通州、海门一带盛产棉花，手工棉纺织业与棉布商业也相当发达，据说在光绪元年土布年销量已达 200 多万匹。可是，封建官府的苛捐杂税严重地阻抑着当地工商业的正常发展。江宁藩司所属厘捐卡，设在江北各地的共有 187 处，而通、海两地即有 57 处，约占三分之一。甲午中日战争以前，两地平均每年解缴国库厘捐总额约为 20 万千钱，如果再加上官吏层层勒索中饱，商民实际负担更重。例如通州的石港、双甸两局，名义上每年所收厘捐不到千串，但实际开支却多达3 000串①。无怪乎张謇在当时日记中慨叹：“闻厘捐扰民，为之发指。”②

① 张謇：《通海议办认捐本末要略》，《张季子九录·实业录》第 1 卷，中华书局，1931 年，第 3 页。

② 张謇：《张謇日记》甲申十月二十日。

张謇由于家庭经商的原因，与通海地区的商人关系比较密切，因此对厘捐的危害也比较敏感。早在光绪九年，张謇已与通州最大的恒记布庄老板沈燮均（敬夫）合作，联络各处花布商人，请求政府减少厘金征收数额。频繁的减捐活动虽然未能取得实际成效，但却使张謇对厘捐的危害认识得更为深切。他曾向学政黄体芳陈诉："国家中兴以来，二十有余年，一切取给于厘捐，天下骚然，厘金遂为冗官、秕士、游民之窟。论者至谓舍厘捐不可以国，謇谓欲固国必去厘捐。"① 从要求减捐进而要求废除厘金，并且把国家利益与商人利益联系起来，甚至把废除厘金提高到巩固国本的高度来认识，这说明张謇的思想在一定程度上已经突破重本抑末的陈旧格局。

其次是提倡改良和发展蚕桑事业。

通海地区农家本无养蚕习惯。光绪十二年春，张謇协助父亲集资购买湖州桑苗，到处劝乡人赊购，并且分送《蚕桑辑要》。次年春，他又亲自带领家人育蚕，并陆续向乡人分送柏秧、槐秧和油桐子②。不久，他约同一批人请求海门厅同知广为劝谕兴办蚕桑，但却没有料到民间反应竟是非常冷淡。求助于官府既然无效，于是他们又转向"议仿西法，集资为公司，市桑秧，听民诣领。记其数若居处，不取值，三年后叶可供蚕，计树本加息二分责偿"③。这个办法本来可行，但却由于缺乏资金而未能实现，结果仅仅是买回几千棵桑苗散卖给乡人种植而已。

经过四五年苦心提倡，通海地区蚕桑事业仍然毫无起色。症结何在？原来这个地区手工缫丝业极不发达，农家新茧上市时只有少数丝绵店用重秤压价收买很少一部分，形成"丝不成市"的冷落局面。如果运到上海、苏州贩卖，沿途又要受到厘卡重重盘剥，十有八九都以蚀本结果。这些不利因素，自然要妨碍农家养蚕种桑的兴味。

---

① 张謇：《致黄学使函》，《张季子九录·文录》第11卷，中华书局，1931年，第5页。

②《张謇日记》略有记载，如：闰四月七日，"得柏秧六百余本，槐秧二百余本"。八日，"摘蚕"。九日，"缫丝"。十日，"内子（徐氏）自缫丝凡三十余两"。

③ 张謇：《海通蚕桑兴衰事略复汪稂卿书》，《张季子九录·实业录》第1卷，中华书局，1931年，第12页。

张謇察觉这又是厘捐造成的恶果，便在光绪十八年邀集一批人，吁请两江总督免除丝捐10年以兴蚕利。经过很多波折，总算勉强达到目的。随后，他又劝说县官就地招商开行收茧。到光绪二十二年为止，通海地区先后设立3个茧行。生丝本来是当时出口货物之大宗，通海一带蚕茧业经免捐设行、放价争收，迅速趋于发展。两年之间，通海一带增植桑树不下百万株，泰兴、如皋、靖江等地也接踵而起，形成一股小小的兴办蚕桑热潮。

“百年已决为农计，四海常参种树书。”[①] 事情仿佛已经成功，但转瞬之间就被顽固官员彻底破坏，张謇再次面临严酷的现实。

正在蚕业大兴之际，新任江苏厘捐总局总办穆克登布见利眼红，立即背信推翻丝捐成案，严厉督饬丝商补交历年已经免除的丝捐。丝商怨愤交加，甚至想缴帖闭行以示抗议。光绪二十三年，海门同知惟恐蚕农由于失去生计而奋起反抗，恳劝丝商按去年价格的十分之三收购上市蚕茧，才算勉强渡过难关。可是，丝商的损失又转嫁到蚕农身上，严重损害了农家养蚕的积极性。这年，湖州人到通海一带贩卖桑秧，竟很少有人问津，结果连老本都赔光了。

提倡蚕桑的失败使张謇受到很深刺激，事后他悻悻然向朋友大发牢骚：“夫今日官之贼民，不足奇也；所奇者，不知民为谁何之民，而官以为贼民乃可效忠。”对官府的不满溢于言表，但根本立场仍是忠君爱国。所以，他在骂官之余又转而责备商民：“民之疾官，不足奇也；所奇者，知官所为非朝廷之为，而弃塞生计，宁为荼毒以同尽。”他劝商民不要把官吏的贪暴记在皇帝的账上，千万不要反对朝廷，应该把希望寄托于将来好官日增“布满天下”[②]。

张謇的经营乡里，除上述经济活动以外，还有其他方面的一些内容。

光绪十年，他曾参与筹办当地的滨海渔团，执笔草拟《渔团章程》，

---

① 张謇：《因勖臧舍人索诸果木于冯果卿同年》，《张季子九录·诗录》第3卷，中华书局，1931年，第6页。

② 张謇：《海通蚕桑兴衰事略复汪稂卿书》，《张季子九录·实业录》第1卷，中华书局，1931年，第13页。

准备反抗法国海军的侵犯。

同时，他提议平粜放赈和建立社仓，预防饥民无食可能引起社会骚动。又与沈燮均为海门商定增设拔贡，并向学院请求增加海门生员名额。这是他有感于自己应试的艰难，为本地一般地主、商民子弟争取扩大一点进入士人群体的机会。

在海门恢复溥善堂，也花费了张謇不少精力。溥善堂是一种专门收容无主野尸的慈善机构，最初还是林则徐在江苏巡抚任内令各地创设。年岁既久，溥善堂逐渐废弛。衙门吏役常常利用野尸向附近居民敲诈勒索，受害者主要是不当权的中小地主和商人。张謇在这一活动中得到当地典商、木商、花布商、烟商、纸商、洋药商的支持，这为他以后创办大生纱厂提供了某些社会基础。

不过，以上并非张謇在甲午前十年生活的全部内容。我们不要忘记，张謇毕竟还是一个比较清寒的落第士人，在此期间他没有固定的职业，没有固定的工作，没有固定的住所，除了几度进京应试以外，还得为全家的衣食到处奔波。

光绪十一年春，他曾一度寄食于江宁知府孙云锦处，帮助做点检阅府试考卷之类杂事。光绪十三年，孙云锦调任开封知府，再次邀请张謇随同赴任，主要是协助治河救灾。八月中旬，黄河在郑州东石桥决口，堤破30余丈，很快就扩大到200余丈。黄河洪水夺道汴、颍、汝、涡下灌，横溢四五十里，无数灾民四散逃跑。河工人员李祁贪污卑劣，民愤已久，被人剖腹投于河中。八月十九日日记叙此事甚详："闻之土人及灾民咸云：余老爷每年领银十几万，只见他时常唱戏请客；任用外工司事李师爷一味刻剥，已二年不加春厢（指春季加固堤防），故有今日之变。方决口时，居民愤极，将李某推入水中；因其泅水复上，乃相与剖裂其腹，弃之波中。别有张姓，平日作恶少次，故是日居民但击碎其颅，未致死地。李名祁，苏州人也。余老爷者，即余璜。居民劫其署中物一空，群拥其妾入水。妪诡言：此吾女也。乃免。妾腕金条脱两副，民亦未攫；谓不干若事，吾侪不取。呜呼！孰谓民之愚也！"

张謇奉命乘舟经中牟二三堡察看水势，发现残堤所存防水材料大多已被洗劫一空，灾民以柳枝遮蔽栖息堤上，人畜死亡无算。黄河自古经常泛滥为灾，到清代中叶以后，由于河工腐败年久失修，决口后果更为严重。张謇目睹这些悲惨景象，心情十分激动。八月二十日日记云："登高阜望决口之西，初若有岸；继及日上，更细察之，高下迷离一带如烟者，皆决口迤西水中之树杪也。问之土人，云已三里半，或云已塌三堡有余，计且六百五十六丈矣。灾民傍堤之南，窟土盖以柳条、蒿梗，相属数里不绝。呼其人而问之，谓近堤死者尚少；五六里外，奔湍掩至，时当中夜，则人畜之漂没者不可殚记云。舟人之恶者，虽经官雇拯溺，而每人索钱五千，或掠妇女而货焉。河督、河道所驻，踞决口四十余里，漠然不相存恤。河道以灾民刈柳条庇窟，且斥为不成事体，出示严禁。吾不知其何心也！赖城中急公好义之人，送馍之车不绝于道，灾民得少存活。噫！归告，桐城泪下如注，立即呼舆谒巡抚，请速立赈局。"九月，应河南巡抚倪文蔚之请，代为拟订治河方案《疏塞大纲》。张謇做任何事都极为认真，并且具有经过深思熟虑而后提出的独立见解。他博考宋、明历史，查阅治河旧著，勘察实际水势，力主乘全河夺流恢复古代黄河故道，北洋大臣派来的外国技术人员的建议也与此大略相同。奉旨前来勘河的大臣李鸿藻等为这个大胆的设想所震惊，他们没有加以采纳。张謇于是退而求其次，建议"以切滩取直法治河南险工之河"，即就地形水势引直河道以便疏导，并主张采用疏浚机器施工，但主事者囿于陈旧河工传统，亦未加以采纳①。张謇痛感"河患终无衰止之日"，于十一月中旬离开河南，冒大风雪乘船回家度岁。

此后张謇转而热心于教书与著述。光绪十四年春应聘主持江苏赣榆选

---

① 此事《啬翁自订年谱》记述较详："力白李公：乘全河夺流，大治河，复禹故道，李公惊惮焉。北洋令西人贾海来勘，所言大概与余同，复格不行，则请以切滩取直法，治河南险工之河。按前河督梅启照开方图，加以最近测自祥符上泛以西郑州五堡、鸡心滩河分南北两支处始，至下泛北头堡、鸡心滩亦分南北两支处止，居中就势引直。南自广武山尾以东至荥泽、三堡鸡心滩七里，接至郑州六堡之间二十里，自八堡至中南头堡七十里，三堡至二十六堡三十里；北自祥河南堡南支，至下北十堡四十里，共一百六十七里；可使南而荥、郑、中、祥，北而祥泛五处四十三里至险之工化险为夷。浚用机器，施工较易。复不行，盖狃于旧河工之说也。是河患终无衰止之日，余去志益决，且恐不速矣。"按：当时倪文蔚治河已用机器，张謇曾追忆："轮船铁路，辇工运料；林植电灯，昼夜番作。"张謇：《清故光禄大夫振威将军河南巡抚兼提督衔倪公墓志铭》，《张季子九录·文录》第13卷，中华书局，1931年，第9页。

青书院并兼修县志，曾“求宋、明、清名志读之，殆十之六七”。同年亦曾应太仓知州邀请，商谈修志体例。光绪十七年参与修东台县志。光绪十九年又由盛昱推荐，应崇明知县聘请，主持瀛州书院。

在张謇一生当中，甲午战争前这10年是他侧重于致力学术著作的时期。先后写成《释书谱》（1884年）、《说文或从体例错出》1886年、《蜀先主论》（1887年）、《赣榆县志序》、《赣榆释》（1888年）、《不榖不仅诸侯说》、《督抚提镇即古诸侯说》（1889年）、《周易音训句读》（1891年）、《移建象山书院记》（1893年）等。当然，由于张謇主张经世致用而且志趣始终集注于实际事务，所以除县志和《周易音训句读》外，其他都很难说是系统学术研究。不过通过上述学术活动的若干特点，可以看出张謇的思想正在发生微妙的变化，尽管在甲午战争前这种变化还是很有限度的。

首先是重视编修地方志。除参与纂辑赣榆、东台两部县志外，还曾“辑志例，欲成《志通》一书”，很想在方志学方面有成体系的建树。他讥刺一些旧志内容陈旧，“独斤斤于匹夫匹妇未彰之行，务广搜采以发幽凡，可谓知二五而不知一十”，强调应该着重探讨“疆域之沿革”、“民生之利病”、“人物之去取”等有益于当代的重大问题。在体例方面，他主张把食货、学术放在军政、官师、人物各部之前，已经表现出对于实业、教育两大问题的特别重视。在修志方法方面，除须要查考旧有文献以外，还注意实地调查访问。“用所疑惘，质于其父老、大夫、搢绅先生，事无纤巨，咨叩数反。”同时，又对叙事的真实和图表的精确[①]提出要求。这些都表现出张謇严谨务实的作风和以后事业的趋向。通过修志活动，他积累了许多有关各地风土人情的社会知识。

其次是在一定程度上反对学术上的党同伐异。他批评科举取士只限于一家之言：“四子书用朱子集注，县为功令。士务制艺，中学使者春秋试之程格，影附朱子而已。”指责统治阶级顽固势力蓄意扬朱而抑陆，“据朱子一时各有所当之言，乘慈湖杨氏涉近禅理之隙，集矢象山，哄为大诟”。

---

① 张謇：《光绪赣榆县志序》，《张季子九录·文录》第5卷，中华书局，1931年，第4—7页。

他不仅为陆九渊辨诬，而且主张让知识分子各就其性之所近，自行选择“从学之涂，不限一辙”[①]。当然，他只允许在儒学范围之内消除门户之见，但这种学术见解与清朝政府的文化专制主义之间已有某些歧异，预示着张謇在新的历史机缘下转向兴办近代教育事业的可能性。

但是，当时张謇毕竟还没有产生迫切而明确的社会变革要求。他虽然很想从历史书籍中发掘一些可以经世致用的道理，但却很难突破正统儒学的藩篱。在那样动乱的年代里，西方近代思潮已经不断冲击着中国传统文化，从饱含文化哲理的《周易》中间本来不难找到推动社会革新的思想武器。可是，张謇和当时已经出现的维新思想家有所区别，他的《周易》研究限于单纯音韵训诂，没有得出任何可以启发人们思考变革的结论。他在晚年经常自称一生得力于《易》，可是对于这部典籍的理解却是保守的，有些甚至不免流于庸俗。他始终认为“守正处中”是《易》的中心思想[②]，实际上，就是期望人们尽可能遵从和维护现有的社会秩序。

综上所述可以看出，甲午战争前10年间，张謇基本上结束了单一的游幕生活，开始了更为广泛的社会活动，产生了改良农业、采用机器和筹设公司的愿望[③]，并且还做过某些初步尝试，这些都是值得注意的进步趋向。但是，他生长在闭塞落后的江北农村和封建性浓厚的富农—地主兼商人家庭，长期接受旧式教育并且流连于科举制艺，因此身上承袭的封建传统文化负担太重。他确实是在努力前进，而且是扎扎实实的一步一个脚印；但毋可讳言，速度较慢，只能说是附着在时代潮流的边沿。直至甲午战争爆发，张謇依然是一个具有强烈爱国心和某些开明倾向的封建士大夫，他的政治思想还没有突破忠君爱国的格局。张謇虽然是文士，但却保留某些农民性格，讲究实际，不尚空言，他只相信那些他自己亲眼看到并且能够理解的东西。他的信念决不停留于语言文字，他更重视实践，他的人生追求

---

① 张謇：《移建象山书院记》，《张季子九录·文录》第1卷，中华书局，1931年，第7页。

② 《家书》。

③ 光绪十三年张謇曾建议豫抚倪文蔚，请利用“机船”、“平地开河器”、“浮水器”、“火车”、“火船”等新式工具来治理黄河。张謇：《论河工三致倪中丞函》，《张季子九录·政闻录》第10卷，中华书局，1931年，第4—5页。

便是不知疲倦地把自己的信念逐步变成现实的事业。与同时代的多数资产阶级改良派不同，他必须在亲自创办近代企业以后，通过发展民族资本主义的具体实践，然后才逐步产生较为系统的资产阶级改良思想。

从社会群体结构的角度来考察，张謇的地位在纵向与横向两方面都发生了变化。在纵向方面，他受到南派清流的援引，在士人群体中登上了一个更高的梯级，一个已经接近统治阶级上层的梯级。尽管他仍然没有官职，缺乏金钱，但他的声望已经高于他的实际社会地位。他不再是那个朴实、倔强而又不通世故的农家读书子弟。他已经具有乡绅的地位，并且运用自己的学识、阅历和才干谋求家乡经济、文化的发展。在横向方面，通过“经营乡里”的各项活动，他增强了与商人群体之间的联系，这主要是通海地区的一批中小商人。他早已走出通海士人群体的狭隘天地，长期周旋于军人与地方中下级官员之间。现在他又接触了另一个群体，并且逐渐与他们有了共同的语言，甚至共同从事利益相通的活动，这更扩大了张謇生活与思想的范围。如果说，在士人群体内部梯级的上升，为张謇此后登上政治舞台提供了基础；那么与商人群体的横向联系，则为他在甲午战争后的企业活动准备了某些经验与支持力量。

整个中国正在面临着一次更为严重的外来冲击，一次更为深刻的变化，而张謇则将在新的历史条件下作为一个更加引人瞩目的形象出现。

第二章　转型篇

一、 大魁天下

甲午中日战争使世界和中国的局势发生了重大的变化。一方面是外国资本主义相继吞并或侵占邻近中国的越南、缅甸、锡金、朝鲜，并且深入中国云南、广西、西藏等边疆，使民族危机迅速趋于空前严重。另一方面则是中国人民以反对外国教会为表现形式的反侵略斗争迅速进入新的高涨，而农村反抗封建压榨的斗争也正在日益加强，全国各地似乎都埋藏着爆炸性的因素。

比较敏感的爱国士大夫们不能不感到极大的忧虑。外国侵略者诚然可怕，但是拿起武器的亿万愤怒下层群众似乎更为可怕。已经到了非变不可的时候，然而怎么变？他们的意见并不一致，甚至可以说是很不一致。

有些人走在前面，他们不满足于“同光新政”已有的成绩，要求实行资产阶级性质的政治改良，敦促设立议院之类机构，希望逐步实行政权结构的近代化。有些人稍许落后，还停留在二三十年以前早期维新思想的水平，只限于要求让民间多兴办一些工矿企业以及改良农业生产技术；至于政治方面，撤换一批卖国的和贪暴的官员也就差不多了。还有些人更为落后，始终怀念清朝的鼎盛时代，偏执地要求整饬封建的伦常纲纪，仿佛这就是足以战胜一切内忧外患的神奇武器。

尽管这些救亡主张之间存在着不少歧异，然而他们中间的很多人确实都把希望寄托在年轻的光绪皇帝身上。老一辈最高统治者已经无可救药了，好像在他们的后继者身上还存在着一线生机。

早在光绪十五年，光绪皇帝在“大婚”以后实行有名无实的“亲政”，已经引起这些士大夫们的很多幻想。其中最显赫的人物之一翁同龢，立即以师傅身份进呈冯桂芬的《校邠庐抗议》，诱导皇帝学习“西方富强之术”，并且更加关心这个特殊学生的成长。有一次，皇帝居然敢于自作主张，“通饬各省藩臬专折奏事”，表现出急于了解下情的愿望。师傅高兴极了，连忙赞美说：“盖出诸圣心，近日读圣训，有所得也。”[①] 仿佛载湉果真会成为康熙二世或乾隆再生似的。

当然，他们知道单靠“圣心睿智”是不行的，更重要的是让载湉真正掌握政权。因为，慈禧太后仍然是绝对的权威，而李鸿章与淮系则是朝廷以外最大的地方实力派。至于清流，尽管善于营造舆论，而且其中有些人声望颇高，但是他们最大的弱点是缺乏实力，特别是没有任何一支可以作为凭借的武装。换句话说，就是他们除笔墨口舌而外别无其他武器。他们自视甚高，抱负颇大，但实际上不过是慈禧玩弄政治力学的天平上的一个砝码。慈禧常常利用清流们的言论（即所谓“清议”）牵制或打击她有所疑忌的某个洋务集团（特别是其中实力最强的派系），然而她只允许清流们在维护中央集权（特别是维护她自己的绝对权威）的前提下发挥舆论力量。如果清流越过这个范围，或者表现出与她的某个政治上的假想对手（如中法战争前后的奕䜣）过于接近，那就会立刻感受到她的雷霆万钧的威势与打击。

久经宦海沉浮的清流上层人物，自然不会不明白自己的实际处境。他们不甘心拘守于砝码的地位，渴望有朝一日能够占据天平的支点位置。他们不乏耐心，谨慎地等待和寻找可以削弱慈禧和她所倚重的淮系集团势力的时机。甲午战争为他们提供了这样的时机。李鸿章为保全本集团的实力，从战争一开始就对后起的日本侵略者表现出妥协求和的软弱态度，这不能不引起人民的愤怒和舆论的抨击。以翁同龢为首的清流派，乘机围绕着载湉集结起来，形成并无任何组织形式的帝党，重振旗鼓向后党和淮系集团发起猛烈抨击，企望借此扩大自己的声势以至控制中央集权。在某种

① 翁同龢：《翁文恭公日记》己丑十月二十日，商务印书馆，1925 年，影印本。

意义上，清廷内部主战、主和之争，可以说就是帝、后两党之争。

张謇正是在这样的态势下进入北京，参加会试，中了状元，并且很快就卷入了帝后党争的内层。

当然，历史现象总是充满了偶然性，充满着稍纵即逝的种种机缘。甲午这一年正好碰上“慈禧太后六十万寿，举行恩科会试”。彭年已 76 岁，急于亲眼看见儿子金榜题名光宗耀祖，几乎是恳求张謇再往应试：“儿试诚苦，但儿年未老，我老而不耄，可更试一回。”[①] 张詧也远从江西来信劝说。张謇不敢违背父命，但已怯于上场，因此迟迟启程。二月二十三日到北京，连考试用具都是“杂借自友人”。当天与友人晤谈，知道恩师张裕钊已于正月十五日逝世，张謇在日记上写道：“山颓木坏，可胜慨叹！年来师友之恸，尤伤人也。”这更增添了几分悽怆。

三月八日头场进场，大风燥暖，这是北京春天常见的天气，但南方人颇不适应。场中得题：“达巷党人曰：‘大哉孔子’，又‘子曰道不远人’至‘忠恕违道不远’；又‘庆以地’。试帖：‘雨洗亭皋千亩绿’，得皋字。”九日晚四艺俱成，早睡。十日晨 6 时左右起来，不算很早，可见张謇内心的淡漠。不到中午就把卷子誊清交上，随即出场。这年已有整顿科场之命，“故禁水夫代负考筐，人人狼狈”。

十一日二场，天气仍甚热。十二日晚十时左右即作成五艺：“《易》：‘形乃谓之器，制而用之谓之法’；《书》：‘四曰星辰’；《诗》：‘以御宾客，且以酌醴’；《春秋》：‘取郲田自漷水，季孙宿如晋’；《礼》：‘命相布德和令，行庆施惠下及兆民，庆赐遂行’。”十三日也是正午出场，都早于往年历次会试。出场时正好大雨未止，北京街道历来排水设施很差，“平地水深尺，泥淖没踝，尤为狼狈，到寓竟体无干处”。(《日记》）人们都说这是数十年未有之事，偏偏被这些来京赶考的举子们碰上了。十四日三场为策问，得题：“第一问诗、三礼；第二问舆图（误入分野）；第三问科举；第四问永定河工；第五问金石（杂采寿字)。”十五日也是晚十时完成卷稿。

① 张謇：《啬翁自订年谱》卷上。先是光绪十八年张謇会试落榜，回家已向彭年表示决绝：“试事愿四十为断。”所以此次彭年恳其再试。事见《宪府君哀启》，《张季子九录·文录》。

十六日誊清交卷并于正午出场，一切都显得是以平常心对待，而且傍晚就出城，并于次日将家仆先行遣回，想必又已作好落榜之心理准备。“榜发之前，不听录”，可见心绪之懒散。但不料礼部会试竟然取中第六十名贡士，三月礼部复试又取中一等第十名，这就取得了参加殿试的资格。

捷報
貴府少大老爺張謇恭應
殿試一甲第一名
賜進士及第
欽點翰林院修撰

张謇考中状元的捷报

此次恩科会试的总裁是李鸿藻、徐郙、汪鸣銮、杨颐[①]。清朝科举制度纪律颇为严格，弥封试卷的方法及其相应保密措施堪称无隙可乘，所以总裁地位虽然很高，但对考生的录取与否却很难给以影响。以往几次会试的蹉跌，显然与总裁人选无关。据说即令是孙毓汶当正总裁那次会试（庚寅恩科），也未尝不想取中张謇，却不料房考高蔚光误把陶世凤卷当作张卷。张謇在当年日记上痛诋孙、高，那倒是出于误会，因为高居主考的惜才关注充其量只能几率甚小地暗中摸索。

四月二十二日殿试。张謇的崇拜者曾编织了种种神话的花环来渲染他的状元及第，实际上在关键时刻还得靠清流领袖们的扶掖。殿试阅卷大臣共8人，即张之万、麟书、李鸿藻、翁同龢、薛允升、唐景崧、汪鸣銮、志锐。殿试策问共四道题，包括河渠、经籍、选举、盐铁，张謇不敢“自道其心所明，自见面目”，统统按朱子学说应对。翁同龢这次真正是志在必得，命令收卷官（“收掌”）坐候张謇交卷，然后直接送到自己手里。匆匆评阅之后，立即得出“文气甚老，字亦雅，非常手也”的结论。二十三日清晨他找李鸿藻等商议，结果除张之万外其他阅卷大臣都赞成把他选中的卷子定为前十名

---

① 此次张謇试卷颇得好评，三月十三日日记云：“谒房师高仲咸先生熙吉，山东滕县人，丙戌进士。荐批：‘一讲奥衍，能将末节一并笼照。中二光焰万丈，是瓣香于朴山、中子二家者。次、三稳。二场首六通四辟。次十色五光。诗铿鲸春丽，宏我汉京，馀有笔仗。’座师高阳相国批：‘首艺斟酌饱满。次、三爽洁。诗叶。’”

之第一。二十四日，阅卷大臣捧前十名试卷进入乾清宫西暖阁，由麟书按事先议定的名次拆除弥封，并逐一奏陈姓名，第一名果然就是张謇。翁同龢特别介绍说："张謇江南名士，且孝子也。"皇帝甚为高兴①。清流派一无兵二无钱，他们只能采取这样迂缓的办法，利用自己主持科举取士的有限权力来增强本集团的声势。

四月二十四日，张謇与其他新进士这天五更便伫立在乾清门外等候宣召，喜悦、兴奋而又夹杂着焦急。宫内显得异样的静寂，时间也似乎流逝得特别缓慢，但终于看见 8 位阅卷大臣出现在丹墀之上，并且传来了拖长腔调的宣呼——张謇以一甲一名引见。状元及第，这是科举士人最高的荣誉，张謇经过 26 个春秋的坎坷曲折，终于在已逾不惑之年达到了自己的目标。张謇的心情是复杂的，一股迟暮之感陡然袭来。他在当天的日记上写道："栖门海鸟，本无钟鼓之心；伏枥辕驹，久倦风尘之想。一旦予以非分，事类无端矣。"

二十五日，光绪御太和殿传胪，正式授予张謇翰林院修撰。张謇在日记上只有"百官雍雍，礼乐均备"简略记述，实际上是非常盛大而又隆重的典礼。其制始于宋代，清末探花（一甲第三名）商衍鎏曾回忆清代的传胪盛况：

> 是日晨，銮仪卫设卤簿法驾于殿前，设中和韶乐于殿檐下，设丹陛大乐于太和门内。礼部、鸿胪寺设黄案，一于殿内东楹，一于丹陛上正中。设云盘于丹陛下，设彩亭御杖鼓吹于午门外。王公大臣侍班各官朝服序立陪位如常仪。新进士朝服冠三枝九叶顶冠，按名次奇偶序立东西丹墀之末。届时礼部堂官诣乾清宫，奏请皇帝礼服乘舆，引入太和殿升座。中和韶乐奏隆平之章。阶下鸣鞭三，鞭用皮制，长丈余。司礼者执鞭柄，由下挥舞旋而上，其声缭绕于空中，响彻云霄，音长而韵，如鸾吟凤啸，入耳清脆可听，迥异凡响，如是三次。

---

①《翁文恭公日记》云：四月二十二日入殿监试，分卷陆续送来。"得一卷，文气甚古，字亦雅，非常手也。"二十三日"遂定前十卷，兰翁、柳门、伯愚皆以予处一卷为最，惟南皮不谓然，已而定予处第一、麟二、张三、志四、李五、薛六、唐七、汪八、麟九、唐十"。廿四日"卯正，上御乾清宫西暖阁，臣等捧卷入，上谛见第一名，问谁所取，张以臣对"。

鸣鞭毕，丹陛大乐奏庆平之章，读卷执事各官北向行三跪九叩礼。大学士进殿奉东案黄榜，出授礼部尚书陈丹陛正中黄案。丹陛大乐作，鸿胪寺官引新进士就位。宣制曰："某年月日策试天下贡士，第一甲赐进士及第，第二甲赐进士出身，第三甲赐同进士出身。"传胪官唱第一甲第一名某人，引出班就御道左跪；第二名某人，引出班就御道右稍后跪；第三名某人，引出班就御道左又稍后跪。每名皆连唱三次。嗣唱第二甲某等若干名，第三甲某等若干名，仅唱一次，不引出班。唱时以次接传至丹墀下，所以是日称为传胪。

唱名毕，乐作，大学士至三品以上各官及新进士均行三跪九叩礼。中和韶乐奏显平之章，礼成，皇帝乘舆还宫。礼部尚书奉黄榜承以云盘置彩亭内，行礼作乐。校尉举亭，导以黄伞鼓吹，送出太和中门，至东长安门外张挂于长安街，榜张三日后恭交内阁。诸进士左出昭德门，右出贞度门。一甲三人随榜亭由午门正中而出。亲王宰相无此体制，以丹陛中石惟御驾得践，午门中路非御跸不启，文武一甲三人传胪后由此门出，实异数也。

（传胪后，顺天府尹）于东长安门内结彩棚，设长案，陈列由礼部颁赐之金花绸缎表里，迎一甲第一、二、三名递法酒，簪花披红。备马三匹，三人上马中道出，鼓乐执事彩旗前导，由东北行经东四牌楼，至新街口顺天府尹署。府尹迎于阶下，三人下马登堂，乐作开宴。于大堂南向设三席，一甲三人每人一席为客席，北向一席为顺天府尹主席，就座举酒即起，迎送皆于署内外列队举枪致敬排仗奏乐。礼毕，顺天府尹送三人上马，用原鼓乐彩旗经地安门外西四牌楼，出正阳门至南城。榜眼探花送状元归第，次探花送榜眼归第，次探花归第。

传胪之次日于礼部赐新进士宴，称为恩荣宴。二十八日在午门前赐状元六品朝冠，金质簪花一枝，朝衣、补服、带靴。三十日遍谒朝殿复试师。五月一日状元率众进士诣孔庙行释褐礼，更易补服，有学而优则仕的用意。八日循例公请此科总裁同考官，酒宴演戏，谓之团拜。此外，还有各种私人的应酬，张謇五月十六日日记云："拜客，拟自每日七点钟出门，十二点钟归。饭后为人写字。"可见这些辉煌而又荣耀的日子，我们传记的主人公是多么忙碌不堪。

张謇荣中一甲一名

所着朝服衣冠照

洞房花烛夜，金榜题名时，都是旧式读书人心目中最大的快乐。人们都认为张謇是大器晚成，苦尽甘来，他却别有一番滋味在心头。

他一定会回想起那120多天的场屋生涯。场屋俗称考棚，其号舍"屋顶盖瓦，每间隔以砖墙，无门。入场后，士人用油布为簾以防风雨。号舍高六尺，举手可以及檐，深四尺宽三尺。舍内砖墙东西，离地尺余二尺余之间，砌成上下砖缝两层承板。板可抽动，日间坐下层之板，向上层写字，夜间除上层之板，安入下层，可以伸足而卧。是合则为榻，分则为桌为凳。坐卧、饮食、写作，皆在于此；炊煮茶饭，靠对号墙，至为逼仄。况复蚊蚋嘈肤，熏蒸烈日。巷尾有厕所，近厕号者臭气尤不可耐。南墙根有小沟以通水道，遇雨则泞湿堪虑"①。张謇就是在这样或类似这样简陋的斗室中度过120多个日日夜夜，或苦思冥想，或奋笔直书，紧张而又疲劳，呆板而又重复，怎能不常常伤风、咳嗽、发烧、咯血。

更难堪的还是那一连串落榜后的情境，如烟往事似乎又若隐若现飘浮在眼前：

同治十二年乡试落榜。

九月十九日："纷传海籍中茅、秦两人，通籍中六名。是时万感苍茫，百端交集。及至询晓棣、少牧、馥畴，始知其讹。"二十日："是日传各处新捷讯，风声鹤唳，纷纷不一。余自知康（可能为俗语

① 商衍鎏：《清代科举考试述录》，生活·读书·新知三联书店，1958年，第55—56页。

糟之意)了矣。三场辛苦，徒结灯火之缘；千里往来，权了文章之债。念群公知遇之恩，不能不耿耿于方寸矣。……成《榜后感怀》四律。”次日即病，“头胀目眩，汗出如浆。”二十四日：“夜则寒热大作，自此迁延床蓐，寝不成寐，中宵则呼号，一室为之不安。”

直到十月十一日才能下床，而足力犹弱，可见这次精神与健康受损之重。张謇当时还正是风华正茂的20岁青年。

光绪元年乡试落榜。

九月十五日：“侵晨，馥畴来唤起，谓少牧已得捷音。噫！文字果需福命乎?”十一月十六日：“灯下与织云、补之共话穷愁，为之唏嘘欲绝。噫！刘蕡下第，原宪居贫，皆失意事。而余与织云而加甚焉，诚不可解已。”

光绪二年乡试落榜。

九月十二日：“是晚筱帅（吴长庆）为候榜，同人中（指庆军幕僚之应试者）有彻夜不睡者。”十三日：“早闻人声寂然，知又落孙山矣。起询之，知差弁（指奉命去江宁看榜者）以昨夜四更返，以营中一军皆墨（应试者全部未中），故噤不声。……诸所钦服者被黜，余亦何憾；惟家中老亲以下，及菊师、海师、子师，诸知己，尚遥遥盼望。”次年正月六日，石师为一个老童生次垣置酒驱寒，张謇陪客，又生感慨：“因思次垣长于家君（指彭年）四岁，其距我之生也四十年；以驰骤文场时，余方呱呱襁褓，一转瞬而竟为侪辈。则安知后数十年，彼人视我，不犹夫我之视次垣耶!”

光绪五年乡试落榜。

九月十三日：“夜，榜发被黜，患学不修耳，科名奚能重人哉！况余阅世情悉矣，见世之得科名者亦奚矣，退而自处复何尤耶？得沈师（沈葆桢）报筱帅书，犹期余以必售也。”十八日：“得夏师（同善）十一日复书，尚以所许余文为中隽之证，岂知早落孙山哉!”

…… ……

这是一条漫长、迂回、崎岖而又乏味的人生道路，没有童年的天真烂漫，很少青年的逍遥闲逸。在日记上最常出现（经常是连日连月）的是“读书、写字、作文”6个字，翻来覆去读的是四书五经，写的是方方正正的馆阁字体，作的是不能自见面目的制艺诗文。20多年来他最不愿走而又必须不断常走的一条路，就是通州→上海→大沽→天津→北京，坐小船、轮船、火车、骡车乃至手推小车，陆路的风霜，海上的风浪，千里跋涉，寂寞旅程，为的就是进入那如同牢狱一般的号舍，经受那无止无休的考试煎熬。然后又是那一次又一次的发榜落榜，一次又一次的伴随沉重愧悔自责的回乡之路……然而现在这一切都过去了。历经千辛万苦，他终于攀登到科举制度这虽逾千年而仍未倾塌的金字塔的顶端。灿烂辉煌啊，风光无限啊，成千上万正在科举之途上风尘仆仆的读书人，统统都把羡慕的眼光投射到自己身上。最高兴的是76岁高龄的老父，他终于在耄耋之年亲眼看见儿子金榜题名，了结平生最大的宿愿，张謇也为此感到像还清债务般地一身轻松。但是业已早逝的慈母却未能等到这一天，那一次又一次的依闾期望而又终于失望，那温厚而又凝重的叮咛话语……子欲养而亲不待啊！这不是李密《陈情表》上的佳句吗？“树欲静而风不止，子欲养而亲不待。”这流传千古的名篇佳句，自己不知曾经多少次反复吟诵，然而只有在今天才体会如此深切。所以张謇哭了，是发自内心的号啕大哭，那是在光绪二十年四月二十八日朝考之后，一位老师的慰问触发了他几十年郁积于内心的悲情。“余感母与赵（菊泉）、孙（云锦）二先生之不及见，又感国事，不觉大器。”① 男儿有泪不轻弹，但凡大哭必定是情如泉涌。

当然，张謇是个理性而又务实的人，他不可能纯任感情泛滥而沉溺于大喜大悲。几十年正统儒学的朝夕濡染，促使他产生了极深沉的历史责任感，这当然是以忠君爱国为轴心的旧式使命感。正是在大魁天下这幕戏进入高潮的传胪之日，他在日记上恭恭正正地写道：“授翰林院修撰。伏考国家授官之礼，无逾于一甲三人者。小臣德薄能浅，据非所任，其何以副

① 张謇：《啬翁自订年谱》。

上心忠孝之求乎？内心悚然，不敢不勉也。”他感奋无已，亟思回报，但问题是如何回报？这已经不是康乾盛世，科举吏治都已经百孔千疮；当时虽然还没有出现半殖民地半封建社会这个词语，但中国已成为列强可以任意侵凌的对象却已是人们的共识。甲午战争以后时代的最强音是变法图强，尽管对于如何变法图强存在着日益激烈的争论。

中国往何处去？前途并非十分明朗，摆在张謇面前的道路也并非只有一条，他必须做审慎的抉择。

最简单也最贴近的是那条老路：在爬上科举制度的金字塔尖之后，继续爬官僚体系那座更高也更为显赫的金字塔。翰林院地居清要，实为闲散京官，除做些应景诗文外别无实际事务。如果等待三年散馆，经过考校评定等次，或以编修检讨留翰林院，或以主事分各部尽先任职，或以知县由吏部以实缺优先选用，然后再一步一步循序渐进，以张謇当时的年龄，至少要到 60 岁左右才能外任封疆大吏，内进中央枢廷。张謇为了科举考试，已经浪费了 20 多年时间，这是一生当中最为宝贵的青春年华啊！他已有迟暮之感，更看透世情宦情。他可以为做事而舍弃做官，却不愿为做官而耽误做事。因此，他宁可放弃翎顶辉煌的前程，却不愿放弃任何可以做些实事的机会。

新的道路若隐若显地展现在他的眼前，维新变法的主张早已不再是孤独的呐喊，练新军、办工厂、建学校乃至组学会、建报馆都大有人在，都是一些值得为之奋斗终生的大事业。张謇根据自己的切身体会，认为国家的富强首先在于国民的素质，因此教育革新实为重中之重；但无钱难以兴学，这又不能不先经营新式企业，作为创办新式教育的前提与后盾。这就是张謇所说的：“吾通因世界之趋势，知文化必先教育，教育必先实业。”（《北京商业学校演说》）当时还没有“教育救国”与“实业救国”这两个词语，但张謇要办这两件大事的决心却是早已定下了。

时代给张謇以机遇，张謇抓住了这个机遇。历史选择了张謇，张謇因此改变了自己的人生道路。

二、帝后党争

张謇对待人生的态度始终是积极的，他的爱国之情也始终是炽烈的。甲午战争爆发前后，他在京师的短暂时间曾经成为政治上极为活跃的人物之一。在帝党中间，张謇由于官阶的限制，还没有具备直接向皇帝呈奏的资格，只能通过翁同龢转达自己的主张。但是因为他有与日本侵略者直接抗衡的政治经验，而且十多年来一直以日本为敌手研究军事和外交的对策，所以在帝党中间成为重要的决策人物之一。这一点，甚至连有些依附过淮系的文人也看得很清楚，他们事后攻击说："甲午以前，孝钦显皇后（慈禧）与德宗景皇帝（光绪）意见甚深。德宗景皇帝困于孝钦皇后尊严之下，久思出人头地。迨至甲午与日本构怨，德宗景皇帝意欲跃武国外，凭临母后，轻视日本，颇欲灭此而后朝食。时常熟（翁同龢）秉政，误入殿撰（张謇）之言，亦谓日本不足平，迎合上意，极力主战。"① 甲午战争爆发以后，慈禧为了缓和舆论的愤激，在主战、主和两派之间寻求平衡，先后起用翁同龢、李鸿藻等人值军机，而翁在孙毓汶病免后便位居汉人军机大臣之首，这就更加显示出张謇作为帝党决策人的重要性。

从这年六月到九月，翁、张之间书信往还极为频繁，通信内容主要是讨论中日战争对策问题②。归纳起来，要点如下：

第一，六月底以前，主要是建议加强战备，起用湘系宿将和刘永福等爱国将领，极力推动清政府对日宣战。

第二，七月一日清政府正式对日宣战以后，主要是建议拨"庆典"款项购置铁甲兵舰，派舰船进援叶志超军，加强渤海防务，预防日军偷袭京、津等。

第三，八月以后，随着战事的节节失败，统治集团内部争吵更趋激烈，翁、张等积极策划推倒淮系头子李鸿章，要求起用奕䜣以谋进一步抑

---

① 刘声木：《苌楚斋四笔》，1929 年，铅印本。

② 张謇历次上翁同龢书，见陆史一抄件。翁致张函，则见翁同龢：《翁松禅致张啬庵手书》，影印本。

制后党势力。

翁、张之间这些密议决不是孤立的，它是整个帝党活动的一个组成部分。关于这一点，另一帝党健将文廷式事后曾经作过回忆："总署（指总理衙门）事极秘密，余则得闻于一、二同志，独先独确，因每事必疏争之，又多言于众，使共争之，尝集议具稿。"[①] 所谓"言于众"、"共争"、"集议"，无非是指帝党分子的幕后活动。甲午战争前10年间，张謇结识的好友日益增多，仅日记和年谱有记载的，除郑孝胥（苏勘）结交在前以外，已有黄绍箕（仲弢）、王仁堪（可庄）、王仁东（旭庄）、梁鼎芬（节庵）、沈曾植（子培）、沈曾桐（子封）、盛昱（伯熙）、濮子潼（子潜）、王颂蔚（芾卿）、张云官（伯记）、丁立钧（恒斋）、钱贻元（新甫）、杨锐（叔峤）、屠寄（敬山）、汤寿潜（蛰先）、文廷式（芸阁）等。其中不少人都曾参与甲午战争期间的帝党活动，只要把张謇的历次上书与其他帝党分子的奏折（如志锐、安维峻、丁立钧等）的主战奏折稍加对照，就不难看出他们之间的相互配合关系。

帝党在甲午战争期间的主要攻击目标是李鸿章。

早在六月底，张謇已经一再建议严惩李鸿章。七月中旬以后，随着战局的严重恶化，翁同龢与张謇、沈曾植、沈曾桐、丁立钧、黄绍箕、文廷式等频频密议。终于经由珍妃胞兄志锐出面，奏劾李鸿章衰病昏庸，请求简派重臣"至津誓师，就便密看李鸿章衰病情形，如果属实，则万不可靠此人"[②]。两天以后，长麟、高燮曾等再次抨击并要求撤换淮系北洋海军提督丁汝昌。这些活动在张謇日记中都有简略记载，如七月三十日："闻有褫海军丁（汝昌）说，此天下之公论也，大快！"八月一日："闻津（指李鸿章。——引者）护丁尤力，真无朝廷矣，朝真无力哉！"

八月中旬以后，黄海之战遭到挫折，日本侵略军的凶焰很快就蔓延到中国东北边境。与此形成鲜明对照的是，宫廷中仍然歌舞升平，为那拉氏六十寿辰的"庆典"而挥金如土。八月十五中秋，慈禧在慈宁宫举行"加

---

① 文廷式：《闻尘偶记》。

② 北平故宫博物院：《清光绪朝中日交涉史料》，1932年，铅印本。

徽号礼”，群臣毕集，酒宴听戏，行礼如仪。第二天又在太和殿举行更为隆重的“庆贺礼”，铺张浪费达到顶点，仅寿膳房的“开发”（小费）每人竟有十八两之多，其余可想而知。愤怒抗议的舆论与日俱增，多少具有一些爱国心的官僚士大夫也感到不能容忍，人们把憎恶的感情一股脑倾泼在李鸿章身上。八月十八日枢臣会议，经过李鸿藻等力争，终于发出会拟上谕，给李鸿章以“拔去三眼花翎，褫去黄马褂”的处分[①]。这是帝党及主战派凭借社会舆论对后党及主和派一次小小的打击，也是慈禧为缓和民愤而勉强吞下的一口苦药，但仍然说不上谁胜谁负。

帝党的下一步棋，是要求重新起用闲置十年的恭亲王奕䜣，以此作为倒李的重要伏笔。早在八月二十一日，翁同龢在病中写信给张謇即已认为：“将不易，帅不易，何论其他？”[②] 第二天，翁奉旨“力疾入朝”商量有关对日战事问题。退朝后，张謇、文廷式、丁立钧等以“省翁师疾”为名前来探听消息。紧接着就是帝党骨干们的奔走串连，酝酿联名奏请起用奕䜣[③]。八月二十九日，翰林院集议于全浙会馆，由文廷式起草请求重新谕令奕䜣秉政的奏折，列名者达五十七人之多。这显然是出诸翁同龢的授意，与光绪内外配合的一个部署[④]。

九月一日，在各方面压力下，慈禧不得不勉强同意起用奕䜣在内廷行走，管理各国事务衙门并添派总理海军事务。光绪并于当天召见奕䜣，慈禧与这位亲王谈话达一个半小时，对时局颇多计议。奕䜣的任命曾使外界“人心为之一舒”，但知情者对政局并不乐观。就在同一天，文廷式以侍读学士兼日讲起居官身份入见光绪。皇帝忧虑而且疲劳，“且谕北洋（李鸿章）有意误事，北洋之肉其不足食也”[⑤]。误事不足为怪，怪在误事而敢于

---

① 北平故宫博物院：《清光绪朝中日交涉史料》，1932 年，铅印本。

② 翁同龢：《翁松禅致张啬庵手书》，第 9—10 页。

③《张謇日记》甲午八月二十八日：“闻政府之昏愦把持如故也，与意园（盛昱）诸人会于山西馆。”

④ 叶昌炽《缘督庐日记》亦称：“（李盛铎）来约联名递封事，请起用恭邸。因昨日南、上两斋（指南书房、上书房。——引者）先入告，伯葵（陆宝忠）前辈召对，圣意欲得外廷诸臣协力言之也。”

⑤ 张謇：《张謇日记》甲午九月一日。

"有意"，这表明李鸿章不仅有实力而且有后台。一向偏袒李鸿章的吴汝纶当时即曾函告友人："朝中不信李相，颇有意摧折之，幸太后尚倚重耳。然军事棘手，君臣之间亦在危疑。"[①] 用"危疑"二字来形容载湉与李鸿章之间的关系，说明宫廷内部矛盾的复杂而又微妙。

起用奕䜣不过三天，丁立钧便领衔并联合翰林院三十五人上《请罪李鸿章公折》，张謇则单独上《推原祸始防患未来请去北洋折》，两折都是经由翰林院掌院学士代奏。张謇对李鸿章的旧仇新恨在这件流传甚广的奏折中发泄无遗。他从"先事、临事、事外、事中"四个方面，指责李鸿章不仅一贯主和卖国，而且还一贯败坏和局。他愤怒地谴责："试问以四朝之元老，筹三省之海防，统胜兵精卒五十营，设机厂、学堂六七处，历时二十年之久，用财数千万之多，一旦有事但能漫为大言……曾无一端立于可战之地，以善可和之局，稍有人理，能无痛心?"他还借此机会公开指控李鸿章在十年以前对吴长庆的各种打击，说吴"遂因与李鸿章积忤之故，愤恚致死"。最后请求"另简重臣，以战求和"[②]，这也可以认为是他与翁同龢筹议已久的八字方针。

帝党和主战派对李鸿章的猛烈抨击，揭露了统治集团内部投降主义路线的丑恶面目，并且强烈要求继续抵抗日本的武装侵略，这至少是在某种程度上反映了民间渴望反抗外侮和维护主权的高涨情绪。当然，在派系斗争激化之时，意气往往多于冷静的分析，加以他们不敢把抨击的矛头直接指向慈禧，所以很难要求他们对李鸿章作出更为全面而又切合实际的估量。因此，连张謇的好友袁昶也不能不说："韩事之不可为，不自今日始。中外所倚仗以了事者，西平（李鸿章。——引者）以外，无人能任。……平日之文衎武婴，盘乐怠傲，误国者多矣。临变则责之西平一人，西平能尽任其咎哉?"[③] 清流是一帮子文人，帝党本身毕竟缺乏实力，他们虽然发动了一场言词激昂的倒李斗争，但内心深处也感到实在没有办法取而代

① 吴汝纶、吴闿生编：《桐城吴先生文集》尺牍卷一，1904年，家刻线装本。

② 张謇：《呈翰林院掌院代奏劾大学士李鸿章疏》，《张季子九录·政闻录》第1卷，中华书局，1931年，第10—12页。

③ 袁昶：《袁忠节公遗墨》，甲午七月二十三日致袁敬孙函，中国图书公司宣统年间铅印本。

之。清廷对日宣战不过一个多月，张謇已经察觉“其实中国何尝有必战之布置耶”[①]。他知道翁同龢处境困难，而且性格弱点是“刚断不足”，并非可以代替李鸿章主持对日战事全局的适宜人物。他曾主张对李鸿章“鞭策而用之”，倒李就是一种“鞭策”，目的是削弱李的声势，降低李的地位，而终究还要有控制地使用他。这就是帝党分子难以言说的内心衷曲。

同时，帝党人士期望甚殷的奕䜣，也已经成为苟延残喘的老朽。文廷式事后曾以失望的笔调追述奕䜣起用后的无所作为：“恭邸复用之后，惟设督办军务处，授宋庆帮办军务，余无所建白。恭邸至冬间乃值军机，年又老，又叠经废置，且一时将相多非所习，遂因循焉。上始向之殷，久之乃竟不足恃，天下之望亦愈孤。”[②] 他们自然不可能理解，奕䜣不过是皇室中一个已经失势的洋务派首脑，其对外态度与李鸿章并无多大差别。即令奕䜣不是那么衰老，也不可能把对日战争引导到坚决抵抗的道路上去。

其实，就连帝党本身也不是民族利益真正可靠的维护者。他们不敢也不能依靠广大人民群众的斗争力量，因而也就始终难以看到反侵略斗争的胜利前景。他们提出“以战求和”的口号，正表现出缺乏抵抗到底的坚定性。随着整个战局的严重恶化，他们很快就走上幻想借助英、德以抗日本的歧途。九月五日，张謇由沈曾植、黄绍箕、丁立钧“申议联络英、德”，第二天即正式“定联络英、德之议”。两天以后，志锐首先奏请“联英伐倭”。九月七日，更由文廷式领衔翰林院 38 人同上《奏请密联英德以御倭人折》，建议拿出 2 000 万两经费，敦请英、德出兵帮助中国反击日本。其理由是：“且与其议和而用为赔费，何如战胜而出以犒师。”[③] 此类建议当然充满不现实的幻想，但却能够说明：帝后两党之间、主战与主和两派之间的斗争，在不同程度上都交织着英、俄、德、日之间在中国的争夺。

在文廷式等人的奏折中，有句话很值得注意，那就是：“英、德使臣皆已微示其意，湖广督臣亦经密与商谋。”因为，一个多月以后，张之洞果然用同样的语言劝说李鸿章：“鄙意与其失地、赔费，求和于倭，不如

① 张謇：《张謇日记》甲午八月二十九日。

② 文廷式：《闻尘偶记》。

③ 北平故宫博物院：《清光绪朝中日交涉史料》，1932 年，铅印本。

设法乞援于英、俄，饵以商务利益。似可探询英、俄所欲，如尚在情理，即可许之，英、俄当可为我用。”[①] 而其真实意图则专注于联英。当张之洞奉调署理两江总督以后，他就通过芜湖海关道袁昶与英国领事福格林之间的联系，积极筹划借用英、美兵力“保护”长江腹地[②]。这几乎可以看作以后义和团时期所谓“东南互保”的发端。张之洞是出身于“清流”并且仍然与“清流”保持密切联系的非淮系地方大员，他的政见与活动往往能与“清流”们达成默契。

“联英伐倭”的方案，至少在客观上适应了英国侵华政策的需要。英国既不愿日本在中国，特别是在它的既得利益比较集中的长江流域攫取过多权益，又害怕战事延长会把清政府推向沙俄的怀抱，同时还担心长期战争会使它的对华贸易遭到较大损害。所以便开始改变它在八月以前支持日本的态度，而在九月初开始试探各国联合“调停”的可能性。所谓“调停”，实质上就是要求中国立即投降以换取日军停止进攻。这与帝党所企盼的“联英伐倭”已经不是一码事。

由于列强的各怀鬼胎，连英国的联合“调停”也未能实现，而后党及主和派却乘此公开加强了求降活动。那拉氏的心腹、军机大臣孙毓汶和徐用仪，一方面向赫德要求英国出面调停，一方面又嗾使翰林院中一些人上书奕䜣，要求“忍辱求和”。在此期间，帝党活动频繁，继续鼓吹拒和速战，然而再也拿不出什么比较切实可行的办法。九月十三日晚，张謇连夜访问翁同龢，“危言耸论，声泪交下”。第二天，显然是出于翁的授意，张謇与丁立钧、黄绍箕、沈曾植等商议。十六日，张謇再次向翁同龢上书，报告集议结果。但就在这紧要关头，张謇突然接到父亲病亡的消息，只得循例离职回籍守制，于十九日匆匆离开政争纷纭的北京。翁同龢在送别信上说：“此别未知何日相见……日来心思甚劣。”[③] 这种消沉情绪的自然流露，说明他们已经无从阻止投降主义逆流。

此后战事节节败北，帝党无所作为，只有坐视那拉氏、李鸿章放手求

---

① 张之洞：《张文襄公全集》，北平文华斋，1928年，线装本。

②《于湖文录》甲午十一月十九日，“禀南洋商宪”。

③ 翁同龢：《翁松禅致张啬庵手书》。

降。次年三月二十六日，《马关条约》正式签订，中国更加沦入半殖民地的痛苦深渊。帝党对条约的反应非常强烈，文廷式、丁立钧、黄绍箕、余联沅、易顺鼎等继续在北京上书抗议。远在南方的张謇在得知《马关条约》已经签订的那天晚上，在日记中录上“和约十款”的主要内容，并且特地注明：“几罄中国之膏血，国体之得失无论矣。”[①] 张謇悲愤的心情是深沉的，他在祭奠父亲的时候自我谴责说：“徒为口舌之争，不能死敌，不能锄奸，负父之命而窃君禄，罪尤无可逭也。”[②]

三、转变契机

先是，甲午年九月十六日，张謇得到家信，得知父亲“病退而未收口，饮食未复元，精神尚倦，计得外患（痈疽）已月余矣”。彭年此病先后已发过3次，而且一次比一次伤精败神，加以张謇、张詧都在外地，家中只有妇女照顾，张謇心中很觉不安。只是由于甲午战争已起，北京朝野争议正烈，一时不便回乡归省。十七日白天，张謇还忙于与同道友好商议奏请“分道进兵朝鲜”。晚上忽然自觉心绪十分不宁，便去找沈曾植谈父亲病状，回寓后更觉坐卧不安，仿佛有什么不祥的预兆。果然，彭年正是在十七日凌晨（丑时）病逝。张謇于十八日晚上得闻凶信，深感：“一第之名，何补百年之恨；慰亲之望，何如侍亲之终。”十九日清晨即赶往天津，换乘海轮南下，于光绪二十年九月二十七日经由上海抵家，“入门伏地恸绝，寝苫丧次”。此后即忙于丧礼杂务，并且欠下6 000多元债务。由于“意绪荒忽”，三个多月时间连日记也不想写了[③]。

但是，通海地区处于江海交接要冲，狼山镇即在其间，所以历来都是江防重地。由于面临日本海军随时可能侵入长江的威胁，张謇很快又振作

① 张謇：《张謇日记》乙未四月初六。

② 张謇：《告父文》，《张季子九录·文录》第16卷，中华书局，1931年，第9页。

③ 张謇的日记在光绪二十一年正月元旦恢复，记云：“自上年九月十八日亥正闻赴京邸，二十日寅正启行南奔，由天津与叔兄归里治丧。十一月十五六日受吊，十二月十九日启殡，权厝于外曾祖墓侧，至百日剃发设祭。户庭几筵，触绪增恸，无日记。岁除之先，贫迫弥甚，约略所贷，一岁之中几及六千余番。”

张謇家宅濠南别业（1915 年建）

起来，参加了兴办团练保卫乡里的一些活动。

光绪二十一年正月三十日，闲居在家的张謇突然收到通州知州的来函，说是张之洞（时已移署两江总督兼署江宁将军）已经奏请任命他总办通海团练。而在此五天以前，他已经为海门厅同知起草防务章程，准备妥善安排即将前来驻防的仲字六营。从正月到闰五月，在五个多月的时间里，他为江防工作付出了大量精力。

由于腐朽透顶的淮军、湘军都抵挡不住日本侵略军的长驱直入，有些封建统治者根据过去镇压太平天国的经验，又将挽救危局的希望寄托于地方官绅兴办团练。当时东北某些地方团练在辽阳、岫岩、海城、新民、盖平等地抗击日军颇有成效，这更引起一些主战派官员的兴趣。他们幻想又将出现一批比当年湘、淮军更为得力的地方武装，可以外御强敌并使“中兴”局面重新出现。但张謇却从接手总办团练之始就没有这样盲目乐观。他具有一定实际的政治、军事斗争经验，对外国侵略者的实力也有较具体的感受，所以认为：“团练之不易措手也，筹之审矣。言者动以湘乡（曾国藩）见责，不知寇非粤逆，时非咸丰，地非长沙，人非曾侯，共事非塔、罗、杨、彭（塔齐布、罗泽南、杨载福、彭玉麟。——引者），谬相假借，不知其也。”[①] 他深知已经巩固了自己最高统治地位的慈禧太后，最担心的是内轻外重趋势的继续发展，她不再愿意容忍任何新的强大地方武装集团出现。时过境迁还想重温旧梦，这就是所谓“傎”（颠狂）。

不过张謇办理任何事情都践行其严谨细密的风格，他还是认真负责地亲自起草了《海防团防营制》、《民团续议》，提出一系列具体的主张和办法。可以看得出来，这些方案大体上都是以湘军营制和他本人在“壬午之役”中的经验作为依据。他还写了一首《通海劝防歌》，大意是揭露日本侵略者的残暴罪行，激发人们保卫乡里的热情，鼓舞练勇的信心。由于是对民众宣传，所以文字比较通俗易懂。以其中一段为例：“沿江沿海有沙滩，滩多洪曲碍轮船。日便分兵犯我境，大炮小船不能运。若论内地尽是沟，天然地营不要谋。撤桥断坝设穽陷，各就各圩容易办。道路原是本地熟，层层深入他不敢。”[②] 这种以主待客、以逸待劳的积极防御主张，是比较现实可行的。同时，他鉴于过去办团练借筹款苛扰乡民的积弊，自己率先以 24 箱书籍，“付典肆抵质银千元”，补助通海团练费用，而不采用募捐的办法[③]。

但是，通海团防已经没有机会受到实战的检验了，因为不久就签订了《马关条约》，中日战争宣告结束。闰五月十四日，张謇正式收到张之洞的撤防公牍，随即陆续遣散各营练丁，半个月以后全部结束了团防事务[④]。

《马关条约》的签订使张謇深受刺激。他曾对两江总督张之洞等会奏请求推迟换约时间寄予希望，也曾诵读“台民布告天下之文”而为之愤激，但一切都阻止不了屈辱的和局。甚至在将近 30 年以后，他在自订年谱

① 张謇：《张謇日记》乙未正月三十日。

② 张謇：《海门团防营制》，《张季子九录·自治录》第 1 卷，中华书局，1931 年，第 6—7 页。

③ 张謇：《啬翁自订年谱》卷下。

④《张謇日记》对撤防有所记述：闰五月十四日，“亥正接南皮撤防公牍”。十五日，“子正定撤防议”。十六日，“叔兄（张詧）料理团防报销”。十七日，“陈小舫白文往新阳撤副营”。十八日，“吴千总玉哲撤正副两中队，留三四十人”。十九日，“林蔚生同年编修往青龙撤正营，留四十余人”。二十二日，“陈小舫遣副营练丁回，留八人”。二十五日，“催理团练报销”。二十九日，“团练至此而毕”。撤防涉及人、钱、物的最后处理，是一项相当复杂的工作。张謇兄弟能在半个月之内结束此事，体现了办事的干练与效率之高，而且没有什么遗留问题。

上还抄录了《马关条约》全部内容的提要，可见对此事重视到何等程度。

当时主战、主和两派的斗争已经突破了帝后党争的狭隘圈子，广大农民、手工业者、产业工人、资产阶级的改良派和革命派，以至包括帝党在内的爱国官绅，各种社会力量汇合成为反对卖国和约及割让台湾的斗争洪流。其中最为振奋人心的当然是台湾人民的英勇抗战，还有康有为也领导十八省进京应试的举人向皇帝上书，恳切要求“拒和、迁都、变法”。张謇的友好和其他一些帝党分子，如文廷式、丁立钧、黄绍箕、余联沅、易顺鼎等，仍然继续在北京上书言事，向后党和李鸿章集团进行口诛笔伐。不过他们那些典雅而又略带迂执的愤怒言词，已经被维新派更为高亢激越的变法救亡呼声淹没了。张謇由于守制在籍，没能直接投入这场声势浩大的抗议投降卖国的愤怒风暴，然而他在思想感情上仍然与之相通，并且正在思考探索新的救国之道。

还应该看到，张謇举办团练的活动虽然未能取得实际抗敌效果，但却从两方面为他以后新的事业发展提供了便利条件。

第一，从此以后，他与张之洞建立了密切的关系。张之洞本来就是从清流队伍中走出来的，甚至在成为洋务派头面人物以后也仍然与清流藕断丝连。早在10年以前，他已经对渐露头角的张謇发生兴趣，颇想使之成为自己的入幕之宾。张謇当时虽然没有接受邀请，但对张之洞的礼贤下士还是感激的，这又不同于他对李鸿章延聘的坚辞。张之洞移督两江期间，成为张謇总办团防的顶头上司，而且彼此在联英抗日、兴办实业方面又有不少共同语言，因而很快就接近起来。由于张謇是新科状元，在士大夫群中声望渐隆，而且又正好守制在籍，所以张之洞乘机殷勤延揽。张謇为了今后个人事业的发展，也很自然地加强了与张之洞的联系。

第二，张謇由于先后几代住在海门常乐镇，在通州算是“客籍”，而且家庭社会地位低下，自己又常年在外，所以在家乡一直没有多大影响。中了举人以后，虽然从事过一些公益事业，但规模和成效都比较有限。现在既有状元身份，又是奉旨总办团防，并且和两江总督也有些来往，这样就大大提高了声望，俨然成为通海地区的头号绅士。在光绪二十一年，他除了举办团练以外，还为花、布、商人议办“认捐”（即自行包捐以避免吏役层层苛扰)①，经营义庄、社仓，修筑石路石桥，筹划通、海、泰、如四地合习乐舞（古代礼乐），为书院筹措经费等等。这些活动都从多方面扩大了张謇的社交圈，联系了多种社会力量，把他的影响辐射到更多的社会层面。

张謇"实业救国"的思想正是在此时形成的。他在这年夏天为张之洞起草的《条陈立国自强疏》，比较系统地阐明了自己的救亡主张②。

这件疏稿首先分析了《马关条约》的严重危害性，接着提出加强国防、广开新学、提倡商务、讲求工艺等等建议，而其中最值得注意的则是他非常强调发展近代实业和近代教育。

《马关条约》规定准许外商在中国内地设厂，使张謇感到极大的忧虑。他沉痛地指出："向来洋商不准于内地开机器厂，制造土货，设立行栈，此小民一线生机，历年总署及各省疆臣所力争勿予者。今通商新约一旦尽撤藩篱，喧宾夺主，西洋各国，援例尽沾。……（日人）今更以我剥肤之痛，益彼富强之资；逐渐吞噬，计日可待。"外国经济侵略的重心逐渐由商品输出转为资本输出，中国维新救亡思潮也从鼓吹"商战"逐渐转为强调"工战"与"学战"，这些情况在疏稿中都有所反映。张謇建议，为了在工商业方面谋求对应之道，必须尽速讲求商务、工艺，采取保护政策，各省设立商务局、工政局，提倡招商设局，设立公司，抵制洋货倾销等等。严重的民族危机的刺激和中外资本主义的影响，促使这个具有某些开明倾向的爱国士大夫，把自己的人生道路逐渐转移到资本主义的方向。

经过甲午战争的失败，洋务派一贯标榜的"自强"、"求富"暴露了内在的严重弱点，官办、官督商办、官商合办等等企业形式也日益失去吸引

① 《张謇日记》有简略记述：十月二十日，"以捐事与虞山电讯、恽丈电讯"。可见翁同龢、恽祖祁（辛耘）均曾参与计议。十一月三日，"汪刺史函请议包捐"。九日，"得南皮论包捐电讯"。十二日，张謇为此事前往江宁。十二月二日，"诣南皮辞行。为改认捐事辩论二十日，万目睽睽，至是有绪"。此行不仅谈成了"认捐"，而且还与张之洞商妥张謇自己的工作安排。十二月二十四日，"得南皮书，聘主文正书院。院故创自许藩台，以报曾文正公者也"。但"认捐"最后还是由于地方官员的阻挠而流产。

② 张謇：《啬翁自订年谱》乙未六月，"诣南皮（张之洞）论下不可无学，学不可无会，若何实地进行"。七月，"南皮留谈商务归，有筹辟海门滨海荒滩之议"，均与此疏有关。疏稿收于张謇：《张季子九录·政闻录》第1卷，中华书局，1931年，第12—23页。

力，甚至成为人们猛烈抨击的对象。民间资本在外来侵略的刺激下，更为迫切地要求独立发展。清朝政府由于财政枯竭，无力包揽过多的企业创建，再加上民众对屈辱求和的愤怒抗议，都迫使它不得不在经济政策上作一定程度的让步，借以缓和国内的社会危机。鼓励商办企业的主张，只是在这样特定的历史条件下才逐步占了上风。张謇与通海地区花、布商人，在减捐活动中有十年左右的合作关系，因而其政论比较真切地转达了民间资本的呼声。

张謇借鉴日本资本主义发展的历史经验，强调应该采取“商办官助”的保护民族工商业政策。他批评清政府“但有征商之政，而无护商之法”。建议各省设商务局，“令就各项商务悉举董事，随时会议，专取便商利民之举，酌其轻重，而官为疏通之。勿使倾轧坏业，勿使诈伪败名。凡能集巨资多股设一大公司者，奏请官吏奖之”。

其次，在工业与商业的关系方面，他没有笼统地主张发展实业，而是把工业提高到首要地位。“世人皆言外洋以商务立国，此皮毛之论也。不知外洋富民强国之本实在于工。讲格致，通化学，用机器，精制造，化粗为精，化少为多，化贱为贵，而后商贾有懋迁之资，有倍徙之利。”这本来是有识之士在中法战争以前就已经讲过的道理，但张謇毕竟经过亲身体验才奉之为圭臬，是真诚地要努力使之成为现实，而且其抵制外来经济侵略的主观愿望也是极为强烈的。

为了发展民族工商业，张謇认识到学习西方近代科学知识的紧迫性。他主张：“应请各省广设学堂，自各国语言文字，以及种植、制造、商务、水师、陆军、开矿、修路、律例各项专门名家之学，博延外洋名师教习。三年小成，乃择其才识较优者，遣令出洋肄业。”并且强调，不仅要“培之于先”，更要注意“用之于后”，充分发挥这些新式人才的作用。从沉溺古代典籍、八股制艺，到迫切要求学习西方农业、工矿等等科技知识，这是甲午战后张謇思想的一个巨大进步。

张謇非常重视教育的作用，认为“夫立国由于人才，人才出于立学，此古今中外不易之理”。实业需要人才，人才出于学校。但兴办学校需要经费，这又不得不仰仗于实业，所以张謇认为自己的救国宏谟还得从实业入手。正如他以后所回忆的那样："自前清甲午中国师徒败衄，乙未马关订约，国威丧削，有识蒙诟，乃知普及教育之不可已。普及有本，本在师范，乃知师范之设不可以已。设师范之资，其数非细，他国师范，义由国家或地方建设而扶助之。当是时，科举未停，民智未启，国家有文告而已，不暇谋也。地方各保存固有公款之用而已，不肯顾也。推原理端，乃不得不营实业。然謇一介穷儒，空弩蹶张，于何取济？南通固有名产棉最旺之区也，会有议兴纺于通而谋及者，乃身任焉。"①

张謇就是这样走上状元办厂的道路。

四、 状元办厂

张謇的大事业首先从创办纱厂开始，这并非出于偶然的选择。

甲午中日战争后，帝国主义对中国的经济侵略更为疯狂。在像潮水般涌入中国的外国商品中，洋纱所占比重最大。从光绪二十年到二十四年，洋纱平均每年从华北四口输入 315 278 担，从长江中上游七口输入 211 935 担，分别占华北、华中两大市场的 93.7%和 86.4%②。棉纺织业是关系国民生计最为重要的工业部门之一，也是当时外国资本主义侵略危害最为严重的工业部门之一，民族资本主义自然首先要在这个部门奋起同强邻竞争。张謇以后在大生纱厂的《厂约》中，已把这个道理讲得很透彻："通州之设纱厂，为通州民生计，亦即为中国利源计。通产之棉，力韧丝长，冠绝亚洲，为日厂所必需。花往纱来，日盛一日，捐我之产以资人，人即用资于我之货售我，无异沥血肥虎，而袒肉以继之。利之不保，我民日贫，国于何赖？"③

民族资本与外国资本在纺织工业方面的竞争，首先发端于上海。据光绪二十一年上海口海关报告："按马关所订之和约，华洋各商，俱可任便

① 张謇：《南通师范学校十年度支略序》，《张季子九录·教育录》第 3 卷，中华书局，1931 年，第 15 页。

② 严中平：《中国棉纺织史稿》，科学出版社，1955 年，第 145 页。

③ 此约收于张謇：《厂约》，《张季子九录·实业录》第 1 卷，中华书局，1931 年，第 9 页。

购运，兴作各项工艺。本埠已建有纺织、缫丝等厂，将来中国所产纱布诸货，势必与印度来者相争衡。其新创之纱厂，前幅已经论及，而所设之纺织等厂，官商合股者，先有五家。此五厂计共有十二万锭子、八百五十张机。每年能出纱九万包，每包重四百磅；布能出二十五万匹，每匹重十四磅，长四十码。"① 这股兴办纱厂的热风，很快就吹拂到盛产棉花而土布业向有基础的通州。

通州位于长江口北岸，东北滨海，南面临江。除南郊的狼山、剑山、军山、马鞍山、黄泥山为孤岛状残丘外，其余均为江海冲积平原。天气温和，属亚热带湿润季风气候，年平均温度15℃左右，七月最热平均气温为28℃左右。年平均降水量为1 046.3毫米，集中在夏秋两季②。这里的土壤、温度、雨量、霜期都很宜于植棉，本地棉花不仅产量较高，而且色地洁白并富于弹性，很早即以"沙花"著称，盛销于东南沿海地区。这里的手工棉纺织业也很发达，最初主要是织一种专门供包装货物、裱糊油篓、制作船帆之用的"稀布"、"小布"。中法战争前后，根据市场需要，逐步改织可供制作衣被之用的"通州大布"（又称"大尺布"，长度宽度俱有增加）。这种大布仍然主要由农家利用本地棉花自行纺织，产品平挺厚重，保暖耐磨，为一般劳动人民所欢迎，尤其畅销于历时已久的东北传统市场。随着销售量的迅速增加，专营收购运销业务的布庄也纷纷兴起，并且形成一定的市场分工。有所谓县庄，专销里下河各县；京庄，专营南京远销；关庄，则从事远销山海关以外。张謇和这些花、布商人早就建立了比较密切的联系，所以在兴办纱厂时颇得地利人和之便③。

张之洞很早也注意到通州的棉花，他于督粤期间曾在光绪十四年筹划在广东创设织布纺纱官局，其所拟议的原料来源即已列入通州棉花④。次年年底，张之洞调任湖广总督，以后就改在武昌陆续设立湖北织布、纺纱等官局。他原来的计划较大，打算建立南北两个纺织厂，但因资金异常短

① 《关册》中文本，"上海口"，1895年，第32页。

② 以上参考《南通县投资指南》关于南通概貌的介绍。

③ 参见林举百：《近代南通土布史》，南京大学学报编辑部，1984年。

④ 张之洞：《张文襄公全集》，北平文华斋，1928年，线装本。

南通所产棉花正待运往上海

绌，只有北厂正式开工，此即湖北纺纱官局。至于南厂（或称南纱局）所已订购的机器，只有搁置在上海杨树浦码头，任凭风吹雨打，根本无人过问。甲午战争后，张之洞为了解决财政困难再次倡导发展近代工业。他不仅直接促使张謇投身实业，而且还为他提供了现存的机器设备，这不能不说是一种历史机缘。不过，这批机器的锈损也相当严重。据张謇事后追述，"官机、绒绲、皮带、绳索、筒管之类，朽腐损坏，十居七八"（光绪三十三年大生纱厂第一次股东会议上的报告）。

光绪二十一年年底，总理衙门奏请谕令各省设立商务局，其具体方案与张之洞《条陈立国自强疏》的有关建议相近。他们标榜："维护华商，渐收权利。"原则是："官为设局，一切仍听商办，以联其情。"办法是："由各商公举一殷实稳练素有声望之绅商，派充局董。""将该省物产行情，综其损益，逐细讲求。……如能实有见地，确有把握，准其径禀督抚，为之提倡。""再由各府州县，于水陆通衢，设立通商公所，各举分董，以联指臂。"[1] 这些美好的语言虽然多半停留于纸面，但比起甲午战争前清政府对民间企业的冷漠态度，总算有了一点顺应潮流的进步。

首先奉命设立商务局并且着手筹办纱厂的，正是署理两江总督兼南洋

① 《皇朝政典类纂》第127卷，"市易"。

大臣的张之洞。光绪二十二年正月五日，张之洞奏派张謇和苏州在籍前国子监祭酒陆润庠、镇江在籍前礼科给事中丁立瀛，分别在通州、苏州、镇江设立商务局。丁立瀛在镇江无所作为，可是长江南北两位“文章魁首”则各有表现，同时在苏州和通州设立了苏纶纱厂和大生纱厂。这就是喧哗一时的所谓“状元办厂”故事①。

“状元办厂”是令人惊异的，但却决不是偶然的，它也是半殖民地半封建社会在特定历史时期的产物。当时，民间资本非常幼弱而又渴望发展，根据历来的惨痛经验，他们非常害怕与官僚在企业内部建立“共事”关系，甚至于日常与官府交涉也视为畏途。因此，他们迫切希望有一种社会力量可以出来充当他们与官府之间的桥梁，为他们向官府争取必要的保护与支持，同时又帮助他们避免官吏的苛派与骚扰。他们认为理想的方案应当是：“商管银钱账项买卖，绅管学习机器教训学徒，官主保护而不侵利权。即有事涉衙门，有绅承当，不累商民，无所疑惧。”② 张謇以及其他一些大大小小类似的开明士绅于是应运而起，一方面为清政府募集了一批民间资本，一方面为民间资本向政府争取某些企业管理方面的自主权利。他们的积极活动，有利于早期民族近代工商业的发展。

张謇对于奉命办厂，并非完全没有思想准备，但也并非完全没有经过相当激烈的思想斗争。以后他曾回忆当年接受办厂任务时的内心活动说：“余自审寒士，初未敢应。既念书生为世轻久矣，病在空言，在负气，故世轻书生，书生亦轻世。今求国之强，当先教育，先养成能办适当教育之人才，而秉政者既暗蔽不足与谋，拥资者又乖隔不能与合。然固不能与政府隔，不能不与拥资者谋，纳约自牖，责在我辈，屈己下人之谓何？踟蹰累日，应焉。”③ 作为一向居于“四民之首”而且以清高自命的封建士大夫，忽然转而投身于长期被视为末业的商人队伍，这自然需要对传统观念作突破性的冲击。但是，张謇开始这种转变时的社会环境毕竟已经不同于

① 陆润庠（1841—1915）江苏元和（今吴县）人，字凤石，同治年间状元。曾任山东学政，迁国子监祭酒。以母疾归苏州，总办苏州商务。除苏纶纱厂以外，他还创办了苏经丝厂。

②《陕西集股创用机器织布说》，《皇朝政典类纂》第127卷，“市易”。

③ 张謇：《啬翁自订年谱》丙申三月。

19 世纪 60 年代以前，“商战”、“求富”的口号喧腾已久，由官而商和由商而官都大有人在。士人群体的特点之一，就是在行动之前必须为自己寻求某种道义上的依据。对于张謇来说，他“以皭然自待之身，溷秽浊不伦之俗”，固然是一种情操上的牺牲，但却又可以从两方面求得精神上的安慰。一曰“求国之强”，他是以爱国志士姿态兴办实业的。二曰“言商仍向儒”，办实业是为了筹措办学经费，由士林出发，经过商贾又回归士林，这当然是理直气壮。

当然，士人群体也并非不食人间烟火的神仙集团，他们也有个人利害的考虑。在 19 世纪末年，经商虽然依旧不免受到传统观念的轻视，但既然具有“奉旨总理”的堂皇冠冕，身份也就自然随之提高。同时，由于洋纱还没有充塞中国广大市场，华商纱厂早期所得利润确实比较优厚。据张謇自己估计，每年每股 100 两，可得“余利”22 两，利润率高达 22%。这当然也是具有吸引力的。

还应该看到，统治集团内部斗争的激烈和帝党遭到新的挫折，引起张謇关于宦海险恶的警觉，更促使他较快地下定从事实业的决心。关于这一点，在他的日记中多少留下一点痕迹。光绪二十二年四月八日：“闻李鸿章使俄时请见慈宁（慈禧），折列五十七人请禁勿用，第一即文道希（廷式），李出京而杨崇伊抨弹道希之疏入矣。杨，李戚也。又闻慈宁为毅庙（同治）立端王之孙溥伦为子。瞻望北辰，心忧如捣。告者曰，五十七人中，子名殊不后（以下原有‘笑应之’三字，经墨笔涂抹。——引者）。”九日：“归与太夷（郑孝胥）纵谈周昌、贾谊、萧望之事，以论常熟。”这些消息显然是在南京与两江总督刘坤一（已返任）洽商办厂事宜时听到的，决非一般的道听途说。同时，从当年汪大燮致汪康年、汪彭年函中亦可得到印证：“正月十三停毓庆宫（指谕令翁同龢等师傅停止入值书房。——引者）。十四，杨崇伊为合肥（李鸿章）访查台馆弹劾东事（指甲午战争期间清流对李鸿章的抨击。——引者），开一清单，凡三十余人。……十八，杨即以弹芸阁（文廷式）章就正于合肥。合肥将行有言：

‘我归，看他们尚做得成官否?’至津又告人云：‘劾我诸人，皆不安矣!’”① 此函除所述黑名单开列人数不同以外，其他情况与张謇所得消息大体相近而又较为真切。

杨崇伊是李鸿章的姻亲，历任翰林院编修、广西道监察御史，善于趋奉慈禧的意旨，因此为清流所不齿。文廷式则是翁门高足，又是光绪极为亲信的外臣，被劾的重要罪状之一据说是与光绪身边得力的内监寇万才结为兄弟。结果寇万才被处以死刑，文廷式则被驱逐出京，革职永不叙用②。这件事的党争性质极为明显，而且对当事人的处分又极为严厉。慈禧与李鸿章在甲午战争期间备受帝党和清议的责难，现在他们自觉地位已经重新稳固，可以狠狠回击这些并无实权的对手了。张謇闻讯后之所以要与沈瑜庆、郑孝胥等“纵谈周昌、贾谊、萧望之事”③，因为这三位古人均曾任皇室师傅或者是太子合法地位的维护者，实际上是为翁同龢的艰难处境担忧。同时，张謇本人也感受到某种政治压力，因为他当时号称“翁门六子”之一，在帝党中声名仅次于文廷式等少数人，而且风传他的名字也列入李、杨作为打击对象的“清单”。他不能不考虑到后党复仇的火焰是否会烧到自己头上，乐得借在籍守制为名离开帝后党争遥远一些，因此更加集中精力为创办纱厂奔忙。办厂对于张謇来说，既可以避免介入宫廷斗争的嫌疑，又可以争取非淮系洋务派大员张之洞和湘系刘坤一等督抚的支持庇护，这就是所谓自立于不败之地。

张謇的办厂活动实际上从光绪二十一年冬天就已经开始了。

经过两个多月的“招商”活动，他邀请了海门人沈燮均（本地花布商）、陈维镛（本地花布商）、通州人刘桂馨（本地花布商）、福建人郭勋(上海洋行买办)、浙江人樊芬（上海绅商、捐班知府衔）、广东人潘华茂(上海广丰洋行买办）等六人协商认办。这就是最初的所谓“通、沪六

---

①《汪穰卿先生师友手札》。汪大燮当时任职北京，消息自然比张謇要灵通一些。

② 据翁同龢：《翁文恭公日记》丙申二月，上海商务印书馆，1925年。

③ 周昌曾随汉高祖入关破秦，后任御史大夫，封汾阴侯，耿直敢言。刘邦欲废太子，昌谏阻甚力。贾谊则为权贵排斥，被汉文帝疏远，出为长沙王、梁怀王太傅。萧望之字长倩，西汉元帝时曾任师傅，颇受倚重，后因得罪权宦，被迫自尽。

董”[①]。他们在反复磋商以后，于当年十二月八日到南京向张之洞禀报，筹划在通州城北唐家闸一带水陆近便之处建厂，取名大生。厂名的寓意是：“通商惠工，江海之大；长财饬力，土地所生”。也就是儒家所服膺的一句名言：“天地之大道曰生。”大生纱厂最初确定是商办，预计招股六十万两，先办纱机二万锭。股票仿照西法，以一百两为一股，共计六千股。议定潘华茂、郭勋负责总管银钱，在上海招集四十万两，在通海招集二十万两。如通海招不足数，“仍由上海集补足数”。随后他们又回到通州，由通州知州汪树棠、海门厅同知王宾监订合同，按前述方案申请两江督院奏咨立案。

创办大生纱厂时的张謇

大生纱厂光绪二十三年股票

三位“通董”相当积极，这不但反映出本地花布商人对创办纱厂持欢迎态度，也体现了张謇过去十多年间与他们保持的良好合作关系。于是，很快就选中并购买了通扬运河和长江之间的唐家闸陶朱坝作为厂址。这一带多为乱坟荒地，产权大部属于一家顾姓地主，地价一部分付给现款，一部分发给股票，顾姓地主因此成为最早的大生股东之一。但是潘、郭两位

① 《通州兴办实业之历史》上册，南通翰墨林印书局，1910年。

沪董却迟疑相望。厂址选定以后，“旋规划垫基、浚港、筑岸、建造行栈及监工住宿之房，已用二万余，而潘、郭股不应，机亦不定。屡致访问，则言通股有若干，沪股即有若干，沪股四十万立时可有，又言通股需交沪管理”①。这种财大气粗的腔调，反映出上海买办商人对资力薄弱的通海商人的轻视与不够信任，唯恐事业失败会给自己带来很大损失。次年七月张謇在上海召集董事会议，樊芬、陈维镛知难而退，辞去董事职务。以后由张謇推荐增补本地的木材商高清（立卿）及典当商蒋锡绅（书箴），仍然合成“六董”之数。张謇的眼光从上海转向通海，显然希望以本地绅商作为集资的主要依托。但“通董”财力毕竟有限，加以“通州本地风气未开，见闻固陋，入股者仅畸零少数。上海各厂因连年花贵折阅，华厂股分给息六厘者仅一家，洋厂或息止三厘。坐是凡迭次劝成之股，一经采听他厂情形，即相率缩首而去。甚者以鄂厂之商本无着，苏厂之股息难收为例，一闻劝入厂股，掩耳不欲闻”②。纯粹商办的方案已化为泡影，张謇不得不回过头来再向封建官府寻求援助。

大生纱厂早期厂董高清像

大生纱厂早期厂董沈燮均像

正巧，原先湖北南纱局向地亚士洋行购买的“官机”40 800 枚纱锭，

① 《通州兴办实业之历史》上册，南通翰墨林印书局，1910年。

② 《通州兴办实业之历史》上册，南通翰墨林印书局，1910年。

堆放在杨树浦江边已经整整三年无人过问。已经回任的两江总督刘坤一急于脱手，命令上海商务局道台桂嵩庆贱价出卖。这年秋冬之间，"上海纱市败坏，华盛、大纯、福晋或欲停办，或欲出卖"[①]，谁还有财力和兴趣来购买这四万锭锈烂"官机"。桂嵩庆苦于无人承购，张謇则苦于想买而又无钱，于是两者一拍即合。光绪二十二年十月，双方达成协议，把"官机"折价50万两作为大生纱厂的股金；另招商股50万两，合共100万两。这样，大生纱厂的创办方案便从"官招商办"改为"官商合办"。

所谓"官招商办"，实质上就是商办，因为资金来自商人，而企业的经营管理也可以独立自主。改为"官商合办"以后，资金一半来自官府，企业的所有权和经营管理权都可能受到封建官府的严密控制和经常干预，这不能不引起一般民间商人的疑虑。他们非常害怕"官股"专权垄断或营私舞弊，纷纷反对官商合办方案，甚至表示要"退出事外"。因此，50万两商股根本无法募集，"凡以纱厂集股告人者，非微笑不答，则掩耳而走"。这就说明商人已对官府缺乏起码的信任感。

大生纱早期厂董刘桂馨像

张謇曾于光绪二十三年二月下旬会同"通董"蒋锡绅、沈燮均、高清、刘桂馨前往上海，与潘华茂、郭茂芝筹划，想在三个月内集资20万两开始兴办，但结果仍然毫无着落。张謇深感难以为继，只有于三月到武昌向这批"官机"的最初订购者张之洞求援。湖北的新政在当时算是较有成效的省份之一，武昌的一些文教、经济事业颇使张謇为之倾服。他参观著名的两湖书院，印象是"规模宏厂，天下无对"。又考察铁厂、枪炮厂，

① 《通州兴办实业之历史》上册，南通翰墨林印书局，1910年。

感想是“于此见西人艺学之精，南皮要是可人”①。这些都促使张謇更加坚定了举办实业的信念。

张之洞帮助张謇找到一条新的出路。这年七月，在得到刘坤一同意后，确定将折价 50 万两的“官机”对半平分，由盛宣怀②与张謇“合领分办”，即在通、沪分办两厂，这也就是所谓“绅领商办”。对张之洞和刘坤一来说，这无非是空头人情。但大生纱厂却可以因此减少筹集股金 25 万两，还得到盛宣怀“许助筹新股活本”的允诺。同时，改为“绅领商办”以后，绅士扮演“通官商之邮”的角色，“官股”虽然仍占资金总额的一半，但却不再可能占据直接支配企业的地位，只不过是到期领取“官利”而已。这是“绅领商办”与“官商合办”不同之处，也是这个新方案比较容易被当时一般商人接受的主要原因。“绅领商办”和“官招商办”也有所不同，前者包括由“官机折价”而成的大量“官股”，后者却没有或只有很少“官股”，两者虽然都属于商办性质，但是与官府关系的密切程度还是有所差异。自然，这仅仅是就大生纱厂本身的情况而言，并非所有的“绅领商办”和“官招商办”企业都是一模一样的。

“绅领商办”作为“官商合办”与“官招商办”之间的中介形态，虽然为当时当地的一般商人所乐于接受，但实际能够筹集到手的资金仍然极为有限。这时，潘华茂和郭勋也辞去董事责任，集资重担全落在张謇身上。光绪二十三年十二月开始建造厂基，经常雇用职员、工役五六百人，加上材料、运输等各项费用，开支很大。张謇手头 6 万多两现金很快就花得一干二净，曾经分别向桂嵩庆、盛宣怀、刘坤一、张之洞等再次求援，但这些官员把四万锭破烂“官机”推卸出去以后便撒手不管了。桂嵩庆答应“助集五六万”只是一句空话，盛宣怀的诺言也毫无兑现的诚意。张謇曾经拉着桂嵩庆到两江总督衙门对质，但刘坤一也没有认真督责桂嵩庆履行前约。纱厂经费窘迫到极点，连张謇到上海集资的旅费都是靠卖字筹

① 张謇：《张謇日记》丁酉三月。当然，张謇对于张之洞也并非完全没有保留意见。如三月二十二日日记：“南皮置酒两湖书院。见总署振兴商务公牍原起于伯约之奏，大意官助商本，抵制外洋。顾中国之官专与商人诘难以为能，何可冀有此日也。终亦具文而已。”

② 盛宣怀当时已从张之洞处接办汉阳铁厂和大冶铁矿。

措的。

光绪二十四年，“造厂运机，造工匠房，修闸砌岸建坝，筑路造桥，一切工程，先后并举，岁终粗毕”[①]。其间，张謇还曾一度循例到北京翰林院销假，幸亏有沈燮均等得力助手艰辛维持，建厂工程才没有中途夭折。及至“官机”运到，又使张謇叫苦不迭，原来这批机器“自二十一年运湖北，折江宁，回上海，苫栈于浦滩者三载。上雨旁风，板腐厢裂，机件断烂者十之三四。官既无款购补，商本又绌，先后由商续渐添配凑补。故六阅月之久，机车不能全开，垫款已有七万有奇”[②]。好不容易挣扎到冬天，厂屋即将建成，机器装置过半，并且已经开始收购棉花，眼看就可以开工出纱了，但又为资金短绌所苦。因为连日常开支都无法应付，怎么谈得上正式开工。张謇像到处化缘的和尚似的，求刘坤一，求张之洞，求盛宣怀，求江苏、安徽、江西各地的官员，但是应者仍然寥寥，到手的钱还不够几天收购棉花的价款。张謇走投无路，一度曾想求助于外国资本，甚至多次以辞职向刘坤一表示抗议，威胁说：“设皆不行，止有请派他人接办；又不行，则请招洋股。日本已有内地制造土货之约，本不系乎通商口岸与否，但必须南洋（指南洋通商大臣）明白允许。设不允，又不筹款，则径写折历诉前事，请南洋代奏。事至今日，谦逊无益，止有宁我逼人，毋人逼我之法。”[③] 张謇已成困兽犹斗之势，言语间倔犟之态可掬。办纱厂本来是为了抵制日本侵略，可是还没有开工就已经准备向对手退让，可见民族近代工业的处境是多么艰难。

不过，张謇当时办厂的意志依然是坚定的。根据他的日记的有限记录，从光绪二十四年十一月十二日到二十五日，他在 14 天之内给刘坤一发了 5 封信，给张之洞、盛宣怀发了 3 件函电，简直是费尽唇舌才逼出少量地方公款以救燃眉之急。但是这又触犯了通州地方官吏的利益，他们处处

---

① 张謇：《承办通州纱厂节略》，《张季子九录·实业录》第 1 卷，中华书局，1931 年，第 17 页。

② 张謇：《承办通州纱厂节略》，《张季子九录·实业录》第 1 卷，中华书局，1931 年，第 17 页。

③《张謇至沈敬夫函札》（原本）。

加以留难。譬如，通州知州汪树棠故意派遣“签役四出”，把协助募集股金丑化成强征苛捐杂税的模样，引起当地人民很大的不满与疑虑。张謇为之啼笑皆非，连忙恳求知州停止这种帮倒忙的“劝募”。刘坤一命汪树棠提拨若干地方公款，他又偏偏要指定挪用津贴本地秀才、举人应乡、会试的“宾兴”、“公车”两项费用的积存。这两笔款项总共只有一万元，根本解救不了大生的危急，可是却立即引起当地300多名秀才的公愤，联名递呈公禀反对，甚至准备在明伦堂召开大会抗议。据事后多方了解，这又是汪树棠捣的鬼[①]。筹款既然没有着落，“厂终不成之谣复四起”，大生的前途仍然是吉凶未卜。

但张謇、沈燮均等终于在危难中坚持将机器全部装置完毕，这已是光绪二十五年三月。二十九日先行祭礼，然后试机，引擎开动后一切运转正常。但当时的流言蜚语仍然很多，先是有人说：“厂囱虽高，何时出烟?”试机后又有人说：“引擎虽动，何时出纱?”张謇毫无动摇，他已辞去商务局总理职务，并曾过江到苏州参观苏纶纱厂，决心以事实来回答旧势力的挑战。四月十四日，大生纱厂正式开车，并且邀请许多客人前来参观，这才堵住所谓“决不（能）出纱之口”。

大生一厂外景

① 大生纱厂建成后，张謇授意绘《厂儆图》四幅，讽刺妨碍建厂诸人。其中一幅题曰“水草藏毒”，“水”指汪树棠，“草”指汪之幕僚黄某。其他三幅：《鹤芝变相》讽潘鹤琴、郭茂之反复无常，《桂杏空心》讽盛宣怀（杏荪）言而无信，《幼小垂涎》讽严信厚（小舫）贪得无厌。

张謇为了出纱以取信于社会，是冒了很大风险的。开车以前，他把已经购进的价值 8 万两的棉花运到上海出卖，以所得价款应付各项紧急开支。开车以后，又须不断购进棉花，而用花越多，资金越难周转。张謇再次求助于官僚、绅商，又是毫无结果。请求另派殷富绅商接办，又未能得到刘坤一的许可。张謇亦曾与上海商界巨子严信厚等接洽，打算将纱厂出租三年，但因对方所提条件极苛而未能达成协议。张謇“留沪两月，百计俱穷。函电告于股东者七次，无一答，仍以卖字给旅费。苦语相慰者，眉孙（何嗣焜）、太夷（郑孝胥）二人而已”[①]。张謇无可奈何，每天晚间只有和一二好友在大马路泥城桥一带徘徊。上海已经相当繁华，晚间仍然是游人如织，车水马龙。但张謇哪有心思观赏夜上海的景色，他只是在闪烁的路灯光下苦苦思索，“仰天俯地，一筹莫展”。后来还是经过沈燮均来信劝说，他才回到通州，并且议定作背水一战。但办法依旧是：“尽花纺纱，卖纱收花，更续自转。至不能有花纺纱，则停车而闭厂，以还股东。”[②] 气氛之悲凉，已如准备一去不复返的壮士。

不过，从这年夏秋之间的棉纱行市来看，对于大生纱厂的发展还是比较有利的。原来华洋机纱已经在通海地区畅销，光绪二十一年通、海两地日销十二支纱达 20 箱，二十三年增加到 80 箱。传统土纱在市场上受到明显的排挤，越来越多的织户改用机纱织布。二十五年夏季以后，纱价一直看涨，十二支纱趸销卖到 65 两，零售卖到 67 两。到了八月下旬，大生纱厂卖纱所得价款日益增多，原料得以供应不缺。从光绪二十一年到二十五年，五年之间历经几次大的风险，大生纱厂总算初步站稳了脚跟。张謇内心的欢悦，是一个经过艰苦奋斗而取得初战胜利的开拓者的欢悦。根据光绪二十五年四月十四日开车至次年二月的收支结算，已有规元26 850.791两的净余。底下有一段关于他向刘坤一报告好消息的生动记载：

> 谒新宁（刘坤一），相见大欢，拱手称谢。对曰：“纱好地也，气转天也，人无与焉。”新宁曰：“是皆先生之功。”曰：“办事皆董事与

---

① 张謇：《啬翁自订年谱》卷下。

②《通州兴办实业之历史》上册，南通翰墨林印书局，1910 年。

各执事，謇无功。”曰：“不居功，苦则吃矣。”曰：“苦是自己要吃的，亦无所怨。”曰：“但能成，折本亦无妨。”曰：“不成则已，成则无折本之理。”①

这是一段妙趣横生的对话，刘坤一的空言褒奖，张謇的负气顶撞②历历如在眼前。时来运转，张謇不再是到处碰壁的云游方僧，他也能直起腰杆讲几句硬话了。

大生纱厂的创办成功，原因当然是多方面的，但最主要的还是由于当时机纱已经在通海地区市场基本上排挤了土纱③。这一带久已发达的手工织布业对机纱的需要量很大，而洋纱还未能控制当地市场。到光绪二十三年，机纱日销 80 大包，年销值约 200 万元左右。大生纱厂不像上海那些华商纱厂，它暂时还可以避开外国纱厂的直接竞争和排挤，并且能够充分利用本地廉价的原料、劳动力以及传统市场，来为自己谋求比较优厚的利润。

大生一厂机匠宿舍

① 张謇：《张謇日记》己亥八月二十日。《啬翁自订年谱》所载与此相同。

② 张謇在办厂过程中与刘坤一争执甚多，如《张謇日记》戊戌十一月二十二日："新宁委厂不顾，来讯甚无理。"他之所以辞去商务局总理，与此亦有关系。

③ 从 19 世纪 80 年代开始，农家先用机纱作为经纱，因其线条长，出布多，而且易织，市价亦高，因此为机户所乐于采用。甲午战争以后，中外机纱销量剧增，大、中各牌高档大尺布全用机纱，土纱生产日益减少。参见林举百：《近代南通土布史》，南京大学学报编辑部，1984 年，第 2 章第 2 节。

据粗略估计，到 20 世纪初年，通州、崇明、海门三年上市棉花约 40 万包，而大生纱厂每年用棉不过 10 万包，原料绰绰有余，可以保证供应。本地棉花有的品种质量超过外来的一级印棉（纤维长达一寸以上），加以节省了长途运费的缘故，价钱也比较便宜，有利于大生纱厂降低成本。

此外，通海一带棉纺织业素来发达，大生纱厂从当地农村中招收工匠，不仅可以大大压低工资水平，而且其中很多人还具备一定技术条件。19 世纪末年，这一带的农民和手工业者在封建势力的残酷压榨和中外机纱的逐渐排挤下，更加陷入贫困破产的窘境。大生纱厂乘机招收大批衣食无着的女工和童工，工资一般每天只有一角多钱，有些甚至低到五六分钱。大生纱厂的平均工资要比上海纱厂的平均工资低 10%到 20%①。大生纱厂正是利用当地农民把纺织织布看成家庭副业的习惯，以及把妇女儿童的收入看成家庭经济辅助性收入的传统心理，极力压低工人工资以与外地机纱竞争。为了把问题说得更清楚一些，下面再作一番具体对比。据大生一厂档案资料，1899 年本厂工资情况如下：

<table>
<tr><td>清花车间</td><td>当车工</td><td>日工资</td><td>0.25 元</td><td></td></tr>
<tr><td>清花车间</td><td>小工</td><td>日工资</td><td>0.22 元</td><td></td></tr>
<tr><td>粗纱车间</td><td>当车女工</td><td>日工资</td><td>0.15 元</td><td></td></tr>
<tr><td>细纱车间</td><td>当车女工</td><td>日工资</td><td>0.20 元</td><td></td></tr>
<tr><td>摇纱车间</td><td>女工</td><td>（包工）</td><td>每车 10^5</td><td>12 文</td></tr>
<tr><td></td><td></td><td>（包工）</td><td>每车 12^5</td><td rowspan="3">（日）8 文
（夜）9 文</td></tr>
<tr><td></td><td></td><td>（包工）</td><td>每车 14^5</td></tr>
<tr><td></td><td></td><td>（包工）</td><td>每车 16^5</td></tr>
<tr><td>打包车间</td><td>当车工</td><td>（包工）</td><td>日每包</td><td>5 文</td></tr>
<tr><td></td><td></td><td>（包工）</td><td>夜每包</td><td>6 文</td></tr>
</table>

另据《支那经济全书》，1905 年前后上海纱厂工资情况如下：

① 汪敬虞编：《中国近代工业史资料》第二辑（下），科学出版社，1957 年，第 1230 页。

续表

16 支以上细纱车间女工	日工资	上等 0.30 至 0.40 元
		下等 0.25 至 0.18 元
整理车间女工	日工资	上等 0.28 至 0.30 元
		下等 0.10 至 0.15 元
打包、选棉、混棉男工	日工资	上等 0.35 至 0.40 元
		下等 0.10 至 0.25 元

张謇正是利用这样一些特殊条件，使大生纱厂开工不久便大发利市。据大生纱厂考工账房光绪二十五年八月致上海账房的信件透露："此月纱未纺出，已被卖空，定去 560 箱。"[①] 如果不是在原料、劳动力和市场等方面有自己的优势，先天极其不足的大生纱厂是很难长期存在和发展的。

在这里，需要介绍一个微妙的现象，即大生纱厂的诞生及其发展，是适应了农村家庭手工纺织业对于机纱日益增长的需要。当地农民之所以接受机纱，最初并非是作为廉价的消费品，而是作为价廉质优的原料。在较长一段时间，大生纱厂简直可以说是与农村家庭手工纺织业共存共荣。大生纱厂早期所需要的两大市场——商品市场与劳动力市场，基本上是农村家庭手工业提供的。外国资本主义侵入以后，商品经济的发展和自然经济的瓦解，并非立即表现为农民家庭手工业的完全破坏，而首先是表现为纺与织的分离。这种纺与织的分离既为大生纱厂提供了必要的机纱销售市场，同时又为它提供从家庭手工业经济中游离出来的劳动力。既然说是游离，就不完全等于破产。大生纱厂的工人多数并非是像到处飞翔的鸟儿那样完备形态的自由劳动力，他们仍然与农村家庭保持密切联系，他们的工资收入甚至暂时还是小农个体经济的补充。这既说明农村个体经济具有顽强的生命力乃至有较多的适应性。正如一位青年学者所说的那样："在资本帝国主义侵略下，近代中国起了变化，但是新生事物还远远不能取代旧事物。旧事物太强，新事物太弱，新事物不能不在旧东西的包容中变形，

---

① 转引自《大生资本集团史》(初稿)。

这就是大生这个近代资本主义企业的市场前提。”[1]

除了上述这些特殊条件以外，张謇等人的主观努力和经营管理的比较得法，对大生纱厂创办的成功起了极其重要的促进作用。在纱厂整个筹建过程中，张謇表现出很大的决心与毅力，他不仅作了许多重要的决策，而且充分显示了与官府绅商相周旋的才干与韧性。从某种意义上来说，他已经具备若干中国早期资本家必须具备的气质。作为张謇助手的沈燮均，是建厂和经营管理的具体负责人，他不仅任劳任怨，而且具有与张謇同等的决心。在集股最困难的时候，他毅然决定：“尽以其自有之花布运沪抵款，以济厂之穷。可自关门（指停歇自己经营的花布庄。——引者），不可令厂（指大生）停秤（指收花）。”[2] 这对张謇当然是极大的支持。大生纱厂早期主事的“四董”，除沈燮均外还有高清、蒋书箴、徐翔林，分别主管银钱、进出货、厂工、杂务等项。他们（还包括大生上海账房林兰荪）都是当地的花布商或典当商，一般具有比较丰富的经营管理经验。虽然是旧式小型商业或金融业的管理经验，但对早期的大生纱厂却可作为借鉴，他们毕竟与那些寄生于官办或官督商办的腐败官僚大不相同。再则他们的自身利益与企业利益密切相关，又有各自的专长和性格特点，因而能够逐渐形成一个小小的相互配合和讲求效益的管理群体。

大生纱厂的负责人并不满足于自己的旧式经验，他们从一开始就很注意汲取其他新式纱厂（包括同时起步的苏纶纱厂）的优良经验，而首先就是努力搜集和研究其他纱厂的章程。他们自己拟订的《厂约》[3]，是中国早期民族近代企业留下的一篇重要文献。《厂约》阐明了“实业救国”的办厂宗旨，并且规定总理（张謇）的职责是：“通官商之情，规便益之利，去妨碍之弊，酌定章程，举错董事，稽察进退，考核功过，等差赏罚。”

---

① 林刚：《试论大生纱厂的市场基础》，《历史研究》1985年第4期。这是作者在研究生论文基础上改写的，我参加了论文的答辩，从他的研究成果中得到一些启发。譬如，他明确指出：“大生的市场不是一个在小农经济普遍破产的基础上，由工资和利润形成的新型市场，而是本质上由个体小农经济的需求决定的市场。”这当然是指在一定时间内的特殊情况，但却很值得进一步加以探索。

②《大生资本集团史》（初稿）。

③ 张謇：《厂约》，《张季子九录·实业录》第1卷，中华书局，1931年，第7—10页。

其下分设进货出货、厂工（工程技术）、银钱账目、杂务四个部门，各有董事（高级职员，相当于经理）、执事（一般职员）管理其事。进货出货由于涉及通沪两地，事重而繁，所以除正董在通州外，另设驻沪帮董一人。《厂约》对各部门董、执事的职责也做了明确规定，并且要求进货出货董、执事住在行栈，厂工董、执事住在工厂执事（办公）楼，银钱账目董、执事住在总办事处。《厂约》对于董、执事的成绩考核和奖惩制度亦有具体叙述，同时还记载了当时的工资标准[①]。对于利润分配，《厂约》也有具体方案："每年余利，除提保险公积外，分十三股，以十股归股东，三股作在事人花红。三股中两股归绅董，一股归各执事。绅董之两股，作十成分派，绅得一成半，杂务帮董得一成半，行厂银钱董各得二成，余一成提供善举。各执事之一股，亦作十成分派，行厂各得三成半，银钱所得二，杂务得一，由总账（房）年终汇齐各功过单，核分三等酬给。"根据《厂约》的规定，每天下午两点钟，各董要集中到总办事处，"考论花纱工料出入利弊得失，酌定因革损益，由总账房撮记大略，编为厂要日记，以备存核"。总的来说，管理比较得法，制度比较健全，考核奖惩比较严格，这是大生之所以创办成功的主观要素。

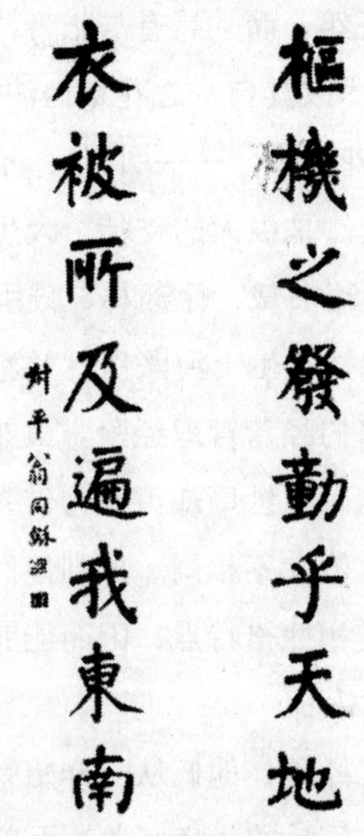

翁同龢为大生纱厂所书对联：

枢机之发动乎天地

衣被所及遍我东南

这个"绅领商办"的大生纱厂到底是什么性质的企业？张謇在企业中究竟处于什么地位？需要在下面作进一步探讨。

---

① "经理公费每月一百五十元，各正董薪水每月一百元，银钱账目董每月八十元，杂务帮董每月五十元，各执事至多者四十元，至少者四元，试用三元，学徒之长两元，历一年者一元。"

大生纱厂不仅区别于官办工业，而且也区别于官督商办和官商合办企业，重要的一点即它不存在官商双方在企业内部的“共事”关系，因此官府不能直接干预它的经营管理。同时，它和一般纯粹商办的企业也有所不同。因为大生纱厂既然号称“绅领商办”，作为最高当权者（总理）的张謇，严格说起来最初还不算名副其实的资本家，而是“介官商之间，兼官商之任，通官商之邮”的过渡性人物——开明士绅。他开头入股只有 2 000 两，基本上是象征性的，他的最大“资本”还是状元这块金字招牌，以及他与刘坤一、张之洞地方督抚的亲密关系。他的初期身份具有明显的两重性。作为商务局总理，他分明是官府的代表。可是作为大生纱厂的厂主，他在实际上却更多地也是更自觉地代表着商股的利益。

由于“官机”折价入股的缘故，大生纱厂早期的资金当中，官股要占一半以上，看来很像是官府控制的官商合办企业。可是，官股在大生纱厂里面并没有实际掌权的代理人。张謇虽然有商务局总理身份，但在大生正式开工前夕已经辞职。他虽然在外面经常向官府求援，但在企业内部则始终依靠民间商人经营管理。因此，官股除到期领取“官利”和分红外，在企业内部别无其他特权，这就使大生纱厂从一开始便具有明显的商办企业独立经营的性质。而且，大生纱厂主要是靠企业内部积累来实现资本主义性质的扩大再生产，并没有靠超经济的强行掠取或主要靠官府权势来求得本身的发展，这更确定了企业的私人资本主义性质。

当然，大生纱厂早期确实与封建主义联系甚多，或者说具有浓厚的落后性，这至少可以从三个方面来考察。

第一，大生纱厂是由奉旨总理通海一带商务的张謇一手创办而且大权独揽的。他在企业内部的主宰地位，不是由于投资数额而是由于传统社会身份所决定的。他正是利用这种身份，在资金、设备、专利、减税等方面，不断向张之洞、刘坤一等封疆大吏寻求支持和帮助。也正是由于这个缘故，大生纱厂初期根本没有董事会，一切由总理独断独行。

第二，大生纱厂最初的资金多数来自地方官绅。在实收资金 445 100 两中，“官机”折价作为官股 250 000 两，占资金总额的 56.17%；而在所谓“商股”195 000 两中，封建性地方公款为 40 900 两；在可以查明股东身份的真正商股 109 700 两中，官僚及其部属投资 69 400 两，占59.16%，商号（大多为旧式的钱典业）投资 25 400 两，占 23.5%，另外还有地方以土地作价投资 3 300 两。资本结构具有的封建性，决定了利润分配也带有若干封建性。当时在厂内掌握实权的绅董投资总共有 4 100 两，仅占实收资金总额的 1%，可是却分得全部利润的 16%。同时，股金每年“官利”利息高达 8 厘以上，无论开工与否及盈亏如何，到期必须如数付给，实际上带有某种程度高利贷性质。这些都表明，企业内部的早期分配还没有完全按利润率办事。加以张謇对利润可以自行支配，有时甚至提取大批资金举办与企业并无直接关系的非生产事业（如教育、慈善等），这除了是取决于传统等级特权以外，很难用其他理由来解释。

第三，大生纱厂对工人除实行资本主义剥削以外，还要实行带有封建性的压迫。工人的劳动日一般在 12 小时以上，有时竟多达 16 小时甚至 18 小时。厂方为了加强统治，从一开始就拟定了厂规和章程 200 多条，实行罚工、搜身、游厂、体刑等蛮横处分办法。并雇用一批外地来的武装巡丁，手执竹板和毛瑟枪，公然以暴力威慑工人。

不过，对于早期大生纱厂的落后性，也需要历史地给以理解，并且不能估计得过分严重。即以承领官机而言，这与其说是封建官府的蓄意插手并控制大生纱厂，倒不如说是地方督抚急于卸包袱。张之洞原先曾经把这堆破烂机器拨归苏州商务局招商合办，可是“商情观望，领办乏人，机器仍庋沪栈。应还机价，迭又届期，镑价日昂，息款暗蚀，加之栈租、保险，以及华洋员匠随机照管、守候、装配等费，阅时已多，耐款更巨”[①]。据说前后五年已经花费将近 830 000 两，而且由于风吹雨打，机器陷入泥土二三尺，锈烂部分堆积如山。假若没有张謇出面认领，这批机器还要继续锈烂下去。既然承领以后，废置已久的封建官府的公物便转化成为资本主义企业的资产，已经发生根本性质的变化。至于大生纱厂一些股东的封建官员身份，也应该给以历史的理解。在当时的社会环境里，能够把官僚、地主纯粹消费性的封建财产，吸收、集中、转化成为资本主义近代工

---

①《刘忠诚公遗集》第 32 卷，“奏疏”，1909 年，木刻线装本。

业资本，这就是符合时代潮流的进步。无论是在中国还是在外国，最初的资产阶级并不是从天上掉下来的，它总是产生于旧的社会和旧的阶级，因此在童稚时期瞥部难免带有封建的“胎记”。这种“胎记”既可以表现为欧洲的贵族徽号，也可以表现为中国式的翎顶辉煌，是一种带有共性的现象，并非出于偶然。

和比较浓厚的落后性相比较，大生纱厂初期与外国资本的关系是比较疏远的。它的创办人，自潘华茂、郭勋两个上海洋行买办退出以后，都是清一色的封建绅商，加以通海地区比较偏僻落后，所以还没有与外国资本建立直接的密切的内在联系。不过，与其他民族近代企业一样，大生纱厂从一开始在设备、技术方面就不得不仰仗外国。它的纺纱机器全部是英国直林登厂制造，而且是由瑞记地亚士洋行经办。以后所有工厂机件的添置，也都是由洋工程师汤姆司和洋匠忒纳指定瑞记、怡和、地亚士等洋行承办。技术力量则更难以自立，正如张謇以后所回忆的那样：“缘欧人之设厂于上海始。欧人之设厂，辄募我十数不识字之工人供其指挥。久之，此十数工人者，不能明其所以然，而粗知其所受指挥之当然。由是我之为经营纺织厂者，即募是十数工人者为耳目，而为之监视其工作者，都不习于机械之学，强半从是十数工人而窃其绪余。工人曰左，左，曰右，右。或否之焉，而工人乃瞪目不知所对……则又不得不延欧人以司其命。夫如是则安足以望自树，立之一日哉！”[①] 这确实也是大生纱厂的自画像，它在工程技术上就曾一度必须听汤姆司的指挥。不过，张謇是非常注意“望自树立”的，在以后的岁月里，他不仅自己动手培养技术人才，而且还想在南通建立一个足以自立的工业

大生纱厂外籍工程师汤姆司像

① 张謇：《南通纺织专门学校旨趣书》，《张季子九录·教育录》第 4 卷，中华书局，1931 年，第 2 页。

以至经济、教育体系，这又与某些只知追求利润而浑浑噩噩过日子的资本家大不相同。

总之，经过五年多的艰辛创业，一座新型纱厂终于矗立在经济落后的长江北岸，它的诞生将引起通海地区在经济、文化方面的一系列变化。同时，它的诞生也标志着张謇开始从传统的士人群体转向一个中国前所未有的新的社会群体——资产阶级。人们可以看到，张謇在士人群体中的梯级攀登诚然历尽艰辛，但那毕竟是在旧的社会框架内的升迁。这是一条千百年来千百万人走过的老路，不仅有一整套陈旧的规章程式可以遵循，而且还可以得到许多为皇帝觅才访贤的前辈显赫人士的识拔援引。现在张謇正在从一个旧的群体走向一个新的群体，他不仅为了脱离旧传统的“脐带”而拼命挣扎，并且还得为争取新群体的认同而殚精竭虑。中国第一代企业家的道路是艰险而又崎岖的，他们大都来自旧的营垒，走的是一条前人(就国内而言）没有走过的道路，路上充满着荆棘和陷阱，而时时刻刻都面临着被外国资本吞噬的危险，要有很大的勇气、毅力和机智才能不断前进。这就是张謇在《厂约》中所说的：“南皮督部既奏以下走经理其事，不自量度，冒昧肩承。中更人情久乖，益以商市之变，千磨百折，忍侮蒙讥，首尾五载，幸未终溃。是以下走才力智计之所能，盖大府矜谅于上，有司玉成于下，而二三同志君子贤人而提挈之力多也。”

中国民间流传着一个古老的神话：龙女为了爱慕俊美的青年来到人间，又为了与这个青年白头偕老而宁愿把龙体变成凡人。但这种从龙到人的蜕变过程是很艰辛的，她必须忍受千刀万剐似的“脱鳞”痛苦的熬煎，只有当鳞片脱尽之时她才能最后诀别龙宫并进入凡人的群落。可以认为，大生纱厂创办之日，就是张謇开始“脱鳞”之年。

五、维新变法

在甲午战争以后的几年中，张謇除忙于创办大生纱厂以外，还从事其他一些维护和促进民族工商业发展的社会活动，并且在实践中逐步提出一些比较明确的进步主张。

由于出身小商人家庭，张謇对厘金的危害感受比较深切。在正式兴办实业以后，他更加渴望扫除这一障碍。根据十年以前办理减捐失败的教训，他对主管厘捐的税务官员已经完全失望，主张应该由花布商自行组织起来“认捐”（即包捐），借以抵制官府的贪污勒索。

光绪二十一年，署理两江总督张之洞奉清政府谕令，把通海一带各种名目的厘捐一律改为产地统捐，名义上说是为了改革腐败的税政，但在贪官污吏的把持下，统捐反而超过旧日厘捐总额的六成，当地商民为之愤怒哗然。正好这年夏天张之洞邀请张謇多次讨论商务问题，并且询问统捐的利弊，张謇乘机倡议会同通海地方官员和商人议行“认捐”。

根据张謇日记，可以知道，他在这年八月曾替御史熙麟代作“争户部减官俸厘捐议”。十月又曾“以捐事与虞山（翁同龢）电讯”。翁同龢是主管全国财政的大员，又是自己的恩师，张謇当然要求助于他。电稿的内容已无从知悉，但在一年以后张謇曾函询丁立钧：“去年謇写《通州认捐本末》一册，其时从者固未出都门，必已见之，不知为虞山言之否？”[①] 可以推想，张謇必定是向翁同龢提出过比较全面的“认捐”方案，并且还委托在京友好协同向翁进言。

正是在光绪二十一年十一月以后，张謇开始正式办理认捐，其主要活动首先就是去说服张之洞。他在十二月二日的日记上曾有记载：“诣南皮（张之洞）辞行，为‘认捐’事辩论二十日，万目睽睽，至是有绪。”这说明在背后支持张謇活动的，乃是“万目睽睽”的以花纱布为主的各个行业的商人，而张之洞在社会舆论影响下倾向于接受关于“认捐”的建议。

他们议定“认捐”的办法是：“援苏州之丝、木、绸缎、皮货、桐油、顾绣、药材，常熟之棉纱，无锡之冶铁‘认捐’之例，由通海花布、百货各业自相结保，互行考察，分认厘捐，具分结于地方官，县总结于督部。”[②] 至于“认捐”总额，则是按照各厘捐局解库清数，把税源最旺之年和最衰之年实收总额平均折算，合计为26万千文。这个办法不仅取消了统

---

① 张謇：《致丁恒斋函》，《张季子九录·文录》第11卷，中华书局，1931年，第12页。

② 张謇：《通海议办认捐本末要略》，《张季子九录·实业录》第1卷，中华书局，1931年，第1页。

捐的六成浮收，而且还根绝了税吏贪污勒索的机会，所以很快就遭到各级官吏的反对和破坏。其中最大的阻力，则来自江宁藩司和厘捐总局。

从张謇的主观愿望来说，他提出认捐方案，不仅是维护商人切身利益，其中也包括他即将创办的大生纱厂的切身利益，而且也确实是为清朝政府着想，企望使国库因此真正增加一些收入。他诚心诚意解释说，“通海商民所出厘捐之数，上用四而中饱六，包认则取中饱以归上”，而且尽撤厘卡又可以节省大批行政经费，两相合计每年将可增加税收 8 万千文。如果江宁藩司所属 23 个厘捐局一律改由各业商人自行包认，则“国家无须克剥小民而坐增二三十万之款矣”。张謇自己认为是处处为“国家”着想，可是“国家”的官员却极为害怕张謇的计划得到实现，特别是害怕通海的成例会推广到江苏其他州县，从而更为严重地堵截他们的财源。

藩司和厘捐总局阻挠认捐的主要办法有三：(1) 明明知道花布市场的旺季在下半年，偏要拒绝上四下六（即上半年交四成，下半年交六成）的合理分期交纳办法，坚持要按月摊交，使商人难以长期赔垫税款。(2) 故意命令通州和海门地方官吏各具“如短包赔”的甘结，使他们知难而退，不敢再替商人转陈“认捐”建议，使商人失去本地某些官员的援助。(3) 明明知道通海地区向不铸钱，偏偏规定“认捐”要全部上交制钱，使商人难以完成认捐任务，这可以说是釜底抽薪之计。这些破坏的伎俩狡猾而又狠毒，很快就吓退了曾经一度赞助张謇办理认捐的通海地方官员。结果使“半年中官绅商民奔走、告诉、议论、考索之劳概付诸流水”，“而商民之困乃倍甚于未经议改‘认捐’之前”①。

张謇原本的决心很大，正如他以后回忆的那样：“为通海花布商议办认捐事，至繁复而纠葛，口舌辩难，文牍疏解，几于十反。岁终（指光绪二十一年年底。——引者），计负债已七千余元，而所以谋竟先志者，尚未终。先志者，父事也；负债者，子事也。父有事，而子不能竟，安用子为？家祭陈告，必以二年成之。”② 在古老的宗法关系帷幕下，隐藏着资本主义利润的魅力。也正因为如此，张謇对破坏“认捐”的江宁藩司和厘捐总局特别痛恨，大骂他们“刁

① 张謇：《通海议办认捐本末要略》，《张季子九录·实业录》第 1 卷，中华书局，1931 年，第 1—2 页。

② 张謇：《啬翁自订年谱》卷下。

难”、“可恶”、“荒谬无人理”、“贪昏专狠”，是“醉生梦死之人，甘为误国病民之举”。同时，他也迁怒于“不自咎其迟回不决之误”的张之洞，认为“通海一时‘包捐’（认捐）之不成，其根仍在南皮”[①]。

张謇对税政不满的情绪，反映了民族资本主义与封建主义的矛盾正在深化。光绪二十四年九月八日，张謇正式接任江苏商务局总理，还不到半个月他就召开各业商董大会，“所陈商务大略不一，而以厘捐为大病者则人人一辞”[②]。在此后漫长的岁月里，张謇一直强烈谴责厘金的危害，并且从未停止要求废除此项弊政的努力。但是厘金已占清政府全部财政收入十分之一，从光绪二十年到二十八年，每年上缴国库总额在 1 400 余万两至 1 600余万两之间[③]，当政者怎肯轻易丢掉这棵“摇钱树”。因此，张謇的革新追求，便必然要从实业、教育逐步扩大到政治方面。

从光绪二十一年到二十三年，张謇在家乡守制整整三年。在此期间，他主要忙于创办纱厂，“精神智虑费于事外者十七，尽于事中者十三”。但是这不等于说，他已经忘情于国内政局的变化。作为帝党骨干，他不能不关心帝后党争的发展趋势；而作为正在向企业家转化的开明士绅，他又不能不注意蓬勃兴起的戊戌维新运动。

《马关条约》订立以后，后党和淮系受到全国舆论谴责，威信有所削弱。帝党、维新志士和一部分非淮系洋务派官僚乘机活跃起来，他们都标榜救亡图存，都想利用局势变化谋求增加或获得政治权势，因而三者便形成一个短暂的结合。张謇作为帝党在东南地区的代表人物之一，尽管他以守制在籍和兴办实业作为韬晦之策，但与上述三种力量都有不同程度的联系，因而也就无可避免地再次卷入统治阶级内部的斗争。

张謇与张之洞、刘坤一的关系在甲午战争后日趋密切。张、刘聘请张謇主持江宁文正书院，委任以商务局总理要职，并且在大生纱厂创办过程中给以不少支持。张謇最初对张之洞印象并不甚佳，曾讽刺他有五气，即

---

① 张謇：《通海议办认捐本末要略》，《张季子九录·实业录》第 1 卷，中华书局，1931 年，第 2 页。

② 张謇：《张謇日记》戊戌九月二十二日。

③ 罗玉东：《中国厘金史》下册，上海商务印书馆，1936 年，第 409 页。

“少爷气、美人气、秀才气、大贾气、婢姬气……是反君子，为其费而不惠，怨而不劳，贪而不欲，骄而不泰，猛而不威”①。总之，就是集骄气、娇气、迂气、官气、小气于一身，毛病可谓不少。可是，他感到张之洞在中法、中日两次民族战争中都属于主战派，比“一门将相，坐拥大藩，以寇贻君父”② 的李鸿章总要高明一些。同时，由于张之洞在湖北努力兴办近代工矿企业，又特别重视钢铁工业和纺织工业，这更使他产生浓厚的兴趣。光绪二十三年到武昌参观以后，张謇觉得张之洞确实有一种开拓的气魄，而且书院和铁厂都很有成绩。因此，他终于把张之洞列为“能知言，可与言”的有所作为的封疆大吏。

张謇与张之洞等在江宁（南京）的合影

张謇之所以向张之洞、刘坤一靠拢，决不仅仅限于在兴办实业方面寻求援助，而是在政治方面也有一定的用意。张謇早曾为帝党的势孤力弱发

① 张謇：《复彦升问某公旨趣书》，《张季子九录·文录》第11卷，中华书局，1931年，第11页。徐珂《清稗类钞》第4册亦有相似记载：“张文襄公初督江南时，朝令暮更，政局为之一变，其时难免有窃窃私议之者。一日，宾僚燕集，谈论及之。有掌教某公莞然曰：诸君无费词，以我视之，张公直一部习气大全耳。众请其说，曰：世所谓书生习气，名士习气，纨绔习气，滑头习气，与夫近世之新界习气，张公胥兼而有之。”张謇最初对张之洞的看法有失偏颇，可能是受旧派人物的影响。

② 张謇：《恽太夫人八十寿序》，《张季子九录·文录》第10卷，中华书局，1931年，第4页。

过感慨："会日人肇衅，图我东藩，大臣或瞪目不能措方略，或漫为大言轻敌，或蹩项束手以听命于恣睢昏瞀之疆臣。皇帝内怡颜色，奉皇太后外张挞伐，廑将士之暴露，抑情劳思，孑立于上。一二台阁骨鲠敢言之士，极陈利害，申天下之公论，而未有当也。"[①] 帝党最大的苦闷就是缺少实力的依托，他们自然要对雄踞长江中下游的张、刘二督寄予期望。

这时，北京的帝党正在逐步与维新派合作，渴望通过争夺中央政权以谋求救亡图存。张謇与张之洞、刘坤一的联络，至少在客观上起到遥相响应的作用。

帝党在甲午战争后曾经一度联络维新派，这不能看作单纯是利用，还应该看到这两种力量在思想上存在着一定程度的共鸣。前面已经说过，早在光绪十五年载湉开始所谓"亲政"时，翁同龢曾经进呈《校邠庐抗议》，并且在日记上夸奖年轻的皇帝说："（光绪）看《抗议》，昨言此书最切时宜……今日上挑六篇，装订一册，题签交看，足征留意讲求，可喜。"[②] 甲午战败以后，翁同龢"憾于割台，有变法之心"[③]，又先后进呈陈炽的《庸书》、汤寿潜的《危言》等书[④]。由此可见，在维新变法运动中，帝党与康、梁确实有若干共同语言。

维新派早就注意到张謇与翁同龢的亲密关系，梁启超在光绪二十年已通过张謇向翁同龢进言，主要是建议翁同龢打电报劝说李鸿章转向请战。随后，他曾把这件事告诉自己的朋友："前仆已面托通州君（张謇），若相见时，可再托之。但得常熟允致电（边注：待此间自行电去），其电语或由本人自定，或仆处代拟亦可耳。"[⑤] 由此可见，帝党和维新派首先是在主战这一点上获得相互结合的政治基础的。

甲午战争失败以后，帝党和维新派又一起猛烈抨击后党和李鸿章集团的卖国求和；而帝党在严重民族危机刺激下倾向于支持变法救亡，更引起

---

① 张謇：《恽太夫人八十寿序》，《张季子九录·文录》第10卷，中华书局，1931年，第4页。

② 翁同龢：《翁文恭公日记》己丑十二月初四日。

③ 赵尔巽编：《清史稿》第442卷，"翁同龢传"，中华书局，1977年。

④ 翁同龢：《翁文恭公日记》乙未二月、三月。

⑤《与穗卿足下书》，丁文江编：《梁任公先生年谱长编》，1936年，油印本。

维新派的极大重视。光绪二十一年闰五月二十八日，梁启超曾函告友人："本欲于月之初间出都，惟日来此间颇有新政，上每言及国耻，辄顿足流涕，常熟亦日言变法，故欲在此一观其举措。"稍后，他又向此人表示："顷因此间颇有新政，一二同志又有所整顿，苦被相留，是以迟迟。"① 可见，作为维新派最活跃的骨干，梁启超对帝党已经寄予很大希望。

光绪二十一年夏秋之间，维新派在反割台、反投降的激昂声浪中展开紧张的政治活动。他们在北京创办《中外纪闻》②，每日分送千份，在官僚士大夫当中迅速扩大了影响。正是在这个时候，一度畏祸"乞假南归"的帝党健将文廷式忽然重回北京，并且很快就与丁立钧、陈炽等帮助康有为成立强学会，以谋"合大群"、"开知识"、"开风气"，推动政府变法救亡。强学会的成立，标志着帝党与维新派正式联合的开始。帝党要利用维新派的筹谋献策和舆论影响，维新派则把帝党看作可以帮助自己挤进中央政权的桥梁。帝党参加北京强学会的，有李鸿藻、翁同龢、孙家鼐所谓三大前辈，也有文廷式、沈曾植、沈曾桐、丁立钧等张謇的知交好友。

张謇在这年八月已经与沈曾植、丁立钧、康有为等有过书信往还③。十月十日深夜，张謇收到一封电报，电文是："初十日下午九点钟宁局电。张状元：现与仲弢（黄绍箕）、长素（康有为）诸君子在沪开强学会，讲中国自强之学，南皮主之（请注意主字。——引者），刊布公启必欲得大名共办此事，以雪国耻，望速复。鼎芬。蒸。"④ 梁鼎芬是张之洞的亲信幕僚，也是张謇的密友之一。他的电报显示了张之洞在创办上海强学分会过程中的主动性。张謇不仅赞成自强雪耻，而且以后还把张之洞奏请谕令他创办纱厂也看作属于强学会的活动范围，说什么"此殆南皮于强学会求实

① 丁文江编：《梁任公先生年谱长编》，1936年，油印本。乙未年，两函都署明"与穗卿足下书"，穗卿即夏曾佑。

② 据汤志钧新作《戊戌变法史》考订，《中外纪闻》原名《万国公报》，后因避免与广学会之《万国公报》混同，遂改名为《中外纪闻》。

③ 张謇：《张謇日记》乙未八月。

④ 张謇：《张謇日记》乙未十月十日眉批。梁鼎芬、黄绍箕等此时正陪同康有为由宁至沪筹建强学会，后来张之洞又延请汪康年来主持会务，汪亦曾在张之幕府多年。

地进行之法”[1]。可见他们不仅把强学会当作爱国救亡社团，而且还曾一度把它视为各项政治、经济革新工作的推动力量。正是出于这样的认识，张謇欣然同意列名发起，并且标榜：“中国士大夫之昌言集会自此始。”

上海强学分会的成员，除了康有为、黄遵宪、张之洞、梁鼎芬、张謇外，还有黄体芳、黄绍箕、黄绍第、蒯光典、汪康年、屠仁守、陈三立、沈瑜庆、志钧等。看起来，大部分是张謇的友好和帝党分子，其他则是维新派和某些洋务派官僚及其部属，这些人可以说都是由士人群体演变出的三个流派。他们的政治见解并不一致，张之洞的部属则力谋控制这个团体。他们在短暂的时间里联合起来，一起喊着变法图强的口号，并且展开相当广泛的活动。

强学会情况的复杂，还表现为一些外国传教士和外交官员的介入。当时，由于俄、德、法三国“干涉还辽”，慈禧和李鸿章集团倾向于亲俄，幻想借助北方强大的邻国来巩固和加强自己的地位。作为对立的方面，帝党、维新派则有向英、美寻求支持的意向。张之洞、刘坤一统辖的长江中下游，属于英、美殖民主义者的势力范围，也是维新派社会基础比较广泛的地区，他们在此期间也加强了与英、美以至日本的联络。在当时的历史条件下，所谓国际关系，说到底就是实力的较量、分合与利害的权衡、趋避，因此今日为友、明日为敌或昨日为敌、今日为友等微妙变化的出现，是完全可以理解的。

康有为像

早在光绪二十一年正月，英国传教士李提摩太即已到江宁见过张之

① 张謇：《啬翁自订年谱》丙申三月。按《啬翁自订年谱》铅印本“强学会”缺一强字，现据原稿影印本补正。

洞，劝他在“中国实行新政”。到了八月下旬，他又与康有为有所接触[①]。不久，他在北京求见翁同龢，建议说：“政有四大端：曰教民，曰养民，曰安民，曰新民。教之术，以五常之德，推行于万国；养则与万国通其利，斯利大；安者弭兵；新者变法也。”在帝国主义不断发起武装侵略的年代里，劝说作为殖民主义奴役对象的中国“弭兵”，等于是要被压迫民族放弃自卫的权利。对外开放固然是必要的，但由于关税主权已经丧失以及其他种种不平等条约的束缚，“与万国通其利”无非是美化和掩饰了外国资本主义的经济侵略。“斯利大”要看主要有利于谁，李提摩太有意讳言对中国“斯害大”的另一方面。至于变法，倒确实投合了帝党和维新派的心理，但其主旨则在于敦促任用“西人”，以推行他所拟订的使中国“印度化”的“新政策”。李提摩太在长期的传教生涯中磨炼出能言善辩的口才，这次会见给翁同龢留下极为深刻的印象。翁对李的评语是：“豪杰也，说客也。”敬佩但又有某些保留，资深官僚的政治阅历对人对事还是有一定判断力的。在同一天，翁同龢还接待了英国铁路公司的威德里，陪同前来的仍然是李提摩太。这显然是出于李提摩太的安排，因为正是他主张“变法以兴铁路为第一义”[②]。

五天以后，李提摩太和英国公使欧格讷又先后到总理衙门求见奕䜣、翁同龢、李鸿藻等。欧格讷在离职回国之前力促“变法”，而且语气颇为峭刻：“且王（奕䜣）果善病，精力不逮，则宜选取忠廉有才略之大臣，专图新政，期于必成，何必事事推诿，一无所就乎？吾英商贸易于中者，皆愿中国富强无危险。”他俨然以中国鲠直的诤友面孔出现，说是“此吾临别遗言，譬如遗折，言尽于此”。第二天陛辞时，欧格讷又提醒奕䜣、翁同龢“毋忘昨言”。后来，翁同龢亲至英国使馆送行，欧格讷再次建议“变法须参用西人”，并且批评他“办事胆小”[③]。显然是希望翁同龢拿出更大的魄力来争夺权势，尽力推行英国所需要的“革新”。翁同龢对于“任用西人”虽然仍持保留态度，但却因此更加增添了对英国的亲近感，并且也加

① 李提摩太：《留华四十五年笔记》，第234页。

② 翁同龢：《翁文恭日记》乙未九月九日。

③ 翁同龢：《翁文恭公日记》乙未九月十四至十六日。

强了参与变法的决心。

光绪二十二年以后，张謇除为创办纱厂奔走于通、沪之间之外，大部分时间都在江宁文正书院从事教学和管理工作。江宁是两江总督兼南洋大臣的衙门所在地，因此更便于结纳各种中外政治势力。但在表面上，他经常和郑孝胥、沈瑜庆、缪荃荪、徐乃昌等友好名士在一起游宴唱和，并且还结识了正在金陵撰写《仁学》的“世家子弟中桀傲者”[1] 谭嗣同。与在通、沪一带集资过程中的烦苦气恼相比较，张謇在江宁的书院生活显得分外风雅而又闲适。

但是，石头城的湖光山色毕竟掩盖不住急剧掀起的政海暗潮。早在光绪二十一年十月，清廷已经以“离间两宫”罪名，将“翁门六子”之首吏部右侍郎汪鸣銮和户部右侍郎长麟革职、永不叙用。这是甲午战争结束以后后党对帝党的第一次打击。接着，李鸿章的亲戚杨崇伊又以“植党营私”等罪名奏请查封了强学会。次年正月，李鸿章奏准带同李经方前往祝贺俄皇加冕礼，另一方面则是清廷谕令撤去满汉书房，意在断绝翁同龢与光绪单独见面的机会（后经力争才算保住汉书房）。后党自觉已得到沙俄支持，因此日益加强对帝党和维新派的打击，而主要打手还是淮系首脑的亲信杨崇伊。二月，杨崇伊在李鸿章授意下又奏劾文廷式“遇事生风，常于松筠庵广集同类，互相标榜，议论时政”。文廷式因此被革职并驱逐回籍。这一系列坏消息传到江宁、通州以后，张謇表面上装作坦然“笑应之”，但内心是颇为不满于后党所作所为的。这年四月中旬，他借《夏丙亭墓铭》一文发泄怨愤说：“知丙亭之卒已二十一年。其间若皇太后庆典，天下官吏士民输财效忠，借张景物之盛，若岛夷鸱张至于覆军杀将，增币割地，萃从古极诟大僇于一旦之奇，皆丙亭所不及见，则未尝不以丙亭之前卒为知几。”[2] 夏丙亭是张謇在庆军幕府中的友人，死去已 20 多年，而且也没有什么突出事迹，墓志铭的作者偏偏要大发一通触及时事的议论，

---

① 翁同龢：《翁文恭公日记》乙未四月二十三日接见谭后翁之评语。徐乃昌为税务官员，支持张謇包捐方案，认为是“弊惠商无过于此”，并且支持维新运动。

② 张謇：《江浦夏君丙亭墓志铭》，《张季子九录·文录》第 13 卷，中华书局，1931 年，第 20 页。

当然是有针对性的。

当时，尽管有反对势力的阻挠与破坏，维新运动仍在向前发展，帝党也还没有承认自己的失败。在维新志士们的倡导下，传播新学、鼓吹救亡的报纸、学会在各地纷纷被创立，上海、天津、湖南、两广成为维新运动最为发达的地区。上海强学会虽然已经废弛，但是维新派以它为基础又创办了《时务报》，并由梁启超任撰述。梁启超的生花妙笔和新颖议论使得这家报纸声名大著，很快就发行到万余份，这在当时已经是一个了不起的数字。连张謇也介入了维新派的宣传活动，他虽然与谭嗣同一起谢辞了《时务报》的“董理”虚衔，却很关心维护此报在社会上的影响。光绪二十三年秋，由于《时务报》的主持者汪康年秉承张之洞意旨，极力压制梁启超晓畅明快的民权议论，《时务报》已经有活力逐渐下降的趋势。张謇立即写信劝告汪康年“（《时务报》）议论渐弱，不逮初时之精采，宜设法振起而扩张之。如人人言宜申民权，而海内名人自南皮以下尚言须保君权，以为此为下，不信此义。走以为所恶于君权者，官毒害之也，欲保君权，须先去官毒。官毒不籍君权不横，而二事实不相关。可以此意透发一篇，请质之卓如（梁启超）以为何如”①。尽管张謇与维新派的民权思想还有一定距离，但是他对清朝政府专横腐败的不满，对张之洞等洋务派督抚保守固执的批评，态度却是比较明确的。

面对后党咄咄逼人的攻势，帝党和维新派并没有退却，反而加速了变法图强的步伐。

光绪二十三年冬天，内外事变迭起。德国借口所谓“钜野教案”，以武力强占胶州湾，其他帝国主义纷纷效尤，于是出现强行划分在华“势力范围”的瓜分狂潮。同时，在新的严重民族危机刺激下，中国人民的反侵略斗争首先在沿海各省和长江流域迅速发展起来，特别是鲁、豫、皖三省交界地区的义和拳、大刀会的英勇反抗，已经逐渐使清朝政府失去控制的能力。这就是维新派的君子们所感受的威胁：“危机遍伏，即无强敌之逼，

---

①《汪穰卿先生师友手札》。

揭竿斩木，已可忧危。”[1] 他们以极为凄怆的声音打动了光绪和帝党的心：“恐自尔之后，皇上与诸臣，虽欲苟安旦夕，歌舞湖山而不得矣；且恐皇上与诸臣，求为长安布衣而不可得矣。”

在瓜分狂潮和维新运动同时高涨的紧要时刻，光绪与翁同龢毅然提出变法救亡的决策。

就在这年十二月二十四日，也正是民间家家户户忙于祭灶神过小年的时候，光绪怀着焦虑的心情召见枢臣，“颇诘问时事所宜先，并以变法为急。恭邸默然。臣（翁同龢自称。——引者）颇有敷对，谓从内政根本起，诸臣亦默然也”[2]。一次御前会议竟成为冷冷清清的师生对话。奕䜣不表态，因为他久已处在嫌疑之地，衰暮之年更加胆小怕事[3]。其他王大臣的缄默不语，或则慑于慈禧的淫威，或则本来就反对变祖宗之成法。光绪与老师的主张如同曲高和寡的阳春白雪，他们在宫廷之内陷于孤立，于是只有诉诸社会舆论，在一定程度上也可以说是诉诸民意的仲裁，宫廷内部的纷争因此被引向紫禁城外。而维新派，就是他们在宫墙外面的主要支援。

翁同龢当时的态度是比较坚定的。光绪二十四年的大年初三，距离冷落的御前会议不过一个星期，翁同龢亲自听取康有为关于变法的详细陈议。第二天，翁把康的意见转告光绪。皇帝命康有为条陈所见，并进呈所著《日本变政考》、《俄大彼得变法考》。与此同时，维新派在社会上加强了宣传鼓动，学会和报纸成为政治运动新的工具，一时形成相当引人注目的很大声势。

张謇正是在这样重要的时刻，动身前往北京销假。

前面已经说过，张謇从青年时代开始就非常慎于个人的出处进退。光绪二十三年三月十日，他还写信给沈曾植，说明不能入京复职的原因：“愿为小民尽稍有知见之心，不愿厕贵人受不值计较之气；愿成一分一毫有用之事，不愿居八命九命可耻之官，此謇之素志也。比常读《日知录》、

---

① 康有为上清帝第五书。

② 翁同龢：《翁文恭公日记》。

③ 奕䜣与慈禧争权并屡遭折辱，王闿运《祺祥故事》已有记载。贾熟村《慈禧何以要杀胜保》一文也有所论。

《明夷待访录》，矢愿益坚，植气弥峻。”甚至公开宣称：“謇天与野性，本无宦情。”断然表示如果因此违背朝廷规章制度，即令是遭受处分也心甘情愿①。但是不到一年的时间，他毕竟还是进京复职了。是他的宦情重新萌发了吗？似乎不能这样认识。因为张謇的主要志趣确实是想做一番事业，而不是功名利禄的追求。几年以后，他曾有《逢官便劝休四首》，其第一首是：“逢官便劝休，言下一刀断。若还须转语，溺鬼不上岸。”② 说明张謇在仕途上始终是淡泊的，其出处是有自己既定原则的。那么，张謇在戊戌之春北上销假总应该有一些其他的内在驱使力，这决不会仅仅是由于京师古城春色的吸引。

应该认为，张謇的北上与帝党支持维新变法有密切关系。

张謇于闰三月启程，先到上海与文廷式、何嗣焜、郑孝胥等友人有所筹议。七日，他应文、何、郑之约，在《盛世危言》的作者郑观应家中会晤了日本驻沪领事小田切万寿之助，同时参加会见的有二十人之多，已经是个招待会的规模了。这个日本说客花言巧语地宣布：“日人以甲午之役，有毫毛之利，启唇齿之寒，悔而图救，亟连中央。又以为政府（指清廷。——引者）不足鞭策，为联络中国士大夫，振兴亚细亚协会之举。盖彻土未雨之思，同舟遇风之愳也。独中朝大官昏昏然徒事婞婣耳。”三天以后，张謇在文廷式举办的酒宴上，听说“日廷又遣大臣来沪图兴协会”③。这个大臣可能指的就是伊藤博文，伊藤以后果然于七月来华“与中国政府共筹东亚安全之策”，伊藤还未动身即已透露消息，显然是小田切万寿之助放的试探性气球。

张謇北上途中遇见日本侵略分子，这决不是偶然的巧合。甲午战后，日本侵华野心更为高涨，但却面临着沙俄的强力抵制。因此，联络英、美

---

① 张謇：《致沈子培函》，《张季子九录·文录》第11卷，中华书局，1931年，第13页。此信还提出另外两个不能进京复职的理由：一是家庭负债“已逾万”，需要“卖文鬻力”以清偿债息；一是大生纱厂处于可成可败之际，不能舍之而去。

② 此诗已收入张謇：《逢官便劝休四首》，《张季子九录·诗录》第4卷，中华书局，1931年，第13页。

③ 张謇：《张謇日记》戊戌闰三月。此事郑观应亦有记载，小田切万寿之助还说：“中国亟宜仿日本变法图强，勿念宿嫌。”见《盛世危言》后编卷二。

并且骗取中国的信任，便成为日本与沙俄争夺在华权益的主要策略。早在这年年初，日本驻华公使矢野文雄抓住清廷苦于无法应付列强霸占沿海港湾的心理状态，伪善地向翁同龢“力言偿款展缓，电政府，必尽力。纵谈国政，则以变法、择人、翻书为要领”①。这就说明小田切万寿之助在上海的言论与行动，都是按照他们既定的方针逐步前进的。振兴亚细亚协会(简称兴亚会)的前身，是日本内务卿大久保利通在明治十年创办的半官方团体振亚会。明治十三年兴亚会正式成立，并且同时设立中国语学校，专门培养到中国进行侵略活动的人员，小田切万寿之助就是这批学员中最为活跃的一个。兴亚会以后改称亚细亚协会，并且在明治三十二年合并于另一个与日本参谋本部关系密切的东亚同文会②。正是这样，一些日本侵略分子，于戊戌变法前夕在长江中下游一些城市展开频繁的活动，很多帝党和维新派人士都受过他们的拉拢和欺骗。

小田切万寿之助声言专门以中国士大夫为联络对象，这既说明外国侵略者颇为了解士人群体在中国社会中的重要作用，同时也说明士人群体已经逐渐从传统的封闭的藩篱中暴露出来。他们不再能在停滞的宗法社会里踱方步，而必须面对光怪陆离的外在世界，迅速作出自己的抉择。但是，张謇对小田切万寿之助的拉拢并没有马上给以积极回应，因为他对日本侵略者一向怀有强烈反感。“日人言则甘矣，须观其后。”③ 他还有所保留，需要再观察一段时间，而这点警惕性对于中国士大夫来说毕竟是值得珍惜的。他在上海逗留不久，也没有参与以后亚细亚协会的活动，便匆匆乘船北上。

闰三月十六日，张謇到达北京，两天以后即正式向翰林院销假。

这时，百日维新已是呼之欲出，帝后党争和新旧势力的斗争都日趋激化。正是在张謇到达北京的前几天，安徽藩司于荫霖已经奏劾翁同龢“误国无状”，这等于是说他罪大恶极。张謇一听到此事即大骂于荫霖只会攻击翁同龢，“而皖灾不报也”。而就在他抵京这一天，守旧派又向在湖南推

---

① 翁同龢：《翁文恭公日记》戊戌正月。

② 日本东亚同文会编，胡锡年译：《对华回忆录》，商务印书馆，1959 年，第 465—470 页。

③ 张謇：《张謇日记》戊戌闰三月七日。

行新政卓有成效的陈宝箴、江标、徐仁铸等地方官员发起猛烈攻击，并且在破坏保国会以后，继而奏请查禁保川、保滇、保浙等会，然后再次奏劾翁同龢“朋谋纳贿”。

帝党和维新派并没有因为守旧势力的阻挠而停止前进的脚步。四月，军机处领班王大臣奕䜣病死，他们更抓紧这一时机推行变法。首先是由御史杨深秀、学士徐致靖上疏请定国是。四月二十三日光绪即正式诏定国是，宣布变法。两天以后，他又亲自召见康有为，谕令康在总理衙门章京行走，参赞行政，专折奏事。著名的“百日维新”于是揭幕。

翁同龢像

在此前后，张謇也曾一度参与了变法的有关活动，并且向翁同龢提出某些具体的革新建议，比较重要的有《农工商标本急策》、《代拟请留各省股款振兴农工商务折》，请求停办间架税及宁属米粮捐，以及为即将成立的京师大学堂代拟办法等。可以看得出来，由于张謇正在为大生纱厂艰苦创业，所以他的思路集中于发展工商、改革税收等方面。间架税是按铺面大小额外征收的商业税，停办此税以减轻商民负担的建议得到翁同龢的重视。张謇曾在四月初一的日记上提及此事：“见虞山师（翁），知户部亦因言官纠劾，请停间架税。因请电传各督抚，缓则民间必有受州县书差之害者。师立命舆至户部曰：‘改过不吝，不可以需贼事也。’”至于所谓“请留各省股款”，就是要求停止在各省勒派昭信股票（股款），目的也在于减轻商民负担，禁止吏役苛扰。

张謇这些温和的经济革新主张，与康有为、梁启超的全面变法主张相比较，自然要相差一大截，但是却最投合翁同龢的心意，因为他害怕过于急速的改革步伐会引起后党和守旧势力更为强烈的反对。四月十八日，翁同龢在日记上写道：“看张季直各种说帖，大旨办江北花布事，欲办认捐及减税两端，又欲立农务会，又海门因积谷滋事[①]，欲重惩阻挠者，此君的是霸才。”四月二十日，也就是百日维新的前三天，翁同龢又“约张季直小饮，直谈至暮”，并且再次称赞张謇“毕竟奇才”[②]。师生两人谈话的内容，现在已找不到具体记载，但从翁同龢给张謇的一封信上多少可以发现一点线索。信上说：“雄论钦服，法刓必变。有可变者，有竭天下贤智之力而不能变者矣。”[③] 至少有两个要点是清晰的：(1) 他们赞成变法；(2) 但是他们的赞成是有限度的，所谓“不能变者”可能指封建的道统和纲常。张謇虽然一只脚已经跨进企业家群体，躯干和另一只脚却仍然处于士人群体。他虽然正在艰辛的“脱鳞”过程之中，但还没有进入新型知识分子行列，因此他的步伐稳健有余而势头不足，同时革新的视野也不够开阔。

百日维新在中国近代化过程中是一次振聋发聩的壮举，然而从一开始它就是一场实力悬殊的较量，仿佛是轻量级拳击选手与重量级的对手抗衡。新派对旧派的挑战，帝党对后党的挑战，乃至在某种意义上皇帝对太后的挑战，在当时的条件下都需要有一定的胆识和勇气。但是对手毕竟太强，而他们自已又太弱。特别是在强学会、保国会相继被破坏以后，张之洞等洋务派官僚已经明显地离异并转向于对立方面，这更使维新运动失掉一切实力支持。君子从来都是与“小人”相对立而言的，他们又不可能从劳动民众那里汲取新的力量泉源，因而在变法开始之际就有人为战斗的前途担忧。例如，康有为的弟弟康有溥即曾函告友人：“伯兄（康有为）规模太广，志气太锐，包揽太多，同志太孤，举行太大。当此排者、忌者、挤者、谤者盈衢塞巷，而上又无权，安能有成？弟私窃深忧之。……伯兄非不知之，惟常熟（翁同龢）告以上眷至笃，万不可行，伯兄遂以感激知遇，不忍言去。但大变法，一面为新国之基，一面令民人念圣主，以为后图。弟旦夕力言，新旧水火，大权在后，决无成功，何必冒祸？伯兄亦非

① 指闰三月海门常乐乡民毁社仓仓董许聘三之家。

② 翁同龢：《翁文恭公日记》戊戌四月十八、二十日。

③ 翁同龢：《翁松禅致张啬庵手书》。

不深知，以为死（原缺一生字。——引者）由命，非所能避。”[①] 这封信是戊戌变法当事人留下的一件重要文献，它比较客观而又生动地刻画了当时的政局形势和维新派的心理状态。维新志士并非一群急功好利的鲁莽家，他们并非没有设想过变法也可能失败。但他们认识的基点在于：即令变法失败，也可以为国家的更新开辟道路，同时又可以提高光绪的威信，期望他在“慈禧以后”或许能够大展宏图。可以说，维新志士在一定程度上是抱着知其不可为而为之的精神来从事变法事业的。

翁、张的稳健有余，除思想中保守性较多以外，也与他们对宫廷斗争的内情知之更为详尽有关。在正式宣布变法的前一天，张謇曾经亲眼看过翁同龢“所拟变法谕旨”。四月二十五日，也就是《明定国是谕》的后两天和光绪召见康有为的当天，张謇与翁同龢又有一次长谈。按照翁的说法是“谈至暮，盖无所不谈矣”[②]。按照张謇的说法则是与“虞山（翁）谈至苦”[③]。长谈而且达到“至苦”的地步，可见谈话内容相当广泛。当然，“至苦”也可以理解为疲惫或身体不适，因为张謇第二天就病了。不过从谈话前后的背景来判断，所谓“至苦”主要还是指变法的障碍重重而他们的处境困难。

但是，他们怎么也没有想到，两天以后（四月二十七日）后党即以闪电般的手段借光绪名义谕令翁同龢开缺回籍，直接打击了帝党的首领和变法的枢纽，这时百日维新开始才只有四天。帝党和维新派在这次突然而又沉重的打击面前显得惊惶失措。张謇在当天的日记上写道：“见虞山开缺回籍之旨，补授文武一品及满汉侍郎均具折谢皇太后之旨，亲选王公贝勒游历之旨，所系甚重，忧心京京，朝局至是将大变，外患亦将日亟矣。”由于张謇对宫廷斗争的内情知之较多，所以他对政局变化所作的判断也比较准确。慈禧在放逐翁同龢的同时，把二品以上文武大员的任命权控制在

---

① 康有溥：《致易一书》，张元济：《戊戌六君子遗集》，上海商务印书馆，1917年。康有溥（1867—1898年），字广仁，有为幼弟。光绪二十三年在澳门主持《知新报》，鼓吹维新，后又在上海经营大同译书局。光绪二十四年百日维新期间，有溥在北京助有为起草变法奏稿。政变后被逮捕杀害。

② 翁同龢：《翁文恭公日记》戊戌四月二十五日。

③ 张謇：《张謇日记》戊戌四月二十五日。

自己手里，并且让其死党荣禄署理直隶总督，绝对控制京、津地区的近卫军。经过如此周密的布置，他们就可以随便在什么时候用随便什么方法一举击败帝党和维新派短暂的联盟。

变法的前途更为艰险。四月二十八日，翁同龢赶到宫门向光绪叩头作最后的诀别。“上回顾无言，臣亦黯然如梦。”① 所谓“回顾无言”，并非真无言，而是不能言，不敢言。光绪从孩提时代开始就处在慈禧的绝对控制之下，他既敬重这个女人，更害怕这个女人。命运使他意外地继承堂兄的皇位，成为九五之尊的天子；但命运又使他只能充当一个女人的影子，太后根本不许他有自己的意志与决断。在这样的环境中形成了皇帝性格上的弱点：他怕雷电，害怕华北平原那种滚滚而来的轰轰雷声，害怕如同利剑一般穿过阴暗宫室的闪电。但他更害怕并非自己生母的太后。他 4 岁就离开自己的亲生父母，进入这冷漠而又阴森森的皇室，殿堂太大而他又太小，空虚之感随着年龄渐长而与日俱增。太监和宫女似乎都是监视者，他只有在一个人面前可以毫无掩饰地表露自己的感情，那就是在毓庆宫教他读书的翁同龢。打雷时他可以扑进老师的怀抱，他可以捋老师的胡须，摸老师的乳头，从老师那里得到介乎父母之间的温情。然后他渐渐长大，他必须把自己的言行纳入纲常名教，像木偶似的把感情收缩在内心深处，君臣之间的隔阂使师生的关系逐渐疏远起来。但他毕竟可以从老师那里学到很多东西，特别是了解宫墙以外的世界，了解国势的贫弱与维新图强的刻不容缓。他与翁同龢之间又出现一种新的关系，那是一种微妙的不可言说的共同的事业感。他毕竟只有 27 岁，多少还有一些年轻人的热情，他决心向日本明治天皇和俄国彼得大帝学习，改变某些祖宗成法以谋国势的强

① 翁同龢:《翁文恭公日记》戊戌四月二十八日。四月二十七日谕旨词锋甚严：“协办大学士户部尚书翁同龢，近来办事多未允协，以致众论不服，屡经有人参奏。且每于人召见时，咨询事件，任意可否，喜怒见于词色。渐露揽权狂悖情状，断难胜枢机之任。本应查明究办，予以重惩，姑念其在毓庆宫行走有年，不忍遽加严谴。翁同龢着即开缺回籍，以示保全。”后世学者对此旨出于光绪本意，抑或系慈禧所迫，屡有争论。宫廷斗争，内幕往往为外界所难知。但根据大量中外文献相关记载，我仍认为并非光绪内心所愿为。翁之离去，使光绪失去一个位高而又富于经验的助手，同时也失去一个可以在帝后之间、新旧之间稍作缓冲的人物。或以为翁有性格弱点，才不称职，但那是另一问题，与罢翁是否出于光绪己意无关。

盛，而翁同龢则是他身边最忠诚的决策人物。23 年的师生情谊，在某种程度上已经稍许超越了封建礼制规定的范围，他们不是一般的君臣关系，而是有着共同政治抱负的知己，因此便引起慈禧极大的猜疑与忌恨。然而这一切都结束了，随着师傅的南行他们将永远离别。

四月二十八日这一天，北京"城南士大夫人心惶惶"[①]。城南，自嘉道年间成立宣南诗社以来，历来是南方籍京官、士人宴饮雅集之处，光绪一朝的清流、文士仍然习惯于在这里寄寓与集议。城南士大夫群的情绪变化，在某种程度上可以看作晚清政局的晴雨表。他们为翁同龢担忧，为变法的前途担忧，也为皇帝的命运担忧。二十九日，张謇奉旨到乾清宫引见，"瞻仰圣颜，神采凋索，退出宫门，潸焉欲泣"[②]。他唯恐翁同龢将遭杀身灭族的大祸，因此于三十日"引朱子答廖子晦语劝公（翁同龢）速行"[③]。他是用宁武子"邦有道则智，邦无道则愚"的故事[④]，来讽说老师趁早退出政争漩涡并南下避祸。当天，他还向翁赠诗一首："兰陵旧望汉廷尊，保傅艰危海内论。潜绝孤怀成众谤，去将微罪报殊恩。青山居士初裁服，白发中书未有园。烟水江南好相见，七年前约故应温。"[⑤] 所谓"七年前约"，就是说要偕隐江南，张謇对变法已不再寄予希望，他也准备离开政局险恶的北京。

五月十三日，余栋臣在四川大足再次起义，中英威海卫租界专条也恰好在同一天签订，在帝党分子心目中，内乱和瓜分的奇祸仿佛即将纷至沓来。就在这一天，翁同龢启程离开北京，张謇与其他门生故旧赶到马家堡

---

① 张謇：《张謇日记》戊戌四月二十八日。清朝定都北京以后，实行旗、民分地居住制度。内城由王公贵族和少数汉族显官居住，原住内城的其他汉人官民一律迁居外城。此后，宣武门以南建立大批汉人官员邸宅和科举士人会馆。在这一地区居住的外省人士，往往自称为"宣南流寓"或"宣南寓客"，且有宣南诗社之类诗词唱和与酒宴酬应，形成颇有特点的文化社区。参见李乔：《清代北京内外城社会生活习俗之异》，《清史研究通讯》1987 年第 3 期。

② 张謇：《张謇日记》戊戌四月二十九日。

③ 张謇：《张謇日记》戊戌四月三十日。

④ 朱子语见《朱文公文集》第 45 卷。

⑤ 张謇：《张謇日记》戊戌四月三十日。

京津铁路车站送别[1]。据说“送者数百人，车马阗咽，有痛哭流涕者”[2]。临别之际，有个湖南青年文士对翁同龢挥泪说：“吾为天下，非为公也。”悲怆的送别，未尝不可看作对于后党的抗议，但这种行动毕竟是消极的，是缺乏奋战到底的英雄气概的退却。

翁同龢被罢黜以后，多数帝党分子都变得比较消沉，变法主要是由维新派勉力坚持推行。一系列革新政治、经济、文化的诏谕，像雪片一样飞扬，在社会中上层多少也引起一些反响，但是在维新派的内心深处，悲观情绪也在逐渐增长。梁启超在五月十六日，也就是翁同龢离京南下三天以后，写信告诉友人说：“大率有上开新折者则无不应，盖上下之电力、热力皆以相摩而成也。常熟去国，最为大关键，此间极知其故，然不能形诸笔墨，俟见时详之。南海不能大用，菊生（张元济）无下文，仆之久不察者，率由此而生也。仆已于前日举行察看之典，未知下文如何耳。初时极欲大办，今如此局面，无望矣。”[3]可见，维新派也把翁同龢的去职看作变法事业的严重挫折，并且因此削弱了自己的斗志。

新旧党争日趋激烈。特别是在五月二十日，光绪以阻挠维新派上书的罪名，一举罢免守旧而又骄横的礼部六堂官以后，这种斗争更有可能随时发展成为一场政变。对于光绪的还击行动，尽管一些顽固派官员为之哗然，慈禧表面却不动声色，她正在暗中部署并且寻找杀戮新派人物的时机。在这种形势下，帝党、维新派和某些投机官僚之间的暂时联合迅速趋于分化。

张之洞敌视民权思想，早在三个月以前已经写成《劝学篇》，大讲什么“辨上下，定民志，斥民权之乱政也”，“讲西学，必先通中学，乃不忘其祖也”[4]。他首鼠两端，一方面向慈禧表示忠诚不二，一方面又讲些“西艺非要，西政为要”之类的时髦话，以迎合皇帝和应付潮流。他极力想把

---

① 翁、张日记，戊戌五月十三日。

② 唐文治：《茹经堂文集》，民国年间木刻本。

③《梁任公先生年谱长编》。“察看之典”指五月十五日光绪召见启超，同日上谕命以六品衔办理译书局事务。

④ 张之洞：《劝学篇·自序》，湖北自强学堂，1900年，木刻线装本。

维新运动控制在自己许可的范围内，及至发现维新派的变法趋势将冲击他所维护的“中学为体”原则，他就转而加以阻挠破坏。刘坤一则在“明定国是”以后公然抗拒各项维新诏令，虽经皇帝一再申斥，他也不改变这种固执态度。张、刘的转向使帝党与维新派显得更加势孤力弱。

许多帝党分子都悄然退却了。正如张謇所描述的那样：“拂衣去国亦堪哀，辛苦男儿草莽来。直分儒冠称沟壑，何知人海战风雷。嵚崎似我归犹得，禄养怜君气益摧。闽县已亡丁沈散，更谁相煦脱嫌猜。”[①] 他们已经不再谋求变法的进展，而只考虑如何洗刷嫌疑以苟全性命。张謇的心情是复杂的，既怨愤，又有恐惧。皇权对于士人群体历来是一种绝对权威，也是一种不可亵渎的神圣，它具有生杀予夺的权势，更容不得半点怠慢与失敬。五月二十四日，也就是送走翁同龢的 8 天以后，早上下了一场暴雨，张謇当即感而赋诗一首：“未测天性情，朝来乍雨晴。稍当袯尘土，一笑看风霆。”[②] 其触及时事的色彩是很明显的。天威既然如此可畏而又不可预测，看来暂时只有走为上策。还有少数依附过帝党的人表现得极为恶劣，看到风势不对便转而出卖同道以取信于后党。如御史李盛铎曾列名发起保国会，旋即畏祸私下请求除名，然后托报馆公布全部会员名单，并反诬保国会以求自全。张謇曾讥讽说：“此君智谲而有胆略，不久必柄然用，然亦惧其太速也。”[③] 另一个帝党元老孙家鼐，很早便表现出极大的动摇，翁同龢的放逐更使他惶惧不安，而维新派的躁进争权与自作主张又使他感到日益不满。他于五月二十九日上《奏译书局编纂各书请候钦定颁发并请严禁悖书疏》，用意即在洗刷自己并抑制维新运动。因为当时正是梁启超主持译书局，所谓“悖书”即指康有为的《孔子改制考》。孙家鼐攻击这种变法学说“蛊惑民志，是导天下于乱矣”[④]。以后他更费尽心机排斥康有为，实际上已经成为变法的反对者。

---

① 张謇：《留别仲弢》，《张謇日记》戊戌五月二十三日。闽县指王可庄，丁、沈指丁立钧、沈曾植，均系友好。

② 张謇：《乍雨》，《张謇日记》戊戌五月二十四日。

③ 张謇：《张謇日记》戊戌四月三十日。

④ 于宝轩：《皇朝蓄艾文编》，上海官书局，1903 年，铅印本。

张謇目睹这些翻手为云覆手为雨的怪现象，终于决心尽快离开北京。

翰林院本来是个闲散机构，当过翰林院庶吉士、编修的林则徐早就说过："都中本无官事，翰林尤可终年不赴衙门。"[①] 所以，张謇虽然早就销了假，并且循例得到"引见"，但是由于"公牍辗转"，迟到六月二日才先后到翰林院和吏部听旨正式复职。可是，第二天他就以"通州纱厂系奏办，经手未完"为借口，再度向翰林院请假，同时也辞谢了孙家鼐打算奏派他充当大学堂教习的挽留盛意。当天下午便离开北京前往塘沽等船，晚上在日记上写道："卯初即行。读书卅年（十六岁入学为附学生员），在官半日，身世如此，可笑人也。"[②] 他一回到通州，便重新忙于创建纱厂的复杂事务，基本上结束了与戊戌变法的这一段历史因缘。

维新派提出的变法纲领反映了新兴资产阶级的意愿与要求，可是正在向资产阶级转化的张謇却未能完全同意并给以坚决支持，这是什么缘故呢？底下需要对张謇当时的思想状况和政治见解作若干分析。

当时张謇所最关心的仍然是民族资本主义的独立发展，而且对农、工、商之间的密切关系，认识较之以前又有所进展。他在《请兴农会奏》一文[③]中指出："窃自中日事定以来，识时务者无不以练兵通商为急务。朝廷于中外臣工条陈事件，凡关系二事尤可采择者，无不举而行之。究之两年以来，实力奉行者几人？成效可睹者几事？臣窃上溯三代，旁考四洲，凡有国家者，立国之本不在兵也，立本之本不在商也，在乎工与农，而农为尤要。盖农不生则工无所作，工不作则无所鬻，相因之势，理有固然。"张謇这种认识，并不是退回到"重本抑末"的传统观念，而是通过纱厂的原料需要，对农业的重要性有了新的理解。同时，他把农业生产与商品经济紧密联系起来，认为"天下之大本在农，今日之先务在商，不商则农无

① 林则徐：《致郭远堂书》道光十三年六月二十三日，《林文忠公政书》，上海商务印书馆，1935 年。

② 张謇：《张謇日记》戊戌六月三日。《啬翁自订年谱》此处尚有"自十六岁应小试以来，计在场屋中度日凡一百六十八日，殆当一新法律四、五等有期徒刑"等语，但已自行勾去。见原稿影印本，正式出版者则无此数语。

③ 张謇：《请兴农会奏》，《张季子九录·实业录》第 1 卷，中华书局，1931 年，第 6 页。系年误为光绪二十三年丁酉，实应为光绪二十四年戊戌，此处据日记订正。

输产之功”[1]。并且极力提倡组织农会，讲究农学，改进农业生产科学技术，以及集资成立公司以机器开垦荒地[2]。张謇还主张成立商务局，并扣留昭信股票已收款项，补助支持商民发展有关兴利的工商企业，设立劝工会，还参加巴黎博览会，积极推广制造新式机器。他已经形成一个全面发展民族资本主义的方案，并且主张变法应该以发展农、工、商为中心和主体。他强调说：“民生得丧之林，即吏治修坠之境。日言变法，而不于吏治民生是务，未见其有益也。”[3]

商办官助是他一贯主张的发展民族资本主义的基本途径。他相信：“听民自便，官为持护，则无论开矿也，兴垦也，机器制造也，凡与商务为表里，无一而不兴也。”[4] 同时，他主张“仿德国、日本章程”，由地方政府协助筹集资金，“补商力初办之不足，助商力已办之不继”。但是，从多年与官府频繁的交往中，他得出一条痛苦的经验，即一般官吏成事不足而败事有余。因此，他只有把发展近代工商企业的希望，主要寄托在开明绅士和普通商人身上，特别是寄托在像他自己这样热心兴办实业的上层绅士身上。

他在这个时期提倡兴办的农会、商会、工会，有其特定的含义，与今天通常的理解不同。所谓农会实际上就是农学会，主要是一种推动农业改良的科研与实验机构，当然也可以筹集资金从事更大范围的推广工作。所谓商会与工会，也是调查研究与推动工商业发展的机构，与现代意义的商会、工会有所不同。其职责是经常调查工商情况，“名列为表，度其所宜兴、宜革、宜变之故，斟酌其如何兴、如何革、如何变之法”。这些农会、商会、工会都是以绅士为主体的民间团体，官府应该给以保护奖助，而不能加以“侵扰”。他还主张从上而下，在全国设立农、商、工三个系统的总分会，这个建议在一定程度上反映出幼年时期的企业主渴望把自己组织成为新兴阶级力量。

---

① 张謇：《商会议》，《张季子九录·实业录》第1卷，中华书局，1931年，第4页。系年误作光绪二十二年丙申，实应为光绪二十四年戊戌，此处据日记订正。

② 张謇：《农会议》，《张季子九录·实业录》第1卷，中华书局，1931年，第3页。系年误作光绪二十二年丙申，实应为光绪二十四年戊戌，此处据日记订正。

③ 张謇：《商会议》，《张季子九录·实业录》第1卷，中华书局，1931年，第4页。

④ 张謇：《商会议》，《张季子九录·实业录》第1卷，中华书局，1931年，第4页。

张謇对于兴办农、商、工会的次序也有所论析，认为“农会兴而后工会可得而言，工会每省得一二处足矣。其为农工之去路，则在商会，事宜先筹，犹治水之从下流始也”[①]。这既反映了当时近代工业在整个国民经济中所占比重极微，但同时也反映了民族近代工业的先驱者从创业之始就对市场极端关心。张謇对水利素有研究而且还有一定的实践经验。过去，他理解河工疏导对于治理黄、淮的重要性，现在他又理解市场流通对于发展工业的重要性。“犹治水之从下流始也”，这句话说明他已开始进入企业家的角色。

张謇认为在税政方面也要对民族工商业持保持和奖掖的方针。除要求废止间架税和米粮捐以外，还提出全面减税主张，他建议：“凡属土法创办及机器制造之货，初办五年，止征半捐半税。若系改造土货，就地收买零销，估值不满万者，免捐免税；过万者，按应税应捐之数，止征七成。”凡是农会在荒滩闲地“兴办树艺畜牧制造诸事，以为乡民倡导……一概宽免捐税十年”[②]。

发展近代企业需要技术力量，张謇对于兴办新式学堂的兴趣也愈来愈高。他所拟订的大学堂办法，主要内容有：(1) 分内外院，内院收已仕学员，外院收未仕学员；(2) 分初、中、上三等；(3) 设植物、动物苑；(4) 按不同专业分类设堂；(5) 聘请日本教习等等。同时，他抨击经义课程日趋空泛，明确主张：“然则罢科举而兴学校，置经义而事士、农、工、商、兵各专科之学，为中国今日计，圣人复起，无以易之。”[③] 张謇在制艺故纸堆中整整生活了30年，并且正是通过科举获得当时士人的最高荣誉，由他自己现身说法来彻底否定科举，自然有更大的说服力。

以上所介绍的张謇有关经济、文化革新的主张，与维新派变法方案有关部分基本相近，因此他才有可能一度同情变法并与维新派合作。但是，张謇从“实业救国”思想出发，过于强调民生的主体地位，而忽视经济、文化改革必须以政治改革为前提，这又使他逐渐疏远以至离开维新派。当

① 张謇：《商会议》，《张季子九录・实业录》第1卷，中华书局，1931年，第4页。
② 张謇：《农工商标本急策》，《张季子九录・实业录》第1卷，中华书局，1931年，第5页。
③ 张謇：《经义征学序》，《张季子九录・文录》第5卷，中华书局，1931年，第12页。

时，维新派宣传资产阶级民权思想和国家学说已经有10年左右历史，他们的变法方案当中极其重要的一条，就是要求将君主专制改造成为君主立宪。在百日维新期间，维新派的主张已经相当温和，可是张謇和其他一些帝党分子却认为他们过于急进。张謇主张："行百里而阻于五十，何如日行二三十里之不至于阻而犹可达也。"[①] 所以他力图把变法限制在经济、文化有限范围之内，以求减少守旧势力的反对。

至于如何实行变法，张謇等人与维新派亦有分歧。

维新派（特别是其左翼），比较急于实现自己的全盘变法主张，因此在与守旧派斗争最激烈的时候，便不惜铤而走险诉诸宫廷政变。张謇等则害怕政局的较大动荡，特别是害怕光绪将会成为政变的牺牲品，因此愈来愈不满于维新派行动的"鲁莽"。张謇晚年曾追忆说："在京闻康有为与梁启超诸人图变政，曾一再劝勿轻举，亦不知用何法变也。至是张甚，事固必不成，祸之所届，亦不可测。康本科进士也，先是未举，以监生至京，必遍谒当道，见辄久谈，或频诣见。余尝规讽之，不听。此次通籍，寓上斜街，名所居为万木草堂。往晤，见其仆从伺应，若老大京官排场，且宾客杂遝，心讶其不必然。又微讽之，不能必其听也。"[②] 对于比康、梁激进的谭嗣同，张謇甚至在他被杀以后还加以严厉批评："谭好奇论，居恒常愿剪发易服，效日本之师泰西；不知波兰、印度来尝不剪发，而无补于亡也。又常韧杂种、保种之说，谬妄已甚。"[③] 这些批评固然体现了张謇务实、持重、干练的个性特点，但更多还是反映出多数帝党分子的保守性比维新派浓厚，他们每迈进一步都需要用更多的时间和花费更大的气力。

六、政变前后

但是，张謇和其他一些帝党分子离开北京以后，对变法的进展情况仍然非常关心。其中自然不无个人利害方面的考虑，但更为重要的是由于这

① 张謇：《变法平议》，《张季子九录·政闻录》第2卷，中华书局，1931年，第1页。

② 张謇：《啬翁自订年谱》卷下，戊戌六月。

③ 张謇：《张謇日记》戊戌八月十五日。

将牵涉他们所拥戴的光绪皇帝的安危荣辱。

六月六日，翁同龢回到常熟还不到一个月，就传来御史文悌由于参劾康有为、杨深秀等而被革职的消息，上谕中用了“受人唆使，结党攻击”等尖锐字眼。翁同龢很不以为然，他在当天的日记上写道：“恐开朋党门户。”[①] 这个久经宦海浮沉的老人毕竟阅历丰富，他预感到新旧党争必将激化，而即将出现的党锢之祸的受害者必将是他们自己。六月十八日，他又在日记上记道：“《申报》云：康有为奉旨至上海办官报。”[②] 显然是把此事看作后党在文悌革职后的反击，已经表现出对变法前途的担忧。

但北京的政局似乎乌云密布，变幻莫测，有时云缝里透露出一线阳光，也会引起南方帝党分子新的幻想。七月十九日，礼部尚书怀塔布、许应骙等六个守旧堂官，以阻挠主事王照条陈事务罪被革职。第二天清廷又赏谭嗣同、杨锐、刘光第、杨旭四品卿衔，在军机章京上行走，参与新政事宜。对于帝党和维新派来说，这又似乎增添了一点兴奋剂。八月二日，张謇在日记上写道：“知太夷（郑孝胥）召对后赏道员，甚喜。”仿佛变法处境又有某种新的转机。甚至到八月七日，也就是慈禧发动政变的第二天，翁同龢由于还没有得到北京的消息，在日记上写道：“自明发改为电报后，络绎纷纭，新政焕然，目不暇接。”[③] 多少带有一些振奋的心情。可是，两天以后他就得到慈禧重新“训政”的消息，立即感到大祸已经临头。自称：“身在江湖，心依魏阙，益战栗罔知所措也。”[④]

从八月七日到八月二十五日，张謇几乎没有一天不记载有关政变的消息。通过这些简单的记述，我们不难发现他所最关心的还是皇帝的命运。例如，八月七日：“闻太后临朝之旨。”八月九日：“闻各国船集天津，诘译署，问上病状。”八月十日：“闻袁世凯护北洋，是儿反侧，能作贼，将祸天下，奈何？”十一日：“连日京电不通，有非常变故之谣。”十二日：

① 翁同龢：《翁文恭公日记》戊戌六月。
② 翁同龢：《翁文恭公日记》戊戌六月。
③ 翁同龢：《翁文恭公日记》戊戌六月。
④ 翁同龢：《翁文恭公日记》戊戌六月。

"闻初十日于上有疾召医之电。"十五日："得六君子初刑讯，对六人评论多不满，唯深惜杨深秀。"十六日："闻查拿文廷式之电谕，康事与芸阁无涉，何以及之？"十七日："闻续催医生之电谕。"二十一日："闻荣禄有密电事，大可駴。新宁（刘坤一）持正论云。"当时盛传慈禧不仅把载湉囚禁起来，而且还打算以治病为借口把他毒死或加以废黜。荣禄是慈禧最为亲信的死党，当时正掌握北洋军权，并且已进入军机处，帝党特别害怕他会帮助慈禧对光绪下毒手。南方的帝党分子无兵无勇，只有把保护皇帝的希望寄托在列强的"问疾"和东南督抚的"正论"之上。

慈禧和一些顽固分子确实想把光绪从龙座上拉下来。就在政变的当天，他们已经散布皇帝已经死亡的谣言，以后又盛传皇帝病重的消息，借以作为掩盖他们阴谋废黜的烟幕。到八月下旬，形势更显得紧急，引起帝党分子的更大焦虑。八月二十三日，翁同龢在日记上写道："恽莘耘（恽祖祁）将赴鄂，为余留一日，因晤谈，得近日京师情形之详。鼠辈谋逆，陷我圣明，并贻无穷之祸，真堪痛苦。心悸头眩，几至投地。"这里所说的"鼠辈"，表面上似乎指的是康、梁，但翁同龢的内心独白并非不可理解。另一帝党头面人物盛昱，虽然早已因病开缺多年，但也非常关心光绪的安危，甚至病情因此日益沉重。事后有人追忆说："变法议起，佥人乘之，乐祸幸灾，几酿大变。君以懿亲（盛昱为宗室。——引者），盱衡当世，内外臣僚无可依仗，群小离间，阴阳捭阖，不测举动即在目睫。时事日亟，病亦日深。"①这表面上好像在谴责维新派，但骨子里却是微讽慈禧的阴狠毒辣。

后党企图暗害光绪的阴谋，不仅引起帝党和维新派的不满，而且也受到一般开明士绅和资产阶级的反对。他们唯恐杀害皇帝将会引起更大的政局动荡，甚至还可能促使正在酝酿着的革命风暴更快地到来。沙俄以外的帝国主义列强（主要是英国），也不愿坐视后党采取更激烈的手段，一则担心沙俄在中国的侵略势力将会因此更加膨胀，再则担心各派之间的流血

① 杨钟义：《意园文略》第2卷，"缪荃荪序"，1910年，木刻线装本。

斗争可能破坏市场稳定，从而妨碍其对华商品倾销与资本输出的进一步增长。正是在这样复杂而又微妙的形势下，南方帝党分子才敢在几种矛盾的夹缝中悄悄站出来，极力营救他们所认为的国家的最后希望——光绪。

他们和南方的上层绅商合作，包围了湘系的首脑刘坤一，不仅在舆论上施加压力，而且还直接对他做了许多说服和协助决策的工作。八月二十四日张謇曾在日记上写道："恳新宁上《太后训政保护圣躬疏》。"而根据他的《啬翁自订年谱》的记述，这一疏稿正是张謇自己为刘坤一起草的，"大意请曲赦康、梁，示宫廷之本无疑贰"。张謇的政治态度比翁同龢多少要明确一些，这是因为两人处境不大相同的缘故。当时，张謇的好友蒯光典正在南京，而且颇受刘坤一的器重和依赖。他一得到"行将废立"的消息，连忙劝刘坤一说："公国家重臣，义不容默。"[①] 刘坤一对慈禧过于宠信淮系本来就有所不满，因而在东南各界人士的推动下，终于呈奏了影响较大的《太后训政保护圣躬疏》，并且在社会上产生了连锁反应。一时"力争者踵起"，在绅商群中居然形成具有相当声势的营救蒙难皇帝的运动。后党感受到沉重的压力，特别是害怕英国等帝国主义列强的强力干涉，只得暂时搁置了废黜或暗害光绪的罪恶计划。

张謇虽然一向不满于刘坤一的暮气渐增，但对他这次比较果断的行动却大为称赞。20多年以后，张謇在《啬翁自订年谱》上为此大书特书："刘于疏尾自加二语，曰：'伏愿皇太后、皇上慈孝相孚，以慰天下臣民尊亲共戴之忱。'乃知沈文肃（沈葆桢）昔论刘为好幕才，掌奏语到恰好，盖信。"刘坤一所加的这句话既符合封建礼制，又显得软中有硬，而他的实力地位更加重了发言的分量，这自然要赢得帝党的钦佩。

刘坤一在上疏以前，曾打算邀请湖广总督张之洞联署。张謇在两者之间似乎起了穿针引线的作用。八月二十三日，在湖北担任宜昌督销职务的恽祖祁，应张謇邀请到常熟看望蛰居乡间的翁同龢，整整盘桓了一天，详尽地介绍了后党发动政变和皇帝危在旦夕的情况，翁、恽之间不会不谈到

---

① 蒯光典：《金粟斋遗集》，程一夔所作行状，1929年，江宁木刻本。

营救光绪问题[①]。两天以后，也就是张謇为刘坤一起草《太后训政保护圣躬疏》奏稿的第二天，恽祖祁到达通州，带来更多对于帝党来说颇为不幸的消息。两人商谈了整整一天，临别时张謇还托恽祖祁带交张之洞一封专函。专函现已无存，但其内容很有可能是劝说张之洞与刘坤一联名上奏以保护皇帝。

可是，一贯标榜君臣大义的张之洞却仍然见风使舵，他宁肯挖空心思周旋于帝后之间，也决不愿在掌握实权的慈禧心目中留下任何恶劣印象，因此始终未能与刘坤一一起公开表态。帝党对此自然极为不满，所以张謇《啬翁自订年谱》在记述刘坤一所加疏语之后，特别注明："此南皮所不能言。"[②] 不过，当时张謇为创建大生纱厂还不得不有所求于张之洞，开且对他在湖北兴办工矿企业和新式学堂也颇为倾服，所以两人并没有因为上疏一事产生很大的隔阂。同时，《劝学篇》所发挥的那些"折中新旧"的论调，也还能适应张謇这类封建性还比较浓厚的准资产阶级的认识水平。多年以后，他在《啬翁自订年谱》中又曾特别提到："闻南皮上《劝学篇》，意持新旧之平，而何启讦其骑墙，徐桐咎其助新，人尽危矣。"字里行间流露出对于张之洞处境的某些同情。

张謇对于政变以后帝党和维新派的命运也非常关心，所以这段期间他的日记上连续记录了许多与此有关的消息。例如："闻严拿康有为，有为逃入英船之电。""闻复六卿（指已革礼部守旧派六堂官复职。——引者），拿治徐致靖、杨深秀、杨锐、林旭、谭嗣同、刘光第、康广仁之电。""有徐、杨六人已罹刑戮之讯，访之果确，惟徐永远监禁。……林旭喜新竖子，杨故乙酉同年，平时修饬，见赏于南皮督部，不知何以并罹斯劫?""闻张荫恒遣戍新疆。""闻李泌园（李端棻）尚书戍新疆，闻芸阁（文廷式）无下落。""闻陈右民（陈宝箴）中丞及伯严（陈三立）吏部革职，江

---

① 翁同龢：《翁文恭公日记》戊戌八月二十三日。又据《张謇日记》，张在八月二十日曾催恽速来。张这时正是恽的部属，他们与张之洞的关系都比较密切。从翁、张两人的日记来看，恽祖祁此行的政治性是很明显的。

②《啬翁自订年谱》原稿影印本此处是"大都南皮所不敢言"，语气显得较重一些，但正式出版时已改得比较含蓄。

建緵（江标）、熊秉三（熊希龄）革职。”“闻芸阁被刑于南昌（此讯不确。——引者）。”“虞山（翁同龢）重被革职永不叙用之命，英、日人亦讶之。”“知文道希（文芸阁）在日本。”各种各样的恶劣消息联翩而至，张謇内心自然不免惶惶不安。

戊戌变法失败以后，许多帝党分子害怕受到牵累，故意表白自己对维新派极度不满。其实他们当中的一些人，并非完全反对维新变法，不过是反对变法的步骤过于急速。他们也并非反对整个维新派，不过是对康有为这样的领导人有所不满，特别是对谭嗣同等左翼分子訾议较多。至于像杨深秀这类温和人物，他们始终是引为同调的，并且还因为他们的被杀、被逐、被囚产生了兔死狐悲之感。盛昱的诗作《杜鹃行（哀杨生也）》，显然反映了他们这种比较隐蔽的心情。“杜鹃啼血声不止，白衣少年佐天子。翻云覆雨骤雷霆，竟与逆人同日死。死竟无名世尚疑，朝衣食卒就刑时。似闻唐代永贞际，刘柳诸人有狱词。”[①] 盛昱是帝党中比较守旧的人物，所以才把谭嗣同等骂作“逆人”，至于张謇等一般帝党分子则没有用这样的语气。譬如杨深秀等就刑一事，张謇的《啬翁自订年谱》原稿影印本最初写作“致杨深秀……于法”，但最后改定为“杨深秀等被逮戮”[②]。这就比较含蓄地表露了他的同情之所在。

光绪病死以后，张謇在《德宗景皇帝挽词》中也追述过戊戌变法这一段历史：“善下溪成谷，更张瑟改弦。庸知元祐政，翻覆祗蹄筌。”[③] 当年他赞美什么？反对什么？从这首诗里似乎可以看得更清楚一些。他没有讳言变法与政变都属于新旧党争性质，也没有讳言自己的同情是在光绪和新党这一边。与维新派不同的地方，是他希望两方面都心平气和一点，尽可能不要采取激烈的手段。

“嗟呼！晚清朝政之乱，表病在新旧，本病在后帝，始于宫廷一二人离异之心，成于朝列大小臣向背之口。因异生误，因误生猜，因猜生嫌，

---

① 盛昱：《郁华阁遗集》第3卷，1907年，武昌写刊本。

② 张謇：《啬翁自订年谱》戊戌八月，原稿影印本。铅印本脱一“逮”字。

③ 此诗已收入张謇：《德宗景皇帝挽词》，《张季子九录·诗录》第9卷，中华书局，1931年，第9页。

因嫌生恶，因恶生仇，因仇生杀。恶而仇，故有戊戌之变；仇而杀，故有庚子之变。戊戌仇帝仇小臣，卒仇清议；庚子杀大臣，杀外人，卒杀无辜之民。”[①] 这大概可以看作张謇对于19世纪最后几年晚清政局的总结，尽管他对历史发展线索的理解未必精当，但毕竟比较显露地表述了自己当年的政治倾向。

戊戌变法以帝党和维新派的一败涂地而告终结。他们在甲午战后短短两三年内所取得某些进展与成就，在后党和顽固势力的刀光剑影中迅速化为过眼云烟。帝党在政变以后顿时陷于涣散，他们不可能从变法的流产中汲取积极的经验教训，不管是逃亡国外，抑或是苟安国内，仿佛他们的主要任务只限于咀嚼失败的悲苦，丝毫也不敢诉诸稍许暴烈的行动。张謇在企业活动中虽然表现出可贵的进取精神，但在政治上也逐渐趋于消极回避状态。在敦促刘坤一上疏“保护圣躬”以后，他于十月中旬在日记上写下寥寥数字：“闻上疾有瘳。”寓意是已经知悉光绪的地位和生命暂时得到保全。此后，他对时局的议论越来越少，而仅有的一点议论也只限于消极的冷嘲，缺乏任何真率的抗议。

下面，我们可以从张謇日记两处有关记载考察他这种消极政治态度。

十月二十一日：“与伯茀谈。伯茀曰：‘康、梁盖我政府尊奉而保护之也。’甚当。”张謇还在此加上眉批：“斥之为康教，罪之为党魁，皆尊奉之辞。”伯茀即寿富，是前辈清流宝廷的儿子。他在甲午战后倾向变法，曾与康有为在北京组织知耻学会，变法期间奉派前往日本考察学校章程，回国时恰好碰上政变，受到后党和守旧派的多方面攻击。他当时的心境与张謇相似，谈话中表面上好像是鄙薄康、梁，实际上却是发泄了对于慈禧高压政策（如杀戮、徒刑、流放、缉捕等）的不满。“甚当”一语，表明张、寿二人对事变具有相同的理解。

十一月九日：“舟中遇子培，谈彻夜。闻人言，虞山之复被谴，许应骙、刚毅为之。”子培即沈曾植，在帝党中亦属比较持重者。他们对变法

① 张謇：《四川忠县秦太公墓表》，《张季子九录·文录》第15卷，中华书局，1931年，第19页。

失败最感痛心的是两件事，一是皇帝成为囚犯，一是老师成为罪臣，因而对许应骙、刚毅这些顽固至极的官员非常痛恨。可是，他们除私下发发牢骚以外，也不敢作任何公开反对的表示；因为他们的好友蒯光典，正是“以忤刚毅而败”①。

此后，直到光绪二十五年秋季以前，大生纱厂的创建工作几乎垂成而败，张謇不得不全力忙于到处筹款应急，因此在日记上更少议论时政。

变法失败后的第二年春天，又是江南草长、杂花生树的美好季节，张謇忙里偷闲，泛舟江上，专程到常熟探访翁同龢。师生二人“长谈抵夜”。第二天又同游虞山，遍览兴福寺、联珠洞、三峰、清凉寺等名胜古迹，直到薄暮才兴尽而归。晚饭后，两人又长谈到深夜。谈话的内容究竟如何？他们的日记都没有多少具体记载。按照翁同龢的说法，好像主要是谈书法，此外张謇还向他推荐了一个风水师②。张謇记得更为含蓄：“远望狼山在江云灭没中，徘徊久之。”③ 还有记游诗作《呈松禅老人》：“楼台无地相公归，借住三峰接翠微。济胜客输腰脚健，忧时僧识鬓毛非。尚湖鱼鸟堪寻侣，大泽龙蛇未息机。正可斋心观物变，蒲团饱吃北山薇。”④ 人们只能从“忧时”、“吃薇”等话语来寻味翁、张当时的心境。

五月十七日，张謇得到另一位清流前辈黄体芳病故的消息。黄体芳早已由于受到后党的排挤而“告病乞退”，晚年极为抑郁愤闷，但对甲午战争前后帝党活动仍然暗中给以支持。所以，张謇在当天日记上发出感慨：“老成益凋谢已。”几天以后，他替人撰写哀悼黄体芳的挽联，其下联是：“际国步阽危已甚，瞻天恋阙，二千里外此孤臣。”此联也未尝不可以看作对翁同龢艰难处境的同情。

不久，由于后党对光绪仍然恨之入骨，他们不顾资本主义瓜分阴谋正在加紧进行，继续策划废立这个已经完全无权无势的年轻皇帝。因此，到

① 见《清史列传》卷二三九。日记所谓“虞山之复被谴”，指上谕以“力陈变法，密保康有为”之罪名，明令革职永不叙用，并交地方官严加管束。

② 翁同龢：《翁文恭公日记》乙亥二月八日、九日。

③ 张謇：《张謇日记》乙亥二月八日、九日。

④ 张謇：《呈松禅老人》，《张季子九录·诗录》第3卷，中华书局，1931年，第16页。

光绪二十五年下半年，宫廷内部的形势再次紧张起来。不过，现在帝党和他们忠诚拥戴的皇帝一样，都处于更为困窘的被动局面。

六月二十一日，翁同龢在日记上写道："昨见报纸传太医方，辗转不寐。"根据大半年以来的经验，帝党深知每传出一次"帝病"的消息，就意味着后党又一次加紧策划废立阴谋，因此他们也就又一次激动起来。可是，翁同龢只能眼睁睁地注视着事态的发展，却不敢有任何不满和反对的表示。

当然，并非所有同情光绪境遇的人都已经噤若寒蝉，即使后党完全控制的北京城内，也还听得见愤怒抗议的声音。九月间，少数常熟籍的京官，如翰林院编修沈鹏等人，策划上奏《告讦三凶疏》，强烈要求处死慈禧最为亲信的荣禄、刚毅、李莲英三人。事未成而疏文已被泄露，外间盛传此事实由远在常熟的翁同龢所指使。翁同龢听到这个风声后，感到非常震恐，但又不敢作任何辩解。他只能以曲笔在十月十二日的日记上写道："报馆往往记余事，昨又称余广收古镜，皆风影无踪事，可憎可骇也。"在封建统治阶级当中，越是接近宫廷核心内幕的人，越是懂得天威莫测一词的含义。在朝时经常有伴君如伴虎之感，被贬谪后又宁可被世人遗忘，因为任何一件小事都可能引起来自宫廷的猜忌，甚至招致杀身灭族大祸。所以，报纸仅仅是说他喜爱古董，竟也使他感到"可憎可骇"。

翁同龢曾设法阻止沈鹏等人的抗议活动，但似无任何效果。这在十一月四日的日记上倒有所记载："闻沈颂棠（沈鹏）归抵上海，此次入京又欲上封事，狂疾深矣。"张謇当时正在通州，他大概还不了解老师内心的惶急，所以在十一月七日派专使送"食物八种"给翁同龢，并且函邀同游通州名胜狼山。翁同龢立即回信辞谢说："紫琅（狼山）之约，殆成虚愿；无事尚腾口语，矧扁舟出游耶？乍寒，千万珍重。"① 显然，翁同龢害怕后党怀疑他与张謇将有什么密谋，所以连过江郊游之约也不敢履践了。

可是，沈鹏"狂疾"已深。他不仅不识时务，而且还要和这位胆小如鼠的松禅老人拉扯师生关系。十一月九日翁同龢日记对此事曾有记载："沈

① 翁同龢：《翁松禅致张啬庵手书》。

鹏日前到山（虞山）投刺，闻往三峰；所欲递之折竟入《申报》，可怪可憎！”两天以后，沈鹏又来求见，翁同龢辞以疾，简直把他看得如同瘟神一样可怕。尽管翁同龢这样逃避政治斗争，可是慈禧的尚方宝剑仍然不断在他头上挥舞。十一月二十二日他在日记上写道：“《新闻报》记：‘十八日谕旨，严拿康、梁二逆，并及康逆为翁同龢极荐，有其才百倍于臣之语。’伏读悚惕。窃念康逆进身之日，已微臣去国之后，且屡陈此人居心叵测，臣不敢与往来。……而转因此获罪，惟有自艾而已。”此后，他又连续数日多方设法阻止沈鹏上书和申辩，并且又气又急地埋怨：“其人不足惜，而欲累及师门，亦奇矣哉！”① 这位曾为清流众望所归的帝党领袖，在国难君危之际把保全首级看得高于一切，无怪乎他在政治上的影响已经接近于零。

到这年年底，后党的废立阴谋终于公开化。翁同龢十二月二十九日日记称：“航船已停，各报俱止，乃今知本月二十三日有旨：‘恭亲王、三贝勒、大学士、枢廷、戈什、两斋、内府、六曹之长，均于次日召对。’孤臣伏处，不知朝廷措置何事也？”说是不知，其实并非一无所知，他无非是以隐晦的笔法表述自已对于光绪命运的担忧。而在此前两三天，张謇的日记也有类似的记载：“闻今上有立端王子溥儁为子承穆庙后嗣统之诏，岁晏运穷，大祸将至，可畏也哉！”“见《申报》、《新闻报》、《中外日报》，昨说果确，并有明正元旦内禅，改元普庆之说（亦有保庆之说）。海内人心，益惶惶已。”张謇的记述和态度都要比翁同龢明确得多，但对光绪的危难也感到无能为力。

---

① 翁同龢：《翁文恭公日记》乙亥十一月廿五、廿六日。沈鹏亦常熟人，原名棣，字北山，号诵棠。他在当地享有较高声望。宣统元年十月，《常昭月报》第二期刊有《钱南山君演说追悼沈北山太史原因》。内称：“讲到那北山太史，我们追悼他，必有一个道理的。有的说他是个翰林，我们拍他的马屁，所以追悼他的。殊弗得知北山穷无立锥，有什么能力去运动呢？就是运动，那今天赴会的来宾，挤得连坐地都没有，那绅商学界送的哀词挽章，挂得密密层层，连门上树山假山脚上，多挂得不留余地，这也是可以运动的么？……我们追悼北山的宗旨，不是敬太史的胆气，是敬太史的识见。太史参的三凶（指刚毅、荣禄、李莲英），是弄坏我们江苏全省的元气，是弄坏我们中国全体的大局的。……我们今天这个追悼会，是痛恨我们中国的前途，是痛我们中国的同胞，是恨我们中国的从前，是望我们的将来。”可见，其实并非沈鹏“狂疾”，而是翁同龢“疾狂”。

不过，光绪由于一度锐意变法，已经赢得东南地区以至海外华侨中一般资本家和开明官绅的好感。这些人大多与维新派一样，幻想光绪在慈禧死后掌握实权并重新推行变法。所以，当废立的消息传到上海以后，“维时绅商士庶，纷然哄动，皆谓名为立嗣，实则废立。……皆有奋不顾身，与君共存亡之态。二十五日赴电局请列名电求总署代奏者，多至千余人。且闻各国多已电调兵舰，将挟公义以清君侧。沪局总办经元善太守，见群情迫切，外衅纷乘，遂率同绅商，允为电恳”①。这就是轰动一时的经元善领衔电阻废立事件，在电报上列名的有1 231人之多。其他“内地外洋官绅士商”，也有很多签名电争的，因而一时形成相当的声势，初步打破政变以后一年多时间的沉闷局面。

英国为了维护自已在华的侵略利益，不愿中国政局由于废立光绪而变得动荡不安，所以对东南绅商营救皇帝运动给以某些支持。李提摩太事后曾回忆说：“由帝国各处来的各种抗议中，上海的学者、绅士、商人们来的一个电报，恳求慈禧不要允许皇帝退位，并言及设若皇帝死亡的话，可能引起外国方面的干涉。起草这个电报的是经元善，他是上海电报局长及上海第一女子学校校长。三天以后，经元善夫人，在一位电报局书记的陪伴下，来到我的住处，请求我帮助他的丈夫，因为逮捕他的命令已从北京来到。我劝他去日本或澳门，并给他一封介绍香港朋友们的信。因为女学校立即被封闭，这位校长在离开澳门前，给我一份中文文件，载明学校校产，是由我的名字登记，以防止政府的没收。”② 李提摩太虽然只是一个传教士，但在清廷朝野已有很大影响，他对经元善的支持自然使营救光绪运动受到某些鼓舞。

一向持重的刘坤一，害怕废立将会在长江下游引起新的骚动，甚至可能遭到列强武装干涉。在东南绅商运动的影响下，他再一次明确地表示了保护光绪的态度。据当时报纸透露：“某大员入谒刘制军，言建储京电。刘制军愤甚，继以痛哭，言当即日入京，面见太后陈奏。……又上海传闻

---

①《知新报》光绪二十六年正月十五日。

② 李提摩太：《留华四十五年笔记》。

各国公使有密电至沪，饬兵轮北上，故现在驻沪各国兵轮，皆于二十六日鼓轮北驶。又上海得南京确音，言刘岘帅（刘坤一）拟即日来沪。”[①] 在各方面敦促下，刘坤一终于发出《奏国事乞退疏》，其中传诵一时的名句为：“君臣之分已定，中外之口宜防。”以比上次疏文为强硬的语气劝阻废立阴谋。前一句话自然是利用纲常名教的传统武器，后一句话则体现了东南绅商和列强在华势力的影响。在19世纪与20世纪互相交接的年代里，晚清政局逐渐出现了微妙的变化，从刘坤一的疏文及其影响中可以看出“内轻外重”和中央政权威信下降的趋势正在发展。

慈禧看到各方面纷纷强烈抗议，知道废立时机仍未成熟，因此只把溥儁立为大阿哥，准备将来在适当的时候再把光绪拉下皇位。

光绪的地位再一次得到保全，但是帝党仍然不免为他的命运担心。光绪二十六年正月初八，新年刚过几天，张謇就听说有“皇上三十万寿特开庆榜之诏”。这一消息竟又使他产生许多疑虑：“庚子例有正科，今以国庆加为万寿乎？为内禅乎？不可得而知，要为多故兆。”[②] 所谓“内禅”，当然是指光绪逊位。张謇与翁同龢都没有参加经元善领衔的抗议事件，后者甚至还为此极力洗刷自己，唯恐受到牵累[③]。

不过，张謇对于刘坤一再次毅然出面充当光绪的保护人，则是非常感激。二月十三日，他到南京送刘坤一入朝觐见，并赠诗一首：“戊己堂堂两奏传（戊戌八月廿七日，公奏有‘伏乞皇太后、皇上慈孝相孚，以慰天下臣民尊亲共戴之忱’语；己亥十二月，公奏有‘以君臣之礼来，以进退之义止’语，海内传诵），勋名况自中兴年。主恩新赐黄银美，士论终归赤舄贤。岂有夔皋容老退，应无牛李到公前。锋车江上来还日，尧日辉辉定满天。”[④] 在刘坤一正式动身北上的第二天，张謇又写了一首咏雪诗，借物抒怀说：“汉儒春秋有家法，盛阴剥阳谁之为。吾君好仁协青帝，志登

① 《知新报》光绪二十六年正月十五日。

② 张謇：《张謇日记》庚子正月八日。

③ 翁同龢：《翁文恭公日记》庚子正月初三日。

④ 张謇：《张謇日记》庚子二月十三日。《张季子九录·诗录》所收《奉送新宁督部人都》一首即此诗，但“士论”改作“时论”。

民物春台熙。以闲养病亦大孝，眷佑定荷皇天慈。……腊月有诏建储贰，正旦复诏开秋闱。吾君景福无不宜，书春大雪臣哉思。”① “盛阴剥阳”虽然是公开表露怨愤之词，但主要还是寄希望于刘坤一的北上，别无其他可以解救“吾君”之道。

张謇自身也未尝没有受到宫廷斗争牵累的可能。就在送刘坤一进京的那一天，张之洞的儿子君立告诉张謇，听说徐相（徐桐）疵南皮《劝学篇》尽康说。张謇不胜感慨：“南皮此书本旨专持新旧之平，论者诮为骑墙，犹为近似。(何沃生启有《劝学篇》书后，专讦此意。) 若责为全是康说，直并此书只字未见者矣。搜索株连，至今未已；手滑之后，何所不至。读书识字之子皆自危矣，祸至正无日哉!”② 张謇不满于张之洞这次又未能出面为光绪仗义执言，所以说是“诮为骑墙，犹为近似”。但是他自己也主张“持新旧之平”，因此对张之洞同时受新旧两党攻击的尴尬处境又有所同情。可以看出，张謇这时的畏祸心理已经超过怨愤心理，他多少有些担心后党“手滑之后”的“何所不至”。

这年春天，尽管瓜分之祸迫在眉睫，后党仍然没有放松对于维新派和帝党的迫害。先是在正月十五日，清政府已经再次下令悬赏 15 万两捉拿康有为与梁启超，并且严惩购阅维新派报刊的人们。三月七日，湖北又盛传清廷要“罗织党人”。张謇的老朋友何嗣焜、周家禄等连忙写信告警，并且劝他迅速逃避。张謇分析当时的形势，断定后党对于一般帝党分子暂时还不至于下毒手，同时又感到自己一贯比较温和持重，“与康、梁是群非党，康、梁计划举动，无一毫相干者。内省不疚，何忧何惧，谢之”③。“是群非党”确实是张謇与康、梁之间关系的真切表述，他们都是封建士人群体中正在向资产阶级转化的那一部分开明人士，但帝党与维新派毕竟又是两个不同的政治派别。张謇表面似乎非常坦然，但内心仍不免有忧危之感。只不过自恃有刘坤一等地方实力派的庇护，而且又舍不得刚刚创办

---

① 《张謇日记》与《张季子九录·诗录》均收此诗，但异动颇大，此处据张謇：《咏雪》，《张季子九录·诗录》第 3 卷，中华书局，1931 年，第 17 页。

② 张謇：《张謇日记》庚子二月十三日。

③ 张謇：《啬翁自订年谱》卷下。

起来的大生纱厂，所以才没有逃避外地。

“罗织党人”的传言确有其事。当义和团运动进入高潮，刚毅等顽固分子就乘机陷害余联沅、袁昶、许景澄等，同时还想把散处外地的帝党分子一网打尽。20多年以后，张謇回忆此事仍然满怀怨愤：“刚毅当光绪之季两宫失欢时，以翁、汪（汪鸣銮）为帝党，力主仇外，联结端、荣（载漪、荣禄），假势匪团，骈诛徐、联、袁、许诸人。后又造为翁门六子之谣，冀以尽除异己。六子以侍郎（指汪鸣銮，亦为翁之门生。——引者）为首，中有志锐、文廷式、某、某，余最后。诬余虽不在京而隐为敌，且与梁启超有关也。自京而鄂而苏，谣颇盛，会联军入，刚毅辈伏法而熄。”① 其实，所谓“翁门六子”并不能看作毫无根据的谣言，因为确实有很多蛛丝马迹容易使人有此联想。即以翁同龢罢官回乡以后与外界的联系而言，汪鸣銮与他的书信往还最多，而且每次通信虽在他的日记里提到，却从未透露任何通信的内容。据说翁、汪来往信札中隐语极多，可见对后党迫害的恐惧之深。

“当时缇骑动四海，逐臣窜伏鬼神骇。”作为身历其境的当事人，张謇对于在封建专制淫威下的“逐臣”们胆战心惊的精神状态，自然理解得分外深切，描述得也历历如绘。

七、“东南互保”

历史终于进入19、20两个世纪交接的年代。在1900年，义和团的反帝风暴标志着旧世纪的终结，而以孙中山为首的兴中会起义和留学生运动则揭开了新世纪的帷幕。

民族矛盾的上升，广大劳苦群众斗争的高涨，引起整个中国社会的大动荡，也引起阶级关系的新调度。各派政治力量都显得非常活跃，或则是为了保全自己，或则为了扩展权势；而新的社会群体也正在大喊大叫着登上政治舞台，尽管反应迟钝的观众最初还投以蔑视的眼光。

① 张謇：《啬翁自订年谱》卷下。

张謇等帝党分子和东南上层绅商，在这个方生未“死”的年代里，也多少恢复了若干政治活力，并且在所谓的“东南互保”中有自己的表演。

到光绪二十六年一月间，义和团的狂飙巨澜迅速伸展到清朝心脏地区京、津、保一带。统治者惊慌失措，“剿抚两难”，陷入人民群众反侵略熊熊火焰的包围之中。帝国主义列强害怕义和团运动的发展可能摧毁他们在中国的殖民主义统治，因而暂时协调了彼此之间的激烈争夺，匆匆忙忙组织强盗联军，从大沽登陆，经由天津进犯北京。

在这样的形势下，统治阶级内部在对外政策上重新产生比较深刻的分歧。历史仿佛来了一个180度的旋转，皇帝与太后，帝党与后党，与甲午战争时期的主战、主和两派之争相比较，现在位置都颠倒过来。光绪与帝党内外有见识的大臣，都主张采取冷静和慎重的决策，反对不负责任和毫无准备的冒然“宣战”。但是，他们的意见被粗暴否定，袁昶等甚至被残酷处死①。顽固派亲王大臣利用义和团以发泄自己的仇外情绪，并打击、排斥一切进步事物。慈禧面对顽固派和义和团已经控制京师并且渗入大内的严峻现实，深知“剿之则即刻祸起肘腋”，同时也不满于列强一再阻挠废立光绪，因此便想冒险把这场“巨大火灾”转移到帝国主义身上。她虽然对外“宣战”，但既无切实有效的作战部署，又无任何必胜的信念。她首先是只求保全自己，其次是借助外国军队来扑灭这场“可怕的火灾”，再就是利用这一时机进一步清除帝党残余势力，直到最后废黜光绪。

东南各省的洋务派督抚与慈禧和顽固派控制的朝廷之间，在对外政策上公开表现出自己的分歧，而且是清朝开国两百多年以来最深刻、最严重的分歧。这些督抚的对外依赖程度较深，而且又处在帝国主义直接控制的“势力范围”之中，同时还自恃手头有一支可以镇压群众的武装力量，因此极端反对后党和顽固派这种危险的政治闹剧，并且对于本地区的反侵略斗争始终采取严厉镇压的强力措施。

---

① 张謇对袁昶之死甚为感伤。1911年春他奉召入京，恰好住在袁之故宅（原为翁同龢寓所），曾有诗云：“乌衣不复谢家堂，马粪还传旧日王。八表风尘催日月，十年师友入沧桑。只应元亮当疏傅，安问尚书况太常。说与危巢新燕子，落花衔罢已斜阳。”（《都门二条胡同翁相故宅，后归袁太常。太常死庚子之祸，展转为城东电局。辛亥二月入都，友人邀住，怆怀有作》）

东南一带的帝党分子和绅商上层人物，这时的政治态度基本上与本地区的洋务派督抚相近。戊戌变法失败以后，很多著名的帝党骨干，如沈曾植、黄绍箕、沈瑜庆、陈三立等，纷纷投奔托庇于张之洞、刘坤一等地方实力派。他们在营救光绪运动中，曾经得到刘坤一的有力支持。现在他们又希望通过东南督抚与列强达成妥协，一方面防止后党乘混乱之机杀害他们神圣的皇上，一方面借以维持东南地区统治秩序的稳定和他们身家性命的安全。

由于大生纱厂已经建成，同时又正在筹划创办垦牧公司及其他企业，张謇特别重视东南地区市场的稳定与安全，因而也把希望寄托于洋务派督抚与帝国主义列强之间的谅解与合作。

五月十二日，张謇听说义和团已经进入津、京一带，并且正在英勇抵抗悍然在大沽口登陆的侵略联军。他立刻来到大生纱厂，"戒敬夫（沈燮均）相北方'匪警'缓急为操纵"。五月中旬，义和团与清军继续抗击在大沽登陆的侵略联军，并且在北京围攻外国教堂，局势混乱益发不可收拾。五月二十一日，张謇在日记上写道："闻张、刘（张之洞、刘坤一）合电请剿'团匪'。'匪'大恣肆，黄巾、白波再见矣。"现在，他最担心的已经不再是帝国主义的侵略，而是拿起武器的下层群众的反抗斗争了。他认为全国范围的大动乱已经无可避免，只能凭借列强和东南督抚的强大实力来"保卫东南"。

张謇参与"东南互保"的活动，可以大致分为三个步骤：第一步是筹划招抚以徐宝山为首的大股盐枭；第二步是推动刘坤一等订立《东南保护约款》；第三步是谋求"退敌迎銮"并让光绪当政。

徐宝山绰号徐老虎，是长江下游著名的盐枭首领，一向被江苏绅商看成心腹大患。他在这年年初已经接受自立军领导人唐才常的联络，随即以"两江两湖大元帅徐"的名义发出布告，假借光绪密诏公然号召："两江两湖豪杰之士，速速遵诏行事，约于本月秋间，听候本帅命令，即率本部人马，会师江淮，取道北上，以清君侧，而奠国基。"① 维新派左翼颇想利用

① 中国史学会编：《辛亥革命》第三册，上海人民出版社，1957年，第402—404页。

北方政局混乱的时机发动武装勤王，因而企望利用这支现成的私盐贩子的武装力量。张謇等帝党分子对勤王未尝不感兴趣，可是却唯恐盐枭、会党等下层群众的武装行动可能在东南地区造成混乱，甚至还可能触发列强大规模的武装干涉。因此，他决定采取釜底抽薪的对策，极力劝说刘坤一招抚徐宝山。

五月二十二日，张謇向刘坤一“陈招抚徐老虎策”，以后又为刘设计招抚的具体办法。张謇认为盐枭仿佛是乱柴，徐宝山则是“约柴之绳”，“引绳太紧，绳将不堪，太松且枝梧”。必须有得力的将领驾驭，才能使之就范。刘坤一很快就接受了他的建议，招抚改编徐宝山所部。盐枭与会党的情况近似，成员十分复杂，各色各样的游民占很大比重，有一定的反抗性，但也有相当大的破坏性，有些则纯粹是劫掠性的盗匪。他们没有什么明确的政治思想，因而容易被统治者收买利用，徐宝山此后即成为清政府的统治工具。

张謇把招抚徐宝山看作与帝国主义达成“互保”协议的前提。正如他给刘坤一的信所述：“抚徐之说，荷赐施行、内患苟弭，可专意外应矣。”所谓“外应”，就是策划“东南互保”。

五月二十九日，张謇日记记道：“蔼苍来，议保卫东南事，属理卿致此意。”蔼苍（或作爱苍）即沈瑜庆，时任正阳关淮盐督销，正代表刘坤一在上海参与“东南互保”筹划。据张之洞的亲信幕僚赵凤昌回忆，他与盛宣怀、何嗣焜等人商议以后，即分别电请“东南各省一律合订中外互保之约”，并特别邀请沈瑜庆到南京劝说刘坤一及早拍板[①]。理卿即施炳燮，是刘坤一的亲信幕僚，沈瑜庆和张謇正是通过他对刘坤一施加影响。事后，张謇曾对施炳燮大加赞扬：“佐刘幕久，是役佐余为刘决策，尤有功，亦为两湖总督张公所重。”[②] 可见他们对时局的政治见解完全一致。

关于劝说刘坤一的具体情况，《啬翁自订年谱》叙述得很生动。张謇先与何嗣焜、沈瑜庆、陈三立、施炳燮密议，然后亲自去劝说刘坤一联合

① 中国史学会编：《义和团》第三册，神州国光社，1951年，第357—358页。

② 张謇：《施监督挽词有序》，《张季子九录·诗录》第6卷，中华书局，1931年，第14页。

张之洞“保卫东南”。这是一次公开违抗清廷“宣战”谕旨的大胆行动，所以刘坤一幕府中有人力持异议。“刘犹豫，复引余问：‘两宫将幸西北，西北与东南孰重？’余曰：‘无西北不足以存东南，为其名不足以存也；无东南不足以存西北，为其实不足以存也。’刘蹶然曰：‘吾决矣。’告其客曰：‘头是刘姓物。’即定议电鄂约张。”东南是当时中国经济、文化最为发达的地区，是清政府财源粮饷命脉之所在。据1901年江海关关册记载，当年关税收入已达800万两以上，即此已可想见上海一带经济实力的雄厚。“保护东南”表面上似乎违抗了清廷“宣战”谕旨，但是却从根本上维护了清廷的继续存在。旧疆吏在采取重大政治行动之前必须进行道德范畴的论证，尽管在实质上充满了利害得失的考虑，但他们力求通过恪守表面上的君臣名分以获取心灵上的安慰。所以，“无西北不足以存东南，无东南不足以存西北”，这番议论便使刘坤一下定了决心。

第二天，经由上海道余联沅出面，并有两湖代表陶森甲、两江代表沈瑜庆以及盛宣怀等人参加，与各国驻沪领事协商议定《东南保护约款》。其主要内容是：(1)“上海租界归各国共同保护，长江及苏杭内地均归各督抚保护，两不相扰，以保全中外民人命产业为主。”(2)“长江及苏杭内地各国商民、教士产业，均归南洋大臣刘、两湖督宪张允认切实保护……现已出示禁止谣言，严拿匪徒。”(3)“(上海制造局)军火专为防剿内地土匪、保护中外商民之用，设有督抚提用，各国无庸猜疑”等等。而说到底，就是由洋务派督抚与列强“合作”，在保护半殖民地半封建统治秩序的前提下求得东南地区的暂时安宁。

张之洞像

尽管张謇强调自己倡议和推动的作用，但“东南互保”的主要发动者与决策者却是英国领事和张之洞、刘坤一本人，而穿针引线的人物则是盛宣怀。

早在五月二十二日，也就是慈禧召开御前会议决定对外宣战的前夕，张之洞即已电告刘坤一，说自己曾告知英国驻汉领事："长江以内上下游，有我与刘岘帅（刘坤一）两人，当力任保护之责，必可无事。……我与刘帅皆极愿与英联络等语。英领首肯，已允转告英政府。"[①] 与此同时，上海的英国侵略分子则公开叫嚷，要求英国政府"采取措施来明确主张英国在扬子江的宗主权"。甚至进而建议，"第一步是弹压西太后和她的谋臣，支持各省都督"，"扶持他们反对北京"，争取"将首都迁到南京"[②]。这些野心勃勃的言论，说明英国正在筹划一个加强侵略中国与分裂东南地区的大阴谋。通过兴中会怂恿李鸿章在两广独立，通过自立军怂恿张之洞在两湖独立，同时又通过盛宣怀等促使刘坤一等实现更大范围的"东南互保"。这些都是英帝国主义筹划分裂中国的总体阴谋的几个侧面。

刘坤一与张之洞一样，为了保持自己的实力地位，同时也为了保全清朝政府，不惜进一步向英国侵略势力靠拢。他曾向江海关税务司安格联表示："愿意在长江一带维护和平，并且迫切需要英国方面的支持。……如果其他国家侵犯长江一带，他愿意听英国的指挥。""不管太后的意图如何，他决心照自己的方针行事。……如果太后现在有谕旨给我，谁敢说这不是俄国政府的指示呢。"[③] 由此可见，张之洞、刘坤一早已与英帝国主义就"东南互保"问题达成默契，张謇等人的劝说活动只不过起了一定的促进与支持作用；而他们的活动之所以能够产生影响，又是由于在客观上适合英国侵略者的口味，尽管他们在主观上并不缺乏忧国忧民之心。

但是，就当时的中国处境而言，"东南互保"仍然不失为一种必要的妥协，因为它至少没有造成更大的主权和利益的损害，何况因此还在富庶的东南地区避免一场可能发生的空前战祸。作为这个地区主要决策者的刘

---

① 中国史学会编：《义和团》第三册，神州国光社，1951 年，第 325—356 页。

② 伯尔考维茨著，江载华等译：《中国通与英国外交部》，商务印书馆，1959 年，第 323—325 页。

③ 中国近代经济史资料丛刊编委会：《中国海关与义和团运动》，中华书局，1983 年，第 74—75 页。

坤一，再一次显示出临危不乱的大将风度，同时也表现出勇于承担风险（“违抗君命”）的勇气。东南绅商和社会舆论纷纷赞扬与支持，在当时历史条件下是理所当然的。1900 年 7 月 14 日，日本汉学家西村天囚曾为《大阪朝日新闻》发回一篇南京通讯（《南京来书》），描述了 6 月 5 日访问刘坤一时的笔谈情景：“首先在下（西村自称）劝慰道：眼下南京甚热，阁下忧国忧民，寝食难安。务请以东亚时局为重，注意身体，百忙之中切记进食。制军（刘）眉宇间露着忧心，执笔答道：事到如今，国家已到如此地步，不能为国家排忧解难，空保一条老命。……今日之事，实非太后本意，亦被人挟持所为。写到此，制军声泪俱下，竟忘了有客人在此。”[①]据文献记载，刘坤一不仅通过《东南保护约款》以防止战争扩大化，还曾与近卫文麿等日本政界人士联络，企图通过八国联军中的日本派遣部队掌握在北京军事行动的主动权，从而使局势往有利于中国的方向发展，并迫使俄国军队尽快撤出东北地区[②]。这些举措虽然由于整个形势的急转直下而没有收到预期效果，但说明刘坤一在当时封疆大吏中还是比较能够作理性思考并敢于有所作为的人。张謇的早期事业能有所成，也不能不说是得力于刘坤一的支持[③]。

《东南保护约款》订立以后，张謇等人觉得东南地区的局势已可得到稳定，于是又筹划所谓“迎銮南下”，就是打算把光绪营救出来，在南京成立新政府，然后逐步实行他们期望已久的各项温和改革。

就在订立《东南保护约款》的同一天（五月三十日），张謇即已与陈

① 西村天囚：《南京来书》，转引自陶德民：《西村天囚和刘坤一》，《辛亥革命史丛刊》第 10 辑，湖北人民出版社，1999 年，第 67 页。

②《刘坤一书函》，原载于《近卫文麿日记》第 3 卷，转引自《辛亥革命史丛刊》第 10 辑，湖北人民出版社，1999 年，第 67—68 页。

③ 刘坤一于 1902 年 10 月病逝，《大阪朝日新闻》次日即刊登附有遗像的讣告。8 日又刊载西村天囚撰写的《清国大星陨落》一文。此文对袁世凯、张之洞、刘坤一进行比较，认为各有自己的优长与短缺，最后说：“要是文化不高而且不擅长建设的刘岘帅寿命更长，虽然他在新政改革方面取得的成绩不如袁、张二人，但他老当益壮，当国家在内外交困之中发生重大事件时，他均会参与筹划，死守正义，维持大局，这将是袁、张二人所不及的。……《东南互保协定》虽说是以刘、张、袁三人为中心筹划的，其中实以占据两江、民富兵强的刘帅为首。今日失其首领，督抚联衔上疏之力量亦有所消减。”（转引自陶德民文。）

三立商议“易西而南事”。当时风传慈禧即将挟持光绪逃往西安，而他们的知交郑孝胥正好被委任主持湖北营务处并奉诏北上，所以他们打算乘机把光绪迎接到南京。在此后几天，张謇先后在南京、上海与汤寿潜、恽祖祁、何嗣焜、沈瑜庆等频频商谈，并且劝刘坤一、张之洞公推李鸿章率兵北上勤王，一则保全光绪，再则加强镇压义和团并向帝国主义列强求和。

张謇等人“迎銮南下”的具体方案现在已无可查考，但从以后《中外日报》发表的某些文章中还可以发现若干蛛丝马迹。例如，其中有篇文章主张：在“东南互保”的基础上，以上海或南京作为中心，“合诸省为一联邦”；然后“公发大兵，会前所遣诸军，声明大罪，以讨国贼（指载漪、刚毅诸人。——引者）；扫除直境，以待外人；力护两宫，以御内变”。另一篇文章则劝说列强协助“坚请复辟（指光绪重新亲政。——引者），而又归重于真有复辟之权；务使帝党复用，新政再行”①。这些言论都在不同程度上反映了东南地区帝党分子和上层绅商的主观意愿，不过由于他们自身缺乏军政实力，张之洞、李鸿章等督抚又加以反对或犹豫观望，所以“迎銮南下”和“易西而南”的方案都未能实现。

七月间，北京失陷。慈禧仓惶带着光绪逃往太原，以后又继续逃往西安。这个心狠手辣的老妪，临行还没有忘记处死光绪最心爱的珍妃。珍妃不仅是光绪最亲密的伴侣，也是光绪志同道合的知己。自从翁同龢被逐南归以后，珍妃便是他唯一可以寻求慰藉的亲人，他们共同捱过了将近两年的艰危时光。光绪已经更加习惯于克制自己的感情，他只能将满腔哀怨与思念埋藏在心底，默默地带着几乎是冷漠的表情随着他的残酷的母后远行。北方的局势更加混乱，宫廷处在颠沛流离的旅程之中，南方的帝党分子增添了对于皇帝安危的担心。于是，张謇等人又把“迎銮南下”方案改为“退敌迎銮”②。

所谓“退敌迎銮”，根据他们自己的解释，包括“退敌、剿匪、请两

---

① 中国史学会编：《义和团》第四册，神州国光社，1951年，第185—192页。

② 刘厚生《张謇传记》第97页有类似记载，他回忆“退敌迎銮”之说系倡议于陈三立。“迎銮之意，即拟将那拉氏与光绪迎到汉口或南京，作为行都，然后再设法强迫那拉氏交出政权也。”录此备考。

宫回銮议约”三件大事。具体办法则是：首先请求侵略联军退出北京，尽早接回慈禧和光绪，然后再“徐议除匪定约事”。他们认为，问题的关键在于“罢斥端、刚（端漪、刚毅）以谢天下”，也就是说必须以改组中央政府为前提。如果朝廷继续把持在后党与顽固派手中，那么“回銮、除匪、议约”都将一事无成。八月，张謇向刘坤一详尽地陈述了以上这些意见，并且得到刘坤一的完全赞同。

由于慈禧这时已经向帝国主义屈服，统治阶级内部对外政策的分歧迅速趋于弥合，载漪、刚毅等顽固亲王大臣被处以极刑，但更大的屈辱与损害则完全落在广大人民身上。北京城内的外国军队虽然没有全部撤除，但“除匪”与“和约”毕竟一直在积极进行。同时，因为当年洋纱进口明显减少，又给大生纱厂放宽了生路。闰八月九日，张謇高兴地在日记上写下八个大字：“厂事复转，销路大畅。”据统计，该厂当年获纯利达十五万元之多[①]。这就使先天不足、危机交迫的大生纱厂增添了生命的活力。张謇因此更加热衷于“保卫东南”，同时也更为迫切地希望中外反动势力全面达成协议，以便早日结束“战乱”，以谋求企业的进一步发展。

此后，张謇除一度参与劝阻订立中俄东三省条约以外，不再从事频繁的政治活动，转而以主要精力投入通海垦牧公司的创办工作。至于“迎銮南下”等方案，由于时过境迁已无实现可能，也无实行必要，早被撇开在一边了。

---

① 大生纱厂1901年纯利150 381元，占资本额26.41%；1902年纯利233 191元，占资本额29.61%；1903年纯利1 130 000元，占资本额30.46%。本书编写组编：《大生系统企业史》，江苏古籍出版社，1990年，第38页。

第三章　鼎盛篇（上）

一、宏图初展

《变法平议》

虽然，“和约”迟到光绪二十七年七月二十五日才正式签订，“回銮”则拖延到十一月二十九日，而且即使在“回銮”以后，光绪丝毫也没有改变其准囚徒的悲惨地位。但是，由于清政府为了取悦于列强并欺骗人民，大肆宣传将要推行“新政”，这又引起东南地区一部分帝党和维新派分子新的幻想。

早在光绪二十六年十二月十日，流亡在西安的朝廷即已发出诏谕，宣布即将变法：“世有万古不易之常经，无一成不变之治法。穷变通久，见于《大易》；损益可知，著于《论语》。……大抵法积则敝，法敝则更，要归于强国利民而已。”刚刚镇压过维新变法运动的慈禧及其党羽，现在却模仿他们政敌的腔调，装出一派发愤图强、更张改弦的姿态。不过，张謇等人则颇受鼓舞，他们分别围绕在刘坤一和张之洞的周围，真诚而又辛苦地为“新政”筹谋划策。

十二月二十三日，距离清廷发布变法诏谕不过十三天，刘坤一即电邀张謇、何嗣焜等前往南京商谈“要政”。张謇等绅商上层人物，渴望在慈禧的宽容与东南督抚的支持下实现某些温和的革新，以谋求国家的富强和自身政治、经济利益的扩展。他们在光绪二十七年正月下旬以前进行紧张的准备，何嗣焜甚至在起草建议书过程中因操劳过度中风而死[1]。张謇继续与汤寿潜、沈曾植、郑孝胥等反复磋商。正月二十五日以后，张謇等陆续到达南京，与刘坤一有所商谈以后，从二月四日开始花了半个月的时间写了《变法平议》，比较全面地阐述了自己的政治主张。

《变法平议》从国家艰危形势出发，首先论证了变法的必要性与紧迫性，指出："法久则弊，弊则变亦变，不变亦变。"作者认为，戊戌变法的失败，并非变法本身的失败，而是由于时机没有成熟和维新派"操之过激"。张謇为变法辩护说："惟世变棘，而朝夕环伺之强邻，其所以驯致富强者，转有合于我二千年以前之政治。有志之士，乐道其善，或稍稍为激论。值朝局水火，更相推盈，波谲云诡，万怪惶惑。而喜言新法者，又不善自为地，逞快喉舌，于是形势相逼，睚眦寻仇，毒流大区而危及宗社。推而论之，亦于变法何预也。"

根据既往变法失败的教训，作者特别强调"欲速则不达"的道理，主张宁可持重缓慢一些，千万不可再蹈"躁进"覆辙。他们不再敢于指望通过光绪复辟的办法来推行新政，而是幻想在承认慈禧绝对权威的前提下，以恳求与说服来谋取有利于资产阶级政治、经济发展的改革。

作者把变法的具体内容区分为三大端：一是"必先更新而后日可涤者"；二是"必先除旧而后新可行者"；三是"新旧相参为用者"。也许可以用今天的语言来表述：第一种是先立后破，第二种是先破后立，第三种则是新旧融合。张謇最重视的还是第三种，主张"上破满汉之界，下释新旧之争"，并把这种折中调和路线看作"变法之命脉"。

《变法平议》根据旧式政权的结构，把四十二条变革事宜分为吏、户、礼、兵、刑、工六大部类，而后又汇总区分为三个阶段。

---

① 《张謇日记》光绪二十七年正月十二日记此事甚详："（何）初九日诺盛宗丞之说，条记所欲言者，待子培、蛰先与余来斟酌损益之。遂于初十日据案，用半寸许簿，且书且止。至十一日午饭后复书，忽投笔后仰。隔屋人闻小帽落地声……家人集视，手足已冰。"何嗣焜以幕才名于时，刘声木《苌楚斋三笔》卷一云："合肥张靖达公树声历官数省，当时在其幕中主持笔墨者实惟何梅生孝廉嗣焜。张靖达公故后，其家中因当时奏稿多系孝廉所代拟，请其编刊奏议卷，未成而卒。孝廉于张靖达公故后，不应他姓币聘。及张靖达公长子蔼卿阁学华奎署川东道，一招即往。当时相传有不适异姓之谑。后孝廉复为盛杏荪尚书宣怀司笔札。"

第一阶段："请设议政院，各府、州、县城设中学堂，先设测绘、师范、警察，各省设局编小学堂、中学堂课本书，译各史及各学科书，户部及各省布政使、各府、州、县行豫计表。"

第二阶段："分职、省官、定俸，各府、州、县实行测绘、警察，订税目，增法律章程，罢厘金，停捐纳，变科举，行决算法。"

第三阶段："令各府、州、县分设各级小学堂，学农、工商业，抽练营兵，减官府仪卫。……"

《变法平议》并没有提出比维新派更为新颖的东西，它只不过是在戊戌变法失败两年多以后的旧调重弹。它所拟订的整个进行步骤比较迂缓，这当然是为了尽量减少守旧派的阻力①。《变法平议》建议在第一阶段设立的"议政院"，与西方资产阶级的议院也不是一回事。"议政院"系合京外四五大臣，自辟议员组成。其功能是："采辑古今中外政治法之切于济变者，厘定章程，分别付行法、司法之官次第举行，随时斟酌损益。"这好像是有些三权分立的意味，但不仅议员并非来自民选，而且还强调议政院"不必专事督促，复蹈操切之辙"。可见它所厘定的"章程"并未要求必须实行，而且对"行法、司法之官"也没有什么约束力。因此，议政院实际上仍然是一个无权的咨询机构，并不是真正的立法机关。

《变法平议》中提到的府、县议会，作用比议政院稍为大一些。"其议事草案由知事令交付所议之事会决之，其府、县事以地方税支办者，豫算之额数、征收之方法会决之；可否视同议者多寡，可数多者，数同则决于长。"乍看起来，这倒有点近似西方国家的地方议会，但《变法平议》所拟定的各府、州、县每个议会的议员，连议长加在一起也只有五个人，而且选举权与被选举权仅限于"有家资或有品望者"，实际上只是有利于少数绅商上层人物插手地方政治。

---

①《变法平议》也曾受到某些帝党分子的批评，即认为没有提到归政光绪这一根本问题。为此，张謇曾复函吴彦复（吴长庆子），其中有所说明："且方太重，则制方者先不下笔；药太苦，则吃药者愈不开口。……请上亲政为第一义，三尺童子知之矣，然上方在群顽固之手中，如足下诸公之所为，能使反掌而脱之乎？抑尚许天下人多其途以效策乎？五洲变法之速，无逾日本，彼变法之人，皆有行政、立法之权也，然尚二十年而小成，三十年而大效。"

但是，《变法平议》毕竟是张謇思想前进的一个路标，他终于公开地站在“新党”一边，并且尖锐地抨击了“旧党”的顽固保守：“夫使中国得终古闭关，赤县神州，不见外人之足迹，则高曾矩矱，世世相安，元明之法，何必不度长于三代。”他主观上是想顺应时代潮流的。

出乎张謇意料以外，这样温和的《变法平议》，不仅没有被慈禧控制的朝廷所接受，而且也没有被与他关系密切的东南督抚所采纳。《变法平议》写成后的第三天，刘坤一邀张謇面谈，只提到州、县以下官吏的职责及有关学堂等事项，在财政问题上也仅仅表示赞同革新盐法，并无任何比较长远、全面的变法考虑。张謇“意绪为之顿索”，不久即函告汪康年：“新政殆无大指望，欲合三数同志从学堂下手，以海滨为基础，我侪所能为者止于此。”①

张謇的政治热情转瞬即逝，他只有重新“遁迹江湖”，仍然埋头于发展实业、教育。从光绪二十七年到二十九年，他的大部分精力除了用以巩固和发展大生纱厂以外，主要是投入通海垦牧公司和通州师范学校的创建工作。

通海垦牧

通海垦牧公司的创办，标志着张謇企业活动跨进一个新的阶段，即从工业扩展到农业。

光绪二十二年到光绪二十七年秋天，是创办通海垦牧公司的酝酿时期。先是在甲午战争期间张謇奉命办理通海团练时，即已注意到这黄海之滨地跨两县的“高天大海间之一片荒滩”。光绪二十三年，他在《请兴农会奏》中即具体建议成立公司，开垦江边滨海沿江的闲地荒滩。光绪二十

---

①《汪穰卿先生师友手札》。但是刘坤一对《变法平议》大体上是赞许的。据西村天囚 1901 年 5 月 19 日给《大阪朝日新闻》发回的《张修撰的变法平议》云：“以张修撰的‘变法平议’为题的新政意见，据说是应刘帅咨询而作，一旦公开，即得到刘帅的赞许。张帅亦一览而对其意见表示信服。不难看出二帅联衔复奏的基础，是故人们皆以先睹为快。”不过刘坤一对新政的前途也并非十分乐观。6 月 16 日西村在拜访刘坤一后又写过一篇《刘帅面谈》报道。当西村问到新政是否会立即实行时，刘说：“谈何容易。同治以来，内政外交之策皆出自太后懿旨，当时贤相甚多，且难有作为，何况今日苦于缺乏推行新政的人才。”西村又问：“敢问政务处大臣甚多，主力为谁？”刘哈哈大笑说：“多为摆设。”(以上两文，皆转引自陶德民文。)

四年春，他先后为刘坤一、翁同龢起草《开垦海门荒滩奏略》和《农工商标本急策》，再度建议“召佃开垦，成集公司，用机器耕种”海门荒滩。这些建议单纯从改良与发展农业的需要着眼，并且由于戊戌变法流产而未能付诸实现。到光绪二十六年秋天，由于洋纱进口减少，大生纱厂产销两旺，促使张謇迫切需要采用企业方式来解决原料基地问题。对于他的事业来说，垦牧将为之增添新的经济内容。以后他曾回忆说：“然棉以输出多而亦贵，计各国未有纺织而自营植棉者，非上策，乃拟营垦牧公司。”[①] 在此后将近一年期间，他积极从事勘测地界、起草章程、筹集股金。到光绪二十七年十月二十二日，张謇等人恭恭敬敬祭过海神以后，通海垦牧公司的基建工程正式开始。这一工程整整花了将近十年时间，直至宣统二年才初步告一段落。在此期间，通海垦牧公司面临两大难题，起初是地权纠纷，稍后是风潮为灾。

张謇以平均每亩一钱八分九厘的低廉地价所领得的 123 279 亩土地，看来好像是无人过问的荒滩，实际上原有的产权关系却十分错综复杂。其中一部分是原属淮南盐场供蓄草煎盐用的“荡地”，另一部分是原属苏松、狼山两镇的“兵田”，这是需要与封建官府交涉的两处纠葛。此外，垦牧公司还要与民间的“坍户”、“酬户”、“批户”等[②]原业主或土地实际占有者发生各种性质不同的争执。情况正如张謇以后所说的那样：“官又有为民买含糊之地，营又有苏、狼纠葛之地，民有违章占买灶业之地，灶有照案未分补给之地，甚至民业错介于兵田之内，海民报地与通界之中，几无一寸无主，亦无一丝不纷。”[③] 应该说明一点，这里所提到的“民”，主要是与世代煎盐服役的灶户相区别，他们没有封建劳役的身份束缚，其中有

---

① 张謇：《啬翁自订年谱》庚子闰八月。

② “坍户”系原业主田地坍入水中而仍旧纳粮者（所谓“缴赔坍粮”），名义上说是遇涨滩即予以补还，实际上往往是长期无地赔粮，或占地少而缴粮多。“酬户”分“善举公用”、“胥吏之食于沙务者”、“曾为坍户械斗出力者”三种，大多是强分荡地草利的封建把头，人们慑于威势，而不得不“酬”以土地。“批户”系购买原业主土地而仍向其缴纳少量地租，仍由原业主向政府纳粮，实际上近似于“冒名顶替”，这样的业户在垦区为数甚多。（以上这些地权关系，是南通博物馆穆烜帮助我查询弄清楚的。）

③ 张謇：《垦牧公司第一次股东会演说公司成立之历史》，《张季子九录·实业录》第 4 卷，中华书局，1931 年，第 31 页。

些人就是地主或其他类型的封建势力，并非都是劳苦农民。

在这些介乎官民之间的多种多样纠纷当中，最主要的还是盐与垦之间的矛盾。淮南盐场一向采用蓄草煎盐的落后生产方法，成本极高，流弊亦多，给这一地区人民带来许多额外的痛苦。但是，由于盐税是清政府收入极其重要的项目之一[①]，也是各级盐政官吏贪污纳贿的渊薮；所以他们一方面极力维持封建垄断性的岸商制度，划定极不合理的盐区，强迫当地人民只能食用这种价昂质劣的海盐；另一方面又始终严禁开垦沿海草荡，进一步从地权角度来维护这种腐朽透顶的守旧势力，为了维护自己的既得利益和固有领地，也自然要想方设法阻挠破坏。张謇的对策则是利用光绪二十七年秋间颁发的鼓励垦荒的空头谕旨，以此作为法理依据再次向两江总督刘坤一寻求支持，并且通过当地的大地主李审之与张云梯等出面疏通活动，“考诸图卷，征诸实事，迭经官厅勘丈”，整整花了 8 年时间，才分别逐个地把这些土地的产权清理收买完毕。

通海垦牧公司大门

盐与垦之间的矛盾，表面上看起来似乎是工业与农业的矛盾，因为制盐需要碱地、海水灌注与蓄草供煎，农垦则需要淡土、筑堤防潮和除草植棉。但是，这实质上却主要是新旧地主阶级之间对于土地的争夺，同时其中也包含若干新起的地主分子变相地掠夺贫苦农民土地的成分。不过，更应该强调的是，通海垦牧公司兴办的宗旨，是要把濒于荒废的海滩改造成为近代棉纺织业的原料基地，而且张謇还想乘此进一步革新极端落后腐败的盐法，因此他的初期活动便具有明显的积极意义。如果把对立着的盐、垦两方等量齐观，那显然是不恰当的；如果把地权纠纷单纯看做是垦牧公

---

① 两淮盐税道光以前岁纳五百余万两，庚子以后增至一千万两以上。张謇：《卫国恤民化枭弭盗均宜变盐法议》，《张季子九录·政闻录》第 17 卷，中华书局，1931 年，第 1—7 页。

司与农民阶级之间的矛盾，那更不符合历史实际。

狂风巨潮的灾害，是垦牧公司创办时期面临的另一方面严重困难。垦区的农民和民工在筑堤工程中经历了极大的困苦与艰险，不少人甚至为此丧失了生命。

张謇曾经追述过创建工程最初3年的艰难境况："自开办之始，无地可栖。……进筑各堤，则随堤址所在之荡，搭盖草屋。率数人一屋，湫隘嚣杂，寒暑皆苦[①]。饮食之火，晨夕之蔬，必取给于五六里或十余里外。建设工作，运入之物，陆行无路也，必自为路；舟行无河也，必自为河。……至光绪二十八年、三十一年之风潮，江君（江导岷）与龚君伯厚、李君伯韫等诸人，皆昼夜守护危堤，出入于狂风急雨之中，与骇浪惊涛相搏。即工头、土夫，无一退者，率至堤陷乃归。而所得之俸，视通之地，公司裁半；视他处，公司裁三四之一耳。"[②] 比较通州与其他地区低得多的工资收入，却能这样刻苦耐劳、舍生忘死地工作，这说明垦荒事业在当时确实有很大的吸引力，因此才能在辽阔的海涂荒滩上展开一场人与自然的壮烈搏斗。海门虽然与通州互相连结，但当地居民讲话和崇明一样，却属于吴语系统，很多本来就是从地少人多的江南迁来，现在又移入垦区向大海索取土地，表现出不畏艰险和勇于开拓的精神。张謇自幼生活在海门，在他的身上同样也有当地文化风格的影响[③]。当然，垦区民工生活境遇之困苦，却又远远超过张謇自己的记述。

光绪三十一年夏天，已经陆续修成七条长堤和一部分河渠，而且开垦了第一堤西圩的七千多亩土地。可是八月间突然来了一场连续五昼夜的大

① 垦荒移民以芦苇搭盖的窝棚，当地称为"滚地龙"，因为它低矮得几乎只能匍匐进出。现今垦区仍有少数遗存，但移民则已迁入砖瓦新居。

② 张謇：《垦牧公司第一次股东会演说公司成立之历史》，《张季子九录·实业录》第4卷，中华书局，1931年，第31页。

③ 刘厚生曾回忆张謇当年的谈话："我虽是通州籍贯，实际上，我生长在海门地方。童年时代，过的全是海门农家的生活。通州与海门，虽然接壤，但人民性质，迥然不同。通州人安土重迁，很少往别处营生，他们除种田以外，大都以纺纱织布为业，通州的大布，行销于东三省，即是通州人衣食之源；而海门人则不然。我自创办大生纱厂之后，常到上海，我开始知道，上海拉洋车及推小车的人，百分之九十是海门或崇明人。我曾调查他们生活，都很困苦，他们所以到上海谋生的原因，即是无田可种，迫而出此也。"

通海垦牧公司筑堤现场照片

风暴，浪潮足足有一丈多高，刚刚建成的各堤都被冲毁，牧场羊群几乎完全失散，真可以说是全军覆没。至于民工所遭到的损害，自然更为严重。

这场狂风巨潮把公司股东们继续投资的勇气也冲掉了，他们不再愿意承担十二万多两的修复费用。张謇的态度则异常坚定，他要求把“忧患”当做“鞭策之教师”，继续筹划补救的办法。不久，他终于征得刘坤一的同意，向江宁藩库等单位筹订一批款项，购运棉衣、粮食到垦区实行“工赈”。饥贫而又勤劳的通海农民再一次奋勇与自然灾害斗争，光绪三十二年春又有 3 000 多人“荷畚锸而至”，在暴雨继续为患的恶劣条件下，陆续修复了已经毁掉的各条干堤。

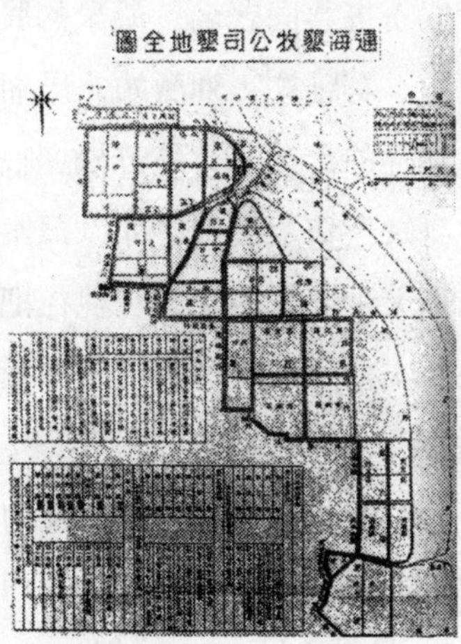

通海垦牧公司分区图

这样又奋斗了两年，堤防修复工程基本上结束，一、二、五堤和牧场堤所属区域已招佃开垦，承佃者合共 1 300 多户，丁口 6 500 余人。到了宣统二年，经过整整 10 年的艰苦创业，“堤成者十之九五，地垦者十之三有奇”，并且建立了“自治公所”、初等小学、中心河闸等等。总算是“各堤之内，栖人有屋，待客有堂，储物有仓，种蔬有圃，佃有庐社，商有廛市，行有涂梁，若一小世界矣"①。与10年前"凫雁成群，飞鸣于侧，獐兔纵横，决起于前，终日不见一人，夏夜则见照蟛蜞之火，若繁星而已"的荒凉情况相比较，通海垦牧公司终于向世人显示了自己的成绩。

在滨海一片荒野上出现了一个六七千人的小社会，张謇内心的欣慰自不待言。可是这个小社会不能与世隔绝，它是从旧中国这个大社会派生出来，并且又必然依附于自己的母体。因此，张謇笔下田园画卷式的"小世界"并不是人间乐园，其中同样也存在着压迫、剥削、欺诈、勒索与许多农民辛酸的血泪。

通海垦牧公司的情况相当复杂。从表面上来看，它确实是以资本主义企业形式出现；但如果深入考察其活动内容，则又充满许多前资本主义的因素。

通海垦牧公司的集股章程启事，由张謇、汤寿潜、李审之、郑孝胥、罗振玉等共同署名。最早的股东除这几个人以外，还有张詧、刘聚卿、刘厚生、蒋雅初、刘澂如、周湘龄、陆淑霞、刘一山等，都是官僚、地主和封建性的富商。此外苏松、狼山两镇兵营报案的滩地有2.39万余亩，兵营自身缺乏资金围筑，即以报案缴价银两作为52股加入公司股份。他们大多已是大生纱厂的股东，现在把剥削工人所得的利润转向土地投资，对垦区农民实行残酷的剥削。表面上安居乐业的垦牧乡，依然是地主兼资本家压榨劳动人民的利薮。

根据光绪二十七年刊布的《通海垦牧公司集股章程启》，"佃价每亩顶首钱二千，租至轻者，以每四亩包麦、豆、杂粮三石，计值至轻钱五千"。"顶首"或称"订守"，就是押租，规定每亩二千文，显然低于当地一般"顶首"价款。"包三石"也是这一带对实物地租的习惯名称，即每千步

① 张謇：《垦物乡志》，《张季子九录·实业录》第8卷，中华书局，1931年，第7—15页。刘厚生在宣统元年曾随张謇视察垦牧公司，他的印象是："通州与海门的地形，是位于黄海与长江之间的一个半岛。而垦物公司的沙田，则位于半岛的尖端。""远远的望去，好像是一个围棋盘铺在此广场上。""我再走进棉田，详细观察，得知每一长方形之外，都有小小的沟渠，四面环绕，而沟渠之外，又有宽至三四尺之道路。……此外，每一大区，则设立小学校一所。"

(合四亩稍强) 岁纳麦一石、黄豆一石及玉米之类杂粮一石，垦区租额则与一般地区相差无几。光绪三十二年正式确定的《通海垦牧公司招佃章程》，又把“顶首”提高到每亩六元，把地租改为“收租每四亩小熟收小银圆六角，大熟除收沟草一石外，棉、豆、杂粮，均视收成丰歉，公司得四，佃人得六”。除“顶首银”仍低于崇明永昌、永隆、永丰等沙地外，地租额依然与当地一般租田相近。此外，承佃公司土地时，还要交纳“写礼钱”即手续费一元六角。

公司除少量“岸台”(堤面) 土地系雇工自行经营以外，绝大部分耕地都是出租给贫苦农民。每年租额采取“议租”方式确定，通常是在阴历八月初白露节前后，由公司派人到田间视察作物生长情况，估计收成丰歉并规定收租数额。如果在“议租”以后遇到自然灾害，实际收成远远低于估计数量，“议定”租额也不能相应有所减轻，顶多打个九折便算是莫大恩典。根据新中国成立后南通有些人士的实地调查，在公司早期的佃户当中，赤贫农户约占十之七八。这些农民在承佃时无力交纳“顶首”及“写礼钱”，只得央求公司人员代为筹措，并且另行订立承种契约。到交租时，除付给公司农田收获之四成外，还得向代为筹措费用的公司人员偿付三成或四成。这样，佃户名义上虽应得六成，而实际上辛苦一年所得却只有两三成。同时，《招佃章程》还规定：“十年后，如有股东指地卜宅或兼自种，在所佃人，应领回顶首，将田交还，不得妨碍股东应享之权利。”佃户辛辛苦苦开垦的荒地，到头来竟连承佃的权利都得不到保障。

除了地租以外还有高利贷剥削。《垦牧乡志》所说的“设质典，应佃户非时之急”，就是利用每年青黄不接佃户借贷无门的时机，通过典当方式进行剥削。“质典”对于农民放债，押限短而利息重，抵押物品顶多只按原值三折估价，到期无力赎取即成“绝卖”。

层层叠叠的前资本主义性质的压榨，极大地加重了垦区农民的苦难。而为了用政治统治来维护经济压榨，公司又在垦区设立独立的“自治公所”。它就是垦牧乡的乡政府，并且还拥有一支武装力量，以维持当地治安。早在光绪二十八年春天，公司即在垦区“规筑枪药房”，并且设法弄到“枪九十二支，药一千二百磅”。以后更正式设立保安中队，不久又改编为保安警察。这支武装的功能有两个方面，一是防范海盗的侵扰，二是加强对于当地农民的统治；无可讳言，后一方面是经常的和主要的。垦区还设有拘留所，随时可以把违抗公司章程的农民关押起来，这样就使垦牧乡乡政权的形态更为完备。

垦牧公司除了采取强制手段以外，也未必不想用较温和的方法来调动农民生产的积极性。它在光绪三十二年曾订立《奖励各佃章程》，包括言语奖励、饮食奖励、花红奖励、银牌奖励、留影（摄影）奖励等等，颇想用这些惠而不费的方法笼络与激励佃农。但是，由于所受压榨的深重与生活极端困苦，佃户们对于这些奖励非常冷漠。张謇不免有些失望，他在宣统元年春间重新“申订事例”，并且公开承认：“劝农奖章行已三年矣，其受奖者无所感，未受奖者无所愧。无感无愧，安事乎奖？又安用所劝？……自今年始，应责成各堤经理督率任杂务者专司课佃之事。其大要有六：曰教、曰察、曰劝、曰奖、曰戒、曰罚。”实际上以后还是以采取戒、罚等强制手段为主，公司有审判权和处分权，有时则干脆把农民送交官府惩办。一些超经济的奴役与迫害，加深了垦区的阶级矛盾，因而经常激起农民的愤怒与反抗。

但是，尽管通海垦牧公司内部的生产关系基本上是传统租佃制，却不应把它看做是完全承袭了封建土地所有制的落后生产方式，从大生资本集团的总体来看它还是从属于资本主义体系的。

首先，通海垦牧公司对于大生纱厂而言处于从属地位。垦牧公司早期的股东大多就是大生纱厂的股东。大生纱厂对垦牧公司的投资名义上虽只2万两，但实际垦荒工程的庞大开支主要靠大生纱厂的接济与通融。检阅大生纱厂的历届账略即可发现，从光绪二十七年到宣统二年，10年之中垦牧公司向大生挪用的款项共达100余万两之多。很难设想，如果没有大生纱厂作为靠山，垦牧公司能够完成规模如此宏大的基建工程。所以，未尝不可把垦牧公司看成大生纱厂的派生企业或子公司。正因为如此，垦牧公司才反过来又为大生纱厂提供大批价廉质优的原料——棉花，从而促进了大生纱厂的继续发展。这种作用自然是一般封建大地主所不曾具备的。

其次，按照张謇的原意，最初确实是想效仿西方的“大农法”，即兴办新式的资本主义机耕大农场。以后由于资金短绌和股东贪图近利，垦牧公司终于实行租佃制和分散耕种，这是张謇限于现实条件而不得不作出的妥协让步，但他始终没有最后放弃实行“大农法”的追求。此外，垦牧公司的开办资金，佃户押租和垦熟地历年地租收入的很大一部分，确实是用于“河、堤、闸、路”等大规模围垦工程。据粗略统计，10 年之中共兴修大堤 12 739 丈，石堤 260 丈，里堤 21 384 丈，格堤 8 624 丈，干渠 21 752 丈，支渠 8 002 丈，外河 4 572 丈。这些投资都具有扩大再生产意义，与一般封建大地主把地租收入主要用于非生产性消费或贮存有明显的区别。

垦牧公司在创办初期，为了招徕农民承租并企图调动他们的生产积极性，曾经相对地减轻过某些前资本主义剥削，例如押租较之当地有所降低，而且可以分期缴纳，删除“写礼钱”以外的其他杂费[①]，佃户参加围垦工程另外发给工资等。这些措施对于海门一带无地少地的贫苦农民具有一定吸引力。他们卖掉自己原有的一点业田，前来向公司承佃。最初不过耕种十亩、八亩，还不大有信心。但是荒地地力很足，水利条件又比较好，经过佃种者辛苦经营，产量不断提高。原来的承佃者大多愿意扩大耕种面积，闻风而来的新承佃者也与日俱增[②]。到宣统元年，垦区佃农增加到五千户，耕地面积扩展到 30 413 亩（数字不全）[③]。当年棉花总产量“较去年增至一千二百余石。……南洋开劝业会，公司以试垦美棉、通棉各种棉产之成绩陈列会场，得优等奖牌”[④]。可见，垦牧公司早期在调节生产关系和发展生产力方面，确曾取得一些成效。

可是，由于封建压榨愈来愈重，经营管理的弊端也愈来愈多，垦区的阶级矛盾日益尖锐。稍后，股东们又要求按股分地，垦牧公司在某种程度上已经近似江苏一带“租栈”式的集体收租的代理机构，这就很难取得新

① 张謇：《通海垦牧公司招佃章程》，《张季子九录·实业录》第 2 卷，中华书局，1931 年，第 1—9 页。

② 根据曾在通海垦牧公司工作过的汪育三、邱云章等老人回忆。

③《通海垦牧公司开办十年之历史》，南通翰墨林印书局，第 3 章，“垦种一览表”。

④《通海垦牧公司开办十年之历史》，南通翰墨林印书局，第 2 章。

的进展了[①]。至于那些在通海垦牧公司获得大利以后闻风而起的一些盐垦公司，则大多流于强取豪夺的土地兼并及投机，封建压榨的深重有些竟超过一般农村，因此更不能与前期的通海垦牧公司相提并论。

由于通海垦牧公司所开荒地原来大部分属于淮南盐场，又触发了张謇改革盐法并向盐业投资的冲动。

清末盐政上承千百年积弊，腐败达到极点，而淮南盐场又是其中最恶劣的典型之一。所谓淮南盐场，产地在江苏东部沿海，而强制性的销售范围则包括淮河以南的赣、鄂、湘、皖四省。这个盐产区始终采用蓄草煎盐的落后方法，成本比邻近的淮北盐场的晒盐高15倍。同时，由于盐务官吏、“垣商”（专卖盐商）、巡丁、“忙工”（为“垣商”收盐、发盐之人）串通营私舞弊，压榨灶户、煎丁，淮南盐场的生产已经颓败衰退。而这些盐蠹、盐霸却把食盐产销的封建垄断制度（所谓“引地食岸之法”）视为自己的财源命脉，决不允许任何人对之作任何更变。

张謇在《变法平议》中即已尖锐地抨击过这种陈旧盐法，并且从实际出发，提出“设厂煎盐而后就厂征税”的改革方案。具体说来，就是由商人设立公司，改善基本建设工程，建厂设锅，雇工煎制，按日付酬，并且就地在盐场买卖和征税，食盐出厂后任凭商民自由贩运。光绪二十九年秋间，张謇、罗振玉等正式接办吕四旺长发盐场，另行建立同仁泰盐业公司。几年之间，他们尽行遣散世代相承的“忙工”，改用按日计酬的雇工，革除巡丁，修整盐场，就近贮草，浚塘疏港，实行一系列整顿。同时还试用“板晒”等方法，对生产技术也作了试验性的改良。

可是，这些年的天气却不利于制盐，加以刚刚接办缺乏经验，同仁泰盐业公司并未取得预期的成效。当然，最大的障碍还是来自传统势力，盐运司及其党羽对改革处处加以刁难和打击。张謇曾在历数运司的各种阻扼以后，愤怒地指责说：“吕四盐业公司复有一语告运司曰：若所为，乃专

① 日本学者村松祐次著《近代江南之租栈》（东京大学出版会，1970年），对租栈有深入调查研究，并收有恭寿栈（费氏）、畲经租栈（吴氏）、经畲租栈（吴氏）、资敬租栈（王氏）、丰和栈（潘氏）、永安栈（徐氏）、冯林一栈（冯氏）以及宾兴公所的公号租栈相关文献，可供对此问题有兴趣的学者参考。

同仁泰盐业公司总办事处

制官毒害人民之手段也。公司资本十余万，穷运司之能力，破坏此十余万止矣。至吕四场破坏，各场引为前车，从此无人肯牺牲其资财，以事整顿，可以预决。沦胥以铺，各场受之矣，乃汝偕亡，运司为运商为厘课计之否乎？"[①] 张謇改革盐法的最初尝试，就是这样迅速地陷于失败。

传统的顽固势力是根深蒂固的，但张謇的坚毅性格并未因改革盐法失败而动摇，他对于革新的兴味正浓而且表现在许多方面。由于吕四一带盐民大多兼营渔业，他又产生了兴办公司改良渔业的强烈愿望。也是在光绪二十九年夏秋之间，他开始筹划集资组织吕四渔业公司。随后又向政府建议：请求在公司附近设立水产、商船两个学校，各省渔轮每年集会一次以考察成绩。为了争取政府的直接支持，他推荐好友郑孝胥为渔政总理，计划在吴淞设立公所，并把渔业公司附设在公所之内。甚至还雄心勃勃地提出"合南北洋大图之"的建议，企望能够组织雄厚力量在海上和外国作渔业方面的抗衡。然而，也是由于自身财力不足和得不到清政府的支持，改革渔业的计划半途而废。

从光绪二十七年到光绪三十三年，张謇先后总共正式创立了19个企业

① 张謇：《盐业整顿改良被扼记》，《张季子九录·实业录》第3卷，中华书局，1931年，第9页。

单位，除上述通海垦牧公司、同仁泰盐业公司以外，还有广生油厂、大兴面厂、阜生蚕桑公司、翰墨林印书局、资生铁厂、资生冶厂、颐生罐诘（头）公司、颐生酿造公司、大达内河小轮公司、通州（天生港）大达轮步公司、外江三轮公司、泽生水利公司、大隆皂厂、懋生房地产公司、染织考工所、大中通运公行、船闸公司等。这些企业大多是以大生纱厂为轴心，直接或间接为大生纱厂服务，或者凭借大生纱厂以获取利润。例如，通海垦牧公司是大生纱厂的原料基地；广生油厂利用大生纱厂轧花棉籽制油自用；大隆皂厂又利用广生油厂的“下脚”来制造皂烛；大兴（后改复新）面厂利用大生纱厂的剩余动力磨粉，供纱厂工人食用和浆纱；资生铁厂最初是专为大生纱厂修配机件而设；泽生水利公司、大中通运公行、大达轮步公司、外江三轮公司、船闸公司主要是为大生纱厂解决运输问题；染织考工所实际上就是大生纱厂向纺、织、染全能发展的研究所和实验室；懋生房地产公司则是买地造屋，为大生等厂职工提供宿舍并收取房租①。资产阶级为了追求利润，确实比较周密地考虑了经济效益问题。同时，这也说明大生纱厂的兴建，如何促进了整个通海地区经济的革新与发展。

当然，上述这种无所不包式的企业经营，毕竟还是资本主义童稚时期的特征，而且在短短五六年间分散资金投入这么多企业，也超过了大生纱厂的合理负荷。因此，大生纱厂许多股东（特别是某些大股东）对此深感不满，在他们的要求下，大生纱厂于光绪三十三年夏天召开了第一届股东会，会上正式决议把上述19个企业单位合并，另行组成通海实业公司，借以与大生纱厂划清资金往来关系。然而，通海实业总公司的总理仍由张謇担任，而大生纱厂的股东和董事也就是通海实业总公司的股东和董事。这个实业公司除了统一掌管上述19个企业单位与大生纱厂往来的财务以外，没有其他具体的管理机构与经营业务，所以张謇仍然能凭借自己的威信并按照自己的意志决定方针大计。

---

① 参见《通州兴办实业之历史》上册，南通翰墨林印书局，1910年。

翰墨林印书局外景

大达内河轮船公司外景

通海实业总公司所属各企业单位的营业状况盈亏不一。光绪三十四年，大隆电厂、颐生罐诘公司、大兴面厂由于亏蚀不堪被迫停歇。不久，通海垦牧公司与同仁泰盐业公司又被划出通海实业总公司范围，所以它直接管辖的企业单位只剩下14个。不过在光绪三十四年以后，张謇又陆续投资创办银行、船栈、堆栈等十几个企业单位。总括起来，到辛亥革命前夜，张謇已经组成了一个以纱厂为中心的具有相当规模的大生资本集团，而且不断向前扩展。

宣统三年以前，张謇在外地参加投资创办的企业单位也为数不少，如上海大生轮船公司、镇江大照电灯厂、镇江开成笔铅厂、吴淞江浙渔业公司、海州海赣垦牧公司、海州赣丰饼油公司、徐州耀徐玻璃厂、景德镇江西瓷业公司、苏省铁路公司等等，活动范围相当广泛。无怪乎当年海关报告惊叹说："推张殿撰之意，凡由外洋运来各种货物，均应由中国自行创办。"① 这种兴办实业的狂热，不能单纯以利润追逐来解释，它也体现了一个爱国者渴望祖国早日臻于富强的真挚心愿。

不过张謇之所以能够在一段时间里如此广泛地向各个部门积极投资，那主要还是由于大生纱厂营业状况良好并且获得相当优厚的利润。

日俄战争爆发以后，日本棉纱一度在中国市场上减销，大生纱厂产品的销路因此更加畅旺，利润也更加丰盈。它在光绪三十年所发的余利，"按股二分二厘，合之官息（八厘），已及三分"。第二年，大生纱厂的纯利增加到75万余两，竟占当时资本总额一半以上。就在光绪三十年，张謇等人已经着手筹备在崇明设立大生纱厂的分厂（二厂），从这年夏天到三十一年春天，8个月内实收股金609 500两。这与大生纱厂筹建时的艰难情况相比真有天壤之别，当然是由于"大生"已在江苏一带绅商中享有较高声誉有关，但更重要的却是因为当时机纱畅销与利润丰厚。光绪三十三年三月，大生二厂建成，工程进展比较迅速，26 000锭纱机全部开动。到宣统三年为止，大生一、二两厂纯利累积共达378万两，资本总额也增加到将近200万两②。这就是张謇在此10年间广泛兴办各种企业和事业的实力基础。

张謇已经决定性地进入了资产阶级这个新兴的社会群体，他的思想、言论和行动与资本主义经济的联系日益密切。但是，他并没有因此断绝与原先隶属的士人群体的千丝万缕联系，在很多场合，他作为绅士的自我意识甚至还要大于作为资本家的自我意识。新的群体怀着敬意和热情接纳并认可了张謇，这不仅是由于他办企业确有成绩，而且还由于他在士人群体中登上较高的梯级，可以为资产阶级充当"通官商之邮"的媒介。张謇在这个新的群体内部，除大生纱厂创办初期曾经受过某些上海买办商人的冷遇以外，一直还没有面临竞争或排挤的严峻形势。这除了由于通海地区是

---

①《关册》中文本，"镇江口"，1905年，第48页。

② 根据《大生资本集团史》（初稿）所提供的数字统计。

大生崇明分厂表门

大生崇明分厂工人宿舍外景

他的独家市场，外地厂家势力暂时还难以插足以外；更重要是由于民族资本主义的幼弱，还没有发展到自己内部激烈竞争的地步。用张謇自己的话来说，就是："我国实业尚在胚胎，未可遽言幼稚也。"[①] 与此成为对照的是，张謇在向资产阶级转化的过程中，他所遭遇的各种阻挠、刁难以至破坏，主要还是来自原来他所长期从属的旧营垒。这个营垒不能坐视自己的分化瓦解，它必然要用政治、经济、文化以至风俗习惯等各种手段来维系自己的队伍，稳住自己的阵脚。这就是一股巨大的传统惰力，张謇步履的艰难迂缓与其说是主要由于财力不足，倒不如说是由于他因袭的传统包袱

① 张謇：《意大利万国博览会纪略调查欧西实业纪要序》，《张季子九录·文录》第6卷，中华书局，1931年，第7页。

太重。他度过了“脱鳞”最为艰难痛苦的岁月，但是直到临终也未能完成“脱鳞”这个曲折而又缓慢的过程。古老的传统像梦魇般紧紧追随着他，一直到他最后离开人世。

兴办学校

尽管张謇自我标榜“言商仍向儒”，但他毕竟已经厕身于一个新的社会群体，新的环境必然要对他的观念形态产生深刻的影响。士人群体的传统思想是为宗法制度服务的，其价值观是重道义而轻功利，纲常名分远远高于经济效益。经过外来文化的冲击，这种传统观念开始动摇，但是仍然根深蒂固，具有广泛的社会基础。张謇的思想在甲午战争以后的一个重要变化，就是经常运用资产阶级功利主义的价值观来考察、分析和判断国内外形势，并且以此为依据形成自己对于国策的各项建议。

时代已经进入 20 世纪，帝国主义经济侵略的空前严峻形势，引起张謇极大的焦虑和无止无休的深思。

从宣统元年到宣统三年，外国商品仅棉布一项进口总值即达 116 532 345 元，棉纱进口总额亦达 1 320 197 公担，棉花进口 72 571 公担；钢铁进口 2 264 257 公担，机器及工具进口总值12 565 352元[①]。大生纱厂虽然产销两旺，但也不能不感受到势如潮水一般涌入的外国商品的威胁。张謇以后回忆说：“宣统二年，南洋劝业会开幕，謇既与各行省到会诸君子发起联合研究会，乃裒光绪一朝之海关贸易册，参考其大略。如寐始觉，如割始痛；如行深山，临悬崖，榛莽四出，披而始识无路；如汛雾海，见一岛屿，若隐若见，而始得所趋。则以我国实业当从至柔至刚之两物质，为应共同发挥之事。”[②] 所谓“至柔至刚”，也就是张謇以后所说的“至白至黑”，指的是棉花和钢铁。他从贸易册中隐隐约约地看到一个充满着生存竞争的经济世界，也察觉纺织和钢铁两大工业系统在国民经济当中占据特别重要的地位。这是张謇思想一个新的进展，创办大生纱厂之始他还只认

---

① 严中平等编：《中国近代经济史统计资料选辑》，科学出版社，1955 年，第 74—75 页。

② 张謇：《海关进出口货价比较表序》，《张季子九录·实业录》第 4 卷，中华书局，1931 年，第 29 页。

识到从棉纺织业着手奋起直追，现在则以“棉铁主义”（或称“棉铁政策”）为号召，企望建立一个包括轻工业和重工业的独立民族近代经济体系，以求祖国摆脱贫困落后与被奴役的悲惨命运。

但是，张謇并没有把实现“棉铁主义”之类富强之策的希望完全寄托于清朝政府。经过戊戌、辛丑两次革新尝试的失败，张謇对朝廷和东南各省督抚都颇感失望，因此转而专心致力于经营通海地区，通过“地方自治”来实现自己的革新方案。他在通海垦牧公司第一届股东会上讲得很清楚：“言乎地方自治，则以股东会议决提存之公产，举办公司界内次第应办之教育、慈善……凡鄙人之为是不惮烦者，欲使所营有利，副股东营业之心，而即借各股东资本之力，以成鄙人建设一新新世界雏形之志，以雪中国地方不能自治之耻。”[①] 张謇所要求建立的“新新世界”，自然不同于太平天国那种带有宗教色彩的农业社会主义类型的“新天新地新世界”，也不是康有为那种过分沉溺于理想的“大同世界”，而是切切实实在中国国土上建设资本主义的实业与教育以及其他各种社会事业。张謇是个务实主义者，他既与空想无缘，更痛恶以大言欺世。他的志趣在于脚踏实地做有益于社会的实事，同时期望经过通海地区“地方自治”的示范，推动其他地区纷起效尤，使他所追求的“新新世界”从雏形推广到全国。

建设“新新世界”，自然需要知识，需要技术，需要各种各样专业人才。因此，在发展实业的同时，张謇又开始努力兴办新式学堂，而首先致力于师范教育。

早在光绪二十一年，张謇为张之洞起草《条陈立国自强疏》，即已要求“广开学堂”。光绪二十三年，他进一步主张全面学习西方“政治、律例、公法、格致、植物、农、商、医、化、重、电、光、汽之学”。戊戌维新期间，他赞成废科举、兴学校，并草拟大学堂办法。变法失败以后，他在南京文正书院设立“西学堂”，专教汉文、英文、翻译、算学，作为创办新式学堂的试验。随着企业活动的频繁和需要技术人才的日益迫切，

① 张謇：《垦牧公司第一次股东会演说公司成立之历史》，《张季子九录·实业录》第4卷，中华书局，1931年，第32页。

此后他更强调要努力学习西方的“颛（专）家之业”。

光绪二十七年，通过起草《变法平议》，张謇极力劝说刘坤一兴办新式学校，稍后又为刘拟订初、高等两级小学和中学的课程。二十八年二月下旬，张謇应刘坤一电邀，到南京与罗振玉为刘拟定《学制奏略》和“兴学次第”。建议首先兴办师范学校，一年后各州县分别设立高等、寻常小学校，3 年后各府立中等学校，5 年后各省设高等专科学校，京师设大学校。刘坤一周围的守旧官员如藩司吴熏熹、巡道徐树钧、盐道胡盐等对此“异议蜂起”，他们攻讦说：“中国他事不如人，何至读书亦不如人。此张季直过信罗叔韫（罗振玉），罗叔韫过信东人（日本人）之过也。”① 刘坤一此时暮气渐增，没有率先兴办师范学校的决心。张謇大失所望，与罗振玉等人商量一番之后，便回到通州自行创办师范学校。

南通师范学校外景

张謇在通州选定荒废了的千佛寺作为校址，七月上旬开工建校，经过 7 个月的修建、筹备，于光绪二十九年四月一日正式举行开学典礼。

通州师范学校属于中级师范学校性质（当时称为寻常师范），主要是培养小学教师。不过老师和学生的程度都比较高，最初聘请的一批教员有著名学者王国维等以及日籍教师共 18 人，学生则是原来的“贡、监、廪、增、附五项生员”。当时废除科举已是大势所趋，所以许多读书人纷纷转入新式学堂。报考通州师范学校的科举士人很踊跃，甚至张謇不得不宣布

① 张謇：《张謇日记》壬寅二月二十九日。

“学生遵旨不取举人”。学校的课程设置有：教授管理法、修身、历史、地理、算术、文法、理化、测绘、体操等，大体上可以满足在高、初两级小学教授各门课程的需要。稍后，通州师范分为本科（四年）、速成（两年）、讲习（一年）各科，并且附设实验小学，规模更趋完备。以后，又陆续创办测绘、蚕桑、农、工等科，还建立了工科教室、农学教室、农场、博物苑、测候所（气象站）等。这些设施已经超过了一般中级师范学校的范围，显然是想往大专学校发展。在同一时期，还兴办了通州女子师范学校，这在当时也是开风气的新事。

张謇非常重视师范教育。他了解到欧美对一个国家的评价，“以其国学校多寡为强弱文野之别。其多者校以七八万计，生徒以七八百万计，校师以十数万计，师必出于师范”。所以，他在通州师范学校开学典礼上发表演说，指出：“欲雪其耻（指国耻。——引者）而不讲求学问则无资，欲求学问而不求普及国民之教育则无与，欲教育普及国民而不求师则无导，故立学校须从小学始，尤须先从教育始。”[①] 当这个学校还在筹建之际，他即已自豪地宣称：“夫中国之有师范学校，自光绪二十八年始，民间之自立师范学校自通州始。”[②] 在此期间，他还撰写了《中国师范学校平议》、《通州师范学校议》、《师范章程改订例言》等文，呼吁提高教师和师范教育的社会政治地位并“优予俸给”，以鼓励人们学习与兴办师范教育。其具体建议是：“凡大学、高等、中等学师范本科生毕业，准作贡生、举人、进士，给凭后试教各高等、中等及小学四年，比较成绩（以教成学生分数多少为最优、次优之分）。进士教高等学，最优者除国子监丞，次优者除博士。举人教中学，最优者除博士，次优者除学正。贡生教小学，最优者除学正，次优者除助教。其廪、增准作贡生教小学者，最优除府教授，次优除州学正。监、附准作贡生教小学，最优者除县教谕，次优者除县训导。积资累绩，可递升至祭酒而上为管学大臣。若是则虽除官以后，

---

① 张謇：《师范学校·开校演说》，《张季子九录·教育录》第1卷，中华书局，1931年，第17页。

② 张謇：《通州师范学校议》，《张季子九录·教育录》第1卷，中华书局，1931年，第12页。

终身于教育一事，而仍得与他科进取之人，同享人间之福利矣。”关于教师薪俸标准，张謇参照德、日、英、法、俄、美工资制度，并根据当时中国的财力，主张：“寻常小学校约每月二十或三十元，高等小学校约每月三十或四十元，中等学校约每月四十或五十元，其专科教师约每月七十或八十至一百元。”[①] 此外，他还主张采取“擢优”、“励恒”、“彰廉”等奖励办法。张謇这些建议虽然没有被政府采纳，但作为强调师范教育和重视教师作用，则显然是开风气之先。

张謇对师范教育的极端重视，是由于他渴望提高整个民族的文化素质，以加快国家近代化的进程。“世变亟矣，不民胡国？不智胡民？不学胡智？不师胡学？”[②] 张謇的思路是很清晰的，即把国民教育当做近代立国的根本大计。而近代国民所必须具备的“智”，并非仅仅是文化知识，还有思想品质与身体素质等方面的要求。他在《师范章程改订例言》中明确主张：“国家思想、实业知识、武备精神三种，为教育之大纲，而我邦之缺憾。师范造端教育，责任匪轻，故尤兢兢于国民教育、奖励实业及师范体操以兵式为主之定章。”这种见解和当时进步报刊上所宣传的“军国民教育”，在思想上是相通的，也是切中时弊的[③]。

为了通州师范学校的创办，张謇既要为师范教育鼓吹呼号，又要为建校工程规划操劳，还要与形形色色的反对新学者作无休止的争辩，加以同时还要更为紧张地从事垦牧公司的筹建工作，真可以说得上心力交瘁，疲惫不堪。人们可以发现，在光绪二十八年十二月中旬的张謇日记上，出现了“腰酸欬血”四个字。但是，具有与兴办实业同样饱满的热情，张謇不顾病痛仍然努力兴办教育，有时就住在校内照管修建工程。在开学前一天

① 张謇：《通州师范学校议》，《张季子九录·教育录》第1卷，中华书局，1931年，第9—10页。

② 张謇：《通州师范学校始建记》，《张季子九录·教育录》第1卷，中华书局，1931年，第14页。

③ 张氏当时兴办教育，主要是以日本为榜样。曾在他主持的文正书院留学的西村天囚曾评论说：“《变法平议》各条几乎无不引用日本的例子，真可谓师其意，仿其法，我们日本人也不得不为表同情。特别是教育制度亦模仿我国，故讲新学。……兴学校之时，先译日本课本以为课本，可见其向慕之殷。”

晚上，他还和庶务一处一处敲牢学生宿舍门上挂名牌的钉子，甚至亲自布置厨房和厕所。这时，他已经50岁了，何况还具有状元和翰林的身份。

张謇除在通州师范学校附设实验小学以外，光绪三十年又设立“通州五属学务处”①，作为统筹推广新式教育的办事机构，并且陆续在各地兴办一批中学和小学。

张謇提出作为教育大纲三项之一的“实业知识”，包括技术教育与职业教育，而且对此也非常重视。他在师范学校附设测绘、蚕桑、农、工等科，在通州中学附设国文专修科（培养办事书记），就是为发展中等和高等的技术、职业教育作准备。此外他还陆续创办了吴淞商船学校、铁路学校等。光绪三十一年，他向两江总督上《请设工科大学公呈》，建议在上海制造局附近创建工科大学。“即以已成之中国工学，为高等工学豫备，次第经营，四五年后即可希望成效之发生，有完全之工学。更三数年，各省热心从事工业之处，得有相处为理之人，不至如今日实业之擿埴冥行，瞎骑盲进。”② 次年，为筹划南洋大学，他又向两江总督端方建议：“江宁宜就制造局左近设工科，特设法科。苏州宜就昆山、新阳有荒地处所设农科。就上海设医科。至安徽、江西，亦宜各设一文科，或更量设法、理高等一、二科，以备三四年后升入大学。”③

张謇对高等教育是重视的，如为工科大学、南洋大学筹划设计等，并且还协助创办了复旦学院。但是，张謇是个脚踏实地的实业家，办任何事情都强调首先打好基础，然后再有步骤有条理地求得发展和提高。他认为“大学之豫备在分科高等，高等之豫备在中学”。庚子以后，朝廷标榜“新政”，“仓皇兴学即以大学为发端”，徒然流为笑柄。从当时的历史条件来说，他已经重视总体设计和数据预测的需要。办大学要考虑需要与可能，确定规模与招生人数，而这就涉及生源和高等、中学的提前准备。发展小

---

① “通州五属”当时包括通州、泰兴、如皋、静海乡、海门厅。计划在五年之内，通州单独承办师范学校，艺徒学校，蚕桑、染织传习所，公共博物苑及育婴堂各一所。“五属”共同筹建高等小学1所，初等小学47所。

② 张謇：《请设工科大学公呈》，《张季子九录·教育录》第2卷，中华书局，1931年，第15页。

③ 张謇：《策画南洋大学致端江督函》，《张季子九录·教育录》第2卷，中华书局，1931年，第24页。

学也应考虑毕业后继续升学的出路，普通中学和技术、职业学校又要有相应的发展，而这在经费的需求与来源方面又必须作事先的估计与筹划。

下面摘引张謇在光绪三十二年给劝学所、教育会一封信中的若干段落，可以看出他思路的细密和工作的踏实。

“下走前在自治公所议本州教育两年未有进步，其本在教育未能普及，镇乡小学太少，无以供高等小学之取材。由是而上，影响遂及于师范、中学。故议州境方一万里，合有初等小学四百所。此按每所之地纵横二十五方里而言，计距校最远之学童为二里半。每日上学、散学，行走十里，兼以是令学童练习勤劳也。而昨自崇明久隆镇至垦牧公司，是日小雨，乡僻道路，泥泞非常。念如十岁以内之学童，必不能胜此十里之行走，势有不便，则事必难通。拟改为每十六里设一初等小学，是为纵横四方里；以州境计，需六百所。”

“六百所中，以五百所作为单级，用三年级，每校八十人；分三年计，每年二十七人。以一百所为合级，用四年级；每校多寡通计约一百二十人，分四年计，每年三十人。三四年后，每年可得初等小学毕业儿童一万六千五百人。……以一万六千五百人之一成入高等小学计，亦有一千六百五十人，须有高等小学十所乃能容之。今师范附属者不计，自第一高等小学及金沙外，尚须增设八所，乃为适当之配置。”

“综以上之初等单级小学五百所，每所建筑（草屋芦障纸窗五间）至省以三百元计，须银十五万元。合级小学一百所，每年（瓦屋单墙芦障纸窗七间）至省以八百元，须银八万元。高等小学十所，每所建筑（具体项目从略。——引者）及校具须银六千元，计需银六万元。总计需银二十九万元，而女子高等小学不与焉。”①

张謇当时的主要精力虽然是用于创办师范和中小学校，但已开始注意盲哑等残疾人教育。光绪三十三年，他向署江苏按察使建议，希望他学习

① 张謇：《论通州乡镇初等小学事寄劝学所教育会函》，《张季子九录·教育录》第2卷，中华书局，1931年，第18页。

美国的斯坦福和中国的叶澄衷、杨斯盛，捐家资十分之二三，兴办盲哑学堂[①]。但是此事并未得到任何支持，因为“中国今日不盲不哑之人民，尚未能受同等之教育，何论盲哑”。然而张謇对此始终未能忘怀，直到民国元年他还为此呼吁：“知师范学校之重要而建设者，殆及于中国行省之十五六矣；则非残废之儿童，不患教师之无人。惟盲哑之儿童，贫则乞食，富则逸居，除英、美、德教士于中国所设之二三盲哑学校外，求之中国，绝无其所。”[②] 他根据西方人口调查提供的数据分析，估计中国至少有八十万盲哑人。“盲哑累累，教育无人”，是一个严重的社会问题。因此应该设立盲哑师范传习所，培养有慈爱忍耐心的合格盲哑教师。他不仅坐而言，而且起而行，登报鬻字筹款，亲自踏勘校址。经过艰苦努力，终于在 1916 年 11 月建成南通狼山盲哑学校，并亲自担任校长，亦为中国残疾人教育之先驱。

当然，张謇毕竟是一个过渡时代的过渡型的人物，他的教育思想和教育实践必然带有新旧交替初期的局限。他极力主张在学校中传授西方近代科学知识和某些资产阶级社会政治学说，但仍然未能完全摒弃旧的传统伦理教育。他主张学校教育应持“干涉主义”，反对“放任主义”，对学生实行过多的约束。对于当时许多新学之士正在宣传的自由、平等学说，他更是难于理解和接受。他告诫学生说：“若如浮嚣之士所喜谈者，推之一家之中，父母、兄弟、夫妇、子女，人人如所说之自由、平等，能一日相安乎？能自安乎？愿诸生一己则思尽秩序之义为自由，对大众则思能普及教育为平等，毋沿口口相传之谬说。”[③]

在当时的社会环境里，他的教育思想和实践也不可避免地带有阶级的烙印。他为自己和亲友的子女设立扶海垞家塾，另外有一套课程设置和教学计划，并且聘请日本女教习“教授体操、算术、音乐、图画，兼习幼稚

---

① 张謇：《致署江苏朱按察使劝兴盲哑学堂函》，《张季子九录·教育录》第 2 卷，中华书局，1931 年，第 26 页。

② 张謇：《筹设盲哑师范传习所之意旨》，《张季子九录·教育录》第 3 卷，中华书局，1931 年，第 14 页。

③ 张謇：《师范学校年假演说》，《张季子九录·教育录》第 1 卷，中华书局，1931 年，第 18 页。

南通盲哑学校校门

游戏之事；延本国教习教授修身、国文之事”[①]。他的儿子稍微长大以后，又专门请沈友卿“为之授《论》、《孟》之大义，《诗》、《书》之大凡，《春秋》之大事，俾知世有所以为世，国自有所以为国，而人自有所以为人”[②]。然后再直接送到大学和国外学习。尽管张謇自认为这是对学制改革的一种探索，也包括对于国学在教育中作用的重视，但多少带有若干华族教育的意味，主要还是为了培养能够接替自己的新一代企业和事业的经营管理者。至于一般小学和工人艺徒学校等等，则无非是培养大批具有粗浅文化知识和初步技术训练的劳动者。正如张謇自己对普及教育所作的解释：“国何为而须教育？教育者，期人民知有国而已。……使人人任纳税、当兵之责，多数无怨望而已。”

尽管有上述这些局限，张謇的教育思想与办学实践，毕竟在中国近代教育史上占有重要地位，是对于旧的传统教育勇敢的突破。任何新的事业，起步总是特别艰难的。人们不会忘记，他是在“谤而沮者，不一其人，不胜其愤”的情况下，以惊人的毅力与过人的精力为通海地区的近代教育奠基的。他在教育方面的革新与成就，连同他在棉纺与垦牧方面的巨

① 张謇：《扶海垞家塾章程》，《张季子九录·教育录》第2卷，中华书局，1931年，第5页。

② 张謇：《通州张氏家塾经史国文补习科答问序》，《张季子九录·教育录》第3卷，中华书局，1931年，第10页。

大劳绩，使他在东南以至在全国都赢得了辉煌的声望。

甲午战争以后，特别是戊戌变法失败以后，他几乎是以全部的精力投入实业与教育，企望以实业与教育的丰硕成果挽救自己的国家。他曾经有意逃避政治，不想也不敢触犯传统的政治体制。但是，这种传统体制是守旧势力的最后凭借，而且时时妨碍他筹建新式实业、教育的努力，他在实践中不能不承认实业与教育的发展必须以政治革新为前提。他主张持新旧之平，在两派之间寻求平衡与合力，但这简直就像骆驼穿过针眼一样困难。新的社会力量欢迎他，把他引为同调；而经常与他为难的，倒是他原来曾经从属而现在仍然保持密切联系的旧营垒。不触动旧体制是不可能的，除非他能够舍弃自己所献身的实业与教育，连同自己国家与民族的前途。

政治终于再次敲他的门，也许又可以说是他敲政治的门。历史暂时对他还比较宽厚，新的社会热情而充满尊敬地接纳了这位状元公，而旧营垒又不完全把他当做新派人物，或者至少是把他当做新派中较易联络的对手。时代潮流把他推上政治舞台，不管他自己愿意还是不愿意，意识到还是没有意识到，在新的政治格局中他还得继续扮演类似“通官商之邮”的重要角色。

二、 立宪运动

正当张謇在通海地区大办实业、教育的时候，国内政治形势发生了迅速而又剧烈的变化。

20世纪从一开始就给中国带来《辛丑条约》，这个条约不仅彻底暴露了清朝政府的腐朽无能，而且也使整个中华民族都蒙受了奇耻大辱。帝国主义虽然暂时缓解了武装侵略，然而经济、文化侵略的有增无已，给中国人民造成更为深重的灾难。国内阶级矛盾空前激化，人们已经采用“干柴烈火”这样的字眼，形容革命高潮即将到来的新形势。

中国又出现了一个新的社会群体，这就是资产阶级、小资产阶级知识分子队伍，或者可以简化称之为近代知识分子群。他们的新知识、新思想一部分来自留学外国，但多数则系求学于国内新式学堂，也有纯粹是由于阅览进步书报无师自通。他们的思想变化反映了并且反作用于当时中国社会环境的变化。他们大多曾经循着戊戌维新的道路前进，但是又毫不犹豫地超越自己的先驱。他们不仅具有新的时代精神，而且具有新的知识结构。他们与前辈相比，视野更为开阔，思想更为活跃，政治更为敏感。他们预测新的世纪，分析时代潮流，传播西方近代自然科学与社会政治学，批判旧学和封建道德，并且在政治学、史学、文学、哲学、法学、经济学等领域尝试革新或革命。他们的舆论工作是革命高潮到来的前奏，而有些人则是吹着时代的号角走在革命潮流的最前列。

然而革命者最初总是少数，大都是新式知识分子，而他们为数不多的听众却又偏偏存在于陈旧的会党之中。在一段时间里，由维新派转变而成的保皇派仍然具有较大的影响，他们赞成经济、文化以至政治的革新，却反对采取暴烈行动的革命。他们的政治目标是君主立宪而不是民主共和，这是由于他们不仅不敢造皇帝的反，而且依然寄希望于慈禧死后光绪的复辟。他们在海外积极活动，赢得了许多华侨资本家的支持，同时也在国内各省上层绅商中赢得了同情者与应和者。所谓上层绅商是指那些已经、正在和愿意向资产阶级转化的绅士（包括少数官僚）和大商人，他们人数不多然而活动能量很大，能够影响资产阶级多数人的依违向背，以至影响国内的整个政局。

清政府从本质上来说确实是反对任何革新，但它毕竟不能不受客观环境的影响与制约。《辛丑条约》签订和处死一批顽固王大臣以后，它的守旧态度至少是有所收敛的。它的地位的虚弱，不仅是由于帝国主义的打击，而且还由于"外重内轻"的趋势仍在继续发展。"东南互保"已经显示出地方势力的离心倾向，有可能在南方出现取代清廷的新的政治中心。立宪派与赞同立宪的上层绅商用革命来威吓它，它必须在立宪与革命之间作出选择。它不赞同立宪，因为立宪意味着对于君主绝对权威的否定，作为天之骄子的皇帝还得承认有一个比他的意志更高的东西——宪法。但是两害相权取其轻，它宁可接受立宪而决不能容许革命，因为立宪毕竟还承认它的继续存在并保持皇室的尊荣（尽管是徒有其表），而革命则意味着它的彻底覆灭。

当然，清政府口头承诺是一回事，是否真正实现立宪又是一回事。不过，刚刚被戊戌政变的屠戮吓破了胆的立宪派和上层绅商，已经基本上满足于清廷的虚伪立宪姿态，迅速发动一场要求立宪的社会运动。

“生平万事居人后。”[①] 我们传记的主人公步伐总是比较缓慢，甚至在立宪运动中他也没有走在最前面。他相信眼睛甚于相信耳朵，习惯于凭借事实而不是凭借哲理来思考，在没有思考清楚以前决不采取行动，而一经采取行动就决心进行到底。他步履虽迟，但每一脚都踏在实处。他并不喜爱冲刺在最前面，然而却有足够的后劲，往往是后来居上。办实业如此，办教育如此，从事立宪活动亦复如此。

《东游日记》

张謇公开赞成君主立宪并且正式投入立宪运动，是在光绪二十九年亲自到日本考察以后。

张謇虽然一贯痛愤日本军国主义的对华侵略，可是对于它在明治维新以后努力学习西方迅速臻于富强则颇为倾服。《变法平议》中许多主张都是取法于日本，在兴办实业与教育的过程中，也常常借助于日本的技术、经验以至师资。在奇耻大辱的《辛丑条约》的强烈刺激下，一些比较开明的官绅先后到日本参观，希望学习它的富强之道。据《缪荃荪行述》称：“及和议成（指订立《辛丑条约》。——引者），朝廷锐意变法，张文襄集东南名流，会于武昌节署，以资讨论，府君（缪荃荪）应召往。……亲赴日本考察学务。”还有吴汝纶，也是在此期间赴日考察学务的。吴汝纶于光绪二十八年春任京师大学堂总教习，曾于同年夏秋之间前往日本作为时4个月的考察。日本文部省对他的访问非常重视，除安排与政学两界众多要人会晤外，还为他举办了19次特别讲授，帮助他全面了解日本学校教育。吴氏根据此行观感写成的《东游丛录》一书，由东京三省堂出版，在

① 张謇：《怡儿生志喜》，《张季子九录·诗录》第3卷，中华书局，1931年，第14页。张謇41岁中进士，45岁才得一子，名怡祖，字孝若。“生平万事居人后，开岁初春举一雄”，是自嘲而又自慰的话。

当时颇有影响，两年以后且成为清政府公布的《奏定学堂章程》的重要依据①。

张謇当时也很想"东游考察"，但因为已经卷入帝后党争，而且有的帝党分子又曾流亡日本（如文廷式），他为了避免嫌疑才未成行②。光绪二十八年秋，吴汝纶访日归国，张謇特地到上海请教，并且阅读了吴汝纶写的《东游丛录》，更增强了亲自到日本访问的愿望。

正好在光绪二十九年正月，日本驻江宁领事天野通过徐乃昌，函邀张謇参观日本第五次国内劝业博览会，同时邀请的还有其他一些东南名流。张謇自觉现在地位已较稳固，尚能得到清廷的信任与重视，便欣然应邀前往。

张謇于四月二十七日晨七时乘日本邮船会社"博爱丸"东行，同行者还有章亮元、章孚、金永安、徐有临。除章亮元已就读于东京成城学校外，其他3人都是初次前往日本留学，金、徐则是张謇作为技术人才带去学习工业。还有不期而遇的两位友人，一路倒不寂寞。

"博爱丸"离开中国大陆愈来愈远，海水开始略带黄色，东行愈远愈转绿色，到深海处水显黑色浪亦渐大。第二天午后经五岛，岛上林木秀茂，梯田麦黄。晚七时即到达长崎，这是个景色如画的港口，但由于天已昏暗，"但见入口处岛屿参错，海色映空，树影森森可辨而已"。二十九日验关上岸，这是张謇第一次踏上日本国土。

张謇是个事事留心、时时思考的爱国者。他顾不上欣赏海上壮丽景色，也无心在异国猎奇探幽，一路上经常琢磨的是日本何以能够一跃成为东亚头等强国。

还未上船，他就在想，为什么日本要把轮船叫做"汽船"，把公司叫做"会社"？答案是："日人采用欧美法，皆自定主我，名必用字之本义。……盖融欧法、日俗，而括之以华之雅言，名必从主人，亦作事不苟

① 参见上述陶德民文。

② 张謇的《东游日记》（《张季子九录·专录》第4卷，中华书局，1931年，第1页）对此事说得很含蓄："甲午后乃有以实业与教育迭相为用之思，经画纺厂，又五年而后著效。此时即拟东游考察，会世多故，谗言高张，惧不胜其描画而止。"

之一矣。”

一踏上长崎码头，他就去访问町村小学校（私立鹤鸣女子学校），详细了解这所小学的教学、校舍、教员、学生、经费情况。船离长崎时，他浏览沿海风光，又有所领悟：“日人治国若治圃，又若点缀盆供，寸石点苔，皆有布置。老子言治大国若烹小鲜，日人知烹小鲜之精意矣。”

五月二日参观设在大阪的博览会，看见“参考馆”中陈列各国物品，中国只有江、鄂、湘、齐、蜀、闽六省参加，而湖北的陈列品又是汉瓦当、唐经幢。张謇不禁又发生感慨：“劝业以开来，而此以彰往，若移置中国博物院，差不倍（悖）耳。”他对比了日本各府县郡产品的准备充分和精益求精，指出：“中国六省，彼此不相侔，若六国然，杂然而来，贸然而陈列，地又不足以敷衍。以余乡而言，通州、海门墨核鸡脚之棉，吕四真梁之盐，皆足与五洲名产争衡，皆不与焉。”

五月八日参观设在博览会侧的动物馆。馆内“羽之族有鹤、有鹳、有鸳鸯、有鹭、有鹦鹉、有秦吉了、有鹳鸽、有鸽、有鸡。鸡类不一，有火鸡、有珠鸡。鹦鹉尤多，有白、有红、有绿、有杂色，有大有小。鸽最大，鹤最美。毛之族，有虎、有豹、有象、有狮、有猿猴、有印度牛、有羚羊、有豪猪，皆一牝一牡。懒猴据枯枝而睡，其揭云性懒，昼食饱即睡，夜即醒，睡蒙其头，醒亦不甚跳跃，似天下之养尊处优而媮懦人。鳞之族文鱼独多，蟒与鳄独大。介之族凡近矣。玳瑁之大，不逮神户”。这些对于他经营南通博物苑当然可作为借鉴。

在各地访问过程中，有些事情也使张謇深受刺激。

一是在东京鞠町重晤日本前驻朝公使竹添嘉纳。尽管竹添父女热情款待，张謇却想到20年前在朝鲜与日方相周旋的情景，不禁感慨万端。“岁月骎骎已二十年，彼时余方三十。马山水原，行军之旌旗；南坛汉城，驻军之幕府；闭目凝视，犹若见之。而国势反复，殆如麻姑三见东海为桑田矣，可胜概哉！”

一是在北海道札幌见到山东日照农民许士泰。许于光绪元年移居札幌郡丘珠村，是黑田清隆在烟台招募的10个拓殖工人之一。由于开垦成绩卓著，先后受兴农产会会长总裁赏以银杯及白桃绶名誉章，事迹且奏报天皇。许士泰虽已勤劳致富，但仍然是“状朴拙，口呐呐”，保持乡农本色。张謇感慨地说：“世不必读书治政治家言方为人才，凡能平地赤立而发名成业者，真人才也。莫为之前，虽美弗彰。……夫置一许士泰于烟台苦工之间，何异恒河沙数中之一沙。有人焉，簸之扬之，而许士泰见矣。今中国人中若许士泰者何限？十百千万倍于许士泰者亦何限？其视政府，若九天九渊之隔绝，当其一詈而一嘲，十百千万倍于许士泰者也。抑闻闽粤之行，佣工经商于南洋诸岛间者，以数十百万计，问闽粤有司有可稽之籍否？一许士泰，又宁足论其幸不幸哉！”

札幌之行给张謇留下极为深刻的印象，他在日记上赞叹：“札幌街衢，广率七八丈，纵横相当。官廨学校，宏敞整洁；工厂林立廛市齐一。相见开拓人二十年之心力。”而他自己不也正是一个中国的开拓人吗！

但是，最使张謇感到愤慨的却是载振一行在访日期间的一系列表现。载振是军机大臣庆亲王奕劻的儿子，时为商部尚书，以贪污腐化而声名狼藉。

五月一日张謇到达神户时，正好碰上载振、那桐回国。张謇在日记上如实地记下当时的情景：“西京伎小岸、藤叶、富子、胜子四人送贝子（载振）至神户，神户华商宴之，复大集声伎，日报言之。复言：贝子、侍郎（那桐）在名古屋、西京（奈良）广购美术品而不甚购书。询之各华商，贝子匆匆，亦无暇究商务。然则华商户首龙旗贴贴，商殊不负国。”

五月初十日，张謇在东京参观造币局，书记以来宾录请题名。张謇翻开一看，只见前二页已写下五行字。张謇又如实地记下这五行墨迹：“第一行某月、日；第二行大清国某某事来；第三行贝子戴振，戴字误；第四行尚书衔户部侍郎云云那桐，书字脱而旁注；第五行随员二十二人。”事有凑巧，张謇接着翻开大阪城内水源局的来宾录上载振一行的题名，发现“前二行同，三行仍书贝子戴振，尚书衔脱书字未补”。尚书两次写错了自己的名字，侍郎两次写不全自己的官衔，清廷居然派这样的贵族大臣出国考察。应该说明，这段记载在《东游日记》正式出版时也被删掉了，这当然是由于害怕得罪当权的清朝王公贵族。

五月十二日，张謇等再次参观博览会，在通运（交通）馆看到制作精密的台湾模型。令人惊诧的是："乃并我福建诸海口绘入，其志以黄色，亦与台湾同。"这件事曾引起东京中国留学生愤怒抗议，但载振等却毫无反应。所以，张謇在日记上附带写下一笔："振贝子、那侍郎或未之见耶?"甲午战败不过10年，这些爱新觉罗的王孙贵族来到日本，不仅依然骄奢淫乐如在国内，而对于有损中国主权的公开陈列却视若未见，这当然会引起每一个真正的中国人的极大愤慨。

张謇没有用语言，而是用自己的行动来抨击这些贵族和高级官员有损国格的丑行。他把每天的考察日程都排得满满的，并且作了详细的记录，许多地方都是结合中国实际加以比较、分析，然后提出自己的见解。直到归国前一天，他还抓紧访问了盐业研究所，参观盐田并了解美国制盐法，以及日本改良制作的重底釜。尽管已是利润丰厚的大生纱厂首脑，张謇临行却没有为自己买什么奢侈品，而是专门到博览会为幼稚园购"恩物"(礼物)，并"拟购大犁、中犁、小犁及耙土、播种、割麦、脱粒、薙草、翻草器各一具；工具中拟购织布、缫丝、织绸、织席、绹绳、吸水、精米、造烛器各一具"。此外，他还为通州师范学校聘请了几位日本教员，为幼稚园聘请了有专门训练、经验丰富的保姆（教养员)。

张謇访日之行收获很大，对他此后的思想认识和政治态度都有深刻影响。从四月二十七日启程东行到六月初六日回到上海，往还整整70天（这一年有闰五月)。在此期间，除着重参观博览会以外，还认真考察了各地的教育与实业。由他自己确定的参观程序是："先幼稚园，次寻常、高等小学，次中学，次高等，徐及工厂。"张謇的参观不仅有准备，有目的，有计划，而且还非常讲究实际。日方接待者嘉纳治五郎询问张謇"东来调查宗旨"，张謇回答说："学校形式不请观大者，请观小者；教科书不请观新者，请观旧者；学风不请询都城者，请询市町村者；经验不请询已完全时者，请询未完全时者；经济不请询政府及地方优给补助者，请询地方人民拮据自立者。"张謇这番话很容易被误解为保守和缺乏宏大的气魄，实际上这却是一贯讲究实效的优良作风的体现。他决不好高骛远，也不追求浮华新奇。他事事都从国内的实际情况出发，在学习外国先进事物时总要首先考虑自身的财力、物力和接受、消化能力。譬如学校他着重考察的是师范与中小学、幼稚园，因为普及国民教育乃是中国的当务之急。制盐宁愿学习日本简易的改良工具，而不引进更为先进的美国生产方法，因为后者距离中国现有的经济基础太远。

张謇在日本考察的态度也比较客观，既努力学习新事物，但又决不迷信外国，一切都经过实地调查，然后再作出自己的判断。有一次，他在大阪旅舍倾听两个中国留学生谈论十年来的中日关系。甲生认为日本轻视中国，强暴者处处凌侮华人，用柔术者则想控制中国教育之权，“以中国为殖民地”。日本也是向欧美学习，在日本学习不如直接到欧美学习。乙生说：中国普及教育未兴，难以“一蹴而几欧美”，“不若就其犹近我者而借径焉”。日本的轻侮是由于中国的落后，只有坚忍自奋学其长处，努力发展实业、教育，才能赢得外国的尊重。张謇并没有急于评判两者的高下，而是从两方面都作了认真的反复的思考。

张謇在考察过程中并不认为日本一切都好。他是一个已有管理经验的实业家和教育家，不同于那些高谈阔论而又愚昧无知的官僚。他以严格得近乎挑剔的眼光审视一切，详尽地了解日本那些先进的可以借鉴的经验，同时也不轻易忽略某些缺点和存在的问题。譬如，他在东京清净轩，就发现“旅馆门外临江户城壕，濠水不流，色黑而臭，为一都流恶之所，甚不宜于卫生”。张謇感慨说：“此为文明之累。”他已经注意到工业化所造成的环境污染的恶果。在东京，经过多方调查，发现曾在中国推销过凿井图纸并打算为大生纱厂凿井的所谓日本工程师竟是一个骗子，而且还牵涉到日本驻沪领事。张謇又不禁感慨系之：“嗟乎！日人谋教育三十年，春间教科书狱发，牵连校长、教谕等近百人。今察其工商业中私德之腐溃又如此，以是见教育真实普及之难。”在道义和功利之间寻求协调，始终是张謇关注的两难选择。张謇还发现日本也有不及中国之处。从上野乘汽车到青森，“途中所见农业颇有不良者，桑率荆种，间有为地桑之鲁种，叶亦小而薄，麦则穗短而色黯，在田者犹多。询之给仕（服务员）云：七月半后，乃可刈尽，此时亟于莳稻无暇也。此已不及中国矣”。还有日本制盐质量也不理想，“宫城之盐，其第一等与余东同，不逮吕四也”。

张謇富有民族自尊心，同时也具有客观和开明的态度。尽管他在日本看到许多不足之处，但并没有渲染这些缺点，更没有因此否定向日本学习的必要性。70 天内一共参观了 35 处教育机构和 30 个农、工、商单位，而且是每看必问，每问必记，每记必思。张謇把访日心得概括地总结为："就所知者，评其次第，则教育第一，工第二，兵第三，农第四，商最下，此皆合政、学、业程度言之。政者君相之事，学者士大夫之事，业者农工商之事。政虚而业实，政因而业果，学兼虚实为用，而通因果为权。士大夫生于民间，而不远于君相，然则消息其间，非士大夫之责而谁责哉？孔子言：以不教民战，是为弃之。夫不教之民，宁止不可用为兵而已，为农、为工、为商，殆无一可者。然则图存救亡，舍教育无由。而非广兴实业，何所取资以为挹注，是尤士大夫所当兢兢者矣。"依然是"实业救国"，依然是"教育救国"，只不过把教育摆在更为突出的地位，并且更加强调"生于民间而不远于君相"的士大夫（绅士）的桥梁作用。当然，这里所说的"士大夫"已经不是保守顽固的科举文士，而是锐意发展近代实业、教育的开明士绅。上述意见并没有超过张謇在国内已经提出的各项主张，但这是在另一个国家、另一个社会经过实地考察、比较、分析、验证而后重申的见解，因而便显得更为明确和坚定。

张謇把自己考察的范围限制于教育与实业。当然，两个多月的时间即使对于考察教育、实业也并不宽裕，何况他的考察又是那样认真与详细。他临行还为未能正式考察日本发达的医学而感到遗憾，尽管他在东京曾观看过医学校的人体解剖，甚至还曾连续几天到医院"修治病齿"。政治也不属于此行考察范围，但在考察实业与教育时却常常碰见政治，这就是他在总结中所提到的，无论是实业还是教育，都应包括政、学、业三个方面，而"政者君相之事"，首先就是政府的政策。他参观博览会农林馆，看见北海道开垦图便想到日中两国政策的分别：对于北海道开垦，"国家以全力图之，何施不可？宁若我垦牧公司之初建也，有排抑之人，有玩弄之人，有疑谤之人，有抵拒挠乱之人，消弭捍圉，艰苦尤甚。是则伊达邦成、黑田清隆（北海道开垦之创始人）之福命为不可及矣"。参观玻璃厂，他非常羡慕"日本凡工业制造品运往各国，出口时海关率不征税，转运则以铁道就工厂，又不给则补助之，国家劝工之勤如是。……与世界竞争文明，不进则退，更无中立，日人知之矣”。他把这种奖励补助（包括资金支持）工商业的政策叫做“以予为取”，认为中国政府应该效仿。参观大阪府立师范学校，他又发表感想：“凡事入手有次第，未有不奏成绩者。其命脉在政府有知识，能定去向；士大夫能担任赞成，故上下同心，以有今日。不似一室之中，胡越异怀，一日之中，朝暮异趣者，徒误国民有为之时日也。”在函馆港，他劝华侨商人合力创办汽船公司自运中日贸易货物，侨商畏缩迟疑，回答说：“先恐华官不许，即许亦不保护。日本邮船会社开创至于今，国家补助未绝也。”张謇深受刺激，在日记上写道：“嗟乎！畏虎者谈虎而色变，孰使吾海外辛苦之民变色至于此。又念余遵朝旨兴扬通内河小轮，犹有阻抑者，彼商人之寒心何怪焉。”到北海道实地考察后，他了解到土地只开垦十分之一，渔、农、林、矿年产值已达四千万元，国家法令规定垦牧二十年以内免予征税，今只征轻微郡町村税，而且还是用于地方警察、学校、卫生。张謇颇受刺激，在日记上写道：“合我二十二行省计之，如北海道者何止百倍，人民之可募可移者何止千倍，使尽如此经营，于富强乎何有？抉其病根，则有权位而昏惰者当之矣。”

张謇是个现实主义者，如此众多的事实不能不使他考虑到“抉其病根”，即改良政府。因为政府假若“昏惰”如故，则什么资助实业、倡导教育都只能流为空谈。至于如何“抉其病根”，张謇在日记中虽未作正面而具体的回答，但其意向大体上还是比较清晰的。他所强调的有两方面的内容，一是健全立法，二是政党政治。例如，他在东京参观造币局时曾有一段议论：“东西各国办事人，并非别一种血肉，特造止法度，大段（体）公平画一，立法、行法、司法人，同在法度之内，虽事有小弊，不足害法。是说也，尝与沈子培、郑苏堪相发明之。”此外，当他看见报导伊藤博文代替桂太郎担任内阁首相的号外以后，曾作纪事诗一首以抒发感怀。“鸟兽亦有群，朋党性情事。与盗掩耳钟，宁各表其帜。日风多任侠，党多自明治。道同旅进退，明白不曾秘。朅来舆论哤，纷纭在国计。增税与募债，并策强邻备。”仅仅两个多月的参观，自然不可能洞悉议会政治的弊端，因此他对日本的政治情况难免有过于理想化之处。但是，他趋向于实行君主立宪，毕竟是赴日考察后的一大进步。

张謇在日本诗作甚多，其中还有两首也颇耐人寻味。

一首是参观《马关条约》签订之处春帆楼后所作：“是谁亟续贵和篇，遗恨长留乙未年。第一游人须记取，春帆楼上马关前。”

另一首是参观札幌惊羡于北海道开垦20年业绩，题曰《一人》：“一人有一心，一家有一主。东家暴富贵，西家旧门户。东家负债广田园，西家倾家寿歌舞。一家嗃嗃一嘻嘻，一龙而鱼一鼠虎。空中但见白日俄，海水掀天作风雨。”

张謇回国以后，把自己在日本访问期间的日记编辑付印，题为《东游日记》。此书于八月二十二日印成，张謇分送给友好与各方面人士，目的是推动实业、教育的发展，并且宣传自己的政治见解。当时，访日归来的名流们发表日记、笔记、游记、丛谈，已经蔚成风气，但是张謇作为实业家与教育家去考察日本的实业与教育，他的见闻观感当然有自己的特色，与一般附庸风雅的趋时之作有很大的区别。

投身立宪

日本之行促使张謇积极投入立宪运动。“鸟兽亦有群，朋党性情事。”张謇终于认识到，仅仅依靠宫廷斗争，仅仅依靠一个无权而又幻想有所作为的皇帝，仅仅依靠某些比较开明的大臣、督抚，都是无济于事的。为了避免革命爆发并促使清政府确实有所革新，必须在组织商会、农会[①]、教育会的基础上，进一步组织政治团体以至新式政党，在全国鼓吹与推进立宪运动。

君主立宪主义作为一种社会思潮在中国出现，决不是孤立的现象，它在亚洲其他殖民地、半殖民地国家中也有自己的社会土壤。如1904年越南潘佩珠创立的维新会，鼓吹走日本明治维新道路。还有伊朗的君主立宪运动，土耳其新奥斯曼党人的立宪运动，都属于这种性质。至于印度的国大

① 张謇等组织的农会，亦称农学会，是以新派绅士为主体的推动农业改良的研究性和普及推广团体。朱英《试论辛亥革命前的农会》一文，载于《辛亥革命与近代中国——纪念辛亥革命80周年国际学术讨论会文集》中华书局1994年版，对此有较详尽的论述。

党运动，菲律宾的“宣传运动”，1908 年印尼雅加达成立的至善社，虽然与前述运动略有区别，也都属于资产阶级改良运动这个总范畴。其所以如此，一是这些国家的民族资本主义发展不足，决定了本国资产阶级的软弱性格，其上层人物往往倾向于与封建地主阶级妥协；一是日俄战争的影响，日本的战胜使人误以为就是君主立宪主义的胜利。中国的情况也是如此，正如以后有人所追述的那样：“自甲午以至戊戌，变法之论虽盛，然尚未有昌言立宪者。政变以后，革新之机，遏绝于上而萌发于下。有志之士，翻译欧美及日本之政治书籍，研究其宪法者渐众。甲辰，日俄战争起，论者以此为立宪、专制二政体之战争。日胜俄败，俄国人民群起而为立宪之要求，土、波诸国又闻风而起，吾国之立宪论，乃亦勃发于此时。且当此之时，国民之中，主张激烈之革命论者，日益蔓延。清政府欲利用立宪说，以消弭其患，其君主立宪制之本意，尤以此为多。”[①] 张謇在访日归来以后的言论，与这股潮流完全是一致的。

光绪二十九年十二月二十八日，张謇从《中外日报》得知日俄战争已经爆发，而且日本已获两次小胜。除夕之夜，张謇心潮起伏，在日记上写道：“日本全国略与两江总督辖地相等，若南洋（指南洋大臣管理地区。——引者）则倍之矣。一则致力实业、教育三十年而兴，遂抗大国而拒强国。一则昏若处瓮，瑟缩若被絷。非必生人知觉之异也，一行专制，一行宪法，立政之宗旨不同耳。而无人能举以为圣主告也，可痛可恨!”第二天，即光绪三十年元旦，他又在日记上自我督责：“晨东南风，昙；午后西北风，晴明。此占验家岁丰人寿之祥也。而海氛方恶，国势方危，区区一隅之地，一人之身所应尽之义务，曾未一一著有效果，而齿又增矣。可愧！可愧!”

张謇等待着向“圣主”进言的时机，而这样的时机很快就到来了。不过一个多月，清政府驻各国使臣孙宝琦、胡维德、张德彝、梁诚等联名电请变更政体，国内的一些督抚也谋求有所呼应，立宪运动已成山雨欲来之势。同时，清政府对于力量逐渐增长的资产阶级上层人物加强了拉拢，于

① 伧父：《立宪运动之进行》，《东方杂志》第 9 卷第 7 号。

三月初一颁发上谕："张謇著赏加三品衔，作为头等顾问官，钦此。"这既重新激发了张謇对清廷的幻想，也增强了他向清廷进言立宪的勇气。尽管这年他为翁同龢写的挽联再次提到"党锢"问题，但已不再为帝后党争可能带来的迫害担忧①。

张謇一向不愿意做官，即使在受到清廷重视以后也依然未改初衷②。可是这次却毫无推辞就接受了任命，他在三月初五日日记上写道："江海之臣，宦情久绝，忽被恩命，甚愧而逾。顾官为新制，又系实业，于经营实业界中，或者小有裨益，是则王命之孚为可感矣。"张謇年过半百，久经沧桑，志趣未改，倔犟如故，但毕竟深悉世情，待人处事也变得略为圆通一些。在清末实业界，头面人物均有官衔，绅商对朝廷和地方官府自称"职商"，职者即指官职，尽管多系虚而不实。商部顾问官而又冠以头等，自然抬高了张謇的社会地位，也增强了他发言的分量，岂但于经营实业界中"小有裨益"，即使对于推进立宪运动也大有好处。因此，张謇对于主持商部工作的载振，态度也有微妙的变化。他不仅为婉辞主持全国商会及丝茶公司的聘请给载振写了谢启，而且在第二年春天还为人改定《寿振贝子诗》三十韵，并亲自为载振写寿屏、贺函③。这自然不属于私人有所求，而是为实业和立宪谋求各方面的助力，至少是尽量减少一些阻力。

---

① 这年五月十六日张謇曾往常熟探视翁同龢，时翁已病重。张謇十七日日记称："诣南泾塘见松禅于病榻，颇惓惓于旧恩，大臣固应尔，抑西人所谓特性也。"二十六日日记："得翁宅赴：二十一日子正，松禅师易箦。遗命以自挽联属书，又令草遗疏。松云：'朝闻道夕可死矣，今而后吾知免夫。'下语微婉，而令謇书，附事尤切。"二十七日："写瓶狮自挽联，并自写挽瓶师联：'公其如命何？可以为朱大兴，并弗能比李文正。世不足论矣！岂真有党锢传，或者期之野获篇。'"

② 光绪三十二年致江督端方函，曾回忆说："往时蒯观察（蒯光典）为言，大学与政界相近，必先有大学，乃得有多数政界之人，其意以大学为科举时代举人、进士之阶梯而已。鄙意所谓政界之人者官也，所谓大学者，养成可以为官之国民，不必尽为官也。无国民之知识而为官，今天下之官若是其多矣，其有益于国否？与其得多数无意识之官，不如得少数有意识之民。此则方圆之见各殊，不能苟于求同者也。"《东游日记》五月十五日亦有讥刺之词："华士大夫则方官而有商略，方商而有官式。"又《张謇日记》光绪二十九年十二月八日，曾记载他对汤寿潜的谈话："天下将沦，惟实业、教育有可救亡图存之理。舍实业官不为，设至陆沉之日，有相怨吾辈当日不一措手，则事已无及。"

③《张謇日记》光绪三十年三月十七日，三十一年二月二十日、二十一日、二十二日。载振自光绪二十九年始任商部尚书，三十二年任农工商部尚书，次年四月免职。他曾有意延揽张謇兴办商会及丝茶大公司，张认为这是"务虚名而无实效者"，故谢辞。

张謇谒翁同龢墓留影

当时，两江总督刘坤一已经病逝[①]，先由张之洞署理两督，后由魏光焘接任。魏属湘系老人，年已六十七，给张謇的印象是“言论之间，亦老于世故”。其实，与魏同岁的张之洞也逐渐减退了先前的活力，张謇曾多次谒见都碰上此老高卧未起而败兴归来。但是张謇为了推动立宪，仍然不得不求助于都是六十七岁的这两位江、鄂总督，正等于他也不得不违心联络载振之流一样。光绪三十年三月，张之洞入京觐见后回鄂途经南京，与魏光焘共同邀请张謇共商立宪事宜。张謇欣然前往，三月二十二日到江宁住在商务局，第二天就拜访张、魏二督，议定由张謇与蒯光典代为起草请求实行立宪的奏稿。张謇在南京停留半个月，直到四月七日才去上海。在此期间，他参考其他督抚立宪奏稿，与蒯光典反复商讨起草，并将奏稿送请各方有关人士传阅“磨勘”。到上海后，他继续与汤寿潜、赵凤昌（张之洞前幕僚）等反复修改，又不断寄请魏光焘与其他外地人士征求意见，前后总共十易其稿，可见态度之极端谨慎。他对张、魏二督及此稿并不完全满意，曾与偏远的云贵督抚丁振铎、林绍年请求变法的电奏相比较，认为丁、林“敢言之气，当为本朝第一”，而张之洞有关立宪的议论虽尚明晰，但“其气甚怯”[②]。

张謇还借用翁同龢的遗言批评张之洞。在张謇未刊函稿中有两封给赵凤昌的信，主要是评论翁同龢、张之洞晚年的政治态度，在两者的对比中寓以褒贬。其一是：

> 《义解》（指《宪法义解》。——引者）印成否？应早成矣。直如有何消息，祈一询叔蕴（罗振玉）、杏城（杨士琦），断不可虚。下十

---

① 《张謇日记》光绪二十八年九月六日：“闻新宁薨逝之电，得一挽联云：‘吕端大事不糊涂，东南半壁，五年之间，太保幸在。诸葛一生惟谨慎，咸同两朝，众贤而后，新宁有光。’”

② 《张謇日记》光绪三十年三月二十八日：“抱冰（张之洞）来，复谈立宪，其论亦明，其气甚怯。”

七、八日与松禅老人（翁同龢）谈两次，颇及宪法。老人极赞，亦以非此不可救亡也。原动力需加火以热之，有何妙策见示。松雪道人

烟波钓徒　五月二十九日

其二是：

印成书否？顷得密函，振（载振）得丹（许鼎霖）书，告其堂上（庆亲王），亦深以为然，但言须稍从容。此时正在译宪法，择与时势合而易行者，闻将进之。又北洋友人讯（此讯亦由京转），言南皮（张之洞）创为有限宪法之说，民间有义务无权利，讥其毒民，后必不昌，岂真有此说耶？公有所闻否？此老发端既不勇，而以大学章程例之，恐学术杀人之事不免。公与之有休戚之谊，不可不尽言。昔人言以嗜欲杀身，以货财杀子孙，以学术杀天下后世之人，君子不可有此罪孽。此事消息不恶，印书希望速成速布速进，并望以百本即见寄。常熟遗疏中即有此语，是病榻所谈，此老毕竟有心。公秘之。松雪翁

江东步兵　六月一日

所谓“原动力”显然指的是清廷，“加火以热之”则指舆论的推动以及进呈《宪法义解》等书。“振”指载振，“丹”指许鼎霖（丹揆），“堂上”指奕劻。张謇一方面极力联络清廷核心人物，一方面以“学术杀人”之语抨击张之洞，可见他参与立宪运动的积极性仍然很高。除了继续为张、魏修改奏稿以外，还组织编译刊印了《宪法义解》、《日本宪法》、《日本议会史》（第一期，全部共十二期）等书，分送各方面重要人士，甚至还托人秘密送入宫内12本。这时，全国范围的立宪运动已经逐步展开了。

根据张謇参与起草的奏稿以及为《宪法义解》、《日本议会史》等书所写的序文，可以看出他们有关君主立宪的基本见解。

首先，他们认为，非从根本上改变政体不足以挽救国家的危亡。“朝廷变法自强，屡下明诏，凡百新政，未尝不渐次设施。然政体不变，则虽枝枝节节而为之，终属补苴之一端，无当安危之大计。”张謇是个善于审时度势的人，现在的态度要比撰写《变法平议》时鲜明得多。他不再非议

康梁的“躁进”，反而批评那些认为立宪尚非其时的守旧势力，“论者辄言非其时；有志之士，愤世之杰，或亦同声而和之。不知各国立宪之始，将皆时至而乘之乎？抑人为之而时合之也？……嗟乎！施政之秩序有缓急，国民之智力无强弱，事不难于发端，亦贵有以先之耳”（《日本议会史》序）。他决心走向立宪运动的前列，而且也确实成为立宪运动的先导者。

其次，他们认为，在各国宪法中间，与中国国情相近而又最宜于学习的是日本宪法。他们特别强调“日本以帝国为政策，统于一尊”，即立宪后仍然保持“万世一系”的天皇制。并且极力向清廷推荐伊藤博文编写的《宪法义解》，为之誉扬说：“尊主庇民，巩固国势，成规具在，似可采择。”所谓“庇民”，自然很有限度；关键在于“尊主”，即“统于一尊”。这是给清朝皇室吃定心丸，希望他们能够接受君主立宪方案。

第三，他们还进一步安慰清廷，极力保证立宪以后君权不会削弱。理由是：“万几决于公论”是历朝相传的“圣训”，立宪无非是发扬光大这种“圣训”。“宪法所谓公论，不过变咨询之少数为多数，且仍决之于上，是君权转因之尊。”这就是说“公论”的范围虽然有所扩大，但最后裁决的权力仍然掌握在皇帝手中。而且，只要“变咨询之少数为多数”，就可以增强多数国民的责任心，不但“理财、练兵、兴学其事易举”，就是繁重的外债、赔款也不难逐步偿清。张謇正在向西方早期资产阶级学习以纳税换取选票的传统经验，但却把选举、罢免、立法等民主权利降低成为咨询性的“公论”，这自然表明中国资产阶级的上层人物比他们的欧美前辈更为软弱。

第四，他们对立宪步骤作了初步规划：（1）宣誓立宪，通告天下，“定为大清宪法帝国”。（2）派亲信而又有声望的王大臣出国考察宪政。（3）按照日本早期宪法章程办理立宪事宜。他们认为第一步特别重要，因为“内忧外患”已经严重到极点，只有充分表明立宪决心，才能使“外而眈眈环伺之列强，内而狡焉思逞之匪党，皆当改易视听，革命（面）洗心”①。只要朝廷明确表态，就可以外御凌侮、内防革命，这未免夸大了统

① 以上引文，除已注明者外，均录自《张謇、赵凤昌、汤寿潜改定立宪奏稿》。此稿收于《近代史料信札》（即通常所谓《赵凤昌藏札》），但《张季子九录》未收，亦不见于《张文襄公全集》，可能未被张之洞采用奏陈。

治者个人的作用。但是，从张謇等立宪派的角度来说，为了促使腐朽落后的清廷在立宪道路上向前迈出第一步，需要从多方面加以劝说、开导、鼓励，毕竟也是可以理解的。

在此期间，除张之洞、魏光焘外，张謇还积极联络其他各省督抚，希望他们采取一致行动，共同敦促清廷实行君主立宪。其中特别值得提出的，是张謇与袁世凯绝交20年以后的正式复交①。

辛丑以后，由于李鸿章的病逝，袁世凯已经继任直隶总督兼北洋大臣，并且先后与掌握军机处实权的荣禄、奕劻等深相结纳，成为在晚清政局中举足轻重的关键性人物。所以，富有政治经验的张之洞再三劝告张謇，需要首先与袁世凯商议定妥，然后才能正式着手推动清廷立宪。同时，周家禄、汤寿潜等也作如此建议。张謇由于与袁隔绝已久，而且素知袁既有权势欲又颇多心机，所以起初态度相当谨慎。光绪三十年四月十二日，他首先通过袁的亲信杨士琦，了解袁最近的政治见解。直到五月十三日，他才正式给袁世凯写信，促进其奏请立宪。

袁世凯由于地位不同，既是封疆大吏，又没有弄清慈禧真实意向，所以态度更为持重。尽管张謇劝他做中国的伊藤博文，他却含糊地回答："尚须待之以时。"张謇继续争取袁世凯的支持，于光绪三十一年八月间，托吴彦复（吴长庆之长子）北上向袁面陈一切，并给袁写了一封信。此信除劝袁不要继续上疏禁止抵制美货以外②，主要还是敦促袁带头奏请立宪。他向袁再次进言："日处高而危，宜准公理以求众辅。以百人辅，不若千；千人辅，不若万；万人不若亿与兆。自非有所见，不为公进此一言也。且公但执牛耳一呼，各省殆无不响应者。安上全下，不朽盛业，公独无意

① 光绪十年冬张謇致袁子久（世凯之叔）函，曾说："慰廷办事非不勇，治事非不勤，而时时杂以世故客气之习，故举动辄不胜有识之求。"语气已较绝交信缓和得多。甲午战争爆发后，袁世凯亦曾在北京拜谒张謇，主要是谈朝鲜及中日关系问题。此后两人私交仍恶，戊戌政变后张更憎袁。

② 当时抵制美货运动还为曾铸（张謇好友）等上层绅商所能够控制，因此张謇称之为"文明竞争"，认为可收"赞助政府之效"。他希望袁能给以配合，可以自行主张严禁抵制美货，但在实际上却不要干预各省的抵制美货运动，以求"两面相夹，正合飞箝捭阖之用"。但是，以后运动渐趋激烈，帝国主义加强压力，曾铸等退出运动，张謇不再认为这个运动可以"销敌强权，渐回国势"，并且极力疏通解除抵制了。

乎？及时不图，他日他人，构此伟业，公不自惜乎？”张謇对袁世凯的个性颇为了解，不仅晓之以义理，而且喻之以利害。袁世凯只要看见利之所在，是决不会甘心“万事居人后”的，张謇的进言在一定程度上正是利用了袁世凯的政治野心。

由于立宪运动已在全国范围蓬勃发展，清廷又有利用立宪以安抚国民的意向，所以袁世凯的态度转为明确。他也回信恭维张謇说：“各国立宪之初，必有英绝领袖者作为学说，倡导国民。公夙学高，才义无多让。鄙人不敏，愿为前驱。”① 袁世凯也极力奏请立宪。清廷在各个方面促进下，终于在光绪三十二年七月十三日下诏准备立宪。为此，张謇又给袁世凯写了一封信：“自七月十三日朝廷宣布立宪之诏，流闻海内外，公之功烈，昭然如揭日月而行。而十三日以前，与十三日以后，公之苦心毅力，如水之归壑，万折而必东，下走心独喻之。亿万年宗社之福，四百兆人民之命，系公是赖。小小波折，乃事理所应有。以公忠贞不贰之心，因应无方之智，知必有屈信尽利者。伟哉！足以伯仲大久保矣。吴武壮（吴长庆）有知，必为凌云一笑。而南坛、汉城之间，下走昔日之窥公，固不足尽公之量也。”最后提到的“南坛、汉城”之往事，实际上就是为《与朱曼君及叔兄致袁慰亭函》那封绝交信致以歉意，表示愿意尽弃前嫌，重续旧好。

时过境迁，20年过去了，张、袁二人的地位和识见都变化甚多，他们是在新的条件下和新的基础上寻求范围更为广阔的合作。

20年前，张謇不过是庆军的一个幕僚，依然隶属于正统的士人群体。“謇，直言也。”他的个性如同他的名字，而用传记主人公的习惯语言来说应是“名从主人”，即他的名字体现了他的刚直憨朴的性格。他恪守圣贤的教诲，以纲常伦理作为知人论世的标准，而且自己也身体力行。他诚然是一个爱国者，但封建道德规范仿佛是一个狭小的容器，把他的报国之心局限在较低的层次上。他不仅忠于国主，而且忠于幕主，这就是所谓名分

① 张一麐：《拟复张季直殿撰》，《心太平室集》，1947年，线装本。作者时在袁世凯幕中，深得袁之信任。

与风义。他赞赏袁世凯干事的干练敏捷，却不满于袁的浮躁与热衷利禄，特别是愤慨于袁对衰病中的吴长庆的冷淡与背离，当然也包括袁对同僚师友的轻慢与倨傲。他与袁世凯的绝交，不是出于政见分歧，不是出于工作冲突，更不是出于个人恩怨，主要是出于道德观念的差异，当然多少也夹杂一些性格冲突与意气用事。

20年后的张謇，已是历经世变、倾动东南、影响全国的名流。他从传统儒学中的经世致用流派出发，经过清流、帝党的困惑生涯，终于发展成为笃信“实业救国”、“教育救国”的近代大事业家。他的国家观念与道德观念已经发生变化，对民族前途和国家近代化的关心实际上已经超过对君主个人的忠诚。在他内心的价值天平上，动机与效果、道义与功利的比重发生了微妙的变化。他逐渐离开那个宁可让异性淹死也不援之以手，或者是迫使女儿上吊以换取旌节牌坊的迂腐营垒。他已经开始树立在世界范围“竞争文明”的近代观念，希望国家尽快摆脱贫困落后以求于有所自立于强国之林。与这个大目标相比较，青年时代的意气用事便越发显得幼稚可笑。何况他已明于世故，不再是那样十分拘执与古板；既然可以联络素昧生平的载振，为什么不可以与毕竟有过共事之雅的袁世凯复交。办大事业需要众多人才，也需要众多助力，他既然要倡导全国范围的立宪运动，便必然要向各个方面寻求广泛的支持。

袁世凯也不再是二十多年以前那个少不更事的纨绔子弟。他凭着自己脑筋与手腕的灵活，当然也包括军事、政治、外交方面的才能与经验，顺利地经历了戊戌、庚子两次惊涛骇浪，不仅没有成为派系斗争的牺牲品，反而充分利用派系斗争，左右逢源，得心应手，终于成为手头掌握一支具有相当战斗力的新式军队，位居疆臣之首并已赢得中外瞩目的显赫人物。他与张謇是同一时代而又不同类型的两种人物。张謇具有强烈的事业心，袁世凯具有无可遏止的权势欲。张謇仅仅是“明于世故”，谋求有所因应而有所不为，并不玩弄手腕。袁世凯则是“精于世故”，为了达到个人目的可以不择手段，而且很善于表演虚伪姿态。张謇给袁世凯的信虽然不无溢美之词，但基本上是开诚布公的。因为刘坤一已死，张之洞老迈，他不能不在后起的督抚中（如袁世凯、端方等）寻求新的依托。袁世凯则无非把联络张謇作为他政治棋盘上的一着备用的棋，因为张謇号称“东南人望”，而且在舆论上颇有影响力，在必要的时候他需要张謇的合作。但是袁世凯重视利益甚于情谊，重视实力甚于声誉。他可以充分利用每一个人，但决不轻易相信任何一个人，包括他的核心部属乃至他的子女。

张謇在这种情况下与这样一个政治人物恢复交往。当然，鉴于他既往的所作所为，张謇在内心深处也未尝不有所保留。下面是张謇日记中两处较长的议论：

光绪三十一年四月十一日：“杨兄弟七人（指杨士琦等。——引者），一死于粤海，一官山西平阳知府，一署东抚，一总办招商轮船，一崇明知县，一行为清江铜元局总办，一内热而风，皆因公路（袁世凯）显。平阳守为甲午同年，稍能自异。可怜光彩生门户，杨氏故事也，今其炙手可热似之。刘永庆字延年，公路戚也。公路势力益扩，骎骎只手揽东南北半壁矣。”

同年十一月二十九日日记附有《立宪近况记略》：“立宪之机，动于铁、徐（铁良、徐世昌）之入政府，端之入朝，振贝子又助之，陈于两宫。慈圣大悟，乃有五大臣考察政治之命。既盛宣怀于召见时首倡异议，袁世凯亦依违持两可。会八月二十六日车站炸弹事发，慈圣大震，而小人得乘势以摇之。然五大臣之命不可遂收，故反复延宕至三月之久。徐入政府，袁所荐也，闻于此事不甚附袁。既又留徐、绍而易以尚其亨、李盛铎，佐泽公西行。李颇有自命为宪政党之意，亦时时示异于袁，盖善占气候人也。然又贰于端，殊自表儇。观其戊戌之已事，性质、手段略同于袁，而地位不同，所已成就者亦遂小异。留学生归国事（指留日学生反对取缔规则罢课回国。——引者），李颇采余说，而又忌余之亲端，乃略解之。要之，宪政之果行与否，非我所敢知，而为中国计，则稍有人心者不可一日忘，此事将于明年秋冬之季卜之。”

然而张謇别无其他选择，亡国危险仍然存在，革命高潮即将到来，推行立宪必须依托各地督抚的实力，而这就必然要把联络袁世凯视为活动的重点。文艺需要激情，政治则需要心计。联络袁世凯，对于张謇来说，主要是受立宪运动的驱使，与翁、张交谊的诚笃深厚不可相提并论。但是，由于地位与作用均已显著增长，袁、张之间的联络与分合，对于清末民初政局的影响，却又是翁、张交谊所不可比拟的。

预备立宪公会

光绪三十二年是资产阶级革命派走向广泛发动武装起义的一年，也是立宪运动在全国范围走向空前高涨的一年。

以孙中山为首的资产阶级革命派，虽然早在光绪二十年即已成立兴中会，并于次年在广州作最初的武装起义的尝试。但在国内影响较小，许多新派人物寄希望于康、梁的维新变法，却不知孙中山宣传并实践的革命为何物，有些人甚至以为孙中山是个桀骜不驯的江洋大盗。戊戌变法失败以后，一向主张自上而下改良的维新君子们也成为海外流亡之徒。尽管康有为倡立了保皇会，但梁启超、欧榘甲等年轻的门徒则曾倾向并宣传过共和与革命，在自立军起义过程中两派也曾经有过合作关系。但是由于康有为“不忘今上”，始终坚持顽固的保皇立场，加以梁启超到处宣传“名为保皇，实则革命”，蒙骗并夺取了大多数兴中会的群众，此后两派即逐渐势如水火。孙中山首先起来批判保皇党人为虎作伥，同盟会成立以后又以《民报》为主要阵地，从理论到现实与保皇派展开系统的论战，有力地推动了民族民主革命思潮的传播。并且在光绪三十二年萍浏澧起义以后，在两广和云南边境发动武装起义。

张謇与康、梁的情况不同，他既没有与革命派合作的经验，也没有与革命派有过直接交锋。起初，他对革命派了解甚少，以为无非是幼稚青年惑于自由平等之说，或是由于种族之见太深。他对自由平等学说持保留态度，因此主张对青年学生实行“干涉主义”。但他更多地是以从事教育的长者姿态出现，侧重于对学生的开导和劝说。甚至当同盟会成立后，大批留日学生为反对日本政府取缔规则而纷纷归国之际，他虽认为学生过于“浮嚣”，但却与赵凤昌等积极筹划接待与安置。当时，由于两任驻日公使蔡钧、杨枢夸大事态，盛传回国留学生多为革命党，形势颇为紧张。张謇却不以为然，经过向留日学生调查，他在日记上写道：“知杨使所传革命事不尽确，盖一二浮动少年激于鄂督之奏疏、政府之意向，持论过激，而孙党乘而煽之，亦数十人而已。而杨使畏葸，乃故张而大之也。”[①] 他担心矛盾激化，反对扩大事态。

但矛盾毕竟迅速激化，张謇终于直接感受到革命党人的挑战——最初是吴樾在北京车站暗杀出洋考察政治五大臣的炸弹声。当天深夜，《时报》主持者狄葆贤前来向张謇报告：“五大臣临发都门，炸药忽发，泽公、绍商丞微伤，送行者毙二人，伤数十人。”张謇认为：“此必反对立宪人所为也，如此则立宪尤不可缓。”他当即起草给端方的电稿，并请“奏布明诏，以消异志。”[②] 吴樾的壮烈牺牲，不知推动多少爱国青年投身革命；但是在炸弹爆烈、血肉横飞之际，他却万万没有想到自己的行动在客观上也促使立宪派加快了步伐。

虽然延宕达3个月之久，但由于已发之王命不可收，五大臣经过略作人员调整，终于出洋考察政治，这在海内外立宪派看来就是一次胜利。梁启超为他们捉刀代笔，起草考察报告，重新与国内某些王公大臣建立了联系。张謇对此也极为重视。当出洋大臣回到上海时，张謇专程前来与载泽、端方、戴鸿慈等商谈，并发起商、学两界公宴端、载，与随行的各省提学使也曾多次会晤，加强了彼此的联系。同时，他还为端、载起草了《为立宪致各省督抚电》，以扩大此次考察的影响。

四大臣（李盛铎因出使比利时未归）回到北京后，立即向慈禧多次奏请立宪。他们反复申说，只要仿行日本宪法就可以得到三大好处：(1)“君权永固”；(2)“外患渐轻”；(3)“内乱可弭”。其实这都是梁启超、张謇等早已说过的老话，只不过载泽、端方等是满族亲贵大臣，他们的进言比较容易得到慈禧的信任。为此，慈禧特地召开一次御前会议，于七月十三日正式颁布诏谕，宣称：“大权统于朝廷，庶政公诸舆论”，预备仿行立宪，等几年以后察看“民智”程度，再行决定正式立宪的时机云云。

预备立宪的“国是”总算确定下来了。尽管清政府拖延和欺骗的手法

---

① 张謇：《张謇日记》光绪三十一年十一月二十日。

② 张謇：《张謇日记》光绪三十一年八月二十六日。

受到革命派的谴责和揭露，可是国内外立宪派却大为捧场，纷纷在各地“开大会，举祝典”，表示热烈庆贺。这就是张謇给袁世凯信中所说的，“自七月十三日朝廷宣布立宪之诏流闻海内外”云云。但洞悉朝廷内情的袁世凯却并不乐观，他给张謇的回信连称“惶愧，惶愧！方今事变之亟，任事之难，如运百斛舟于惊风骇浪之中，而欲其诞登彼岸，行百里者半九十，岂不信然”。事实也正是这样，即使在七月十三日诏谕预备立宪以后，统治阶级中的顽固势力仍然持怀疑与反对态度。他们一怕削弱君权，二怕丧失满族亲贵特权，三怕政体改革势将引起更大的动荡不安。如果深入观察，即可发现清廷宣布立宪主要是迫于形势，缺乏必要的主观能动性。

就是在赞成预备立宪（不管认识程度及是否有诚意）的王公大臣中，也还存在着满汉地主阶级之间的矛盾，而这又往往表现为中央与地方的矛盾。当然，满人亲贵之间、汉人大臣之间也存在着不同派系的矛盾，并且相互交织在一起。统治阶级内部各派之间对于权势的争夺总是无止无休的，因此他们的内部矛盾也就从来都是不可克服的。

不过，从当时的实际情况来看，统治阶级间中央与地方的矛盾是主要的。这是由于，正如本书前面已说过的，清朝皇室和亲贵集团所最为担心的“内轻外重”趋向继续向前发展。对于最高统治者来说，“内轻外重”的威胁并不亚于革命，因为甚至还在革命爆发之前，地方实力派的崛起就有可能夺取中央统治者权力的大部以至全部。清廷是以少数民族统治全国，对此自然更为敏感。

清沿明制，入关以后实行的依然是秦汉以来的中央集权制。但道光以后，中央政权的权威即不断遭到削弱，鸦片战争冲击于前，太平天国震撼于后，湘、淮军的相继兴起，即已表明政治重心逐渐下移。洋务运动的兴起更使地方实力派大为受益，他们除了掌握集团武装和地方政权以外，又掌握了一批工矿企业以至交通、金融机构，从而把自己的势力迅速扩大到一省或数省之外。对于这种趋势及其严重后果，察觉较早而又论析较深的是前面说过的赵烈文。同治六年他对曾国藩所说的那番话：“天下治安统一久矣，势必驯至分剖，然主德素重，风气未开，若非抽心一烂，则土崩瓦解之势不成。以烈度之，异日之祸，必根本颠仆，而后方州无主，人自为政，殆不出五十年矣。”“主德正矣，而食报已不为不厚。国初创业太易，诛戮太重，所以有天下者太巧。天道难知，善恶不相掩，后君之德泽，未足恃也。”① 其中提到的“统一”、“分剖”、“风气”、“瓦解”、“颠仆”、“无主”、“陆沉”等等，都是从统治者、人民、形势三方面作综合考察，然后形成一种类似政治力学的判断。所谓“主德”即皇室的权威，从封建政治体制角度来考察，中央集权专制的巩固依赖于皇室权威及其遍及全国的官僚、军队网络的稳定。而“主德”——皇室权威，其本身就是稳定这个网络的政治重心，它的分量越重，便越易于调节统治阶级内部各种矛盾，共同对人民实行有效的统治，以求维持各种政治力量之间的平衡。如果它的分量越来越轻，便会减弱以至失去政治重心作用，中央集权专制的统治网络就会因此缺乏自我调节能力，终至失掉平衡、稳定，以至分崩离析。到了近代，“风气”（即人民政治觉悟或参与意识）又成为直接影响政治局势的一个重要因素，因为民权思想的传入与滋长，以及近代工矿企业和教育事业的发展，是对中央集权专制及维护它的封建宗法思想的新的挑战。“风气”的开化，将在政治天平上皇权的另一方增加砝码，使中央集权专制的相对平衡更易于受到破坏。赵烈文把“主德素重”与“风气未开”联系在一起，说明他多少具有一些近代眼光。特别是在朝野上下都陶醉于所谓“剿平粤匪”、“同治中兴”之际，赵烈文对清王朝的前途怀有这样深沉的政治忧虑，确实表现出他的敏锐与远见。

赵烈文与曾国藩没有直接谈到“内轻外重”即重心下移问题，因为这是封建时代皇室最为忌讳的事情，历代许多权势倾动一时的将军和大臣，就是因为触犯了这种忌讳而惨遭杀身灭族之祸。自镇压太平天国以后，曾国藩位高思危，为消除皇室的疑忌花费了不少心力，自然要尽量避免议论这样敏感的政治问题，何况他又是一个极端拘泥于君臣大义的道学家。但是谈话毕竟含蓄地接触到这个问题，因为这已是无可讳言的现实趋势。曾国藩所说的“然则当南迁乎”，便蕴含着对这种趋势的理解。鸦片战争以后，特别是60年代以后，东南地区经济、文化的发展远远超过西北，地方

① 刘厚生：《张謇传记》，龙门联合书局，1958年，第158—165页，有较详尽的分析可供参考。

实力派的依托主要亦在东南。如果皇室“南迁”，则必然要被东南督抚所控制，成为虚有其表的傀儡。但是，赵烈文从国内外形势进行判断，根本否定了偏安一隅的可能，说是“恐遂陆沉”即完全垮台。这自然使曾国藩感到极为恐惧，所谓“吾日夜望死”，大概并非故作姿态。

清朝皇室对于这种趋势自然更为惶恐，他们无时无刻不在设法阻遏这种趋势的发展，直至最后“抽心一烂”、“土崩瓦解”。

慈禧是一个非常精明而又善于玩弄权术的宫廷贵妇。她曾与恭亲王奕訢结成同盟，依靠列强的支持，通过辛酉政变扫除肃顺等政敌，取得了最高统治权力——垂帘听政。并且又利用汉族地方实力派湘、淮等系军队，镇压了太平天国、捻军和其他各族人民起义，重新恢复中央皇室的权威，重建政治局势的平衡。她长期生活在宫廷之内，心胸狭窄而又工于心计。她缺少近代政治眼光，更谈不上什么治国安民的雄图大略。她考虑的只是如何维护自己历经艰险所赢得的绝对权威，然后才是爱新觉罗皇室世系的延续。她利用奕訢，但又唯恐这位亲王“功高震主”，不断地打击、折辱、罢斥，直至使奕訢在政治上不再具有任何重大影响。她不能容忍有任何人凌驾于自己之上，包括自己的亲生儿子同治小皇帝。同治不幸早死，她又选择另一个小皇帝光绪。把这些乳臭未干的孩子管教得服服帖帖地坐在龙椅上，完全按照她的意志来治理天下，这使她感到一种极大的甚至是不可缺少的满足。她要求于这些小儿皇帝的只是他们的孝敬恭顺，而并非英断多谋。所以，当光绪在甲午战争和戊戌维新期间刚刚表现出有所作为的时候，她就毫不犹豫地把光绪囚禁在瀛台，直至把这个青年人折磨成为一个活死人。她曾经选择溥儁，目的也无非是再换一个可以任意摆弄的儿皇帝。只是由于社会舆论的强烈反对，再加上列强的出面干涉，才使她不得不有所收敛。

应该指出，慈禧对付地方实力派，则要比在皇室内部的争权夺利困难得多，因为她所面临的是若干个拥有兵力、财力、物力和地盘的实体，而且这些实体还有一定的社会基础。中央和地方之间，每逢出现利害冲突和政见分歧之际，如果她需要采取任何重大对策，都必须首先通盘权衡各种政治力量的对比，而首先是中央与地方政治力量的对比。她利用湘、淮等

慈禧像

系镇压农民起义，又利用湘、淮等系办洋务。及至中央集权专制的网络得到恢复与相对稳定，而湘、淮等系实力逐渐膨胀，她又利用湘、淮等系之间的矛盾玩弄权术，并且利用“清议”来牵制洋务派。当一部分清流围绕在光绪周围形成帝党，并与维新派联合推行变法图强时，她惟恐大权旁落，又依靠淮系打击迫害帝党和维新派。她很善于在各派政治力量之间寻求平衡，但可惜这种平衡最后听命于一个昧于世情的落后头脑。

一大群翎顶辉煌的男人被一个控制着君权的女人摆弄得俯首帖耳，而这个女人又早已被男人编造的纲常名教整治得短见浅识。就是这么一帮子人占据着最高统治地位，这是近代中国历史的不幸。

但是慈禧毕竟老了，正如她所从属的这个王朝已经进入自己的暮年一样。她的脑力、精力和实力，都很难驾驭这样一个处于列强争夺下的大国的复杂政治局势。在义和团控制北京期间，她意识到自己的绝对权威已经动摇，实际上是在一段时间内已经失去控制局势的能力，尽管她还可以处死弱小的珍妃以发泄自己的愤恨。她离开了皇宫，像逃难的村妇一样，在人烟稀少的西北荒凉地区流亡。真正的权威在东南，东南决定全国的局势。还是张謇说得对：“无东南不足以存西北，为其实不足以存也。”西安的朝廷已经成为虚有其表的“名”了。然而东南督抚还要这个“名”，因为他们不仅是服膺名教的老辈，而且谁也没有力量真正控制全国政权，还需要利用皇权来恢复和维系政局的平衡。列强也需要“保全”这个朝廷，因为谁也没力量独霸中国，只有相互协调纷争并通过清廷统治中国，才能继续维护和发展他们的侵略权益。慈禧以空前丧权辱国的《辛丑条约》换取了列强对她的统治地位的继续承认，她破例在宫内欢宴各国公使夫人以求博得帝国主义的欢心，又不得不承认推行变法以缓和人民的憎恨。她重新回到紫禁城内，皇权又重新成为稳定全国局势的重心，然而她和她的地位都更加虚弱了。

她依然玩弄权术，然而是处在更为被动、更为疲软的状态下的艰难应变。荣禄死后，她如同失去一条有力的臂膀，现在所能依靠的只有庸庸碌碌的醇亲王奕谖和昏庸贪婪的奕劻。在外臣中间，李鸿章在最后签订一个卖国条约以后即已死去，接替他的是新起的北洋新军首领袁世凯。袁世凯通过荣禄博取了老佛爷的恩宠，又通过奕劻巩固和加强了自己的地位。慈禧原来信任袁世凯的忠诚，但逐渐察觉这是一个比李鸿章更难驾驭的人物。这个人更有实力，更为干练也更有权谋。于是她又利用瞿鸿禨、岑春煊等与袁世凯之间的权利争夺，借以限制袁世凯势力的扩张并“鞭策而用之”。袁世凯是深明内中机关的，所以他说自己“如运百斛舟于惊风骇浪之中”。

果然，在清廷“改革官制”的过程中，暗中的争夺颇为激烈，其中既有铁良、善耆等与奕劻、袁世凯的矛盾，也有袁世凯与汉族大臣瞿鸿禨之间的倾轧。

光绪三十二年七月十四日，清廷谕令载泽、世续、那桐、铁良等八名满大臣，与张百熙、袁世凯、徐世昌等六名汉大臣会同编纂新官制。其下则设有以杨士琦、孙宝琦为提调的新官制编制馆，具体草拟提供讨论的官制改革方案。最初经由奕劻等核定上奏的方案显然对袁世凯有利，它建议取消军机处，改设内阁；内阁设总理大臣一人，左右副大臣各一人。从当时的情势来判断，如果这个方案付诸实行，则奕劻必定出任内阁总理大臣，袁则很有可能成为掌握实权的副总理大臣，北洋集团势力将更为膨胀。这当然要引起满族亲贵的猜疑和反袁派汉大臣的忌恨。经过瞿鸿禨等人在慈禧面前的进言阻挠，清廷于九月二十日下谕：“军机处为行政总汇，雍正年间，本由内阁分设，取其近接内廷，每日入值承旨办事，较为密速。相承至今，尚无流弊，自无毋庸复改内阁。军机处一切规则，着照旧行。其各部尚书，均着充参预政务大臣，轮班值日，听候召对。”[①] 一方面把旧官制军机处说成是“相承至今，尚无流弊”，从根本上否定了官制改

---

① 《清德宗实录》第546卷，第12页。

革的必要性；另一方面又把现在要建立的近代政治体制的内阁，说成是改回旧官制的内阁。这样愚昧落后的指导思想，自然把所谓官制改革弄得不伦不类。其结果无非是裁并、增设几个部和更易几个部院的名称而已。立宪派的希望落了空，袁世凯的如意算盘也落了空。

更为引起各方面不满的，是经过所谓官制改革以后的人事安排。清朝各部例设尚书二员，满汉各一；侍郎四员，满汉各二。但改革以后，十一个部的十三个大臣、尚书之中，满族亲贵七人，蒙古贵族一人，汉族官僚五人，连以前那种表面上的对等也没有了。其中，以铁良出任陆军部尚书，从袁世凯手中收回北洋军一、三、五、六等四镇的指挥权，并宣布各省新军统归陆军部管辖，这就更为明显地暴露了满族亲贵企望加强以自己为核心的中央集权的政治意向。情况正如《民报》一篇文章所说的那样："满洲政府所以谋中央集权者，以少数民族制驭多数民族所不得不然之结果也。"①

满族亲贵集团如此露骨地谋求加强中央集权专制，不仅增加了汉族地方实力派的反感，更使立宪派感到失望。他们决心进一步组织起来，发动全国各界人士联合向清廷施加压力，预备立宪公会就是在这样的背景下成立起来的。

人们可以看到，张謇在光绪三十二年活动特别频繁。他自己在这年除夕的日记上算了一笔账："计本年元月至除夕，在家凡三十九日，东西南北，未有若是之役役也。最（撮）其事由，大半为路事。"所谓"路事"即争沪宁铁路的修筑权利，但这决非他活动的全部。从九月以后的日记可以判断，除"路事"外他还频繁地参加江苏省教育会及图书公司等各种会议，简直是在会议和公私酒宴中过生活。从张謇的主观意图来考察，这些活动都可以看做是立宪的准备，而作为其直接的结果便是预备立宪公会的诞生。

预备立宪公会于光绪三十二年十一月初一日在上海成立，由郑孝胥致

---

① 精卫：《满洲立宪与国民革命》，《民报》第8号，第35—41页。

第一次开会报告词[1]。他首先说明该会的定名，是根据七月十三日上谕所曾指示："使绅民明晰国政以预备立宪。"该会的宗旨主要是教育国民，从思想上为立宪作准备。他认为中国数千年来都是家天下制度，而人民的弱点则是"苟安偷活"四字。"苟安"系对于国政而言，即"卑贱"屈从于"尊贵"的绝对权威，无丝毫权利可言。"偷活"系对于"身家"而言，"人人皆暂救目前，绝无顾全大局之思想"。他主张，对于国政应革除"苟安"而提倡"责难"，即人民应加以关心、研究、讨论，以供政府采择。对于"身家"应革除"偷活"而提倡"图存"，首先是调查"工商实业之利弊"，以求"民生之发达"。这篇报告词反映了东南绅商积极要求参与政治，其民主意识也有了明显的增长。

预备立宪公会推定郑孝胥为会长（以后郑辞职，先后改为朱福诜、张謇），汤寿潜与张謇为副会长。其主要成员大多是江浙工商业者和具有开明倾向的东南名士。据《预备立宪公会报》三十四年第二十期所载选举董事名单，除郑、汤、张三位会长外，还有许鼎霖、李平书、李云书、周廷弼、周金箴、王一亭、王清穆等，这些人都是江浙地区极为活跃的上层绅商；此外则是一些与他们关系非常密切的名流文士，如张元济、高梦旦、孟昭常、孟森、杨廷栋等。另外一些江浙资本家以及与工商界关系密切的知识界头面人物，如叶惠钧、王同愈、刘垣、刘树声、沈同芳、狄葆贤等，也是会中的活跃分子。

预备立宪公会在上海成立，决不是偶然的，它反映了江浙资产阶级的开始崛起，同时也反映了上海正在迅速成为与北京遥相对峙的革新势力的中心。

据初步统计，从 1895 年到 1913 年，全国历年设立厂矿共 549 个，资本共 120 288 000 元。其中，上海为 83 个，杭州 13 个，无锡 12 个，三地合共 108 个，即占在此期间全国设立厂矿总数的五分之一弱。如果从资本额来加以考察，则上海为 23 879 000 元，杭州为 1 552 000 元，无锡为 1 422 000元，三地合共为 26 853 000 元，即占在此期间全国设立厂矿资本总额的四分之一强。

---

① 《预备立宪公会章程题名表》。

1911 年，全国华商纱厂纱锭总数为 497 448 枚。其中仅上海一地即有 165 696 枚，占全国总锭数的 33.3%；如果再加上南通 40 700 枚，无锡 16 172 枚，则三地共 222 568 枚，占全国总锭数的 44.8%。

从 1895 年到 1910 年，全国华商纺织厂共 19 家，资本共 10 454 000 元，其中江浙有 16 家，资本共 8 415 000 元，占全国华商纺织厂资本总额的 80%以上。

从 1895 年到 1913 年，全国华商缫丝厂共 97 家，资本总共 11 585 000 元。其中江浙有 40 家，资本共 10 137 000 元，占全国资本总额将近 90%[①]。

上海已经成为一个拥有 120 万人口的繁华大都市。租界华人人口的增加速度令人惊异，光绪十六年为 208 851 人，二十六年为 425 802 人，宣统二年则增至 508 005 人。外国人也从光绪二十六年的 7 396 人，增加到宣统二年的12 497 人。除航运日益发达外，沪宁铁路于光绪三十四年、沪杭甬铁路（通至杭州）于宣统元年先后建成通车。前者的乘客人数到宣统二年已增加到 400 多万人次。邮局和电信业务的发展，从另一个侧面反映了中心城市辐射力的加强。在辛亥革命前夕，位于北京路的邮政总局已设有 13 个分局、67 个邮票出售处、118 个柱形邮筒，在内地还设有 16 个分局和 50 个代理处。在宣统二年总共处理邮件达 4 000 万件之多。电报局除中国自办的一家以外，还有丹麦、英国、美国、德国四家，业务也非常繁忙。每天至少有 8 家日报出版，定期的或不定期的杂志则为数更多。商务印书馆雇用工人达 1 000 人以上，已经成为当时亚洲最大的出版机构之一。这些报刊中的大多数都倾向于改革而反对守旧（早在十年以前海关报告即已断言它们“几乎全都以中国的启蒙和改革为其宗旨”），并且每日每时通过邮局把新的信息送往沿海和内地各省[②]。

江浙两省从行政区划来说，虽然分别隶属于两江总督与闽浙总督，但

---

① 关于这方面背景情况，详见拙著：《辛亥革命与江浙资产阶级》，《历史研究》1981 年第 5 期。

② 以上根据徐雪筠等译编《上海近代社会经济发展概况（1882—1931）》（上海社会科学出版社，1985 年）一书中有关时期《海关十年报告》提供的资料。

在经济上却已互相联结成为一体，而其联结中枢即在上海[①]。在这些江浙资本家当中，已经涌现出一批影响及于全国的头面人物。早期的如胡光镛家族、叶澄衷家族，稍后则有严信厚、沈云沛、许鼎霖、庞元济、周廷弼、曾铸、祝大椿、朱志尧等，而其中声名最为显赫的则为张謇。这些资本家在20世纪初年已经逐渐组织起来，并且在社会生活中逐步增强自己的影响，其主要标志则是光绪三十年以后各地商会的陆续建立。

商会与以前的商务局有很大区别。戊戌以后，各省虽已设有商务局，但那毕竟是准商会机构，仍然近乎是管理工商事务的衙门，但又不被一些地方掌有实权的官员所重视。例如张謇的一位友人曾经得到过商务局差使，但是具体管理商务的某藩司却讥之为："譬如买得一耍货顽意。"[②] 张謇对这个机构也不甚感兴趣，所以很早就辞去总理职务。但是商会却被江浙资产阶级认可为自己的团体，他们宣布："商会者，联商情，开商智，以扩商权者也。"[③] 并且通过商会把自己的势力逐步渗透到市政机构（如工程局、自治公所等），以及其他各种社会团体，如教育会、体育会、商学会以至医学会、书画研究会等。正如上海商务总会门匾额上"云蒸霞蔚"那四个大字一样，不管人们愿意还是不愿意，在社会生活的各个领域都逐渐可以感受到这个新的团体的存在[④]。

这个社会团体在政治上也逐渐活跃起来。早在光绪二十九年春，拒俄运动全面展开之始，《中国四民总会知启》的附言即特别强调："本会既为

---

① 据《海关十年报告》(1912—1921) 按各同乡会对迁沪人数的估计：宁波400 000人，广东130 000人，福建10 000人，杭州8 000人，青浦1 000人。

② 张謇：《张謇日记》光绪三十二年二月二十二日。张謇与曾在商务局任职的友人聚卿这天早上向两江总督周馥辞行，前来送行者甚多，张謇对比往时之受冷遇，不甚感慨，所以在日记上记下这个故事。原文是："早诣建德辞行。聚卿亦是日行，送者甚多。往者聚卿得商务差，某藩司谓：譬如买得一耍货顽意，亦谑而不虐矣。"

③《余姚商务分会简章》，《商务杂志》第2年第1号。这家杂志由绍兴商学会于宣统二年正月发刊，汤寿潜为题刊名。

④ 胡汉民对这个趋势看得非常清楚，他曾回忆说："满清盛时，以贵族官僚专制，绅士与官结纳作威福，竟若代表一切，而他无敢言者。迫于末造，经所谓维新变法及预备立宪，乃始承认商会、教育会等为合法团体，通都大邑贸易繁盛，商人渐有势力，而绅士渐退。商与官近至以'官商'连称，通常言保护商民，殆渐已打破从来之习惯，而以商居四民之首。"（《胡汉民先生自传》，1978年，影印本，第225—226页。）

地方议事厅之先声，上海一埠为通商最盛之地，商家居住最繁。以各国由多数人举代表人之例言之，凡我商人宜发爱国之热诚，本爱国之天良，届期多来，聚议办法，勿失体面为要。”[①] 这说明江浙资产阶级的国家观念，确实是正在“锲之而愈深，恢之而弥广”[②]。果然，到了光绪三十一年，上海商务总会便成为全国范围抵制美货运动的倡导者，而各地商会曾经是当地运动的发起者与组织者。张謇对这次活动虽然没有支持到底，但是却为此受到很大鼓舞。他曾经写信给兵部尚书铁良说：“海上欧人，以华人不用美货为文明抵制，涨力甚速，忌我立宪，观是乃愈不可缓。”[③] 立宪运动显然从抵制美货运动中汲取了力量。

张謇自参与“东南互保”以后，与上海官、绅、商的联系都有明显的加强。大生纱厂创办的成功，以及其他实业、教育方面的开拓，更使他在江浙资产阶级当中赢得很高的声望。这个群体不仅认可他、接受他，而且还把他推举到领袖地位。他与上海商务总会总理曾铸交谊甚厚，在抵制美货运动中密切配合；与上海工程局（自治公所）的首脑李平书接触频繁，成为地方自治方面的志同道合者；与历任上海道如袁树勋、瑞澂等筹商地方要政，甚至共同创办瓷器等公司。张謇不再是多年以前到处求援而又到处碰壁的寒素文士，他像一个英雄似的来到上海，许多企业、许多团体、许多会议都以能有他的光临为荣宠。而东南地区以至全国其他许多地区，新式绅商的眼睛都瞩望着上海，瞩望着张謇、汤寿潜和他们的同道。

预备立宪公会不仅是江浙以至东南地区立宪运动的核心，而且对全国立宪运动也起着主导作用。他们通过马良、雷奋、狄葆贤[④]等与康、梁领导的政闻社取得联系，与国内其他地区的立宪团体（如湖北宪政预备会、湖南宪政公会、广东自治会等）关系更为密切。他们除以《预备立宪公会

---

① 《苏报》1903 年 4 月 27 日。

② 《论国民公会》，《苏报》1903 年 5 月 3 日。

③ 张謇：《为时政致铁尚书函》，《张季子九录·政闻录》第 3 卷，中华书局，1931 年，第 13—14 页。

④ 马良是政闻社总务员（相当于会长），雷奋、狄葆贤是该社交际科职员，此三人与张謇私交甚笃。雷奋、杨廷栋和孟森都迅速成为张謇从事立宪活动的得力助手，狄葆贤则是张在新闻界的依靠力量。

报》作为机关刊物外，还出版其他立宪书刊向全国发行。如孟昭常写的《公民必读》初编，再版至27次，河南一次就订购一万部；二编，广西一次订购10万部；各地商会订购者亦多。孟森、杨廷栋等人撰写的普及立宪知识的读物，在全国各地也很流行。当时颇有影响的《时报》，在狄葆贤主持下已经成为张謇和预备立宪公会的喉舌。《时报》本来是康、梁作为政闻社的国内舆论机关而加以支持的，却不料它这么快就投向张謇等人的怀抱。康有为的门徒徐勤、汤觉顿气得大骂狄葆贤是"叛党之人"，并且向老师报告说："《时报》最依附张謇、曾少卿（铸），外人皆云苏省之机关，非吾粤之报，更非吾党之报。"[①] 此事不仅反映出政闻社与预备立宪公会的矛盾，而且反映出张謇与预备立宪公会在国内的号召力远远超过流亡海外的康、梁和政闻社。

由于预备立宪公会约有一半会员曾投资近代企业[②]，所以它对通过立宪维护工商业者的合法权利特别关心。该会曾在光绪三十四年年例大会上说明自己的宗旨："又以社会经济困穷，由于商业不振，法律不备，故于上年发起拟订商法草案一事。及今一年，公司法已将告成。若明年上之政府，竟蒙采用，奏准颁行，则公司一部分先已增订完备矣。今天下工商实业，何一不待公司而后兴，公司发达则商人利赖何可限量，此本会振起商界区区之微志也。"[③] 调查商业习惯和拟定商法草案的活动开始于光绪三十三年，并且邀请各地商会派代表来沪开会讨论。据文献记载，正式派代表与会的共有88个商务总会、商会、商务分会、商务分所，其中包括海外新加坡、三宝垅、长崎等地华商总会，此外还有黑龙江等30余处商会以书信形式参加讨论。讨论的结果是"以预备立宪公会主讨论编纂之任"[④]，即把拟订商法草案全权委托给该会。张謇在这一活动中处于倡导地位，因为他在要求改进税政和兴办各种实业活动中，早已深为缺乏近代商业立法所苦，并且怀疑清朝政府各部是否具备各项立法的条件。譬如，他曾指责学

① 参见丁文江编：《上夫子大人书》，《梁任公先生年谱长编》丁未十二月二十三日。
② 据《辛亥革命浙江史料选辑》第223页，"会员题名表"、"职员表"。
③《预备立宪公会报》光绪三十四年第20期。
④《预备立宪公会报》宣统元年第5期。

部："以法令为罔上之美观，以章程为欺民之幻术。"[1] 他和预备立宪公会都希望把草拟商法草案的主动权掌握在自己手中，并且通过各地商会的联络共同促使清廷采纳他们的草案。

当然预备立宪公会的主要活动还是侧重在政治方面，它在筹建咨议局与国会请愿运动中都发挥了重要作用。

江苏咨议局

正当各地立宪派纷纷组织政团的时候，清廷也不断发布诏谕，进一步作出预备立宪的姿态。

光绪三十三年八月十三日，清廷谕令设立资政院作为正式议院的基础。九月十一日，谕令各省筹设咨议局并预筹设立州县议事会。次年六月十日，资政院奏拟院章，随即又颁布了咨议局章程及议员选举章程。清廷这种姿态，当然是为了对付正在长江流域和华南地区兴起的革命运动，可是却大大增强了立宪派对它的幻想，广东、江浙、安徽、直隶、吉林、山东等省的绅商代表于是纷纷呼吁召开国会。

张謇在光绪三十三年十二月九日即已与汤寿潜、蒯光典等筹设有关国会和立宪问题。次年五月，由郑孝胥领头以江浙绅商名义电请召开国会。此后，联名通电要求召开国会的做法蔚成风气，形成颇为引人注目的舆论声势。光绪三十四年秋，张謇正式奉旨筹办江苏省咨议局。十月，他在南京碑亭巷设立筹办处。具体负责筹办江苏咨议局的是一个清一色的官绅班子：总办是江宁布政使樊增祥、提学使陈伯陶，会办是江宁盐巡道荣恒、江苏候补道李瑞清、赵从嘉、熊希龄等，总理是张謇，协理是在籍翰林院编修夏寅官、丁忧前广东高雷阳道段书云、安徽候补道许鼎霖、前陕西富平知县仇继恒等[2]。由于张謇的身份和社会影响，加以还有熊希龄、许鼎龄等志同道合者的协助，他仍然能在筹备工作中起指导作用。

江苏咨议局筹办处成立以后，又先后设立咨议局调查会、咨议局研究

---

① 张謇：《初等小学教育必须改良之缘起》，《张季子九录·教育录》第3卷，中华书局，1931年，第2页。

② 端方：《端忠敏公奏稿》第13卷，1918年，线装本。

会，目的都是促进筹办工作。同时，张謇等在鼓楼东北选定会址，并派人参观日本议院建筑，搜集有关设计图纸，抓紧咨议局基本建设。宣统元年八月，咨议局正式开会，张謇以 51 票（到会者 95 人）当选为议长，仇继恒、蒋炳章为副议长。这一新的民意机构可以说是张謇一手苦心经营的。尽管根据《各省咨议局章程及议员选举章程》规定，“咨议局钦遵谕旨，为各省采取舆论之地，以指陈通省利病，筹计地方治安为宗旨”，而且它所通过的议案只有报请本省督抚认可才能生效。张謇在第一届开会式上也强调：“官民不可分而后有政治。”但是，它毕竟较多地反映了在野绅商的意愿，在一定程度上对各省督抚起了监督和评议的作用，至少可以被认为是议会政治的初步训练。

咨议局一经成立，便极力争取成为真正的立法机构。张謇在第一届常会提出并得到通过《本省单行章程规则截清已行未行界限分别交存交议案》，要求凡在咨议局开办以后所订的本省单行法，都必须经过该局议决，然后才能呈请公布生效。第二届常会议决的《本局议案公布施行后之实行方法案》，则规定地方官必须按期报告咨议局议决案的施行情况，如故意拖延不办者则据实给以纠劾。

尽管议员们还缺乏应有的议会政治素养，但他们的工作态度还是认真的。在第一届常会期间，江苏巡抚瑞瀓交议的改定厘金征收办法一案，咨议局经过讨论认为损害商民利益，当即予以驳回。这样当然就容易引起咨议局与地方官员之间的争执与冲突。两江总督张人骏，愚昧而又顽固，由于他一直持对立态度而更加引起咨议局的不满。他札复第一届咨议局常会 11 件议案，两件交令复议，5 件予以驳回。宣统二年夏天，上海三家钱庄倒闭，引起巨大金融风潮。张人骏未经咨议局讨论，即向上海洋商借债 300 万两以维持市面。此事本身自需急办，但问题在于完全撇开民意机构，所以咨议局认为总督无视该局权限，擅借外债，属于违法侵权行为，要求资政院核办。宣统三年二月初，咨议局召开临时会，讨论宁属预算案，对张人骏原提案删减 30 余项，涉及银数 50 余万两。张人骏拒绝公布，也不交局复议，竟按原案执行，这就引起一场极大的风波。张謇、副议长和常驻议员全体辞职，咨议局等于无形解散[1]。

江苏咨议局的斗争决不是孤立的，张謇和其他立宪派议员已经很善于运用社会舆论的力量。当时，上海影响较大的报刊《申报》、《时报》、《东方杂志》等都站在江苏咨议局一边。英商创办的《申报》，自光绪三十三年被席子佩买下以后，议论即为张謇所左右，政治倾向几乎是亦步亦趋。《时报》主人狄葆贤、主要撰稿人雷奋都是预备立宪公会骨干，且已当选为江苏咨议局议员，自然与张謇步调更为一致。《东方杂志》的实际主持者张元济亦为预备立宪公会领导人之一，且与张謇共同筹办全国教育会。该刊主编孟森则为张謇依赖极深的助手，也当选为江苏咨议局议员[2]。因此，每逢咨议局与总督发生冲突，这些报刊均以激烈的议论攻击张人骏。如《时报》即曾斥责张人骏，“以排斥咨议局为保持禄位之第一妙诀”。预算案斗争展开后，除新闻界支持江苏咨议局以外，南京绅商学界成立预算维持会，有250余人参加，苏籍在京官绅也集议揭露江督劣迹。此外，各省咨议局也纷纷致电声援，使张人骏顿时陷于孤立。

以上这些斗争虽然大多未能获致预期效果或以妥协终结，但毕竟具有近代议会政治——立法与行政对等的意味，张謇领导的江苏咨议局因此在全国赢得了声望。

江苏省咨议局与其他各省咨议局相继成立以后，在一系列政治斗争中彼此加强了联系，所以又有各省咨议局联合会的成立。

该会于宣统二年七月五日成立于北京。出席第一届会议的有代表各省咨议局的议长、副议长10人，议员38人。湖北咨议局议长汤化龙当选为主席，四川咨议局副议长蒲殿俊为副主席，江苏咨议局的杨廷栋、雷奋、孟森3人当选为审查员。这次会议主要是商讨国会请愿问题，并决定每年六月在北京举行常会一次，讨论各省咨议局利害有关之事，准备提交资政院的议案以及本会章程规则等。由于革命形势的迅速发展，第二届常会提前于宣统三年四月召开，到会的有各省议长、副议长22人，还有资政院议

[1] 参见耿云志：《清末资产阶级立宪派与咨议局》，《纪念辛亥革命70周年学术讨论会论文集》(中)，中华书局，1983年。

[2] 参见张朋园：《立宪派与辛亥革命》，(台北)商务印书馆，1969年，第51—60页。

员18人，以及各省咨议局议员代表23人。会上选举湖南咨议局议长谭延闿为主席，直隶咨议局副议长王振垚为副主席。此次会议的特点是咨议局议员对政府已经完全失望，所以不再有兴趣预备向资政院提交议案，而更多的是探讨如何组织自身的实力以谋推倒政府，或至少在现政府自行倾倒以后维护和发展自己的权利。

由于国会请愿运动和各省咨议局联合会的政治趋向愈来愈激烈，一向持重的张謇为避免嫌疑没有参加此次会议，预备立宪公会的成员对于此次会议也不如过去主动与积极。

国会请愿

宣统元年是立宪派自鸣得意的一年。在这一年，革命党人的武装起义，由于前两年的连续失败，暂时陷于消沉。清朝政府由于光绪、慈禧先后死去，忙于内部权力结构的重新调整，也不得不作出几分服从民意的开明姿态。各省立宪派不仅有了自己的阵地、讲坛，而且还加强了彼此之间的联络，形成了一定的声势。他们看到自己的力量，并且把握有利的形势，迅速发起了全国范围的国会请愿运动。张謇在这一运动的初期，起了重要的倡导作用。

八月三十日，张謇利用咨议局开会的时机，事先与江苏巡抚瑞澂以及雷奋、杨廷栋、孟森、许鼎霖等商议，决定联合各省督抚及咨议局一致要求召开国会和组织责任内阁。瑞澂虽是满族官员，但却比两江总督张人骏较为开明和圆通。他在上海道任期内以及创办景德镇瓷器公司等企业活动中，与张謇已经建立了相当良好的合作关系。所以，张謇等撇开总督而谋求由巡抚出面，这自然是对张人骏表示的一种公开轻蔑，也反映咨议局与地方政府之间矛盾加深。经过讨论，决定由瑞澂出面联络各省督抚，要求组织责任内阁；由张謇出面联络奉、黑、吉、直、鲁、浙、闽、粤、桂、湘、皖、赣、鄂等省咨议局，要求尽早召开国会[①]。

① 八月三十日日记："与瑞中丞及雷继兴、杨翼之、孟庸生、许久香诸君议，由中丞联合督抚，请速组织责任内阁；由咨议局联合奉、黑、吉、直、东、浙、闽、粤、桂、皖、赣、湘、鄂等十四省咨议局，请速开国会。议定翼之、唯一、庸生三人行，联合督抚，瑞任之；联合各咨议局，余任之。"

此后，张謇派孟昭常、杨廷栋等到各省加紧联络，浙江立宪派头面人物汤寿潜等也亲自到外省活动。江苏咨议局从九月一日到十月十九日不断开会，紧张地进行准备。其间，汤寿潜还把张謇邀到杭州，向浙江巡抚增韫当面说明召开国会及组织责任内阁的必要性，增韫表示完全同意瑞澂的意见。这样，江浙两省的巡抚和咨议局在立宪问题上首先取得政治态度的一致，因此很自然地便在国会请愿运动中处于倡导和中心的地位①。

经过各地频繁的活动，到十一月七日已有 7 省咨议局代表到达上海，当即决定每天在预备立宪公会开会一次。不久，16 省咨议局代表到齐，包括奉、吉、直、陕、晋、鲁、豫、湘、鄂、苏、赣、皖、浙、闽、粤、桂，总共 50 余人。他们在预备立宪公会事务所开会，推定福建咨议局副局长刘崇佑为主席；经过多次磋商决定组成 33 人的请愿代表团，定名为“咨议局请愿联合会”，由直隶咨议局代表孙洪伊为领衔代表，方还（苏）、罗杰（湘）、刘兴甲（奉）、刘崇佑（闽）4 人为干事。

会议期间，湖南咨议局代表出示“善化徐君断指请开国会之血书”，殷赤淋淳，字迹斑斓，其他各省代表也极为感奋，决定十五日由上海各界人士开欢送大会，十六、十七日代表团分道出发。出发之前，张謇设宴饯行，并作《送十六省议员诣阙上书序》，以壮行色。同时，张謇又连夜改定《请速开国会建设责任内阁以图补救意见书》。

《送十六省议员诣阙上书序》主要是向请愿代表进言。

当时，否定国会请愿的论调有好几种，张謇归纳为：(1)“庚子一哄，金瓯无阙，今奚所睹而无病而呻，而曰国会。”这可以名之曰国会无需论。(2)“国会非枪非炮，非雷非舰，不足救亡，徒自扰攘。”这可以名之曰国会无用论。(3)“国会名义爱国，防圉侵害，或转召亡。”这可以名之曰国会有害论。(4)“立宪者，涂饰黔首耳目之具耳。”这可以名之曰国会骗局论。(5)“国会有任其咎者，何预人事而为分谤。”这可以名之曰无须国会分谤论。

---

① 九月二十一日日记：“以蛰先约，与范予去杭。晚晤增中丞，为陈国会及内阁之要。增极表与瑞同意。夜与丹揆、蛰先、孟蘋、挹之谈。挹之言：‘以政府社会各方面之见象视之，国不亡无天理。’余言：‘我辈尚在，而不为设一策，至坐视其亡，无人理。’记此一段议论留示儿子。”

赞成国会请愿的意见也并不完全一致，但张謇只列举了三种：(1)“不请则已，请必要于成，不成不返。”张謇认为这已经流于偏激。(2)“不得请，当负斧锧死阙下。”张謇认为这更过于激烈。(3)“国亡非政府所恤，议员既负十六省人民代表之重，而上书之议员又代表十六省议员之责。居三累之上，当孤注之危，成非奇功，不成奇辱，进易而退难。”代表还未出发，这种议论已经在大泼冷水。所以张謇批评道：“是说也，若甚持重，而消沮之力尤大。”

针对以上各种不同的意见，张謇陈述了自己对于国会请愿的见解。他认为亡国有两种，以往是“有形之亡国，国亡而民不尽亡”；现在世界列强借托文明亡人之国，乃是“无形之亡国，国不必遽亡而民亡，至于民亡，而邱墟宗社之悲且将无所于托”。立宪与国会的作用，就是“进我人民于参预政权之地，而使之共负国家之责任”，以谋所以救亡。至于请愿，则是“明乎匹夫有责之言，而鉴于亡国无形之祸，秩然秉礼，输诚而请。得请则国家之福，设不得请，而至于三，至于四，至于无尽。诚不已，则请亦不已，未见朝廷之必忍我负人民也。即使诚终不达，不得请而至于不忍言之一日，亦足使天下后世，知此时代人民，固无负于国家，而传此意于将来，或尚有绝而复苏之一日”。张謇反对请愿运动中的过激行为，但他并不排除顽固政府终必有倾覆之日，所谓“不忍言之一日”就是这个意思。明明知道请愿可能成为无成而偏偏要发动请愿，在张謇的头脑中有两种观念同时发生作用。一是熏染已久的传统“名分”观念。即处于臣民之地位，应尽臣民之义务，只有在竭尽义务之后仍然无从挽救君主的毁灭，方可问心无愧。一是逐渐浸润的近代“民权”观念。即注意促成国民意识的增长，忠于一朝一姓的思想逐渐淡薄。不过，从总体上来看，在国会请愿运动中，张謇的主张仍属于温和与缓进者之列。

《请速开国会建设责任内阁以图补救意见书》则主要是向皇室进言，特别是对总摄朝政的醇亲王载沣进行规劝。

载沣是已故皇帝载湉的弟弟，任摄政王时不过25岁。他自知地位不够巩固，实力又较薄弱，所以在加强中央集权的同时也不得不摆出一副支持立宪的架势。宣统元年二月，他以政府名义重申“预备立宪，维新图治”

的诺言。五月以阻碍立宪罪名革去陕甘总督升允职务，不久又予翁同龢开复原官。十一月以“玩误宪政”罪名革去甘肃布政使毛庆蕃的职务。这些假象重新激起了立宪派的幻想，仿佛载沣竟是如此“友爱仁明”，果真继承了乃兄“至仁至圣”之心。所以《意见书》特别强调：“自我德宗景皇帝立宪之诏下，而天下人民乃渐有与国家共戚均休之思想，乃渐有政治法律之理论。是今各省绅士志气激奋，千百为群，固由我德宗景皇帝至仁至圣之心鼓舞而来。设请愿而行，天下固颂监国之友爱仁明，益有以振天下之士气。”

《意见书》认为立宪预备时期定为9年，“是何异揖让而救焚”，来不及挽救国家的危亡。朝廷应该明降谕旨：“声明国势艰危，朝廷亟欲与人民共图政事，同享治安，定以宣统三年召集国会。未至期以前，设有大政咨询，并得开临时国会。”同时，又请求明降谕旨，从速建设责任内阁。张謇惟恐皇室存有疑虑，所以特别强调：“责任云者，以内阁代君上负责任焉耳。责任专于内阁，而君上日临而监察之。内政有失，则责内阁大臣焉；外交有失，则责内阁大臣焉。……是有人代负责任，而君上乃安于泰山。君上为责任所不及，而又有国会在下，助君上以监察此代负责任之人，而神圣之号光于日月矣。”当然，张謇也惟恐此次请愿不能触动摄政王的思想，所以在《意见书》中多少施加了一点压力。他直言不讳地说：“侧闻都察院新章，士民上书之限制甚严，是欲塞天下之口也。设请愿之来，竟格于院例而不达，至于再，至于三；或达而不获请，亦至于再，至于三，恐内外将有不美之观念。一二激烈之士，将以为国家负我，决然生掉头不顾之心；和平之士，将以为义务既尽，泊然入袖手旁观之派。”如果到这样的地步，清朝的前途就不堪设想了。

请愿代表们带着张謇等人的期望与嘱托，于十二月初陆续到达北京。六日，正式向都察院递交由福建咨议局林长民起草并经张謇修改定稿的请愿书（即《各省议员请速开议会折》），要求朝廷在一年以内召开国会；并向一些王公大臣分别呈交请愿书副本，希望能够得到他们的赞助。二十日，请愿书总算经由都察院呈递到朝廷。对于这样的请愿运动，清廷还缺乏应付的经验。多数人对此颇为反感，但表面上却颇为优礼；少数有识之士虽赞成立宪，却又不敢出面力争，所以结果不了了之。上谕的回答是不痛不痒的，开头是夸奖代表们“具见爱国热忱，朝廷深为嘉悦”；继而是以“筹备既未完全，国民知识程度又未画一”为借口，仍然坚持九年预备立宪之原议。

第一次国会请愿运动就这样流产了。张謇于二十四日在日记上写道：“上谕国会不得请；世、鹿两相阻之云。”世续与鹿传霖都是以大学士入值军机的，前者是满族亲贵中的顽固分子，后者则是帝党和维新派的老对头。张謇等人把阻止提前召开国会的罪责完全归结到他们身上，却没有看到真正掌握实权的载沣之流对于权势具有更大的吝啬性。他们认为，只要设法扫除世续、鹿传霖之流对下的阻隔和对上的蒙蔽，就可以把载沣劝说得回心转意，于是紧接着又发动第二次国会请愿。

据当时《东方杂志》记载，请愿代表们接奉二十日谕旨后，即连续商议有关再次请愿事项：(1) 组织“请愿即开国会同志会”（或称国会请愿同志会），总部设于京师，各省设分会，“各省绅商学界各团体及一般人民，凡加入同志会者，期以明年（宣统二年）四月间，一面上书督抚，请其代奏，一面各举代表来京”。(2) 根据原来在沪决议，草拟咨议局联合会章程，定于每年六月召开常会。(3) 设报馆刊行日报，加强舆论宣传①。同时，民政部六品京官黎宗岳等也在京师组织“国会期成会”，并先后创办《国报》、《中国报》等，为国会请愿运动声援。稍后，由各省咨议局议员集资创办，由徐佛苏秉承梁启超意趣主编的《国民公报》，也是请愿运动的得力喉舌②。其他各省民间团体、民意机构亦通过多种方式纷纷响应。

宣统二年二月六日，江苏咨议局作为国会请愿运动的发起单位，在张謇主持下开会，再次作出速开国会的决议③。四月，各省政团、商会、学

---

①《记载》三，《东方杂志》第7年第2号。8月，《国民公报》成立，由徐佛苏任主笔。

② 徐佛苏《梁任公先生逸事》称：“由各省咨议局议员筹款创办一日报于首都，并推定余为请愿国会及日报之主撰人。于是梁先生精神大振……而常由余向各议员汤化龙、林长民、孙洪伊、黄远生诸先生通简论政，联络公义私交。嗣后《国民公报》发刊，先生于开办数月之内，每三四日平均寄文一篇，畅论国民应急谋政治革命之理由，言论精透，胜于《新民丛报》。”

③《张謇日记》二月三日，“至江宁，住咨议局”。四日，“谒督抚”。五日，“常会”。六日，“借仇宅作预计地方自治经费，厘定地方税界限，应请开国会议”。

会及华侨商会分别推举代表，陆续到达北京，联合各省咨议局代表，共同发起第二次国会请愿运动。他们以原咨议局代表为基础，重新组成了有其他各界代表参加的国会请愿代表团，并推定孙洪伊等10人为领衔代表，范围显然较前有所扩大。

五月十日，第二次国会请愿运动正式开始，10个团体同时向都察院呈递请愿书。这些团体及其领衔代表是：直省咨议局议员代表孙洪伊，直省商会代表沈懋昭，苏州及上海商会代表杭祖良，南洋雪兰峨二十六埠中华商会代表陆乃翔，澳洲华侨代表陆乃翔，直省教育会代表雷奋，江苏教育总会代表姚文枬，直省政治团体代表余德元，直省绅民及旗籍绅民代表李文生、文耀，东三省绅民代表乔占九等。各省入京请愿代表一百五十余人，在请愿书上签名的号称三十余万人。

此次请愿的声势和上书语气的急切，反而使载沣为首的清廷增加了疑虑。尽管有的请愿书强调："先帝下九年开国会之诏，全由当时时势与今不同；先帝犹是尧步舜趋之时，我皇上已处禹驰汤骤之势。"可是清廷全然不顾局势的危急，仍然坚持"尧步舜趋"，拒绝提前召开国会，并且以严厉的语气告诫请愿代表："惟兹事体大，宜有秩序，宣谕甚明，毋得再行渎请。"

立宪派对于国会请愿的再次碰壁是有思想准备的。正如张謇所说的那样："设不得请，至于三，至于四，至于无尽。诚不已，则请亦不已。"为了表示自己的诚心诚意，他们很快又发起了第三次国会请愿运动。但立宪派对于清廷的不满也在日益加强，孙洪伊等宣称："请愿无效，决为三次准备，誓死不懈。"并预定在宣统三年年初举行第三次请愿，各省征集在请愿书上签名至少须百万以上，来京代表路近省份须百人以上，偏远省份至少须50人。他们决心以更大的声势与包括"不承认新租税"在内的更切实的手段反对假立宪，并迫使清廷立即召开国会。

九月一日，资政院举行开院典礼，摄政王亲致祝词。对于清廷来说，资政院应当是比各省咨议局带有更多御用色彩的咨询机构。可是，由于在民选议员中有雷奋、孟昭常、方还、江谦、罗杰等一批极有活力的立宪派骨干，资政院也成为他们向清朝政府争取民主权利的重要讲坛①。各省请愿代表团与资政院部分民选议员内外呼应，他们向载沣再次上书，到处游说达官贵人，痛哭流涕地反复说明必须立即召开国会的理由②。九月二十四日，资政院内也正式提出了要求速开国会的议案，经过雷奋等人的慷慨陈词，居然赢得多数议员的支持，全场一致通过这项议案，议员们起立高呼"大清帝国立宪政体万岁！"立宪运动至此可以说是进入高潮。

清廷在各方面压力下，不得不于十月三日宣布提前于宣统五年召开国会，并且答应预行组织内阁。张謇在请愿高潮中本来打算亲自到北京有所活动，但从报上得知上述消息后立即表示"此行可免矣"。他在立宪运动中属于缓进派，这一派已经满足于清朝政府的微小让步。不过，即使是如此有限的允诺，清朝政府也缺乏起码的诚意。请愿运动的进一步扩大，资政院议员的假戏真做并且敢于公开弹劾军机，这些都使载沣等人惶急而又恼怒，他们决心采取报复措施。就在十月三日同一天，清廷谕令民政部及各省督抚立即把国会请愿代表解散并遣送回籍。同时又宣布此次缩定期限之后，即不得再作任何更动，"此后倘有无知愚氓借词煽惑，或希图破坏，或逾越范围，均足扰乱治安，必即按法惩办"。显然是想用高压政策阻遏请愿运动的继续发展。

但是，要求立即召开国会的潮流并没有因此低落。十一月十日，东三省派出十余人作为第四次请愿代表赴京上书。途经天津时，当地学生积极响应，学界请愿同志会代表温世霖等倡议全国学界罢课请愿。奉天、直隶、四川等省各学堂学生也散发传单，纷纷罢课，请愿运动确有扩大的趋势。清廷感到十分紧张，再次谕令各省督抚严禁请愿运动，随时弹压惩处。十一月二十八日，直隶总督陈夔龙奉命逮捕温世霖，随即发配边疆。

清政府的高压政策显然是愚蠢的，它把立宪派和许多赞成立宪的地方官

---

① 《资政院院章》规定，资政院议员分"钦选"、"民选"两类，各占100席。"钦选"议员包括宗室王公世爵16名，满汉世爵12名，外藩王公世爵14名，宗室觉罗6名，各部院官员32名，硕学通儒10名，纳税多者10名。"民选"议员由各省咨议局选举产生，除新疆因咨议局缓办未选外，均按分配名额共选出98名，其中曾留学日本或去日本考察过的人有24名，且大多研习法政。

② 请愿团经由资政院代奏的请愿书，在列陈外患内忧之后指出："责任内阁，宪政之本也；国会者，又其本之本也。本之不立，而末将安所丽，两年以来，所以筹备一无成绩，而宪政二字几于为世诟病者，皆坐是也。"

员，逐渐逼迫走到与自己对立的方面。当然，立宪派内部急进与缓进的差异依然存在，尽管不少立宪派分子已经转向革命，但张謇等人依然想对清廷作最后的挽救。根据他在十一月十九日日记的叙述，可以知道他在动身去武昌洽谈接办湖北纱布等厂以前，曾在预备立宪公会与赵凤昌、唐文治、刘柏森、雷奋、杨廷栋、熊希龄、叶景揆等有所商谈。到武昌以后，他在湖广总督瑞澂处看到各省督抚合请召开国会和建立责任内阁的电奏，并且对各人的奏稿加以品评："大较锡良、瑞澂、李经羲、袁树勋、程德全、丁振铎为切要，赵尔巽、孙宝琦、增韫、陈夔龙、周树模次之。"这时，张之洞已死，袁世凯被黜；端方已调升北洋大臣且在一年前去职，两江总督换成与他时相龃龉的张人骏，他只有转向瑞澂等后起督抚寻求支持。张謇于十一月二十九日离开武昌，行前曾与瑞澂长时间谈话，大意是强调国会及地方官须与咨议局联成一气，并且以咨议局作为他们的监督与补充云云。可见，张謇并没有继续提出缩短预备立宪期限问题，他还有再等待两年的时间。

不过，到了宣统三年上半年，皇族内阁的建立与铁路国有政策的实施，终于使张謇对于清廷感到极大的失望。当然，这种失望心理也是积蓄已久，并非偶然发作。还在这年正月，张謇在苏州遇见袁世凯的亲信杨士琦。杨重新提起张謇前年在上海说过的话："亟求立宪，非以救亡；立宪国之亡，其人民受祸或轻于专制国之亡耳！"并且问他对现在局势的看法如何。张謇感慨万分地回答："此前年语，今视我社会动作，恐人民经不得亡，亡后担不得恢复。"①

这里说的人民，主要是指立宪派以及他们所代表的上层绅商。他们忧心忡忡而又无可奈何地注视着汹涌而至的革命浪潮。

三、 地方自治

村落主义

在倡导请愿运动的同时，张謇还积极推行地方自治和参与收回并自办

① 张謇：《啬翁自订年谱》辛亥正月。

江苏省铁路。在他看来，这三件事情实为一体，都从属于立宪运动。

随着自身实力的扩大与阅历的加深，张謇对于地方自治范围的理解也越来越广泛。他自己以后曾回顾说："窃謇抱村落主义、经营地方自治，如实业、教育、水利、交通、慈善、公益诸端。"[①] 不过这荦荦诸端，归纳起来还是他以前说过的实业、教育、慈善三大项；因为水利、交通都可以归并为实业，而公益与慈善又大都属于市政与社会福利范围。这里只需要强调一点，即张謇在光绪三十年以后，越来越重视地方自治的政治性质，并且把它看做是"立宪之根本"。他到处宣传："立宪基础，首在地方自治。"[②]

办任何事业都需要经费。张謇直言不讳地指出"自治须有资本"，所以又把实业看做地方自治的"根本"。以后，他曾解释实业、教育、慈善三者之间的关系说："以为举事必先智，启民智必由教育；而教育非空言所能达，乃先实业；实业、教育既相资有成，乃及慈善，乃及公益"[③]。张謇于光绪二十九年从日本考察回来以后，便把他历来主张的村落主义与具有近代观念的地方自治结合起来[④]，加强了各方面的经营建设。关于实业与教育方面的主要情况，前面业经叙述，为避免行文重复，这里只就有关情况作某些补充。

光绪三十年，张謇陆续设立学校公共植物园、通州五属学务处、新育婴堂、翰墨林书局等。

光绪三十一年，创建南通博物苑、吴淞商船学校，并筹议创办淮属师范学校。

光绪三十二年，清政府宣布预备立宪，出使俄国大臣胡惟德等先后奏请颁行地方自治制度，张謇的积极性更为增强。在这一年中，他设立了南

---

① 张謇：《呈报南通地方自治第二十五年报告会筹备处成立文》，《张季子九录·自治录》第3卷，中华书局，1931年，第14页。

② 张謇：《预计地方经费厘订地方税界限应请开国会议》，《张季子九录·自治录》第1卷，中华书局，1931年，第11页。此文系年作光绪三十三年，据内容判断疑是三十四年底或宣统元年初所作。

③ 张謇：《谢参观南通者之启事》，《张季子九录·自治录》第4卷，中华书局，1931年，第2页。

④ "地方自治"一词系译自日本。光绪三十四年正月初九日两江总督端方等奏江宁筹办地方自治局情形折称："臣等伏念地方自治之制，其名词译自日本，其经画始于欧美。"

南通育婴堂师生的合影

南通博物苑南片苑景

通五属学校、铁路学校、法政讲习所、中国图书公司，协助创办复旦书院，并被推为宁属学务会长和苏省铁路公司协理。

光绪三十四年，张謇奉命筹办江苏省有关立宪事宜，而首先就是着手测绘地方舆图。因为他认为："地方自治，则山林川泽丘陵坟衍原隰宜辨也，都鄙封洫宜辨也，墟落市镇道路庐舍宜辨也。旧时方志之图不足据，军用之图又不能容；然欲求自治，则必自有舆图始。欲有舆图，则必自测绘始。"① 此后，随着立宪运动的不断开展，他所从事的地方自治活动范围

① 张謇：《南通县测绘全境图序》，《张季子九录 · 自治录》第 1 卷，中华书局，1931 年，第 19 页。

日益广泛而头绪也日益复杂。

宣统元年，改良地方监狱，筹议设立导淮水利公司，并且被推举为江宁商业高等（学校）监督和江苏教育总会会长。

南通县水利局开幕合影

宣统二年，积极参与筹办江宁南洋劝业（博览）会，并设立劝业研究会等等。

以上这一纸简略清单，自然不足以说明张謇的全部活动，但至少可以体现出他在通海地区以至江苏全省经营地方自治的斐然成绩。以后他曾经概括地总结自己兴办地方事业的全过程："以国家之强，本于自治；自治之本，在实业、教育；而弥缝其不及者，惟赖慈善。謇自乙未以后，经始实业；辛丑以后，经始教育；丁未以后，乃措意于慈善。盖失教之民与失养之民，苟悉置而不为之所，为地方自治之缺憾者少，为国家政治之隐忧者大。"[①] 张謇怀救世救民之心，但他的思想毕竟难以超越当时中国资产阶级的水平。对于他们来说，实业是为了谋求源源不绝的利润，教育是为了训练大批工人和一部分技术、管理人员[②]；而慈善则是利用利润零星尾数，借取善堂、义仓、敬老院等传统机构与育婴堂、贫民工厂等舶来手段，收

① 张謇：《拟领荒荡地为自治基本产请分期缴价呈》，《张季子九录·自治录》第2卷，中华书局，1931年，第9页。

② 张謇以后曾说过："以今日中国之资本家，其眼光尚未能辨科学之足以改进其事业，惟欢迎人能包其事业赚钱，科学家欲取得彼等之信用，非能为彼赚钱不可。"张謇：《科学社年会送别演说》，《张季子九录·教育录》第5卷，中华书局，1931年，第6页。

容“失教”、“失养”之民。其目的自然是以所谓社会福利缓和社会矛盾，但从当时历史条件来说，毕竟又是营造近代社会体系不可缺少的辅助措施。

张謇的地方自治事业，从一开始就没有局限于通海地区的狭小范围，他不仅着眼于江苏全省的规划，而且还想把这种地方自治的模式推广扩大到全国。光绪二十九年，他极力推动设立全国渔业公司。光绪三十年，拟订南洋渔业公司办法。光绪三十二年，主持筹备参加意大利秘拉诺赛会有关事宜。宣统元年，协助瑞瀓筹设江西瓷器公司。宣统二年，发起成立全国农业联合会。宣统三年，北上觐见时被派充中央教育会会长。张謇就是这样一步一步地成为全国“商学两界”以至慈善界（义赈会之类）公认的头面人物。

张謇是有宏伟气魄的，但同时他又是脚踏实地的。他不骛虚名，讲究办实事。他深知中国之大和办全国性事业之难，因此宁可按部就班、由点到面、由近及远，走“垦牧乡→通海地区→江苏省→全国”这样比较稳妥的道路。不过，在这种推广过程中间，他还曾有意于以通海地区为出发点，在苏北一带建立一个独立于江宁以外的新的政治、经济中心，以谋在更大的范围推行地方自治，这就是所谓徐州建省计划。

早在光绪三十年，他赴日参观回来不久，就产生一种向往成为“实业政治家”的愿望。在一篇题为《记论舜为实业政治家》的文章中，他坦率地表露了自己的胸怀：“史记舜耕历山，渔雷泽，陶河滨，作什器于寿丘，就时于负夏（原注：索隐，就时若乘时射利也）。又一年而所居成聚，二年成邑，三年成都。无论耕渔之为农，陶与作器之为工，就时之为商，其确实者矣。舜若止是自了汉，作个人事业，人孰附之。……若非舜之实业发达，亦未必人人归附于此。”[①] 由垦牧乡而通海地区，由通海地区而徐州建省，就是张謇所追求的成聚、成邑、成都之构想。

① 张謇：《记论舜为实业政治家》，《张季子九录·文录》第2卷，中华书局，1931年，第4—5页。

同年十月，张謇草拟了《徐州应建行省议》，请当时的江苏巡抚端方代为陈奏。此文首先说明徐州在历史上和地理上的重要地位，然后指出："今天下大势，英之兵舰梭织于长江，德之铁路午贯于山东。谋蔽长江，则势力必扩而北；谋障山东，则势力必扩而南。南北之际，徐为中权。"同时，此文还指出，历来人民的起义斗争，也往往是以徐州一带作为策源地。总之，为了消弭"内忧外患"，必须建立徐州行省。

至于建省的办法，张謇建议：以徐州所属一州三县，加上海州和淮安府所属各一部分，安徽的凤阳、颍州、泗州，山东的沂州、兖州、济宁、曹州，河南的归德等府的一部或全部，合共四十五个州县，在这里建立行省，增设巡抚，即以徐州道为布政使，淮海道兼按察使，"增官而不添员"，以免增加财政开支。同时，他还提出"训农、勤工、通商、兴学"四大要政，渴望清朝政府能够支持上层绅商在这一带发展经济、文化事业①。

由于长江以南广大地区所受帝国主义控制比较严密，所以张謇希望把"徐州建省"地区作为经营地方自治和发展民族资本主义的自由天地。这个计划具有抵制英、德帝国主义的积极意义，同时也有加强清朝政府统治的用心，即所谓"盖为中原腹地治安计也"。而归根到底，这个计划对于发展落后的江淮流域经济、文化，有一定促进作用，体现了张謇热切企盼祖国早日实现近代化的惓惓之心。

《徐州应建行省议》很快便经由端方代为奏陈，但张謇苦心殚思设计出来的完整方案，到了清廷手中就变得面目全非，只剩下一个空空洞洞的"江淮省"名义。光绪三十年正月初二，张謇在新春之始就在日记上发泄了自己的恼怒："闻建设江淮省，此大谬。痴人前难说梦，信也。"（此事在《啬翁自订年谱》中记述得比较清楚："苏抚端方懵然入奏，部懵然因其说而易名江淮，以漕督为巡抚，非驴非马矣。"）此后，他请求张之洞与两江总督周馥代为力争，还有些京官也发表不同于朝命的意见。清廷于是把巡抚名义撤销，改设江淮提督，随即又给这个提督加上兵部侍郎衔，节制镇道以下文武官员，这就算是兼有巡抚职权。清廷只是以枝枝节节的官

① 张謇：《徐州应建行省议》，《张季子九录·政闻录》第3卷，中华书局，1931年，第1—3页。

制改革来敷衍搪塞，实际上无非是换汤不换药似的改变若干官名，这自然使张謇的“徐州建省”计划完全落空。不过，张謇也并未因此放松向通海以外地区发展的努力，他与许鼎霖考察过贾汪煤矿，也倡导过淮安、海州、扬州、通州所属各地“合营自治”。只是由于实力有限，这些努力都没有取得预期的效果。

地方自治是立宪运动的一个重要组成部分，清朝政府在预备立宪期间亦曾制定《城镇乡自治章程》，并责成各省督抚奏报办理地方自治情况。但从一开始清廷对地方自治的许诺就是很有限度的，《地方自治章程》第一章第一节第一条即规定：“地方自治以专办地方公益事宜，辅佐官治为主；按照定章，由地方公选合格绅民，受地方官监督管理。”宪政编查馆曾奉命对全国实行地方自治的历史与现状作过考察，结论是：“臣等遵查地方自治之制虽东西各国一律通行，而溯厥由来，实分两派：有由市府自治而自然发达者，有由国家立宪而渐次推行者。一则因人民有自治之能力而日以扩充，故编制易而范围自广；一则越人民克尽自治之义务而徐为倡导，故施措难而监察亦严。”[①] 中国自然是属于“由国家立宪而渐次推行者”一派，所以他们特别强调“渊源国权”、“对待官治”、划定范围并“责重监督”，惟恐绅民越雷池一步。当然，以张謇为代表的立宪派对地方自治也有自己的理解，他们决不满足于辅佐地方官吏管理一些道路、卫生、慈善、治安之类公益事业，而是侧重强调在“地方自治之中，亦有行政、代议之别”，把资产阶级议会政治的模式推行到基层政权，为国家实行立宪奠定切实的基础。同时，他们又把地方自治与发展资本主义经济、文化结合起来，这自然更加增添了他们的主张与实践的积极的意义。但由于清朝政府的阳为提倡而阴为阻隔，加以中国缺少欧洲国家那种城市自治或团体自治的传统，清末的地方自治终于收效甚微，这是中国近代民权运动历史的一大缺憾。

至于张謇本人，则始终是地方自治的服膺者和倡导者。多年以后，他仍然强调：“治本维何？即各人抱村落主义，自治其地方之谓也。今人民

---

① 《宪政编查馆奏核覆自治研究所章程折》，《东方杂志》第 6 年第 5 期。

痛苦极矣，求援于政府，政府顽固如此；求援于社会，社会腐败如彼。然则直接解救人民之痛苦，舍自治岂有他哉?”[①] 当然，离开了人民民主革命主流，孤立地经营地方自治，那是注定要继续遭到失败的。

苏省铁路

收回与自办苏省铁路，也是张謇经营地方自治的一个重要侧面。

随着帝国主义侵略的深入，铁路在经济、政治、军事以至文化上的作用愈来愈大，而由于清朝政府的屈从列强，中国路权在20世纪初年已经丧失殆尽。据初步统计，到1911年为止，在中国全部铁路9 618.10公里当中，被帝国主义直接和间接控制的竟达8 952.48公里，占铁路总长的93.1%[②]。这样严重的情况，不能不使中国人民感到怵目惊心，而民族资产阶级为了争夺国内市场，对此尤感忧虑。因此，伴随着光绪三十一年抵制美货运动而来的，是意义更为深远的收回路权运动。在一段时间里，资本主义经济比较发达的江浙地区，收回路权运动显得分外活跃。

江苏绅商最初是要求收回津镇铁路主权，同时又强烈反对盛宣怀把沪宁铁路主权出卖给英国银公司（即中英公司）。光绪三十年英国开始建筑沪宁路，引起当地人民的极大愤慨，留日学生、国内学生、各地绅商以及一部分苏籍中小京官，纷纷表示抗议，而在光绪三十一年秋天形成斗争的小小高潮。张謇也参加了这次斗争，他以商部头等顾问官的身份致电商部，推举苏南大绅士王清穆、恽祖祁（大生纱厂股东）为沪宁路监督。又致电两江总督周馥，痛陈路权丧失的危害。他主张苏人自筹路基地价25万镑，以减少借款和多少收回一些主权（地权），幻想这样或者可以早一点把路权赎回。但是由于盛宣怀的暗中破坏，除了向英国少借60万镑以外，这次斗争并没有取得什么结果。沪宁路在建筑过程中，因为英国工程师有意造成浪费，成本极为昂贵，更加使江苏绅民感到不满。所以光绪三十二年沪宁路沪锡段通车时，张謇愤懑地在日记上写道：“沪宁路行开车礼。

---

① 张謇：《苏社开幕宣言》，《张季子九录·自治录》第3卷，中华书局，1931年，第1页。

② 严中平编：《中国近代经济史统计资料选辑》，科学出版社，1957年，第190页。

九时自沪行，十一时至苏。适大雨，席棚注漏，彩红淋染，染衣如桃花片片，入座之客多不成礼。……盛杏荪（盛宣怀）犹觍颜宣颂辞也。全球路价之贵无逾江苏者，即江苏人之受累逾于全球；然则是日之举，独银公司（指中英公司）受贺耳，江苏人应受吊。”

更激烈的斗争是收回沪杭甬路权运动。早在光绪二十四年，英国公使窦纳乐即曾向清政府强索苏、杭、甬铁路修筑权，并且经由督办铁路大臣盛宣怀与英国银公司委托的怡和洋行订立借款代筑此路草约。光绪三十一年美国商人也极力活动，想插手苏、杭、甬铁路的修筑。光绪三十一年七月，浙江首先组成商办铁路公司，公推汤寿潜为总理，积极招股准备兴筑全浙铁路，全力抵制英、美资本的渗入。光绪三十二年四月，浙江铁路公司集股已达四百余万元，并且立即开工修筑杭嘉线①。江苏绅商也积极行动起来，张謇等人首先在上海筹议收回路权自办，紧接着就是“江苏通省京官暨在籍绅士”恽毓鼎等 256 人共同呈请准予设立江苏省铁路有限公司②。在各方面压力下，清政府被迫承认“苏路自办”，并且批准由王清穆和张謇分别担任苏路公司的总协理。光绪三十二年闰四月二十八日，苏省铁路公司正式成立，两天以后就开始讨论路股章程，着手筹款，选定地基，聘请工程师，开始规划江苏全省铁路工程，极力抵制英国银公司对于江苏路权的侵夺。

苏省铁路公司计划修筑南北两线。光绪三十三年初，江南沪嘉线正式开工，与浙江铁路公司修筑的杭嘉线密切相呼应。北线原拟由海州经徐州伸入河南，由张謇负责主持修筑工程。他曾亲自在清江浦选定铜元局作为苏路公司驻浦办事所，也就是苏路北线的领导机关。以后他们就开始修建从清江浦到徐州的铁路（后又延伸到开封）。光绪三十四年六月，张謇为了专心经营北线，连苏省铁路公司协理职务也辞掉了。虽然贤淑的妻子徐

---

① 汤寿潜颇为干练，至 1907 年，各地认集股款已达 2 300 万元。汤任命黄春圃、邵善闻为浙路工程司，修筑进度颇快，1909 年 5 月沪嘉段竣工以后，杭嘉段于 1909 年 8 月即修成完工，沪杭全线接轨通车。沪杭路工费之低与质量之高，为中外所公认。平均每里造价不过 1.8 万元，仅及沪宁路三分之一，而且“平稳坚固，实较沪宁为胜”。参见王遂今：《汤寿潜与浙江铁路风潮》，萧山市政协文史资料委员会编印：《汤寿潜史料选辑》。

②《商务官报》第 5 期，第 18—19 页。

氏于这年三月病故，他仍然把铁路当成头等大事。此后，他除了到处奔走劝集路股外，还曾多次到清江浦亲自视察北线工程。

立宪派和江浙上层绅商这样热心于铁路事务，自然不仅仅是为了“力保利权”和“力谋公益”，而且更有他们自己的利害权衡。张謇在主持苏路北线工程以后，便积极筹划修筑清通支线（从清江浦到通州）。这显然是谋求促进通州地区的经济发展，并把大生资本集团的势力扩大到整个江淮地区，逐步实现原来拟议的“徐州建省”计划。同时，张謇本人就是苏路公司的股东，苏路北线的“桥、车诸工”都由资生铁厂承包，这也可以为大生集团多少增加一部分利润。

正当北线工程紧张进行的时候，苏路南线沪嘉段（从上海经松江、枫泾到嘉兴）在宣统元年四月十二日通车了。这是苏省铁路成立后首先取得的一大成就，张謇兴致勃勃地参加了通车典礼。但好景不长，时间只隔一年，清朝政府便屈从帝国主义旨意，悍然向商办沪杭甬铁路开刀了。

原来，早在光绪三十三年，英国驻华公使即已多次威胁清朝政府，要求勒令苏浙铁路公司停工。但清廷害怕引起当地人民更加激烈的反抗，暂时未能允诺，才使苏浙铁路修筑取得一些进展。此后，随着帝国主义对中国路权掠夺的加强，买办官僚盛宣怀怂恿清廷以“铁路国有”名义大借外债并出卖路权。同时，他们又枪打出头鸟，企图迫使商办铁路公司的领导人结束收回路权运动。张謇的亲密伙伴汤寿潜，因此便成为首先遭受打击的受害者。

当时，汤寿潜等浙江上层绅商，正在雄心勃勃地筹建跨越浙、闽、粤三省的杭广铁路①，并已得到这三省和华侨中间不少绅商的热情赞助。宣统二年七月，清廷命盛宣怀复回邮传部右侍郎本任，这就意味着大规模“借债筑路”的卖国政策又要加紧推行。汤寿潜对此极感不满，立即打电报向军机处抗议说：“盛宣怀为苏浙路罪魁祸首，不应令其回任；请收回

---

①《中华新报》1910年6月19日、20至25日来稿栏，连载汤寿潜交来《东南铁道大计划》一文，系“摘译日本所著《支那经济书》及《中国商业地理》杭州市广铁道大计划”。主张建杭广线，海岸线起于杭州，经浙江、福建、广东各地，最后以广州为终点。转引自《汤寿潜史料专辑》，第491—498页。

成命，或调离路事，以谢天下。”清政府恼羞成怒，在七月十九日发布严旨斥责说：“措辞诸多荒谬，狂悖已极，朝廷用人，自有权衡，岂容率意妄陈，无非借此脱卸路事，自博美名，故作危言耸听，其用心诡谲，尤不可问。汤寿潜着即革职，不准干预路事。”这绝不仅仅是打击汤寿潜个人，而显然是向全国各地争回路权运动的参加者示威。

清政府这道极端蛮横的谕旨在江浙绅商人民当中引起强烈的抗议。旅沪浙江同乡会首先发起组织浙路维持会，浙江咨议局代表也在旅京咨议局代表联合会上提出抗议，要求清廷在国会召开以前不得把商办铁路收归国有。此外，浙江咨议局、旅杭各府团体、浙路董事局等单位和个人，都纷纷集会和通电反对。“汤去路亡，路亡浙亡”的愤激口号到处流传。浙路董事局更是正式要求清廷收回“汤寿潜不准干预路事”的成命，理由是“总协理之选举、撤退，权在股东”。浙江咨议局致留京同乡电言词更为激烈：“路事自奉元电，人心盖骇，各属函电纷驰，误会殊甚。浙中遍灾迭告，民穷思乱，焚毁学堂、局、所之事，几至日有所闻。维系人心，断非压力所能强制。”[①] 在铁路问题上，资产阶级与政府的冲突越来越大，而这又正与同时进行的国会请愿运动一样，清廷的愚蠢措施把许多温和社会力量逼到对立的方面。

汤寿潜像

不过，反抗浪潮的主力还是劳动人民和年轻的知识分子，他们动辄聚众数千以至数万，愤怒地抗议清政府的卖国政策，并且还主动筹集路股，热心维护商办权利。在路权问题上清政府与人民的冲突日益激烈起来，有人已经公开警告清政府说：“浙路股东，劳动食力者占多数，平日信用汤公，铢积寸累以购路股，今汤去路危，血本无着，势必群相纷扰。际此浙省水灾迭见，饥民遍地，万一乘机起事，大局

① 《申报》1910年8月20日，参见支南钰一郎：《浙路风潮》，《汤寿潜》，永川会社，1910年，第12章。

何堪设想。”[①] 但是，苏浙争路风潮毕竟被平息下去了，它终于没有像川路风潮那样成为辛亥革命的导火线，其所以如此，主要是由于两省铁路公司的领导人政治态度偏于稳健。

江浙资产阶级上层人物和君主立宪派虽然一度领导了收回路权运动，但是他们极力把运动约束在狭隘的较为温和的合法范围以内。直到清政府正式向商办沪杭甬路开刀，他们也只是“筹文明之挽救”，即通过资政院、咨议局根据《大清商律》来婉转劝说清政府收回成命。他们所最害怕的与其说是路权丧失，倒不如说是“激起暴动”，因此公然表示：“蛰老（指汤寿潜）之应留与否？合同（指借款合同）之得废与否？皆不暇计，所惧人心一失，后患不堪设想。”[②] 看到人民保路怒火即将熊熊而起，他们倒吓得赶紧退却和泼冷水了。

同时，他们又非常害怕帝国主义的威胁和清政府的镇压。老早就有人间接警告张謇说：“浙江铁路，顷已永借英款，有廷寄三百余字，计明后能到江督、苏巡抚……是公司即已作罢。若一抗辩，恐张四、汤大（指张謇、汤寿潜）有不测之祸。立宪名耳，实行则大不然。恐张四、汤大不愿闻此言，乞公（指‘时公’，不知何许人。——引者）暗中维持，与竹老（赵凤昌）密密相商。”[③] 这样一些警告显然是有成效的，张謇在看到八月二十三日清廷谕旨后，只能感叹道：“蛰仙（指汤寿潜）以劾盛宣怀革职，亦一了局也。”原来好像极为刚强的汤寿潜，也悄然辞职告退，回乡侍奉老亲和游山玩水去了。这些腰缠万贯的上层绅商总是把身家性命看得高于一切，他们既害怕人民的革命，又害怕政府的屠刀，因而不敢轻易冒任何风险。

这些绅商名流的退却，在很大程度上又反映了中国民族资产阶级的软弱。由于资金不足，苏浙两路公司从一开始就没有能够完全摆脱对于外国资本的依赖，因为其资金中“邮传部拨款”一项实质上就是中英公司的借

---

① 支南钰一郎：《汤寿潜》，永川会社，1910年。
② 支南钰一郎：《汤寿潜》，“浙江谘议局致留京同乡电”，永川会社，1910年。
③《×××致时公函》，《近代史料信札》。

款[1]，而这笔钱竟占沪杭路通车后第一年经费的一半。到宣统三年初，苏路北线承筑开徐线，又苦于资金短绌和集股困难，仍然不得不幻想求助于外国资本。所以当杨士琦奉命南下询问外债可借与否的时候，郑孝胥讲得最干脆："必可借，不借不能兴中国。"张謇虽然有所保留，但也不得不表示："借自可。"[2] 盛宣怀正是利用他们这个根本弱点，一方面在表面上承认沪杭甬路"完全商办"，而另一方面又把中英公司对沪杭甬路的借款，移作修建苏路北线开徐段之用，实质上仍然是牺牲了铁路主权。苏浙争路风潮就是这样中途流产了。

自然也还应该看到，清政府当时借款筑路最主要的目标还是川粤汉两大干路，因此卖路与反卖路斗争的焦点也就很自然地集中于两湖和川、粤一带。相对地说起来，清政府对于川汉、粤汉两路采取更为死硬的政策和高压的手段，而对于并非主要目标的沪杭甬路则作了极为微小的"让步"(名义上承认商办)，这对于苏浙保路风潮也起了某些缓解作用。同时，清政府对于影响较大的张謇、汤寿潜等很快又采取了加强拉拢和利用的手法。宣统三年初，北京盛传即将任命张謇、郑孝胥为新内阁秘书长。不久，张謇、郑孝胥、汤寿潜等又相继入京，盛宣怀（时已任邮传部尚书）和端方（时任川粤汉铁路督办大臣）等对他们大肆笼络，一会儿准备为汤寿潜开复革职处分，一会儿打算命郑孝胥为湖南藩司，一会儿又要推荐张謇为农工商部侍郎。这样更加软化了所谓的"东南三大名流"，他们很快就转而赞成"干路国有"政策，甚至还为清政府筹划如何对付川、粤、汉铁路风潮。

劝业会与国民外交

张謇主张的村落主义和收回利权，都不同于植根于自然经济的闭关自守思想。他所经营的地方自治，从一开始便是与争夺国内市场、走向世界市场相联系的。在辛亥革命前夜，他积极参与南洋劝业会及所谓的"中美国民外交"，就是这种转向开放型的经济思想的表现。

---

① 《邮传部存款章程》，《东方杂志》第5卷第6期。

② 张謇：《啬翁自订年谱》辛亥正月。

劝业会即博览会，是资本主义国家促进经济发展和国际交流的一种传统手段。张謇于光绪二十九年参观大阪博览会，已经获得极为深刻的印象。其五月二日日记云："会场在大阪市天主寺今宫，为日本第五次内国劝业博览会，规地凡六十万余方尺，馆舍凡九万余方尺。日人自明治十年始以官帑经理民间农工实业为第一会。此后十四、二十三、二十八年，续举二、三、四会，增长发达。自二十八年始，皆先于各府、县、郡设小会以厉后之，非精能者不以入会，良工不示人以朴之道也。"

光绪三十二年，意大利在密拉啫举行博览会。清廷应意大利驻华公使之请，谕令各省"备品赴赛"，实际上是空洞号召，并无任何积极措施。由于张謇当时正在经营江浙渔业公司，商部即命他准备渔业产品送往该会，并咨商沿海七省督抚筹集赴赛费用。由于朝廷命公司承办，地方官员态度消极，总共只集资二万五千两。张謇不畏艰难，请人"摹绘吾国渔界为海图，复以公司董事樊太守棻备运赛品以媵之"，并且访求到温州郭凤鸣、宁波陈巨纲等干练人员运送赛品前往陈列。郭、陈两人"皆目能辨鱼类，口能说渔具，而手能记渔事，与之谈渔业，渊然莹然"。这样才算圆满结束赴赛活动。会后，郭凤鸣写成《意大利万国博览会纪略》、《调查欧西实业纪要》两书，张謇反复阅读，很受刺激，因为博览会会场面积合计83万平方米，中国商品陈设仅渔业占400平方米，工艺占120平方米，数量极其有限。而且展品也大多粗劣，只有张謇创办的盐业公司吕四场盐得头等奖，酿造公司的酒、颐生公司的罐头得金牌奖（温州送展的罐头亦得金牌奖）。张謇不胜感慨，为这两本书作序说："夫赛会云者，各况其长，而短者取人之长而自益。今以我视同列于会场之国，未暇论长短，而当论有无，则是我国实业尚在胚胎，未可遽言幼稚。"① 因此，他对于拟议中的我国自己举办的南洋劝业会寄予很高的希望。

南洋劝业会最初的倡议者是端方，光绪三十四年冬，他在两江总督任内经与一些上层绅商讨论，于十一月十四日奏请举办第一次南洋劝业会。

① 张謇：《意大利万国博览会纪略、调查欧西实业记要序》，《张季子九录·文录》第6卷，中华书局，1931年，第7页。

他自称："臣前年奉使欧美，察其农工商业之盛，无不由比赛激动而来。自莅两江任后，时竞竞焉以仿行赛会为急务。"端方的这一姿态颇能赢得江苏上层绅商的好感，他们积极支持劝业会的筹备，张謇、虞洽卿、周金箴、李平书等都是重要的发起人与经办者。

宣统元年闰二月，在南京设立劝业会事务所，具体负责筹备事宜。同时还设立协赞总会，作为联络各地官、绅、商共"谋南洋第一次劝业之发达"的社会团体。七月十三日，清廷下谕正式同意开办南洋劝业会："两江风气早开，民物繁盛，自应就地设会，树各省之模型，着派南洋大臣、两江总督张人骏为该会正会长，并着各督抚筹办协会出品各事。"此后筹备工作更为加紧进行。劝业会经费预算为70万元，官商各认其半。会前的调查研究工作，也是由"具有识力各绅商"办理。他们"讨论逾月，四出调查。内地各省，足迹几遍，南洋群岛，两次派员前往。因调查以行其劝导，演说以广其见闻"①。在他们的推动下，各省纷纷成立协赞会、物产会、出品协会，分头举办本地产品展览并选择质量优良者送往江宁赴赛。这对于各省的经济发展，显然增添了一些活力。

宣统二年四月二十八日，南洋第一次劝业会在江宁正式揭幕，会场占地700余亩，两江展览馆规模最大，设有教育、工艺、农业、机械、通运、美术、卫生、武备、京畿等馆；并设暨南馆，陈列南洋华侨产品；设第一、第二、第三参考馆，展览欧美、日本等外国产品；还附设一个劝工场。外省自建者则有直隶馆、东三省馆、山陕馆、湖北馆、湖南馆、四川馆、河南馆、山东馆、云贵馆、浙江馆、福建馆、安徽馆、江西馆等十余所。此外还设有三个专门实业馆，即江宁缎业馆、湖南磁业馆、博山玻璃馆；三个特别馆，即江南制造局兰锜馆、广东教育协会教育出品馆、江浙渔业公司水产馆。全部展品号称100万件，共分24部、440类；规模之宏大、内容之丰富和参观人数之众多（20余万人），在中国近代经济史上都是空前的。劝业会闭幕以后，日本及时出版《南京博览会各省展品调查书》，长达1 425页，被誉为"出有凭据的清国物产志"。正如有的学者所

① 张人骏等奏陈《南洋劝业会礼成办理情形折》。

言，这是古老中国文明首次作为一个有机整体不加掩饰地在国际场合公开亮相，当然可以看做一个很大的进步[①]。

张謇对南洋劝业会自始至终都非常关心。他曾发起成立劝业会研究会，由李瑞清为会长，张謇自任总干事。其宗旨是："集合同志，就南洋劝业会出品，研究其工质之优劣与改良之方法，导其进步，冀合劝业会之真旨，收赛会之实效。"[②] 该会在五、六两个月内，对农业、卫生、教育、工艺、武备、机械、通运等 8 个馆的展品分别进行考察研究，并就各项专题提出研究成果汇集出版。这样便更为切实地发挥了劝业会的功效。张謇本人也认真参观了劝业会。五月二十七日，他专门参观了直隶馆，曾在当天日记里写下自己的印象："颇觉袁为直隶之能任事，此人毕竟与人不同。工艺有擅胜处，江苏不及也。"[③] 所谓工艺，主要指机械与新式纺织品，直隶在这两方面都有优势，张謇评价与其他参观者的印象是一致的，而这次参观又增加了袁世凯在他心目中的分量。

南洋劝业会外景（1910 年）

在此次劝业会上，各省送展的农产品"殆数十百种"。会后，为谋促

① 马敏：《中国走向世界的新步幅——清末商品赛会述评》，《马敏自选集》，华中理工大学出版社，1999 年，第 134 页。

②《东方杂志》第 7 年第 6 期。

③ 张謇：《张謇日记》宣统二年五月二十七日。《啬翁自订年谱》亦称："观劝业会直隶馆，颇感袁世凯才调在诸督上。"

进农业的改良和发展，张謇又发起组织全国农务联合会，并出版农务联合会杂志。张謇为杂志作序说明了自己的宗旨："于会明农，于农蕲通，则杂志之作不可以已也。士大夫皆知其不可以已，则输彼之说以牖此，征此之说以饷彼。传田父野老终身辛苦不能自达之阅历，为农科学子口耳相授短于实习之导师，证合发明，辗转相益，岂非联合会士大夫之责乎？"① 张謇虽然主要是从事轻工业，但对农业在整个国民经济中的地位与作用则一贯是非常重视的。他把农务分为农政、农学、农业三个方面，并认为"政者国之事，业者民之事，学者士大夫之事也"。他很强调发展农学的重要性，如果缺乏农学则"不能通政与业之变，亦不足尽政与业之能"。他主张书本知识应与实践经验相结合，"謇家世务农，尝略涉农书矣。私独以为必经生学士之农与田父野老之农合，而后学可致于业而发于政"②。这样的认识，自然也高于当时一般以大言欺世的所谓学者文人。

但是，在南洋劝业会前后，张謇更为重视和努力从事的却是"国民外交"，特别是"中美国民外交"。早在 1908 年 4 月，张謇即已参与筹建中法劝业银行的活动。在法国外交部保存有一份合同稿本，题为《为建立一所中国劝业银行的联合会》，开场白就是："为建立一所劝业银行，参加签订合同的张季直大人和他的中国合伙人为一方，德·马尔托（De Marteau）先生和维·霍夫曼（W. Hoffman）先生为一方，双方一致同意拟定下列条款，留作将来的依据。"拟议外资以 500 万法郎入股，与中方共同创办这所银行。在正式签订合同 10 个星期以后，外股发起人将通过华俄道胜银行在上海拨交 500 万法郎。而在此 15 天以后，中方应在 3 个月内将 500 万法郎股金分批存入道胜银行。劝业银行将在中国农工商部注册，并同时在伦敦、巴黎、维也纳建立分行，其目标是"把外国资金引入中国，为中国的工商企业提供贷款"。在合同后所附"中国合股人名单"上，有张謇、许鼎霖、曾铸、蒯光典、汤寿潜等东南著名绅商列名。此事在张謇日记与年谱中均未提及，而且也未能最后实现，但说明张謇对于开展国民外交与引进外资都有很大积极性。

---

① 张謇：《农务联合会杂志序》，《张季子九录·文录》第 6 卷，中华书局，1931 年，第 12 页。
② 张謇：《农学通释序》，《张季子九录·文录》第 6 卷，中华书局，1931 年，第 10 页。

中美商团会谈美方核心人物大赉像

南洋劝业会不仅在国内引起强烈的反响，在国外也引起许多商人的注意，其中日、美两国商界最为积极。日本实业团由团员 12 名、随员 2 人组成，团长是地位极为重要的日本邮船会社社长近籐卫平，团员也大多是大阪、横滨、东京、神户、京都、名古屋等地工商界的头面人物。美国商团包括 23 名团员、17 名同行夫人以及 2 名随员。团长是前洛杉矶商会会长布斯（Willis H. Booth），团员大多是洛杉矶、奥克兰、圣地亚哥、旧金山、西雅图、檀香山等太平洋港湾城市的工商界有代表性的人士。其中核心人物以大赉轮船公司社长罗伯特·大赉（Robert Dollar）最为重要，他在两年以前已经开始为访华作准备，并且始终是美国实业团的实际领导者。大赉年 66 岁，出生于苏格兰。13 岁来美，次年在森林木板厂做工。20 岁升为伐木工头，30 岁升为木板厂的经理。35 岁在密西根州自办木板厂。44 岁移居旧金山，经营木材业与航运业。10 年前（1900 年）开始经营对华贸易，曾与汉阳铁厂签订 15 年合同，运送生铁给美国埃宴地（Irondal）钢厂，但每年不得超过 20 万吨。大赉总公司设在旧金山，并在西雅图、上海、天津设有分公司，这个资本集团非常希望扩大对华贸易并加强对华投资。张謇所说的“中美国民外交”，主要就是与大赉集团打交道。

张謇一向对美国抱有企盼。早在创办纱厂之初，他即曾向美国人福开森寻求过帮助。光绪二十九年，美国领事曾劝他到美国参观①。由于他对日、俄都有警惕，所以早已就酝酿着联美方案。宣统二年正月二十八日，赵凤昌也鼓励张謇“注力于社会联美”，并且还向张謇要了一张照片转送大赉（大赉先于美国商团来华）。不过，张謇正忙于苏路北线的筹建并积极参与南洋劝业会的筹办，暂时还无法与美国商团直接联系。

六月二十三日，南洋劝业会工作告一段落，张謇立即到上海与商学公

① 《啬翁垦牧手牒》。

会研究如何接待美国商团。八月十二日，美国商团到达上海，尽管大雨滂沱，却受到当地官、绅、商各界的热烈欢迎。在上海，商团参观了阜丰面粉厂、纶昌纸厂以及纺织、兵工等厂，并与各界著名人物作了广泛的接触。八月二十日，美国商团到达南京，次日不仅团员们受到两江总督张人骏的盛大宴请，而且随行的妻子们还受到总督夫人的茶点款待，尽管这位中国贵妇在外国女人面前显得有些拘谨。

八月二十二日，更为隆重的欢迎宴会在江苏咨议局举行，这是一座尚未完全建成的新式房屋。张謇热情而又认真地主持了这次宴会，到会的还有包括奉天在内的16省咨议局代表，所以实际上是一次全国性的立宪派与咨议局系统的联合欢迎，当然最大的推动力还是来自江苏、浙江、广东、天津、汉口等地的资产阶级。张謇在欢迎词中指出："一、中国事事方在递蝉蜕化之时，贵国耳目之所接触，必皆已见其概；二、名为实业改良，而从旁牵制如财政、法律、官厅制度，无事不与相涉，非在同时改良不能大有功效；三、今日之略可指为功效者，謇能举一例以告贵国，即吾人欢聚所托之咨议局也。"① 美国商团则由圣地亚哥商会会长朋汉（George Burnham）致答谢词，大意是："中国政治进步日著，必以民选咨议局为代表，江苏咨议局尤属首屈一指。深望咨议局他日与费兰费亚（即Philadelphia）之自由厅相颉颃。"② 值得注意的是，美国商会本来强调此次中国之行专在实业调查以"谋求两国通商的扩大"，可是在江苏咨议局的欢宴中宾主双方的发言都带有较浓厚的政治色彩。这也许可以理解为正在从事国会请愿活动的咨议局系统渴望取得美国这样的议会政治国家的理解与同情，而美国资产阶级对于咨议局这样一支新起的政治力量也颇有联络和利用的兴趣。

这次欢宴充分体现了主持者的细心与周到。南京是一个比较守旧的城市，为了使宴会更加适合西方客人的习惯，连装饰品、食物、侍者和乐队都是来自相隔200英里的上海。最令客人瞩目的是张謇居然提议为美利坚合众国总统的健康干杯，这个古老中国的绅士学者在礼仪上也赶上时代潮

---

① 《时报》1910年9月30日。

② 《时报》1910年9月27日。

上海总商会欢迎美国商会代表团的合影

流了[1]。但更为新派的场面还在一个半月以后。十月六日，张謇再次赶到上海同赵凤昌商议如何与大赉等人谈判中美合作兴办实业问题。十月八日，由赵凤昌出面，约同熊希龄、叶景葵、张謇合宴大赉、华尔特两对夫妇，席间还有赵凤昌、熊希龄、叶景葵、刘垣的妻子作陪，这在当时也是开风气的新鲜事情。

通过频繁的商谈，他们终于拟订了一个中美合作的初步方案。张謇在当天的日记中曾有简要的记述："达、华（大赉、华尔特）与我南、北商会协议共营银行、开航业、设商品陈列所、置商品调查员四事。银行资本一千万，各半；太平洋商轮，华资过半云。与之言，则注重奉、吉、黑垦事。主客之意，尚能周浃。"这次宴会实际上是中美双方会谈的一次预备会，而且是一次带决策性的会议。两天以后，便由上海商务总会出面，邀集津、汉、穗等地商会代表，与大赉等正式讨论中美合办实业问题。据当时上海报纸记载："美商团自游广州后，另举代表数人来申，协议中美商务事宜。先期由上海商会函约与省埠总会至申预议，如天津、汉口、广州等处，均已派员来申齐集。探得美代表于昨日抵埠（此处记载有误。——引者），遂于昨（指十月十日。——引者）晨九时在汇中茶会。先由美商大赉君与各商会代表讨论一切，俄而美商相继莅止。华商会即公推张弼士京卿为临时议长，提议合设银行及互立货品陈列所，并俟巴拿马运河开通

① 《大赉访华日记》，第 26 页。

后，就太平洋沿岸开万国博览会，系专注重亚洲货品等。”除漏掉合办太平洋轮船公司一项外，其他记述都与张謇日记相符。可见十日正式谈判的基础，就是在赵凤昌、张謇等八日宴会上商定的。

中美双方讨论的内容，在大赉日记中有更为详细而比较准确的记载：

1. 银行。资本中美各半。

资本的一半，300万两由中方承担。我们的银行委员会同意向我方银行家们提供一个报告。

2. 在中美两国举办展览。

此点业经取得协议，并将提交我们商业协会在（明年）一月举行的会议。

3. 1915年在旧金山举办博览会。

决定由中国商会要求北京政府付诸实施，并要求我们政府同意在太平洋沿岸举行。

4. 互惠。

互惠原则已经讨论并完全明确。双方必须互相进口货物。贸易利益不能只限于单方面。

5. 两国商人相互访问（报聘）。

着眼于上述目的，两国商人必须互相访问，增进了解，以推动贸易发展。

6. 建造轮船，资本中美各半，悬挂中国国旗。

建造一艘货船，资本中美各半，悬挂中国国旗。商会将依法呈报商部，并咨询邮传部可能采取何种奖掖措施。

7. 中国商会联合。

据商会代表报告，昨晚已成立全国商务总会，会所设于上海。来自满洲、直隶等各省人士联合起来并步调一致，这还是第一次。此事已引起强烈反应。①

由此可见，双方谈判内容涉及范围相当广泛。美国资本家除希望插手

① 《大赉访华日记》，第62页。

中国金融与海洋航运外，更为注重的是对东三省的开发。原来自日俄战争以后，美国一直谋求染指富饶辽阔的东三省，只是由于日、俄（特别是日本）的强烈抵制而未有所获。宣统元年，美国银团代表司戴德几经周折终于与东三省督抚议定承修锦瑷铁路，可是再次由于日本的强硬阻抑而中途作罢①。可以想见，在赵凤昌的家宴上之所以出现熊希龄与叶景葵，主要是由于他们均系东三省总督赵尔巽最为亲信的幕僚，而熊希龄还是为修筑锦瑷铁路奔走最力的内线人物之一。不过，铁路问题已经进入死胡同，美国现在是想在垦务方面寻求新的出路，恰好中国东南地区的资产阶级也有意于开发东三省，所以双方很快形成共同的意向。用张謇的话来说，就是“主客之意，尚能周浃”，但这无非是主观愿望而已。

这次家宴给大赉留下颇为深刻的印象，所以在他的访华日记中有如下的记述：

> 在沪期间，每天都有为我们举办的午宴和晚宴。最引人注目的一次是在赵竹君（Chao Chew Kuan）家中，出席的有主妇和其他女士。这是非同寻常的礼遇，因此我们深为喜悦。出席者中有江苏咨议局议长、沈阳道台和其他知名人士。我们与议长曾经在南京会晤，尽管他不会说英语，但我们通过翻译就立宪政府问题作了饶有兴味的讨论。这是他们目前最关紧要的课题，而且他们急于向我们了解有关立法各方面的知识。在某些方面，他们对于最终应采取何种措施尚一无所知。他们为资政院、咨议局制订了规章、程序，但是两者之间的确切关系尚未得到确定。而更为重要的课题是，对于皇帝与资政院、军机大臣之间的关系，他们也是众说纷纭。……商人与官吏之间存在对立情绪，我清楚地察觉他们之间的裂痕业已扩大。②

这些谈话，从大赉方面来说无非是为了扩大商务、了解中国的社会情

① 司戴德（W. D. Straight）于1909年10月2日与东三省总督锡良、奉天巡抚程德全签订《锦瑷铁路借款草合同》，商定由美国银行团提供资金，修筑由锦州经齐齐哈尔到瑷珲的铁路，工程由英国保龄公司承包。清政府颇有借此遏制日、俄逼处东北之凶焰。但由于日、俄的多方阻挠，这一协议并未得到实现。

②《大赉访华日记》，第58—59页。

况，但却增强了张謇等人争取美国援助的幻想，而首先就是东三省垦务方面寻求合作。不久，熊希龄果然被赵尔巽派充东三省屯垦总局会办，并撰写《东三省移民开垦意见书》一卷[①]。稍后，张謇又率领大批随员前往东三省考察并商谈垦务。这些活动都可以看做上海中美商团代表会谈的后续工作。因为正是在这年九月二十五日，美国摩根财团已经与清政府订立整顿财政和办理东三省实业业务借款 5 000 万美元草合同。大赉对"奉吉黑垦事"的关注，至少是民间的一种配合行动，目的都在于以迂回的方式打入东三省与日俄竞争。张謇等不了解内幕，单纯从"国民外交"着眼，实际上是同床而异梦。

这里还需要补充一点，就在欢宴大赉的第二天，赵凤昌、张謇等又宴请了伦敦《泰晤士报》驻东方记者勃兰门。勃兰门认为中国各方面言论不一致，国会召开后可能要发生严重意见冲突。张謇则强调意见之所以不一致，是由于缺少协调和集中各方面意见的政党，明显地流露出正式组织政党的意愿。但是，他的兴趣集注于"中美国民外交"，也很关心东三省的开发，因此没有采取任何比较果决的政治行动。本来，他准备以咨议局名义倡议，在十月十五日"庆祝国会即将召开"，以旁敲侧击的方式敦促清廷尽早履行诺言。然而，就连这样温和的举动，也因为议员意见分歧而未能实现。

不久，江苏咨议局由于预算案与两江总督张人骏发生激烈冲突，张謇与全体议员相继辞职，咨议局暂时停止活动。张謇除继续从事实业、教育方面的经营之外，活动的重心又转移到向清廷进"最后之忠告"方面去了。因为，上述这些庞大的实业计划，如果得不到政府的同意与支持，是很难付诸实现并取得预期效果的。直至辛亥革命爆发的前夜，张謇仍然把大规模发展实业的希望寄托于立宪的进展与清廷政策的转变[②]。

---

① 叶景葵：《熊希龄家传》，《卷庵剩稿》，1962 年，铅印本。

② 除上述这些情况外，南洋劝业会的一些情况也使张謇对清朝政府感到失望。如展品出售者只占十之二三，原先已经获准免除赛品沿途厘金，但实际上"凡在场内沽集暨离场转运它处销售者"均需"分别补征税厘"，大大挫伤了商人参展的积极性。因此，张謇更为增强了"抉其病根"(改造清政府）的意愿。参见马敏：《中国走向世界的新步幅——清末商品赛会述评》，《近代史研究》1988 年第 1 期。

第四章　鼎盛篇（下）

一、辛亥前后

最后之忠告

张謇是在清廷组成皇族内阁并宣布“铁路国有”政策以后，前往北京向摄政王进言的。

宣统三年四月十日，清廷迫于形势决定组织所谓责任内阁。可是内阁名单刚刚公布，舆论就立刻为之哗然。原来这是一个不折不扣的满族亲贵内阁，而同时资政院要求开会讨论政府借款问题却又得不到批准。五月十四日，咨议局联合会经由都察院递呈《呈请亲贵不宜充内阁总理折》，清廷根本不予置理。六月十日，咨议局联合会再次上书，请求另行组织内阁。清廷立即予以严厉申斥，说是“用人系君主大权，议员不得干预”云云。同时，对于川、鄂、湘、粤四省保路风潮，也采取强硬镇压的蛮横政策。

时局发展到这种地步，许多立宪派分子都对清廷感到绝望，有些甚至转向革命。但张謇还想对清廷作最后的挽救，于是向内阁提出三点建议：(1) 赶快发表正式政见；(2) 实行阁部会议；(3) 广开幕府，征辟英才。同时，他还向清廷表示：“謇十四年来，不履朝籍，于人民之心理，社会之情状，知之较悉，深愿居于政府与人民之间，沟通而融和之。”①

---

① 张謇：《请新内阁发表政见书》，《张季子九录·政闻录》第 3 卷，中华书局，1931 年，第 30 页。

看来，立宪运动已经成为一剂缓不济急的药方，张謇决心亲自劝说掌握政府最高权力的载沣，并且还想争取美援来为这个濒于死亡的王朝注射强心剂。

据说，当时“有某省咨议局派代表二人，直接至南通访问张謇，以国是蜩螗不可终日，要求张謇亲至北京一行，视察中枢情形，以决定各省咨议局对于国是应采取的态度。謇闻之心动，电邀雷奋、杨廷栋至通，与两代表共同会商……会谈终了后，张謇遂决至北京一行”①。四月二十四日，他到上海与赵凤昌商定组织赴美报聘团体以及兴办中美银行、航业公司等有关计划。第二天，经由上海商务总会首先出面，公推张謇北上向清朝政府陈请赴美报聘等事。四月二十六日，更由沪、津、穗、汉四地商会共同发出公函，敦请张謇进京代为请求政府批准赴美报聘及中美合作经营有关实业。

出发以前，张謇也深感形势的严重，认识到由于皇族内阁的成立，“全国为之解体”，“举国骚然，朝野上下，不啻加离心力百倍，可惧也”。因此，他联合汤寿潜、沈曾植、赵凤昌等共同上书醇亲王，劝他“危途知返”。并且建议起用“汉大臣之有学问阅历者”，以共同挽救危局。同时，他们又托醇亲王的宠臣赵庆宽回京，向载沣“痛切密陈，勿以国为私注”。这些活动都是为张謇北上作准备。

四月二十七日，张謇偕同江谦、刘垣、孟森等一大批随员，从上海乘轮船溯江而上。五月二日到达汉口。他们在武汉只停留了半天，可是却通过瑞澂，以最快的速度取得了奄奄一息的湖北纱、布、麻、丝四厂的承租权。五月十日，张謇一行乘专车循京汉路北上。

张謇之所以要取道京汉路北上，除为了承租湖北纱、布、麻、丝四厂以外，也是为了到彰德与袁世凯共同分析时局与商讨对策。张謇很明白，袁世凯虽然罢职在野，但他在北洋武装系统中的潜在势力仍然原封未动；任何政治上的筹划，如果没有得到袁世凯的默契与支持，都必然会流于纸上谈兵。

五月十一日下午五点钟，火车到达彰德，袁世凯早已派有仆人和轿子侍候，可见事先已经有过联系。张謇独自前往洹上村，与袁世凯密谈到深

---

① 刘厚生：《张謇传记》，龙门联合书局，1958年，第178—179页。

夜。袁世凯本来还想挽留张謇过夜，但张因急于赶到北京便谢辞了，回到火车已是深夜 12 点钟。

关于这次密谈内容，文字记载很少。张謇当天的日记只有寥寥数笔："午后五时至彰德，访袁慰廷于洹上村，道故论时，觉其意度视二十八年前大进，远在碌碌诸公之上。其论淮水事，谓不自治，则人（指列强。——引者）将以是为问罪之词。又云，此等事，乃国家应做之事，不当论有利无利，人民能安业即国家之利，尤令人心目一开。夜十二时回车宿。"袁世凯最善于揣摩对方心理，他知道张謇一向关心导淮，所以便慷慨激昂地大谈一番人民安业即国家之利之类的大道理，使张謇为之"心目一开"。但此次深夜密谈决不会只限于空泛议论水利问题，其主要内容仍在于"道故论时"四字。据刘垣回忆："我们同车的人一觉醒来，见张謇登车含笑对我们说：'慰廷必竟不错，不枉老夫此行也。'""不到半年，謇与世凯一夕之谈竟发生极大效用，并已决定清廷之命运。"① 这种说法显然夸大了张、袁二人的作用，不过从上述记载中至少可以肯定，此次夜谈产生了两个结果：一是张謇与袁世凯进一步消除了旧日的嫌隙，从此开始在政治上比较密切的合作；一是张、袁对于如何应付政局急剧变化，必然会有某种程度的计议与默契。张謇深知清廷已经越来越难以控制全国局势，他不能不把维系政局稳定的主要希望寄托在实力最强而又比较热心于新政的袁世凯身上。

五月十二日，张謇一行到达北京。尽管他为了避免北京各团体的联合盛大欢迎，有意比原订日程提前一天到达，但北京车站的迎接场面依然是相当热烈。许鼎霖、端方的儿子和弟弟，以及肃亲王善耆的世子，都闻讯赶来恭迓，并且有意把张謇的住处安排在翁同龢故居，即东单牌楼二条胡同蒙古实业公司。第二天阿王即以酒宴为之洗尘。

五月十四日，张謇谒见庆亲王奕劻，端方在座，奕、端交谈中透露出摄政王即将召见的消息。当天，又参加了各省咨议局联合会的欢迎大会。

五月十五日，那桐一清早就来报信，告以内廷已令翰林院通知，摄政王准备在十七日召见。而在此以前，许鼎霖曾告诉张謇，端方已奏请任张

① 刘厚生：《张謇传记》，龙门联合书局，1958 年，第 180—182 页。

謇以“宾师之位”。同时报纸也风传他将进入弼德院或担任内阁秘书长之类职务。张謇不愿“以公推而来，得官而去”，连忙分别谒见载泽、载洵、载涛，希望朝廷能够理解他此次北行的志趣。在这一天，孟森、雷奋还发起公宴，学部尚书唐绍仪又私人宴请。

五月十六日，谒见徐世昌，再次申明不愿担任官职之意。

五月十七日，摄政王召见，当天日记记载甚详：“八时一刻召见。先是二时至西苑门外候传，索钱者纷至，其人皆如乞丐相，皆无赖之民也。事虽相沿三五百年，然恶亦甚矣。七时四刻候于朝房，第一起内阁，第二起度支大臣，第三起及余，引见于勤政殿。先至御座前跪安，起，入西房内。摄政王南面坐，旁设四坐，见则肃立致敬。王命坐，即问：‘汝十几年不到京，国事益艰难矣。’敬对：‘自戊戌出京，今已十四年。先帝改革政治自戊戌始，中历庚子之变，至于西狩回銮以后，皆先帝艰贞患难之时。今日世界知中国立宪，重视人民，皆先帝之赐也。’言至此，不觉哽咽流涕。王云：‘汝在外办事辛苦，名誉甚好，朝廷深为嘉慰。’敬对：‘张謇自甲午丁忧出京，乙未马关订约，即注意实业、教育二事。后因国家新政需人奉行，故又办地方自治之事。虽不做官，未尝一日不做事，此盖所以仰报先帝拔擢之知。此次因中国报聘美国事，又有中美银行、航业二事，为上年美商与华商所订合（同），故被沪、粤、津、鄂四商会公推而来。蒙皇上召见，仰见摄政王延纳之宏，耳目之不壅蔽，深为感激。今国势危急，张謇极愿摄政王周咨博访，以求治安之进行。’王云：‘汝在外，办事多，阅历亦不少，有话尽可说。’因对张謇所欲陈者：‘外交有三大危险期，内政有三大重要事。所谓三期者：一今年中俄伊犁条约，二宣统五年英日同盟约满期，三美巴拿巴运河告成，必有变故。所谓三事者：一外省灾患迭见，民生困苦，朝廷须知民隐及咨议局事；二商业困难，朝廷须设法振作，金融机关须活；三中美人民联合。’王云：‘都要紧，汝说得极是，可与泽公商量去办。’”① 由于光绪已死，载沣又是载湉的亲兄弟，

①《啬翁自订年谱》有关记载系据日记，但因时过境迁颇有删削改易之处。这里照录日记原文，以示当时实际情状。

所以对话带有浓厚的缅怀“立宪皇帝”（光绪）的情愫。张謇出于传统的名教观念和感激载湉兄弟知遇之恩，忠告的态度自然是真诚的。载沣于矜持与焦急之中则多少有些虚应故事。

五月十八日，载泽宴请。

五月二十日，奕劻送菜肴四品。

五月二十一日，毓朗宴请，载洵亦送酒席。

五月二十四日，徐世昌宴请，并应私立商业第一学堂邀请发表演说。

五月二十七日，那桐宴请。

五月二十九日，学部唐尚书请张謇任中央教育会会长，屡辞不获，只得答应作短期担任。

六月一日，善耆再次宴请。

六月四日，张謇前往东北考察。

闰六月九日，张謇在离开北京之前，向载泽、溥伦辞行，载泽宴请送别。

以上这些记载虽然并不完整而又极为简略，但大体可以看出张謇在抵京以后的一段时间里，交际应酬是何等频繁。表面上是为“酒食征逐所苦”（张謇语），实际上都有具体的洽谈内容，只是未作详细记述而已。值得注意的是，在这些频繁的活动中皇室成员（特别是载沣兄弟）显得异常热情，反映出他们非常期望得到东南上层绅商的支持。人们常说张謇在辛亥革命前夕对清廷存在幻想，却忽略了清廷也对张謇这类通融于“政府与人民之间”的绅商也寄予了厚望。

其间，张謇曾于六月初前往奉天考察垦务达半月之久[①]。回到北京后又连续活动20多天，主要是忙于中央教育会开会事宜。会议讨论了国库补

① 东北之行从六月四日开始，十八日结束。此行增加对东北认识不少。日记记云：五日，“至奉天。途中所见关外之土色远胜关内，沿铁道无荒地也。海城、锦州尤胜”。六日，“观宫中藏物，因得敬瞻纯庙年少时甲胄乘马之像，姿神美秀，顾视非常。收藏古彝器既富，而康、雍、乾、嘉、道五朝之瓷尤充牣也。文溯阁书尚完全无缺”。八日，“参观农事试验场，场凡一千六百亩。主管者陈铎时，留美农学生，美人巴克为农师，盖试验用大农法也”。九日，“去长春。日人车站占地凡五十六万亩，市廛居民下及劳力无非日人。其中管理亦整洁，细崽颇勤顺。每站名标题皆中英文合署”。十日，“夜九时赴东清车去哈尔滨，管车无法，俄不如日之征一”。十一日，“八时至哈尔滨。哈为俄人世界，俄占车站地凡一百二十八万亩。哈有老城、新城两处、公园五。大市场二，其资盖五千万卢布”。

助各省兴办初等小学、初等师范等事项，张謇还建议在宫内举办保姆训练班，以改良对宣统皇帝的学前教育。一直忙到闰六月十日张謇才离开北京，经由天津乘海船南下。张謇对此行相当重视，曾在日记上特地写下一笔："此次由沪而鄂而京而奉而吉而黑而营而京而津，最多时上下十四人，凡用三千七百余元。"①

在京期间，张謇向载沣等皇室显要进陈的"忠告"，归纳起来无非是五个要点：(1) 注重民生，实行宪政，特别强调救灾、治淮和充分发挥各省咨议局的作用。(2) 提倡并保护本国农、工商各业，通盘筹划，分年实行，极力抵制外货倾销。(3)"联合美国为外交最要之策"，但是只能由民间团体出面从事"国民外交"，以免其他列强干涉阻挠。(4) 政府承担四川铁路工程的亏空，全部收购商股，借以平息保路风潮。(5) 照数拨给东三省赵尔巽 2 000 万两经费，以便中美"合作开发"东三省。而其中心思想则是劝说清廷：对内开放部分政权，修正"铁路国有"政策，缓和政府与人民之间的紧张状态；对外也实行有限度的开放，实行"中美合作"，引进外国资金，加紧开发东北等地资源，以解救财政、金融和经济的危急。

这些建议虽然不无可取之处，但在当时境况下确实很难获致任何积极成果。不过，清朝皇室"求贤若渴"的姿态增强了张謇的幻想，摄政王对上述建议的"赞许"，更使他热衷于全力追求中美合营银行、航业及开发东三省等庞大实业计划的实现。

当时，立宪派以各省咨议局联合会（又称国会请愿同志会）为基础，已经于六月六日（即张謇启程前往东北考察的两天之后）在北京成立宪友会，并在苏、鄂、川、湘、赣、皖、闽、鲁、晋、奉十省建立支部，俨然有全国性政党意味。宪政会在资政院的党团领袖，正是张謇最得力的亲信人物雷奋，该会江苏支部的负责人也是与他极为亲近的马良、沈恩孚等。张謇对宪政会与整个立宪运动并非漠不关心，但他在这段时间确实是埋头从事实业方面的繁忙筹划。

他于闰六月十八日回到上海，第二天就与孟森等商讨赴美报聘和中美

① 张謇：《张謇日记》宣统三年闰六月二十六日。

合办银行、航业等办法。二十日，与赵凤昌等商定在上海商务总会设立报聘事务所，作为具体筹办机关。二十二日，又专程前往苏州与江苏巡抚程德全商讨东三省如何利用美资开发问题。这是由于程德全以前在奉天巡抚任内，曾于宣统元年秋与美国垄断资本代表司戴德订立锦瑷路敷设条约，一贯主张联美以抵制日、俄。张謇是个实干家，每办一事总力求其成。所以，尽管当时四川保路风潮已经发展成为武装起义，革命风暴即将席卷全国，他仍然与赵凤昌抓紧起草《报美团人（指东方商团）书》，不愿放弃到美国报聘的计划。

北上途中刚刚建立的大维公司也在湖北抓紧接办纱厂。不顾四川起义烽火正在猛烈蔓延，也不顾湖北当地的革命风潮正在迅速酝酿，张謇为庆祝大维纱厂正式开工，于八月九日偕同刘垣等再次启程赴鄂。

这正是武昌起义的前10天，历史似乎是有意安排这位反对暴烈行动的立宪派领袖亲眼观看革命起义的情景。

转向共和

张謇一行乘日清公司“大福”轮于八月十三日到达武昌。三天以后，大维纱厂正式开工，紧接着便是频繁的酬应酒宴，以庆祝大生资本集团的经济势力扩展到长江中游的工商业中心——武汉。张謇极力与湖北上层官绅及立宪派头面人物（如瑞澂、柯逢时、汤化龙、胡瑞霖等）周旋，期望此后在湖北进一步扩大自己的经济实力和社会影响。

瑞澂在满人督抚中并非属于庸碌之辈，他甚至可以说得上比较干练和开明，也正因如此，张謇才与他合作得比较融洽①。但革命的潮流是严酷的，谁如果顽固地站在对立方面，就难免会遭到灭顶之灾。八月十八日，

① 瑞澂（1862—1912）字莘如，正黄旗，琦善孙。1906年升任九江道，又移上海道。1907年授江西按察使，迁江苏布政使。1909年升江苏巡抚，曾列名预备立宪公会，同年署湖广总督，次年实授。张謇最初对他的印象并非甚佳。光绪三十二年二月初一日曾在上海拜访瑞澂。瑞澂于次日回访。张謇在当天日记上写道：“瑞莘儒观察来谈，满洲人大都有伉爽气，时见甚浅。”当时瑞澂正接任上海道，所以彼此联系渐多。张除“为上海筹工程局自固之策，劝瑞任保护”外，还支持瑞澂所发起的江西磁业有限公司集股。此后合作渐多，相知亦渐深。如同年九月六日日记：“瑞观察来谈时事，义愤见于词色，都中方扰扰也。”当时张謇正与郑孝胥等筹组预备立宪公会以及修筑江苏铁路事宜，瑞澂所谈显然与此相关，可见彼此较为信任。

革命党在汉口宝善里的总机关遭到破坏，瑞澂和湖北上层官绅皆大欢喜，仿佛果真已经消弭祸患于未萌。就在这一天，张謇于中午参加咨议局议员们的欢宴，晚上又应瑞澂宴请，直到夜九时才回到寓所。也是在这一天，张謇为了充实南通博物苑的陈列内容，买了一对孔雀，又向柯逢时要了一对锦鸡，并派专人于当天送回通州。八月十九日（阳历十月十日）清晨，彭楚藩、刘复基、杨洪胜三位烈士慷慨就义于督署辕门之前。武昌全城戒严，并曾一度关闭所有城门。张謇这才感到形势紧张，便于上午十时过江到汉口等船。汉口由于有租界存在，表面上仍然繁华平静如故。晚六时，宋炜臣等汉口绅商头面人物又在海洞春公宴张謇，直到晚八时才把他送上开往上海的日本商船——“襄阳丸”。

仲秋之夜，阴雨绵绵。张謇匆匆上船以后，首先映入他眼帘的，就是武昌塘角辎重队起义士兵作为起义信号在江边燃起的熊熊火焰。仿佛革命有意要给张謇多留下一点印象，“襄阳丸”迟至晚十点钟才缓缓向下游驶去。以致张謇多年以后在自订年谱上还历历如绘地写道：“舟行二十余里，犹见火光熊熊烛天也。”他万万没有想到，革命竟这样猝然爆发，并且像幽灵一样紧紧追随着“襄阳丸”的旅程①。

就在这一夜，起义士兵在民众协助下一举攻克武昌，成立了中国第一个革命军政府。瑞澂仓皇穿墙逃走，像被秋风卷起的落叶一样蜷缩在军舰里漂泊在江上。预备立宪公会的支持者、奉旨入川查办保路风潮的岑春煊剪掉胡须悄悄溜走。也就在这一夜，本地立宪派的头号人物、咨议局议长汤化龙终于下了决心，公开支持革命与民主共和，为其他省区立宪派策应各地起义提供了湖北模式。……八月十九日的夜晚，细雨迷濛，星月无

① 《张謇日记》八月十九日，“贞壮讯，知昨夜十时半汉口获革命党人二，因大索，续获宪兵彭楚藩与刘汝奎（应为刘复基）及杨洪胜（开杂货铺），晨六七时事讫。各城俱闭，十时方开。余即于是时过江至汉口兴业里纸厂事务所，晤聚卿，即留午餐。三井大班丹羽来晤。旋诣之，并诣伟臣、晋笙、鸿沧（武汉商界名流。——引者）。六时饮于海洞春。八时登舟，舟名‘襄阳’。见武昌草湖门火作，盖工程营地火作（非一处。——引者），即长亘数十丈，火光中时见三角白光，殆枪门火也。闻十八日夜搜得党籍后，续获二十余人而未已。余党不安，遂尔反侧欤。十时舟行，行二十里犹见火光”。二十日，“夜九时至安庆，宿迎宾馆”。二十一日，“晨九时诣朱经田中丞（安徽巡抚朱家宝，后任民军都督。——引者），说导淮事。见鄂电，知武昌以十九日夜三时后失守，督避登楚豫兵轮。是夜十时仍出城附‘江宽’，舟中避兵人极多，无榻可栖，栖船账房”。

光，火光冲天，炮声隆隆，最后一个封建王朝的崩溃首先在这块土地上开始，新的共和国的诞生也首先在这块土地上发端。

对于张謇来说，这就意味着立宪运动的失败，他不能不为之惋惜。直到晚年，他还不胜感慨系之："自清光绪之际，革命风炽，而立宪之说以起。立宪所以持私与公之平，纳君与民于轨，而安中国亿兆人民于故有，而不至颠覆眩乱者也。主革命者目为助清，清又上疑而下沮，甲唯而乙否，阳是而阴非，徘徊迁延而濒于澌尽。前此迁延徘徊之故，虽下愚亦能窥其征，虽上圣不能警其寤。"张謇是一个真诚的人，他尽管在这段时间埋头于筹划中美合营大型企业与赴美报聘事宜，但从思想上来说从来没有置身于立宪运动以外。他在晚年回顾自己经历的漫长岁月时说："一生之忧患、学问、出处，亦尝记其大者，而莫大于立宪之成毁。"①

是张謇自己，把他的名字与立宪运动紧密地联结在一起。

对于辛亥革命的狂飙突起，张謇仍然难以理解，而且继续保持着惶惧的心情。他的大生企业系统，庞大的实业计划，赴美报聘的雄图大略，都需要有一个稳定的市场与社会环境。从这个角度来说，他仍想全力遏止革命的发展。同时，尽管他已经是一个初步具有近代观念的实业家，但封建名教观念仍然像梦魇一样附着在他的身上。他不像汤化龙那样在日本直接受过资产阶级教育的洗礼，而且对立宪皇帝光绪的感念之情又太深，因此不可能在一个早上转变过来，必须经过一番挽救清朝的最后努力，才能在道义上找到转向支持共和的依据。尽管他已经具有若干民权思想，但士人群体的积习是只有作出伦理的解释才能重新恢复心灵的平衡，才能比较心安理得地迈出新的步伐。这种积习，对张謇仍有很大影响。

八月二十日（阳历 10 月 11 日），武昌起义的第二天晚上，张謇到达安庆。他本来是应安徽巡抚朱家宝的邀请共商导淮问题，可是革命前进的速度究竟要比"襄阳丸"快得多。安庆新军起义已是一触即发，还有什么导淮可言？八月二十一日（阳历 10 月 12 日），他连夜挤上塞满乘客的江轮，第二天就赶回南京。

---

① 张謇：《啬翁年谱自序》，《张季子九录·文录》第 8 卷，中华书局，1931 年，第 7 页。

到南京后的第一件事，就是劝说江宁将军铁良派兵“援鄂”，并且托他代为奏请立即实行立宪。铁良自觉缺乏实力，劝张謇最好先同两江总督张人骏商量一下。张謇捐弃前嫌，对张人骏说：“武昌地据上游，若敌顺流而下，安庆又有应之者，江宁危矣！”他满以为可以说服这个老对头，却不料又碰了一次钉子。张人骏不仅不肯派兵“援鄂”，反而大骂瑞澂和立宪派。张謇多年以后还不胜感慨，他在自订年谱上写道：“乌乎，大难作矣！人自为之，无与天；然人何以愦愦如此，不得谓非天也。”其实，张人骏倒也并非完全属于“愦愦”者流，因为当时驻防南京的新军第九镇士兵革命倾向也很强烈，如果用以“援鄂”，势必等于火上加油。对于这些内情，张人骏和铁良当然比张謇更为了解①。

出兵“援鄂”既然无法实现，张謇于是转而极力劝说清廷赶紧公布宪法，召开国会，企望以此平息民愤，或许可以使革命得以平息。他于八月二十五日（阳历10月16日）赶往苏州，经与江苏巡抚程德全商议以后，连夜与雷奋、杨廷栋等为程德全起草《奏请改组内阁宣布立宪疏》。这个奏疏后来由程德全与山东巡抚孙宝琦联名发出。

疏稿指出，自从四川、湖北相继爆发起义以来，革命潮流已经“止无可止，防无可防”。因此，对革命或剿或抚都不过是“治标之法”，只有实行宪政才是惟一的真正的“治本之法”。他们建议，立即解散已经成为众矢之的的皇族内阁，组织名副其实的责任内阁，严厉处分“酿乱首祸之人”（主要指盛宣怀。——引者）以谢天下。“然后定期告庙誓民，提前宣布宪法，与天下更始。”只有这样才能“收回人心”，“用剿易散，用抚易安”，逐步平息各地起义风潮②。

张謇为程德全起草疏稿固然是呕心沥血，但是对清廷已经怀有“知其不可为而为之”的绝望心情。几年以后，杨廷栋把原稿裱装成册，张謇在

---

① 当时张謇住在南京咨议局公寓，八月十三日“诣铁将军说军督合力援鄂，奏商定宪法。铁属商张”，二十四日“诣张督，申昨说。（张）大否之，谓我能自保。其无心肝人哉”。

② 张謇：《奏请改组内阁宣布立宪疏》，《张季子九录·政闻录》第3卷，中华书局，1931年，第38页。八月二十五日日记：“至苏，应雪楼中丞之约，宿惟盈旅馆。夜为草奏请速定宪法、开国会，至十二时。继兴、翼之同为参酌。因睡迟，彻夜不寐。”

后面题诗四首。其中一首是："绝弦不能调，死灰不能爇，聋虫不能聪，狂夫不能智。昔在光、宣间，政堕乖所寄，天大军国事，飘瓦供儿戏。酸声仰天叫，天也奈何醉？临危瞑眩药，狼藉与覆地。烬烛累千言，滴滴铜人泪。"①

原先曾是帝党骨干的历史背景，封建伦理观念的长期熏陶，使张謇在感情上与清王朝藕断丝连。他们希望有一个新的社会环境，但又对于旧事物的死亡发出喟叹。张謇没有个人的政治野心，只是关切局势的稳定，但他所提出的应变对策却是与梁启超等人相通的。因为当时梁启超也主张："用北军（指北洋新军中吴禄贞、张绍曾等部。——引者）倒政府（指皇族内阁），立开国会，挟以抚革党，国可救，否则亡。"② 两相对照，张的建议侧重恳求，梁的主张侧重威逼，这是由于后者在北方与各种势力已有许多权术性的联络，而张謇却只能从道义和利害方面对清廷加以劝说。

八月三十日（阳历11月11日）晚间，张謇在南京议员公寓与沈恩孚、雷奋、杨廷栋等商议，又用江苏咨议局的名义草拟并发出致内阁电，内容大体上与上述奏稿相仿佛。直到这时，他还在为清王朝履行自己在道义上的责任。但是，张謇毕竟是一个能够正视现实的人，革命形势的迅猛发展，终于促使张謇不得不最后舍弃这个无可救药的腐朽王朝。

九月九日（阳历10月30日），他一到上海便听说湖南、陕西、山西相继独立（其实江西、云南亦已独立），北洋第六镇、二十镇、第二混成协等部显然有所异动，海军很快又在九江宣布反正。所以张謇第二天便在日记上写道："各处兵变之讯日紧，滦州、保定、天津皆有所闻。"③

但是，对张謇冲击更为直接也更为有力的却是上海起义。九月十二日（阳历11月2日），他刚回到通州，第二天上海革命党人就在闸北发动了起义。上海立宪派领袖李平书和其他上层绅商沈缦云、叶惠钧的转向革命比

---

① 张謇：《吴县杨生以辛亥为云阳中丞拟疏稿草装卷见示，惝恍怆恻，不翅隔世矣，赋诗四章题其后归之，亦以告后之论世者》，《张季子九录·诗录》第5卷，中华书局，1931年，第10页。

② 宣统三年九月八日《致徐君勉书》，据《梁任公先生年谱长编》材料抄本。

③ 此后日记连续记云：九月十六日，"知上海为国民军所据，苏州宣告独立，浙江同"，称革命军为国民军，而不再用"兵变"一词，可见思想已有明显转变。九月十八日，"三时行至天生去沪，夜十时知民军以七时入城"。十九日，"至沪，住竹君处"。

张謇迅速得多，他们在这年五月已经发起成立了中国国民总会，并且与中国同盟会陈其美等建立了良好的合作关系。所以，上海起义有他们掌握的商团参加，并且战斗相当勇敢。上海光复以后，陈其美担任都督，主要是主持军务。李平书任民政长，除军事外几乎无事不管。在沪军都督府中，财政部长由沈缦云、朱葆三等先后担任，财力雄厚的大资本家、商会总理周金箴出任顾问；信成银行董事长王一亭先任交通部长，后改任商务部长；原商团司令李显谟任军务部副部长；米业公所董事姚文枬任劝学长；其他如任顾问官的虞洽卿，任参谋的叶惠钧，都是工商界的活跃人物。上海的上层绅商与革命党人建立相当密切的合作关系，加以社会秩序和市面基本上保持稳定，这就必然要对近在通州的张謇产生深刻的影响。

紧接着上海光复，苏州的一部分官绅和立宪派未经武装起义也宣布脱离清政府而独立，并且成立了以原巡抚程德全为都督的江苏军政府。苏州的“和平光复”，基本上保持着原有的统治秩序，不过立宪派在军政府中占有相当重要的地位，其中如沈恩孚、黄炎培等都是张謇非常亲信的人物。在苏州“和平光复”的前一天，杭州新军起义，而当选为浙江军政府第一任都督的，却又是张謇最要好的朋友汤寿潜。革命和革命党似乎并不那么可怕，而且在政治上和经济上都有可能给资产阶级提供较多的机会，这又必然要促使张謇作利害方面的权衡。作为前科状元和在籍翰林院修撰，张謇需要为清廷谋求最后的挽救，这是封建士大夫伦理观念的遗痕。然而张謇毕竟是一个已经具有不少近代观念的企业家，他不再可能拘泥于所谓“小忠”，以自己的事业作为一家一姓的殉葬品。

张謇终于下定决心转向民主共和。对于肩负传统重荷的这一代人来说，每跨出一步都是很艰难的。

九月十六日（阳历 11 月 6 日），即上海、杭州、苏州相继光复之后，张謇打电报给已经奉命进攻湖北民军的袁世凯，劝他尊重国内大多数人“趋于共和”的现实，并且赶紧前往北京，不要让清廷逃跑，争取尽快与南方达成协议，确立共和政体。两天以后，他又来到上海，并且分别写信给铁良和张人骏，劝他们断然放弃武装反抗。其致张人骏一函称：“风闻江宁旬日以来，新旧军失和，将有溃决之势。又闻新军已开往秣陵关，果尔则城内悉是旧军，当可安靖。而谣言不息，得无以满汉之故乎？各国公论，以汉口官军残杀过当，又荆州、太原亦有相残之事，颇有违言。世界人道主义日益发达，故战时惨杀实违公例。今江浙所不能释人之疑者惟有旗营，不揣冒昧，披肝沥胆，与铁将军（铁良）一书，冀两族相见不以干戈，保全无量之生命。……公为守土之长官，必以民命为至重；伏愿仁人一言，有以启将军之恺恻。謇言或不足为公重，然事关地方大局，当可谅其无他。倘蒙采纳，地方幸甚。”①

这时，通州革命党人举义已在积极酝酿之中。张謇眼见形势不稳，立即与上海民军取得联系，决定在当地实行“和平光复”。九月十八日（阳历 11 月 8 日），长江对岸镇江宣告独立。当天晚间，沪军都督府派前狼山镇游击许宏恩率兵船前往通州。由于张謇已到上海，所以由他的哥哥张詧出面，派人率领绅、学两界代表和学生数百人前往江边迎接。通州城内家家户户都在门前挂出白旗，遍街张贴“光复大汉”、“还我河山”等标语，“地方秩序如常”②。通州军政分府成立以后，张詧出任总司令。大生企业系统安然无恙，张謇已无后顾之忧，于是便在上海、苏州等地积极活动，谋求全国局势朝着他所企望的方向发展。

九月二十一日（阳历 11 月 11 日），张謇在日记本上算了一笔账：“计自八月十九日至今三十二日，独立之省已十有四，何其速耶！”他决心加快自己的步伐，以求不要落在形势发展的后面。

九月二十三日（阳历 11 月 13 日），他与汤寿潜、熊希龄、赵凤昌等合电张家口商会，转请内蒙古各界人士赞成共和。电文指出：“满清之待蒙人，束缚钳制，视待汉人更酷。推其政策，直欲灭蒙人之种。不乘此时机，相与左提右挈，脱离羁绊，何以彰人道之公？况俄人垂涎蒙古，非止一日。为今之计，惟有蒙汉合力，推诚布公，结合共和政治，以汉之财卫蒙，以蒙之力扞汉。强邻觊觎，可以永绝。南方民军，对于蒙族，视如同胞，绝无丝毫外视之意。满清退位，即在目前。共和政治成立，人人平

① 《张謇未刊函电》（稿本）。《劝告铁将军函》已收于《张季子九录·政闻录》，此函亦云：“为将军计，掷一身为沟渎小忠之事，毋宁纳全族于共和主义之中。”

② 据南通费范九等老人生前回忆。

等。大总统由人民公举，汉蒙满回藏五族，皆有选举大总统之权，皆有被选为大总统之资格，较之坐受满清抑制者，大不相同。请诸公将此意宣告蒙族并居库满人，务各同心协力，一致进行。蒙汉同胞，并受其福。"[①] 这可以看作张謇赞成共和的一次公开亮相。

当时，张謇认为，只有敦促袁世凯转向共和，才能控制全国已经相当混乱的局势。所以他与程德全共同向袁世凯上书，并派杨廷栋前往当面进言，希望袁世凯不要为清朝尽愚忠愚节，应该向美国共和伟人华盛顿学习。九月二十六日（阳历11月16日），清军迫于形势交出军政权力，命袁世凯立即组织责任内阁，张謇得讯后感到颇受鼓舞。

袁世凯接任内阁总理大臣以后，为了提高内阁声望和笼络东南人心，先后请张謇出任江苏宣慰使和农工商大臣。张謇既已公开宣布赞成共和，当然不肯再接受清朝任何官职。他发出"辞宣慰使农工商大臣电"，责备清廷不肯认真实行立宪，以致激起革命风潮，造成"假立宪者真革命"的可悲结局。并且指出，清朝人心已失，大势已去，在这种情况下"尚有何情可慰？尚有何词可宣"。至于发展农工商业，更是无从谈起。不过为了表示不忘过去的君臣大义，他借此"再进最终之忠告：与其殄生灵以锋镝交争之惨，毋宁纳民族于共和主义之中；必如是乃稍为皇室留百世湮祀之爱根，乃不为人民留二次革命之种子"[②]。只要把这个"最终之忠告"与四个多月以前的"最后之忠告"稍加对照，便可看出整个形势和人们思想的变化是何等迅速，前者还在为清朝的延续想方设法，后者则是明确建议清朝赶紧退出历史舞台了。

应该认为，张謇的政治态度转变是比较切实的，他决不是那种见风使舵的政客，而是有比较深刻的对于现实的认识作为基础的。十月七日（阳历11月27日），他给滞留北京的许鼎霖的一封复信，颇为恳切地指出非共和无以实现和平："所称南北眼光心理迥不相同，良非虚语。但谓就此罢

① 据赵凤昌的儿子赵叔雍回忆，当时他的堂叔赵叔泽正在张家口任电报局长，所以张謇等能够利用这个便利条件联络当地商会。

② 此电已收入张謇：《致袁内阁代辞宣慰使农工商大臣电》，《张季子九录·政闻录》第3卷，中华书局，1931年，第41页。

手，即可维持秩序，则实与南中情势相反。果如公言，是则恐焰之不烈，而益之以膏，恐东南无一片干净土矣。南中大多之论曰：‘吾侪涂肝脑，迸血肉，乃为爱新觉罗氏争万世一系之皇统乎？上海本商贾荟萃之区，凡商人皆具身家，无不爱和平者。自闻汉口焚杀之惨（指北洋军队在汉口纵火抢劫。——引者），自士大夫以至苦力妇孺，莫不切齿思奋。时吾苏若再迟疑，势将酿极烈之暴动，与绝大之恐慌。此在南北各省皆然，所谓南北眼光迥不相同者，此其要点也。来教又谓各省独立，恐赔款无着。夫独立云者，离北京政府而独立，非各自独立之谓。颇闻各省现方谋联合统一方法，议设临时政府。东南各省，皆财赋所出。以海关税项言之，十之八九，已归民军。以盐斤税厘言之，亦得十之七八。其他丁漕各款，又独重于东南。万一临时政府成立，直接与外人交涉，担任一切外债，彼各国安得不认，此岂空言所能争耶？……总之，现在时机紧迫，生灵涂炭，非速筹和平解决之计，必至于俱伤。欲和平解决，非共和无善策，此南中万派一致之公论，非下走一人之私言。下走何力，岂能扼扬子之水，使之逆流（重点系引者所加）。公如不信，试回南一观，当可得之矣。苏省咨议局取消，改为省议会，公在京无名，盍归乎来。”[①] 这封信既是对许鼎霖的苦心规劝，也是他自己内心的真诚反省。一切以眼见为实，一切以可靠的事实作为依据与出发点，这依然是张謇固有的优良作风。

张謇对形势的判断是明智的。他顺应历史潮流，实现了一生中最大的转变，产生了很大的社会影响，同时也明显地提高了自身声望，使他能够在这个大的社会动荡之中发挥相当重要的作用。如果说，过去他曾长期充当“通官商之邮”的中介人，那么现在他又成为可以“通南北之邮”的中介人。清廷愿意继续倾听他的进言，因为他还没有完全忘记君臣之义；革命党人欢迎他的转变，并且对他极为尊重，这不仅因为他已明确表示赞成共和，而且因为他不同于康、梁，从来未与革命党人有过直接的冲突，何况他还是工商界一言九鼎的人物。袁世凯也极为重视张謇的作用，因为他

① 《张謇未刊函札》。许鼎霖系作为江苏咨议局代表入京请愿要求召开国会，故此函有“苏省咨议局取消”、“公在京无名”等语。

明白，笼络了张謇不仅可以取得东南上层绅商的支持，而且可以通过他们对南方的革命党人施加温和的影响。

然而张謇暂时还顾不上考虑更多的问题，当前他最关心的是把“和平光复”的模式推广到尽可能广大的地区，而首先就是争取江苏全省的“和平光复”①。不过客观形势正好与他的愿望相违，驻守南京的江南提督张勋决心顽抗到底，革命方面的江浙联军只得立即发动会攻南京的大战役。江苏军政府都督程德全亲临前线督师，张謇留下来坐镇苏州。当时，无论是江苏军政府还是江苏省临时议会，都无法在江苏全省履行自己的职责。因为上海有陈其美都督，吴淞有李燮和都督，镇江有林述庆都督，无锡有秦毓鎏总司令，还有在清江浦独树一帜的蒋雁行都督，都是各行其是，不相统率。第九镇统领徐绍桢虽然已经率军反正，并充当江浙联军总司令，但也是一个不甘居他人之下的傲慢人物。针对这种涣散的情况，张謇极力主张让程德全抢先进入南京，利用林述庆、徐绍桢等人之间的矛盾，取得江苏全省最高军政领导地位，然后再谋求他们所需要的统一与秩序。

黄炎培像

早在九月二十七日（阳历 11 月 17 日），他就告诉赵凤昌：“南京之下不远矣，宜预备公推程都督驻南京，趁此并宁、苏为一。所有现在苏垣办事人一同前去，选添宁属人协同办事，下走亦必前往，以议会襄助。此意顷已再三与沈、杨、雷、黄、史诸君言之，仍祈公为力言，赞成鄙意。千叩万叩！”② 所谓“沈、杨、雷、黄、史”，即沈恩孚、杨廷栋、雷奋、黄炎培、史量才，也就是上面所说的“苏垣办事人”，张謇决心带领这班人马尽快赶到南京，协助程德全统

① 九月二十一日（阳历 11 月 11 日），张謇与庄蕴宽、伍廷芳、温宗尧、雷奋、杨廷栋、沈恩孚等有所计议，两天以后即在苏州恢复了江苏议会，不过加上“临时”二字，并声称以“保守秩序”为目的。

② 《近代史料信札》。

一江苏全省。统一江苏自然是统一全国的第一步，所以他又向赵凤昌解释，其所以谢辞袁内阁江苏宣慰使的任命，主要是为了便于在南北之间以私人身份“代表议和”。

南京战争十分激烈，张勋的部队抵抗得相当顽强。不过到了十月上旬，攻克南京的局势总算确定下来了。十月七日（阳历 11 月 27 日），张謇赶紧打电报给程德全：“闻前锋已壁孝陵，日内当可即下。不即请大旆旋苏者，冀旦晚听相公之破蔡州也。”再次劝说程德全不要急于返回苏州，应该率先进驻南京。同时，他还向程透露：袁世凯已有复电，丝毫没有表示“绝对反对”共和的意思①。这自然也是为了坚定程德全统一江苏的决心，暗示程完全可以得到袁世凯的谅解，不必有什么顾虑。

在十月七日这一天，张謇也给袁世凯复了一封信，同时还拍了一个电报，大意都是再次谢绝北上，并且建议“全国军民公举代表，于适宜之地开会集议，确定政体及联合统一之法”。张謇惟恐袁世凯看不清全国形势，所以强调指出：“事机危迫，舍此无可解决。”② 张謇深知江苏的局势与全国的局势是联系在一起的，没有全国的统一和恢复秩序，江苏是不可能偏安于一隅的。

江浙资产阶级对于江浙联军攻克南京之役确实尽了很大的努力。上海商团不仅负责筹集运送军械粮饷，而且还派出义勇队直接到前线参战。上海商界头面人物虞洽卿主动劝说沪宁路当局通车，并且亲自运送弹药到南京天堡城下。张謇的态度也很积极，他不仅以江苏省议会名义送牛 50 头、酒千瓶，还以通海实业公司名义送 6 000 元和面千袋、布千匹，犒赏攻克南京的江浙联军③。

十月十一日（阳历 12 月 1 日），民军经过血战光复南京。张謇等利用徐绍桢与林述庆之间的各不相让，同时也取得同盟会方面宋教仁等领导人的理解与支持，协助程德全以江苏都督身份移驻南京，终于取得了江苏全省最高统治权。

---

① 《近代史料信札》。

② 《张謇未刊函稿》。

③ 《张謇未刊函稿》。

沪鄂之争

革命还远远没有成功，可是内部的权利争夺方兴未艾，而首先就表现为上海集团与武昌集团争夺政治中心的地位。在这场以函电为主要武器的“战争”中，革命、立宪、守旧等原来的政治分歧逐渐消泯了，革命党人、立宪派成员和一部分旧官僚以地域为纽带形成奇妙的重新组合。张謇与其他江浙上层绅商积极投入这场并非不算激烈的战斗，他们现在已不满足于仅仅在江浙地区革命风浪中初步站稳脚跟，非常希望能够左右全国局势的发展，而首先就是力争求得南京对于独立各省的统驭地位。

九月十九日（阳历 11 月 9 日），黎元洪抢先电邀各省代表到武昌开会讨论组织临时中央政府问题，这可以说是争夺政治中心地位的开始。当时，黎元洪在湖北军政府中已经初步巩固了自己的地位，并且联络旧官僚、立宪派并拉拢一部分权势欲较强的革命党人，逐渐形成一个以黎为中心而且地方色彩极为浓厚的政治集团（以后正式命名为民社）。这个集团除了以黎的亲信饶汉祥等为骨干外，还有湖南立宪派谭延闿，以及湖北籍革命党人孙武、王正廷等参加。武汉的大资本家蔡辅卿、宋炜臣等也是这个集团的积极支持者。他们的最终目标是力争定都武昌，并且使武昌“首义集团”能够在未来的中央政府中长期保持优势地位。

江浙各种政治势力自然不甘落后，他们早就在酝酿建立临时中央政府，并打算首先在上海建立一个各省联合机构，张謇、赵凤昌等就是这个计划的幕后策动者。在赵凤昌保存的信札中，至今还可看到一件《组织全国会议团通告书》的原稿，以及准备提交会议讨论的有关国体、政体问题的纲要草稿。他们从一开始就强调上海的各种优越性，“吾国上海一埠，为中外耳目所寄，又为交通便利、不受兵祸之地”，因此最适宜作为政治中心。他们主张模仿美国独立战争时的“十三州会议总机关”[①]，尽快在上海设立各省代表临时会议机关，以便筹备南北议和并建立临时中央政府。

---

① 早在 1903 年“拒俄”运动之始，上海资产阶级人士即曾希望张园能够享有美国“费城独立厅”那样的历史荣誉，可见《组织全国会议团通告书》的建议是有一定社会基础的。

正是在江浙上层绅商的推动下，江、浙、沪三位都督程德全、汤寿潜、陈其美于九月二十一日（阳历 11 月 11 日）联名发出通电，邀请各省各派代表两名来上海参加临时会议，共商组织临时中央政府问题。这个通电显然与黎元洪两天以前刚刚发出的通电针锋相对。九月二十二日（阳历 11 月 12 日），雷奋、沈恩孚等又以江、浙都督府代表名义，电请各省公认上海方面推定的伍廷芳、温宗尧为临时外交代表，统一负责对外交涉；并且请各省立即派自己的代表到上海来会商组织临时中央政府问题。可以看得出来，上海集团也包括旧官僚、立宪派和革命党三种政治力量，只不过资产阶级上层人物在其中显得特别活跃而已。

在这场政治中心地位争夺的背后，隐藏着江浙与湖北两个地区资产阶级经济利益的冲突。从这个意义上来说，政治中心的争夺实际上就是对于市场、利润的争夺。江、浙独立以后，张謇集团不仅控制了向往已久的两淮盐政，而且还想插足于汉冶萍公司以及张之洞兴办的其他企业，其雄心勃勃，简直想囊括整个长江流域中下游。以蔡辅卿等为代表的湖北资产阶级自然不甘退让，他们以“首义之区”为资本，以“鄂省命脉”为借口，不仅起而争夺已被张謇集团承租的湖北纺织四局，以及兴国、马鞍山等矿产，而且还经由省议会作出没收汉冶萍公司财产的决议，并且千方百计打破淮盐垄断局面。此外他们不惜以地方税作为抵押，计谋向美国大赉公司借款 350 万镑，作为“建设新都”武昌的经费，渴望把武汉发展成为全国政治、经济中心。这实际上是对江浙资产阶级的一种挑战。

上海集团的政治、经济实力都大于武昌集团，所以他们发言的分量也重于武昌集团。好几个省的代表果然应邀来到上海，并且抢先在九月二十五日（阳历 11 月 15 日）成立了各省都督府代表联合会。由于事先确定的邀请原则是“已革命之省电致都督，未革命者电咨议局”[①]，所以这个代表联合会主要为原来咨议局系统的江浙立宪派所操纵，而张謇的助手雷奋、沈恩孚则是其中极为活跃的人物。

在这场双包案中，武昌集团眼看就有被撇在一边的危险。黎元洪赶紧

① 林长民：《参议院一年史》。

于九月三十日（阳历 11 月 20 日）电告各省都督："惟各省各权委员会一时未能全到，拟变通办法，先由各省电举各部政务长，择其得多数票者来鄂，以政府成立照会各国领事，转各公使请各国承认，庶国基可以粗定。"① 由政务长得票多者（即政府代表）代表各省到武昌开会，显然是与上海以咨议局系统为主导的各省都督府代表联合会相抗衡。同时，他们还拟订了临时政府暂分七部的组织机构方案，除外交、财政不得不推荐上海方面的伍廷芳、张謇以外，对临时政府首脑及军政、内务等重要部门的人选都持保留态度，用意自然是想把这些职务尽量控制在本集团手中。

武昌集团急欲越过上海的各省联合代表会议，直接在武昌组成将为他们所控制的临时中央政府，这就使政治中心争夺的意图更为明朗化。针对这种情况，上海也作了各种对策的酝酿。先是在九月二十四日（阳历 11 月 14 日），张謇等即已电告正在汉口的江苏籍旧官僚庄蕴宽，提出"政府设鄂，议会设沪"的折中方案，并请庄立即电告湖北军政府②。这个建议貌似持平，但实际上还是代表上海集团的意愿。所谓"政府设鄂"，无非是敷衍一下首义地区的面子，因为在他们看来，中央政权迟早都要过渡到袁世凯手中；即令暂时摆在武昌，也无非是点缀若干革命色彩而已。至于"议会设沪"，则是这个建议的要害所在。因为当时独立各省各自为政，决非武昌集团所能单独号令控制；虚有其表的临时中央军政府，反倒不如代表各省都督和议会的代表联合会，倒是后者更有可能商定全盘军政方略。张謇给庄蕴宽的信，事先一定经过与有关人士协商而后发出；因为各省代表会果然于九月三十日（11 月 20 日）承认湖北军政具有临时中央政府地位，但同时又坚持要求委托伍廷芳、温宗尧为外交代表，并把各省代表会议继续留在上海。

武昌集团以首义之功自恃，所以态度相当倨傲。黎元洪等仍然咬定，"武昌既为中央大都督（指临时中央政府首脑。——引者）所在地，各省代表宜莅武汉开会"，并派居正、陶凤集为代表赴沪商洽③。他们还强调

① 黎元洪：《黎副总统政书》第 1 卷，武昌官书局，1914 年。

②《近代史料信札》。庄蕴宽当时与张謇、赵凤昌等政见颇为一致。

③ 杨玉如：《辛亥革命先著记》，北京科学出版社，1957 年。

说："现各国代表拟请军政府担负汉口交涉全权。"[①] 这显然是假借列强名义以抬高自己的身份，并想撇开伍廷芳、温宗尧，把对外交涉全权抓在自己手里。

由于当时南方局势相当混乱而又不稳定，上海方面不愿过于刺激武昌集团，再则由于各省代表对于首义地区也还存在一定程度的尊重，因此代表联合会于十月四日（阳历 11 月 24 日）议决迁至武昌开会。不过他们又相互约定，各省仍各留一人在上海共同组成"通讯机关"，作为武昌代表会议的"后援"。以后事态的发展将会表明，他们对武昌集团的让步毕竟是很有限度的。

十月十日（阳历 11 月 30 日），各省代表在汉口英租界顺昌洋行开会，随即正式议决承认以湖北军政府为临时中央政府，请黎元洪以大都督名义执行中央政务。同时委托雷奋、马君武、王正廷等草拟中华民国临时政府组织大纲，而且很快就开会予以通过。武昌集团仿佛已占上风，但形势却发生急转直下的变化。先是十月七日（阳历 11 月 27 日）袁世凯的北洋军队已经攻陷汉阳，设在武昌的军政府处在北军大炮射程之内；而江浙联军又于十月十一日（阳历 12 月 1 日）攻克南京，战局的异动很自然地加强了上海方面的政治比重。不久，北洋军队从汉阳龟山头上隔江发射的猛烈炮火，把黎元洪吓得匆忙退往葛店。至此，各省代表会议便一反前说，议决虚总统之位以待袁世凯反正，并改以南京为临时中央政府所在地，同时约定一星期内在南京集齐继续开会。政治中心的争夺于是告一段落，江浙资产阶级达到了自己的目的。

临时中央政府设立地点的争执虽然暂停，可是在临时政府首脑人选问题上又展开了激烈的争夺。

原来，在汉阳失陷以后，黄兴颇受武昌集团的攻击与排挤，于是负气回到上海。江浙立宪派和上层绅商对黄兴非常重视，希望借助这位革命元勋的声望，来压倒武昌集团以首义自恃的气焰，因此便不断加强对他的联络与影响。张謇于十月十二日（阳历 12 月 2 日）来到上海，当天就与章太

---

① 黎元洪：《黎副总统政书》第 1 卷，武昌官书局，1914 年。

炎、宋教仁、黄兴、于右任等晤谈，这是他与革命党高层领导人的首次接触。会谈内容已无文献记载可资查考，但当天的日记特别提到“知江宁以昨夜三时攻下”，则有可能谈到临时中央政府的筹建问题。因为两天以后（阳历12月4日），留在上海的各省代表就越过“通讯机关”职权范围，郑重其事地选举作为临时政府首脑的大元帅了。参加这次选举会的，除马良、沈恩孚等13位各省代表以外，还有程德全、汤寿潜、陈其美3位都督，以及赵凤昌、章驾时、章太炎、王一亭等有影响的人士。就在这次会上，选出黄兴为大元帅，黎元洪为副元帅。

这次选举显然经过事先的一番布置。无怪乎多年以后还有人责怪说：“此次选举，完全是宋教仁、陈其美二人恐怕武昌真成了中央政府，于同盟会不利，所以鼓煽留沪的一部分代表，扮演了这一幕滑稽戏。……各省代表赴鄂者与留沪者，原是一体，他们二人只利用留沪一部分，而瞒着赴鄂代表，瞒着鄂军政府，皆不令闻知，其谬一也。江苏都督、浙江都督、沪军都督，皆令其到场投票，淆乱职权，蔑视其他各省都督，其谬二也。开会时，加入不伦不类、毫无根据之章炳麟、章驾时、蔡元培、王一亭、黄中央（即乌目山僧。——引者）、赵竹君（凤昌）、顾忠琛、彭锡范诸人，令其列席，令人怀疑这一伙人到底是干什么的，其谬三也。”[①] 评论者的立场显然偏向武昌集团，但他所陈述的意见并非全无所据。宋教仁、陈其美主张选举黄兴出任大元帅，这是很容易理解的，但在幕后布置此次选举的，绝不仅限于少数几个同盟会会员。如果这次选举只符合同盟会一方面的要求，那就很难说明程德全、汤寿潜等人何以也这样积极活动？为什么长年病弱不能下楼的幕后人物赵凤昌也走到前台来呐喊助威？

事实上，聚集在上海的江浙地区的立宪派、上层绅商和一部分旧官僚都参加了此次选举的幕后策动，不久就在上海成立的中华民国联合会，可以从侧面为这次选举的背景作某些必要的说明。过去，一般人都以为这个团体是章太炎发起的，可是根据近年来发现的材料，却说明更为重要的推动力量来自张謇和赵凤昌等。其所以取名为“中华民国联合会”，不仅体

① 刘星楠：《辛亥各省会议日志》，《辛亥革命回忆录》第6集，中华书局，1963年，第248页。

现了他们要求“革命党消”以泯除党见分歧的主观意愿，更为明显的动机则是争夺筹建民国的优先地位。在赵凤昌遗留下来的信札中，保存着一张最初起草的“联合会成员”名单，预定总发起人是程德全和章炳麟，江苏为赵凤昌、张謇、唐文治，浙江为应德闳、杜士珍，湖南为章驾时、张通典（本想定为宋教仁，因宋临时不在，故以他人代之），另外还列有广西、江西、广东等省代表人物，但却偏偏撇开首义地区——湖北。这决不是偶然的疏忽或遗漏，其针对性是很明显的。

武昌集团对此次大元帅选举结果反应非常强烈，表示坚决反对上海代表会议的决定。以后经过雷奋的奔走疏通，双方总算勉强达成协议：改以黎元洪为大元帅，黄兴为副元帅；但临时政府仍设南京，并且敦促黄兴赶紧到南京代行大元帅职权与组织临时中央政府。这个协议既维护了武昌集团的体面，又无损于上海方面的实际利益，后者自然乐于接受。在江浙上层绅商的支持和敦促下，黄兴原本打算尽快到南京组织临时政府，“并已商请张謇向日商三井洋行借款三十万元作为南京后军政费的开支”[①]，只是由于孙中山的迅速回国，才使这个方案被搁置在一边。

在孙中山与黄兴之间，张謇等宁可选择黄兴。因为黄兴出身书香门第，曾考中秀才，在两湖书院受过张之洞“中学为体、西学为用”的影响，也是从旧的士人群体分化出来的个体。尽管黄兴已经完成向资产阶级知识分子的转化，并且具有激进的革命思想，但与主要受西方教育的农家子弟孙中山相比较，更易于唤起张謇等人某种程度微妙的亲和感。黄兴到上海后，即已被汤化龙、林长民、胡瑞霖等包围。但是黄兴颇为识大体，顾大局，不争个人地位。他认识到孙中山是当时威望最高的革命领袖，并且竭诚拥戴孙出任临时大总统。只有张謇等人对原定方案的落空总不免感到惋惜。第二年春天，赵凤昌在给黄兴的信中追述：“惟是时世，风云变幻莫测，一发千钧，稍纵即逝。去年之元帅就职，因迟疑而致误。”[②] 这已经是颇为坦率地表露了他们的心理状态。

---

① 李书城：《辛亥前后黄克强先生的革命活动》，《辛亥革命回忆录》第 1 集，中华书局，1961 年。

② 《近代史料信札》。

调和南北

不过，人们当时的注意力又逐渐集中于南北议和问题上去了。早在十月十六日（阳历 12 月 6 日），醇亲王载沣引咎辞职归藩，名义上由隆裕太后垂帘听政，实际上却是让袁世凯大权独揽。形势的发展已经初步呈现出新的政治格局，清廷终于丧失了全国统一政治中心的地位，代之而起的是以孙中山和袁世凯分别代表的南北两个中心，尽管前者并不能统率整个南方地区。张謇是南方人，他当然关心南方的地区利益，但是他更关心未来中央政府首脑的人选。他有自己利害得失的判断，也有自己品评人物的标准。如果说，在南方领袖中，他宁可选择黄兴而对孙中山持某些保留态度；那么，在孙中山与袁世凯之间，他更是宁可选择袁世凯而离开孙中山。因为袁世凯与他本属同一营垒，尽管袁有许多缺点，但这些都是他早已熟悉并且可以谅解的东西。也许这个西装革履的孙中山有很多过人之处，然而对于张謇来说却是难以理解的未知数。何况袁世凯手头既有强大的兵力，又有丰富的政治经验，主持过省一级和中央一级的政府事务。早在这年闰六月中旬，张謇曾在旅途中参观过天津、塘沽、军粮城一带的市政建设，并在日记上写道："慰廷要是不凡，但气稍粗犷耳，举世督抚谁能及之。"[①] 张謇在清廷以后的选择只能限于各省督抚的范围以内，而在督抚之中袁世凯就是最强者，因此他便把恢复统一和秩序的希望寄托于袁世凯的转向共和。

张謇虽然身在南方，但对北方的军事、政治动向非常关心。例如，北洋军队攻陷汉阳之后，上海忽然风传"武昌亦失"之类流言。张謇便很担心袁世凯操之过急，以致妨碍南北之间达成协议。他曾向别人发表评论说："项城不克汉阳，不足以自立；并克武昌，实在可恶。"[②] 所谓"自立"，就是向全国显示强者的姿态；而所谓"可恶"则指对革命派的刺激太深，可能迫使后者铤而走险，并全力与袁决一死战，使全国局势更加

① 张謇：《张謇日记》宣统三年闰六月十四日。以后在其自订年谱中又加上一句赞语"张南皮外，无抗颜行者"，可见张謇对袁之推重。

② 《近代史料信札》。

动荡。

但袁世凯并不像张謇所估计的那样粗犷与鲁莽，他已经很善于玩弄政治权术。他在攻克汉阳以后，一方面以猛烈炮火轰击武昌都督府，一方面通过英国领事向黎元洪等交涉停战，企图利用又打又拉的手法迫使南方屈服。十月十七日（阳历 12 月 7 日），袁世凯正式奉命为全权大臣，他不能不考虑南方的接受程度，因此曾通过亲信洪述祖向赵凤昌打听："以少川（唐绍仪）来，南中人愿否？"① 所谓"南中人"，首先是指革命党人，但同时也包括张謇等东南名流。因为袁世凯是很重视张謇在南北调和中的作用的，他曾秘密嘱付唐绍仪，要他到上海"先晤张謇探其意旨"②。

唐绍仪一行于十月十九日（阳历 12 月 9 日）到达汉口。黎元洪以南方临时政府首脑自居，马上派专人到汉口迎接，并且立即电请上海民军总代表伍廷芳前来议和，显然是想把南北和谈的主动权直接控制在自己手中。黎元洪虽然在革命阵营中开始受到一定尊重，但并非袁世凯预期的主要和谈对手。唐绍仪的态度相当持重，早在动身前一天已经电询赵凤昌：是否可以"约同东南人物如张季老（张謇）、汤蛰老（汤寿潜）赴汉会议"。赵于十月二十日（阳历 12 月 10 日）复电，介绍南方情势，强调各省代表均已离鄂，而"伍秩老（伍廷芳）与张、汤二公均不能远行。公到汉，无可与议。已由秩公电黎都督，请公来沪上开议，甚为便利，必能招呼妥慎"③。果然，就在同一天，伍廷芳以明确的态度拒绝前往汉口，他电告黎元洪："各省留沪代表未许廷芳一日远离。……恳即转致唐公，速来沪上公同谈判。"④ 十月二十一日（阳历 12 月 11 日），张謇也连忙拍电报给唐绍仪，重申："伍不能赴鄂，讨论大局，亦以公来沪为宜。"⑤ 这些电文说明张、赵、伍之间事先必有紧急的磋商，同时也必然与黄兴、陈其美、宋教仁等有所筹议。此外，他们还通过英国公使转请袁世凯命令唐绍仪到上

① 《近代史料信札》。
② 参见刘厚生：《张謇传记》，龙门联合书局，1958 年。
③ 《近代史料信札》。
④ 《近代史料信札》。
⑤ 《近代史料信札》。

海开议。

在南北和谈地点问题上，上海方面与武昌方面又一次发生分歧，不过这次争夺却是一面倒，因为黎元洪已处于无法讨价还价的困窘境地。于是，唐绍仪很快就答应到上海议和。张謇以审慎的眼光观察形势，他看到共和的潮流继续发展，袁世凯并非鲁莽灭裂者流，而南方的局势也并非无法控制，因此内心感到稍为踏实。十月二十四日（阳历 12 月 14 日），他终于郑重其事地剪掉了作为清朝臣民标志的辫子，并且妥善包好寄回家中，还在日记上特别书明："此亦一生纪念日也。"是的，对于张謇来说，剪辫子决不是虚伪的表态，因为他很不愿做违心的事情。这一剪刀彻底断绝了他对清朝的臣属关系，而在 59 岁之后走上新的人生旅程。

唐绍仪像

唐绍仪于十月二十七日（阳历 12 月 17 日）到达上海，第二天南北和议即正式开始。

表面上，唐绍仪与伍廷芳在英租界议事厅谈判，但唐在会后却又常到赵凤昌的私宅惜阴堂，与张謇、黄兴、汪精卫等密商（当时汪精卫已被释放，随唐绍仪南下，并被任为伍廷芳的参赞）。惜阴堂在南北议和中起了相当重要的作用，甚至在谈判前夕，伍廷芳连"全权文凭"都要请赵凤昌代办，并且建议"黄公衔（指黄兴以何种名义出现。——引者）似可添代办大总统字样"①。可见当时赵凤昌、张謇已经颇受革命党领袖的重视与信任。

据当年参加过此次议和的一位北方代表回忆，唐绍仪曾对他说："民党中人对国内情形并不怎样熟悉，张（謇）是提倡实业救国的新人物，孙(应为黄。——引者)、胡、汪等民党领袖，对张不仅慕名，而且很佩服很重视。他们为了熟悉情形，有不少事要请教张，而张往往趋而谋之赵（凤

① 《近代史料信札》。

昌)，张每自南通来沪，必住赵家，这样民党中人自然敬重赵了。……在和议过程中，每星期总有一天或两天，程德全、汤寿潜、张謇、汪兆铭、陈其美等曾在赵家聚会。"[①] 这个分析大体上是符合实际情况的。

为了进一步参与临时政府的建立，张謇在此期间还曾"与程德全、章炳麟、赵凤昌议创统一党"[②]。统一党是在中华民国联合会的基础上建立的。如果说，中华民国联合会的建立，还只是为了争取建立临时政府的优先地位，那么统一党的成立则是谋求把南北军政大权统一到袁世凯手中，旨在恢复他们所需要的统一与秩序[③]。他们提出的政纲包括："团结全国领土，厘正行政区域"；"完成责任内阁"；"注重民生，采用社会政策"；"维持国际和平，保全国家权利"等，都是一些比较温和而又笼统的条文，所以为各方面人士所易于接受。

统一党于 1912 年 3 月[④]正式成立，这是民国建立以后第一个采用党的名称的政治团体。它主要是由东南一带的立宪派、革命人士、上层绅商和一部分旧官僚组成，其中又以江浙人士居多数。理事有章太炎、程德全、张謇、熊希龄等，参事有汤寿潜、唐文治、唐绍仪、赵凤昌、庄蕴宽、应德闳、叶景葵、王清穆等，干事有孟森、林长民、章驾时，多数都是张謇的友好与亲信，章太炎不过徒具虚名而已。

张謇与章太炎等还曾分别劝说宋教仁与黄兴，劝他们重新改组同盟会。据说宋教仁已经答应："选择同盟会中稳健分子，集为政党，变名更署，与同盟会分离。"（见《太炎最近文录》消弭党争书二。）只是由于孙中山的回国，才使这一计划被暂时搁置起来。

孙中山是在宣统三年阴历十一月六日（阳历 12 月 25 日）回到上海的。这时革命势力表面上虽然已是"三分天下有其二"，但内部妥协、分化等消极现象已经日趋明朗化。孙中山的突然回国，虽然使张謇、赵凤昌等稍

---

① 冯耿光：《荫昌南下南北议和》，《辛亥革命回忆录》第 6 集，中华书局，1963 年，第 362 页。

② 张謇：《啬翁自订年谱》辛亥十一月。

③ 立宪派的策略是鼓吹"革命军起，革命党消"，力谋把革命派"分为二"，孤立和打击那些"只宜于破坏"的"纯属感情用事者"，同时联络那些"有政治思想"的"温和"分子合组"健全之大党"，以对抗孙中山为首的坚定革命者。参见丁文江编：《梁任公先生年谱长编》。

④ 民国元年以后，月、日均用阳历，下同。

微感到一些意外，但他们对这个革命领袖还是尊敬的，因为民国的建立毕竟是出于孙中山的创导和革命党人的努力。同时，南方的革命声势暂时还比较高涨，而孙中山在人民中间又享有很高的声望，所以聚集在上海的绅商人物也未尝不想利用他的名字来号令南方各省。孙中山在上海一登岸就受到各界热烈欢迎，张謇曾特地与他会见商谈。李平书等更是隆重接待，并且专门派来商团护卫，一直把孙中山恭送到南京。

孙中山先生亲笔题赠张謇的自照像

宣统三年十一月十日（阳历 12 月 29 日），各省代表在南京公举孙中山为临时大总统。这次选举，上海方面与武昌方面倒没有任何争议，因为早在几天以前南京代表会议即已电告黎元洪“决议于十日上午开选举临时大总统会，再由被选举者电告袁内阁：‘如和议成立，即当避席’”①。上海方面和武昌方面的立宪派、旧官僚和一部分趋于妥协的革命党人，在选举以前即已把孙中山看作暂时过渡的总统，而且感到也只有孙中山才有资格承担这样的尊荣名义，因此都没有提出任何异议。南京临时政府的成立，是以它承诺自己的即将消亡为前提的，这再一次暴露辛亥革命内在的严重弱点。

1912 年 1 月 1 日，孙中山从上海到南京就任临时大总统，临时政府正式成立。张謇也应黄兴之约，在这天到达南京。1 月 2 日，孙中山通电各省改用阳历，并以临时大总统就职之日作为中华民国建元的开始。张謇在这一点上表现了诚朴的特点，此后的日记即改用民国纪元，尽管他仍然习惯于用阴历。他还在自己住宅的大门对联上，亲笔书写“民时夏正月，国运汉元年”的句子，以纪念这一旷古未有的变局。他这天的日记也体现出自己的性格：“元日甲子，天气晴朗，晨起谒庙（家庙。——引者）。礼服

① 黎元洪：《黎副总统政书》第 2 卷，武昌官书局，1914 年。

未定，便服而已。”

南京临时政府设于原两江总督衙门，而临时大总统宣誓就职的地点则是张謇一手规划建筑的咨议局新房，这些当然都会引起张謇的无限感慨。他当时最感紧迫的还是如何安排临时政府各部人事，以及如何统率协调南方各省起义势力等重大问题。因为张謇深知南京临时政府的最大困难在于财政，而自己确实无法解救即将面临的财政危机。他坦率而又切实地陈述了自己对于新政府财政问题的意见：“今欲设临时政府之目的，在能使各国承认共和，各国之能否承认，先视吾政府权力之巩固与否？政府权力，首在统一军队，次在支配财政；而军队之能否统一，尤视财力为断。”他逐项权衡收支，估计每年财政将短缺 8 000 万两之款。责之财政总长，则无术可以应付；大量息借外债，又缺乏必要的信用。张謇认为一身名誉不足惜，但不能因此而延误全局，所以坚辞不就财长之职①。

刚刚成立的临时政府需要各方面的支持，而在财政经济方面尤其需要得到东南地区上层绅商的支持，所以孙中山等转而敦请张謇出任实业总长。张謇虽然感到“时局未定，秩序未复，无从言实业也”，但也再无理由可以坚持不就，因为他也希望临时政府早日成立，尽快统一南方各省步调以求与北方的袁世凯达成统一协议。

1 月 3 日，各省代表会议举行副总统选举会，黎元洪以全票当选。孙中山在会上提出各部人选，经过讨论最后确定名单如下：

陆军总长	黄　兴	次长	蒋作宾
海军总长	黄钟瑛	次长	汤芗铭
外交总长	王宠惠	次长	魏宸组
内务总长	程德全	次长	居　正
财政总长	陈锦涛	次长	王鸿猷
司法总长	伍廷芳（兼议和全权大使）	次长	吕志伊
教育总长	蔡元培	次长	景耀月

① 张謇：《对于南京新政府财政之意见书》，《张季子九录・政闻录》第 4 卷，中华书局，1931 年，第 1—3 页。

实业总长　张　謇　　　　　　　　　　次长　马君武

交通总长　汤寿潜　　　　　　　　　　次长　于右任

从当时的具体情况来考察，这个名单可以说是南京临时政府所能提出的各部人选的最佳方案，它体现了孙中山的“惟才能是称”和在支持民国的前提下“收罗海内名宿”的正确方针。从表面上来看，它仿佛是一个革命派、立宪派和一部分归附共和的旧官僚的混合体，但由于各部总长中立宪派、旧官僚大多持消极态度，所以实权掌握在革命派的有关各部次长手中，起主导作用的仍然是以孙中山为首的革命派。

也是在1月3日这一天，孙中山曾与张謇在一起商讨有关政策问题。谈话具体内容已不可考，张謇在日记中只说是“未知涯畔”。孙、张不仅有政见上的分歧，而且有性格上的差异，前者富于理想，后者强调务实。很可能在谈话中涉及兵、饷两大严重问题，孙又重复了“予不名一文也，所带回者革命之精神耳”之类意思，张謇遂有此讥评。这时，袁世凯已经派前二十镇统制张绍曾为宣抚大臣，南下到长江一带活动。1月6日，张謇与张绍曾在南京会晤，此后又有几次接触，显然与袁世凯之间加强了联系。所以张謇在1月10日打电报给袁世凯，介绍南方政治局势：“南省先后独立，事权不统一，秩序不安宁。暂设临时政府，专为独立各省，揆情度势，良非得已。”① 在此前后，张謇还曾电告袁世凯：“甲日满退，乙日拥公，东南诸公一切通过。昨由中山、少川先后电达。兹距停战期止十余小时矣……久延不断，殊与公平昔不类，窃所不解。愿公奋其英略，旦夕之间戡定大局，为人民无疆之休，亦即为公身名俱泰，无穷之利。”②

对于张謇的再三敦促，袁世凯并非不能理解，然而客观形势对他的行动也并非完全没有制约。所以袁世凯在复电中陈述了自己的困难：“凯衰病，断无非分之想，惟望大局早定，使生民少遭涂炭。但在北不易言共和，犹之在南不易言君主。近日反对极多，情形危险，稍涉孟浪，秩序毕乱，外人乘之，益难收拾。困难万分，笔难罄述，非好为延缓，力实不

① 《近代史料信札》。

② 张謇：《劝告袁世凯速决大计电》，《张季子九录·政闻录》第4卷，中华书局，1931年，第1页。

足，请公谅之。”[①] 排除其中“无非分之想”之类虚伪套语，大体上是符合北方情势的。

然而，由于帝国主义列强、立宪派和旧官僚都倾向于支持袁世凯，南京临时政府的处境更为困难。张謇早在《为财政事致赵竹君函》中即已断言兵、饷两大问题非南京临时政府所能解决：“北京公使团会议，如南京临时政府成立，有统一军队及财政能力，则可公认为政府云云。”“而急进之徒，日日言临时总统，一若总统出现，大功已成也者，按之事实，岂其然乎?”[②]

不能说张謇完全没有协助临时政府解决财政困难，但他的态度基本上是消极的。例如，在临时政府成立之前，他在应允出任两淮盐政总理时就说得很清楚：“欲江宁回复秩序，须置官任民事；欲置官任民事，须客军(指革命军队。——引者）出发；欲客军出发，须筹备财政，财政之急可筹而得用者惟盐。”[③] 筹款是为了把“客军”尽早资遣离开江苏，这是张謇当时并不讳言的真实思想。在南京临时政府成立前后，他曾通过商会陆续筹集 50 万元，作为“客军”出发的开支。以后“客军”迟迟没有离开江苏，而且六路北伐的呼声一度还比较响亮；加以独立各省各自为政，筹款极端困难，张謇的态度更趋消极。

辛亥革命本来就是一场不够成熟的革命，而张謇对于革命如此迅速到来更是缺乏思想准备。尽管他承认“今共和主义之号召，甫及一月，而全国风靡，征人之心，尤为沛然莫遏”[④]。但他对革命毕竟缺乏理解，尽管孙中山、黄兴等领导人对他倍加优礼崇敬，他仍然习惯于用挑剔的眼光来观察革命。2 月 10 日，他很快就写成《革命论》上、下篇，比较明确而又详尽地阐明了自己对革命的看法。他把两千多年来的历次革命、起义与王朝更迭混为一谈，并且将之区分为“圣贤、豪杰、权奸、盗贼”四个层次。在他看来，只有远古的汤武革命才可以算得上是“圣贤革命”，其余的农

① 王锡纯：《袁大总统书牍》，新中国图书局，1913 年，线装本。

② 此函已收入张謇：《为财政事致赵竹君函》，《张季子九录·政闻录》第 4 卷，中华书局，1931 年，第 3 页。

③ 张謇：《啬翁自订年谱》辛亥十月。

④ 张謇：《辛亥九月致内阁书》，《张季子九录·政闻录》第 3 卷，中华书局，1931 年，第 41 页。

民起义或王朝更迭，“假汤武者豪杰则庶几，其次类皆出入于权奸、盗贼之间”。他强调革命必须有“圣君贤相”领导，并且规劝革命党人说：“使革人之命，而上无宽仁智勇文武神圣之君，下无明于礼乐兵农水火工虞之佐，则政教号令旧已除而新无可布，布者复不足以当王泽而餍民望，其愈于不革者几何？”如果革命流于“权奸、盗贼之间”，则难免“自蹈于厉与凶、悔与亡”[①]。

由于以汉冶萍公司向日本抵押借款一事引起争议，张謇终于脱离了南京临时政府。

当时，临时政府的财政已处于山穷水尽的困窘境地，孙中山、黄兴等被迫以汉冶萍公司向日本抵押借款。张謇在上海得知消息后，立即致函孙、黄加以劝阻，以为日本别有用心，盛宣怀尤不可信，抵押贷款或集股合办均有严重后患。章太炎也借此事对孙、黄加以指责。孙中山在复章太炎函中作了耐心的解释：“先生等盖未知南京军队之现状也。每日到陆军部取饷者数十起。军事用票非不可行，而现金太少，无以转换，虽强迫市人，亦复无益。年内无巨宗之收入，则将立踣。……而环顾各省又无一钱供给。以言借债，南北交相破坏。非有私产，无能为役。似此紧急无术之际，如何能各方面兼顾？”[②] 同时，临时政府秘书长胡汉民也奉孙中山之命向张謇恳切说明：“自一月以来，见克强（黄兴）兄以空拳支柱多军之饷食……寝食俱废。度其急不择荫，亦非不知。今已成事，惟祈先生曲谅，并于誉论不满之点，稍予维持。”[③]

可是张謇对此事耿耿于怀，未能予以“曲谅”。他在 2 月 13 日正式辞去实业总长职务，辞电称：“汉冶萍事曾一再渎陈，未蒙采纳。在大总统自有为难，惟謇身任实业部长，事前不能参预，事后不能补救，实属尸位溺职，大负委任。民国成立，岂容有溺职之人滥竽国务，谨自动辞职，本

---

① 此文收于张謇：《革命论》，《张季子九录·文录》第 3 卷，中华书局，1931 年，第 6—7 页。原系年作癸丑二年，今从日记更正。

② 《近代史料信札》。此信既收于赵凤昌藏札中，张謇很可能也看过。

③ 《近代史料信札》。

日即归乡里。”[1] 虽经孙中山等一再挽留，甚至表示愿意对汉冶萍抵押借款一事谋求有所补救，仍然未能说服张謇取消辞意。

在十多年以后，张謇曾经说过一段话：“一国之权犹鹿也，失而散于野则无主，众人皆得而有之，而逐之，而争以剧。”[2] 清朝的覆灭意味着原有政治中心的泯灭，张謇不愿出现“鹿散于野”的情况，也不愿中国同时存在两个中心，他希望能由袁世凯掌握中央政权并成为惟一的政治中心。在他看来，只有这样才能在全国范围内恢复统一与秩序。

结束革命

也是在2月12日这一天，袁世凯利用全国革命声势，迫使隆裕太后正式颁布诏谕，承认清帝退位。延续2 000多年的封建帝制和268年的清朝，终于最后被人民革命的伟大潮流埋葬了。张謇在3天以后才见到逊位诏书，并且在日记上写道：“此一节大局定矣，来日正难。”[3]

就所谓“大局定矣”而言，张謇并非局外之人。因为还在孙中山当选为临时大总统而袁世凯颇为疑忌的时候，张謇已曾给袁世凯发过一封密电：“窃谓非宫廷逊位出居，无以一海内之视听，而绝旧人（指宗室、遗老。——引者）之希望。非有可使宫廷逊位出居之声势，无以为公之助，去公之障。在鄂及北方军队中诚鲜通达世界大势之人，然如段芝泉（段祺瑞）辈必皆受公指挥。设由前敌各军同意电请政府云：‘军人虽无参预政权之例，而事关全国人民之前途，必不可南北相持，自为水火，拟呈办法，请政府采纳执行，否则军人即不任战斗之事。云云’。如是宫廷必惊，必畀公与庆邸（指庆亲王奕劻。——引者）为留守；公即可担任保护，遣禁卫军（当时禁卫军已改由冯国璋统领。——引者）护送出避热河，而大事可定矣。”从张謇主观愿望来说，自然还是着眼于大局的稳定；但就袁

---

① 张謇：《辞实业部长电》，《张季子九录·政闻录》第4卷，中华书局，1931年，第6页。

② 张謇：《啬翁自订年谱》序言。

③《啬翁自订年谱》序言称：“然而黄帝以来五千年君主之运于是终，自今而后百千万年民主之运于是始矣。”另据胡汉民回忆：“清允退位，所谓内阁复电，实出季直先生手。是时优待条件已定，弟（胡自称。——引者）适至沪，共谓需为稿予清廷，不使措词失当。弟遂请季直先生执笔，不移时脱稿交来，即示少川（唐绍仪）先生，亦以为善。”可见张謇是洞悉逊位内幕的。

世凯的窃国阴谋而言，则这一建议正好投合他的心意。实际上袁世凯也正是这样做的，在他的秘密授意下，以段祺瑞为首的北洋前敌将领，不久就一反过去誓死反对共和的论调，转而电请清廷明降谕旨确定共和，为袁世凯的逼宫夺权提供了武装声势的后盾。

2月13日，袁世凯把清帝退位的决定正式通知南京临时政府，并且虚伪地宣布："共和为最良国体……永不使君主政体再行于中国。"当天，孙中山履行就职时的诺言，当即向参议院辞职，把临时大总统职务让给已经表示"赞成共和"的袁世凯。2月15日，参议院正式选举袁世凯为临时大总统，袁的窃国阴谋初步实现。但是，南方许多革命党人对袁世凯的政治态度仍然将信将疑，迟迟不愿交出军政权力，有些人甚至继续鼓吹和策划北伐。张謇在日记中所说的"来日正难"，在一定程度上就是指以袁世凯为首的新的政治中心统一中国仍将面临重重障碍。

在南京临时政府正式结束之前，孙中山等革命民主派曾为防范和限制袁世凯的独裁野心作过一番努力。他向参议院推举袁世凯继任临时大总统的同时，就拟订了三项条件：(1)临时中央政府地点定为南京；(2)新总统必须亲自到南京向参议院宣誓就职；(3)新总统必须遵守参议院通过的《临时约法》。他们一方面想用资产阶级的民主法制束缚袁世凯的手脚，一方面更想把这个野心人物从北方反动巢穴搬到革命中心南京，把他置于暂时还保持一定声势的南方革命力量的包围与监视之中。袁世凯自然不甘心接受《临时约法》的拘束，然而对他来说，更为现实和迫切的问题却是南下就职和定都南京。于是，一场迁都与反迁都的斗争就在南北之间展开了。

从先前的政治中心及和谈地点之争发展成为迁都之争，前后两种争执的性质已发生了变化。上海集团与武昌集团之间对于临时政府及和谈地点之争，那主要是南京几种政治力量对于权利的争夺；可是迁都之争，从根本上来说，却是革命人民与以袁世凯为首的北洋军阀之间的斗争。现在，上海、湖北两地的立宪派、上层绅商、部分旧官僚之间的地域性争执，已经降低到无足轻重的地位，他们联合起来反对孙中山坚持定都南京的正义主张。起初是临时参议院的大批议员公开反对，接着是黎元洪之流或明或暗对孙中山进行指责。张謇由于希望南京临时政府尽早结束，让袁世凯总揽军政大权并在全国范围内实行统一与秩序，所以也站在反迁都的一边。

当时的形势已经越来越不利于革命方面。因为，面临着帝国主义列强的恐吓和北洋军阀的武力威胁与和谈欺骗，资产阶级革命派的妥协倾向普遍有所增长，其内部的分歧与分化也日益加深，这样就更加便于南方上层绅商把革命派逐渐引入屈从于袁世凯的错误道路。在老同盟会的领导人中间，汪精卫早已被袁世凯收买，表面上是南方谈判代表的参赞，实际上却成为唐绍仪等北方代表的入幕之宾，与张謇、赵凤昌的关系也极为密切。张、赵还通过另一个老同盟会员陈陶遗来笼络、影响黄兴。陈陶遗原名道公，辛亥前在上海因刘师培告密被捕入狱，张謇曾为他向两江总督端方说情。陈被释放后改名陶遗，以表示感念端方（号陶斋）不杀之恩。他与黄兴关系很深，有“黄派党员”之称。江苏光复后不久就被聘请充当都督府顾问，稍后又被推为临时参议院副议长。张謇正是利用这种历史渊源，通过陈陶遗在同盟会上层转达自己的意向，这样就使孙中山等更加难以坚持正确的主张。

早在2月13日，袁世凯在通知南京临时政府有关清帝退位的电文中，就已经表示不愿南下就职。而南方各种旧势力和资产阶级上层人物，也就立即为袁世凯出谋献策。张謇曾给袁世凯一封贺电：“公膺众选，全国汴庆。要公南者固多，不可说公不能南，须北数省咨局肫切联争于参议会。若南，须以师从。”他还建议：“目前第一难题，即要公南来。解此题者，只有二法：一从在京外交团着手，一从北数省人民着手……使不欲南之意，不出于公，当可有效。”[①] 袁世凯早已成竹在胸，何须张謇指点，不过这一建议与袁的反迁都对策大体上是相近似的。

2月18日，南京临时政府派蔡元培、汪精卫、宋教仁等作为专使，准备到北京劝说并迎接袁世凯南下就职。袁世凯于21日通电表示拒绝，说什么北方“内讧外患，递引互牵，若因凯一去，一切变端立见，殊非爱国救世之素志。若举人自代，实无措置各方面合宜之人”[②]。这些语言与帝国主

① 张謇：《为时局致袁总统函》，《张季子九录·政闻录》第4卷，中华书局，1931年，第7—8页。

② 白蕉：《袁世凯与中华民国》，人文月刊社，1936年。

义列强和南北旧势力所宣扬的“非袁不可”、“非袁不可收拾”、“北方多敌”、“北都关系外交内政甚巨”等论调正好互相呼应。

南方迎袁专使于2月28日全体到达北京，袁世凯表现得异常热情，大开正阳门隆重欢迎。他反复向代表说明自己确实愿意南下就职，甚至“与各统制及民政首领商留守之人”，并且不厌其详地与代表们商量南下路线等等具体问题。可是，就在代表们到齐后的第二天晚间，北洋嫡系第三镇突然发生所谓兵变，连续几天把北京、天津、保定、通州（河北通州）等地闹得乌烟瘴气，使人民生命财产遭到严重损害。同时，北京外交团会议，决定加强外国军队在北京市区巡逻，日、英、俄、德等国纷纷增调军队入京，一时总数竟达3 000人之多。

这样的形势自然更使反迁都论者振振有词：他们或则说“舍南京不至乱，舍北京必至亡”，或则说“临时政府必应设于北京，大总统受任必暂难离京一步”。在这一片鼓噪声中，也夹杂着张謇主持或参与的江苏省议会、中华民国联合会（统一党）以及他所支持或亲信的《时报》、庄蕴宽等团体或个人的声音[①]。张謇本人也频频致电袁世凯，认为袁决不能南下就职。他还与唐绍仪电商：“京、津、保、永同时发难，显有煽动之人。据英人李治面告：东邻（指日本。——引者）与宗社一月前已有勾结。夜长梦多，皆由不早统一之过。若再相持，危机愈迫，祻乱不可胜言。为今计，惟有利用外交团以非正式公文劝告南北两方，并声明不能听项城南下，致生变故。商之竹君（赵凤昌），亦谓非此不易解决。请密图之。”[②]

在内外各种反对意见的压力之下，严重脱离群众的革命党人四顾无援，只有屈从于袁世凯的无理要求。3月6日，袁世凯在北京宣誓就职，4天以后即正式登上临时大总统宝座。迁都问题终于解决了，成立内阁问题又接踵而至，但难度却小得多。这里只需要说明一点，即内阁人选的酝酿，又是在赵凤昌的“惜阴堂”。

早在唐绍仪南下谈判之前，洪述祖即已向赵凤昌透露过袁世凯的窃国

---

① 《近代史料信札》。

② 《张謇未刊函电》。

计划："一方面挟北方势力与南方联络，一方面借南方势力以胁制北方(指清朝。——引者)……制造共和局面。宫保（袁世凯）为第一任大总统，公（唐绍仪）为内阁总理。"① 令人惊异的是不仅南北双方代表讨论内阁总理人选的地点在"惜阴堂"，而且首先正式提名唐绍仪的竟是并非代表的"惜阴堂"主人。据张謇的一个得力助手回忆：当赵凤昌提名唐绍仪为内阁总理时，"孙文、黄兴同时鼓掌"②，于是一致通过。

至于内阁各部人选，张謇、赵凤昌等事先也参加过幕后的拟议。他们起草的一个初步名单，至今仍保存在赵凤昌藏札中。名单原文如下：

（正）	袁	（副） 黎
（南、北）	内阁	唐
（北）	陆	段
（南）	参谋长	黄　兴
（南）	财	熊希龄
（北）	外	陆征祥
（南）	学	蔡元培
（南）	农	张
（南）	法	伍
（北）	邮	梁士诒
（北）	海	程璧光
（北）	民	徐世昌

上列姓名前面括弧中的南、北字样，只是注明此人代表南方或北方，却没有说明此人的政治派别。实际上，老同盟会员所占比重很小，还不到六分之一。唐绍仪由于已经被拉进同盟会，所以算作代表南北双方。从表面上看起来，这个名单南北各占一半，好像很公平。可是，北方阁员都是袁世凯的部属或依附于他的人员，而南方5个阁员中，除黄兴与蔡元培以外，张謇、熊希龄、伍廷芳等都是亲袁的立宪派和旧官僚。由此可见，上

① 张国淦：《辛亥革命史料》，龙门联合书局，1958年，作者当时是随唐绍仪南下谈判的北方代表之一。

② 刘厚生：《张謇传记》，龙门联合书局，1958年。

述名单的拟定者的政治倾向十分明显。

这样偏袒袁世凯的内阁名单，自然引起南方一些革命党人的极大反感。于是，赵凤昌又通过汪精卫向革命派施加压力，在信中强调说明："内阁不速成立，危险万状，其原皆在陆部一席不决。南军队所主张（指要求黄兴任陆军部长。——引者），北方亦有万难。现内乱外交，均极纷逼，倘再迁延，必致不测。万不得已，仍当以克（黄兴）就参谋（参谋总长）。为调和计，弟昌前日又函致克切述之，现尚未决。乞兄向柏、洪（指柏文蔚、洪承点，皆南军将领。——引者）等痛切陈说利害，勿令固执，并告克力戒将士共晓此意，以求危局。"① 后来几经磋商，北方总算作了一些表面的让步，"司法"换成王宠惠，"农林"换成宋教仁，另外增加陈其美为工商总长，在内阁中多安排了三个革命人物。可是，这对于袁世凯集团控制的中央政府并无有多大妨碍，因为让出总长职务的只是南方的张謇与伍廷芳，而这两人又不是北洋系统的成员。内阁中最重要的职务陆军总长仍然由北洋大将段祺瑞担任，而且还换了一个特务头子赵秉钧出任内务总长（原拟以徐世昌任民政总长），袁世凯对中央政权的控制反而加强了。

南京政府正式宣告结束以后，中外反动势力皆大欢喜，上层绅商也以为统一与秩序指日可待。张謇在日记上写道："孙中山解职，设继清帝逊位后数日行之，大善。"竟然责备革命派把政权交出得太迟。这当然是一种偏见，而且也很不切合实际。可是，张謇自己并没有马上参加袁世凯政府。他事先曾经解释说：主要是由于不久以前已经向南京政府断然辞去实业总长，"今若忽焉而北，则浅见者必以为有轻重向背于其间，而无识者且可造为种种荒诞离奇之语"。实际上就是因为南方还存在着相当数量的革命军队，同盟会——国民党人还控制着好几省地盘，所以他暂时还不愿完全表露亲袁倾向，以便继续在南北之间充当调停人角色。他答复袁世凯说："以生平所知，拾遗补阙，自问尚有一日之长。若一处行政地位，侪于国务，则议论转难发挥，而与社会亦易隔阂。"因此，"凡公旧日信用之

①《近代史料信札》。

人，除军队外，愿公勿尽置左右，而拟以可遥为声援之地”。所谓“拾遗补阙”和“遥为声援”，就是想要继续保持第三者和民间的超然姿态，与袁世凯实行“朝野合作”，以求更快地巩固和加强北京中央政府，从而逐步恢复统一与稳定。

张謇主要是通过三方面的活动来协助巩固袁世凯政府：一是积极为袁组织与党；二是积极为袁物色助手；三是继续协助消除南方剩余革命武装。

张謇最初曾想把统一党变成政府党。早在 3 月 10 日他就电告袁世凯：“政党以统一较胜，少川（唐绍仪）已入，足以代公。世兄（袁克定）加入亦可。公可勿入一切政党，以免障碍。党需资本金，謇拟合实业助之。公能由少川赞助若干否？”[①] 他一方面劝说袁世凯保持“无党无派”的“超然”地位，一方面又建议袁出钱资助与党，这自然很合乎袁世凯的心意。未隔多久，为了对抗宋教仁等人的极力扩充同盟会，张謇等在袁世凯资助下，以统一党和民社为基础，合并国民协进会、国民公党、国民公会、共进会等政治团体，在 5 月初正式成立了共和党。共和党强调“全国统一”，高唱“国权主义”，是袁世凯政权的主要支柱，也是同盟会在参议院内外的主要敌手。这个党以黎元洪为理事长，张謇、程德全等为理事，在干事中有张謇的得力助手杨廷栋、孟森，以及汤化龙、林长民、籍忠寅等，立宪派显然在其中处于主导地位。

张謇还到处联络各方面代表人物替袁世凯政府工作，其中花费精力最多的就是为梁启超回国而“疏通”。早在 1911 年底，梁启超就派盛先觉到上海来找汤寿潜和张謇联系，彼此谈得非常“融洽”[②]。不久，张謇果然向袁世凯推荐：“保皇党人若梁启超，亦可择用，南方现已疏通。”[③] 1912 年 3 月 10 日，他又向袁世凯建议：“梁虽疏通，下尚未静。可听其到京备顾问，勿遽任事。”[④] 为什么既要“疏通”而又必须“勿遽任事”呢？为什么

---

① 《张謇未刊函电》。

② 《盛先觉致沧江书》，丁文江编：《梁任公先生年谱长编》。

③ 张謇：《致袁内阁电》，《张季子九录·政闻录》第 4 卷，中华书局，1931 年，第 7 页。

④ 《张謇未刊函电》。

梁启超的回国显得这样困难呢？原来梁启超过去的声名确实太坏，特别是国内有些革命党人极力反对让他回国。有人曾经公开提出警告：如果梁启超回国，将以“炸弹相迎”。吓得梁启超连忙发表声明，说是自己安心在日本留住，根本没有打算回国云云。张謇和袁世凯虽然很想利用他那一套资产阶级的政治理论，来作为组织北京政府的法理依据，并对抗南方革命派的政治斗争，却也不敢过于公开违逆舆论的抗议，所以最初还只限于暗中在南方加以疏通。

梁启超像

关于张謇在国内为之“疏通”的消息，不断有人向梁启超报告，终于大大增强了他回国的勇气和信心。3 月 8 日，罗瘿公写信告诉梁启超说：“项（袁世凯）极盼公归，已托张季直向南中疏通，季直亦甚尽力云。”4 月 3 日，何天柱又秘密地向梁启超报告说：“马相翁（马良）则谓季直、思缄（庄蕴宽）均欲师来，以文章鼓动天下。”① 在此前后，章太炎也曾经函告梁启超，说是自己已与张謇、赵凤昌等创立中华民国联合会和统一党，“无故无新，声气相联”。他还推心置腹地对梁启超说：“而同盟（同盟会）气焰犹盛，暴行孔多。……以言政党，犹非其时，若云辅车相依，以排一党专政之势，则薄有消长耳。”② 由此可见，在张謇等人看来，梁启超已经成为在政治上、思想上以至组织上可以对抗革命派的一张王牌。

后来，统一党与民社以及其他一些政团合并组成共和党，张謇又曾一再建议推举梁启超担任协理，只是因为梁启超一系的立宪派分子不愿寄人篱下，而且正在自行组织第三党（民主党），极想操纵于同盟、共和两大党之间，所以才没有接受张謇的建议③。不过，由于他们这样热心的疏通

① 丁文江编：《梁任公先生年谱长编》。
② 丁文江编：《梁任公先生年谱长编》。
③ 丁文江编：《梁任公先生年谱长编》。

和宣扬，终于逐渐抬高了梁启超在国内的声价，而公开表示欢迎梁启超回国的人也逐渐增多，其中还包括一部分原来的同盟会员（如刘揆一等）。梁启超看见国内政局的变化日益对自己有利，终于在 1912 年 10 月 5 日回国。他回国以后不仅“以文章鼓动天下”，而且到处发表演说，为原来的立宪派分子打气，鼓励他们在政治上更加活跃起来，加强与革命派对抗。

不久，袁世凯看见由同盟会改组而成的国民党声势很大，即授意并资助共和、民主两党合并，成立进步党。国内外立宪派终于完全合流，成为袁世凯政权的重要支持力量，而在这整个过程中张謇都是相当积极的。

此外，张謇还曾经协助袁世凯联络岑春煊。在南方的旧官僚中，岑春煊是袁世凯的老对头，人们都知道岑三、袁四如水火之不相容。岑春煊能够控制的武装力量极为有限，而且也不如梁启超那样有一套理论并善于宣传。但是，他凭借过去的政治地位，一直与立宪派保持密切联系，而以后又逐渐加强了与南方某些革命党人的交往，因此在社会上仍然具有一定的号召力。袁世凯对此人颇为疑忌，因此便想利用张謇过去领导预备立宪公会的老关系，去劝说岑春煊支持北京政府。袁世凯就任临时大总统不久，张謇就打电报告诉赵凤昌：“顷洹上（袁世凯）来电，谓‘蜀中望西林（岑春煊）如岁，鄙人亦望其出山，共扶民国。拟以宣慰相托（即任以四川宣慰使。——引者），到蜀后即发表督川。惟未经首肯，不敢轻举。……请公即诣西林代为劝驾。’”四川当时的局势颇为混乱，袁世凯显然想要岑春煊为自己火中取栗。岑春煊对袁世凯的为人早有了解，因此便有意提出调兵、筹饷和如何处理四川都督尹昌衡三大难题，反过来将袁世凯一军。随后，他又以“病躯正在筹备出洋访医”为借口，婉言谢绝了张謇、赵凤昌代表袁世凯转致的延揽①。

与此同时，张謇又花费很多精力协助袁世凯接管南京政府和裁撤革命军队。

早在 1912 年 3 月 30 日，张謇给正在北京的王饶生（张派去与袁世凯联络的专使）发出一通密电，命他立即转告袁世凯：“惟宁、苏、镇、扬、清、

---

①《近代史料信札》。

沪尽伏危机，遣散军队，岂容过缓。然必须有一镇精整可恃之军，数百万应时可给之款，乃可次第措手。”在同一天，他还曾直接打电报向袁世凯建议：命江苏都督庄蕴宽立即移驻南京，抓紧促使临时政府交代一切，并且利用袁世凯拨来的款项尽快遣散这一带的革命军队及其他杂牌武装[①]。

由于顶不住中外反动势力的压力，同时也由于饷银实在缺乏，以致军队经常哗变，黄兴在6月14日最后结束了南京留守府，而且把原来的十几万军队也裁得只剩下4个师。上海军政府都督陈其美迟迟不愿就任工商总长的空头职务，在上海还拖延了一段时间，但是终于也顶不住各方面的逼促，悄然结束了上海都督府。张謇早就说过：“陈有所归（指去京任工商总长。——引者），苏之大幸。”这当然符合他的意愿。

到了这年9月3日，张謇感到江苏以至南方多数地区的局势已经比较稳定，便带着亲信随员孟森等北上，与袁世凯正式商谈一切[②]。表面上好像仅仅是向袁世凯陈述有关盐法、官制等改革计划，其实他在私下还与其他共和党骨干分子，帮助袁世凯笼络和影响黄兴，极力劝说黄兴支持北京政府的“集权统一”[③]。

9月12日，赵凤昌在黄兴北上以后，立即密电告知张謇：“克公（黄兴）昨临行深谈北来宗旨，注重集权统一，力顾大局，并愿与共和党开怀畅聚，嘱达此意。即希转商范、熊、金、叶诸公，发起欢待，至祷!”[④]“范、熊、金、叶”即范源濂、熊希龄、金还、叶景葵，都是共和党的骨

---

① 《张謇未刊函电》。

② 《近代史料信札》。《张謇日记》对在津京活动有简略记述：七月（阴历，下同）二十五日，“共和党党员多人来晤。访平爵内，同诣比领事谈通借款”。二十六日，“共和党开欢迎会”。（以上为在津情况。）二十八日，“早车入都”。二十九日，“晚间诣洹上（袁世凯）谈”。八月二日，“诣章太炎于贤良寺。华比银行陶大班邀饮”。六日，“籍、范、蹇、陈、刘、周、杨、龚、李诸人（多属共和党）招饮于畿辅先哲祠”。七日，“共和党宴黄克强于农事试验厅”。八日，“与秉三同诣洹上，以改革盐法书示洹上”。九日，“以盐法改革计划书示周部长（学熙）”。十一日，“国民党本部答宴于六国饭店”。十五日，“与刘竹君同至清华学校”。十七日，“各部长公宴于东兴楼”。十八日，“陆子欣征祥来晤，蔼然学者也。因为言国际法学会事”。十九日，“诣洹上”。二十日，“子欣约谈组织国际法会于蒙古实业公司”。二十四日，“诣洹上”。二十五日，“与竹君诣美使嘉乐衡。午后与莼生抵天津”。二十六日，“自津返，留书于梁任公”。二十七日，“诣洹上。以盐政官制草案稿交周部长”。二十八日，“早车启行赴汉口”。

③ 《近代史料信札》。

④ 《近代史料信札》。

干，也大多是原来的立宪派分子。他们与张謇、赵凤昌一样，都对黄兴的“注重集权统一”深感兴趣，因此为黄举行盛大的欢迎宴会，极尽其拉拢联络之能事。

由于革命派的趋向妥协与袁世凯的虚伪做作，1912 年秋天国内政局曾一度出现表面上的融洽现象。在孙中山、黄兴相继入京以后，紧接着便是袁、孙、黎、黄四大巨头联合商定的“八大政纲”的发布。这个政纲强调统一、裁军、理财和提倡实业等等，当时民族工商业刚刚度过辛亥革命前的萧条而开始走向复苏，资产阶级绝大多数人都被这表面的和平假象所陶醉，满心以为“产业革命此其时也”，因此集注精力于发展实业了。

袁世凯像

张謇也不例外。他感到自己所需要的统一与秩序已是指日可待，因此回到江苏以后就陆续辞掉咨议局议长、宪法起草委员会委员和国会议员等政治职务，甚至连他一向最感兴趣的盐政总理职务也一并辞去，转而以主要精力在南通一带经营企业与推行地方自治①。在民国成立后的第一年，他除了继续经营大生纱厂等企业外，还先后在南通设立了幼稚园传习所、图书馆、盲哑学校、盐场警察长尉教练所、贫民工厂、医院、养老院、残废院等单位，并且还规划了狼山森林苗圃，扩充了新育婴堂。

一场席卷全国的革命风暴总算过去了，人们兴高采烈地迎来了共和国的诞生，但多数人对共和国缺乏应有的理解。人们仿佛有所得，又仿佛有所失。大清帝国变成了中华民国，袁宫保变成了临时大总统；先生某君代替了老爷大人，握手鞠躬代替了叩头作揖；摸摸脑后，没有了辫子；看看脚下，女孩子和年青妇女的脚逐渐大起来了，那叫作文明脚或改良脚，是去掉裹脚

① 张謇后来虽然接受了导淮督办职务，那也是由于这不是政务官，而且导淮又是他的夙志，与实业、地方自治关系均极密切。张謇历来强调做事不做官，其去就大抵以此为转移。

布的结果……对于清朝的覆亡，除了少数遗老与守旧分子感到如丧考妣以外，对于多数人来说无非像丢掉一条裹脚布，并不感到有什么可惜。因为这个王朝在它的暮年确实给国家带来无穷无尽的灾难与屈辱，已经成为人们难以忍受的沉重包袱。但是，新建的民国的前景又将是如何呢？

当然，民国的建立毕竟是古老的中国在近代化的途程中又向前跨越了一大步。它至少给中华民族提供了新的机会，至于如何利用这个机会，那还得靠人们自己的努力。对于张謇来说，他已经恢复了道德心理的平衡。皇室逊位但已获得优待条件，孙中山辞职但已享受开国元勋的尊荣。对前者，他自觉已尽到了忠；对后者，则自觉无亏于义。当务之急是捕捉摆在面前的机会，在实业和教育两方面施展自己的身手。从张謇的眼光来看，民国有可能比前清给他带来更好的机遇，因为他与各级政权的关系又靠近了一层。在北京政府有袁世凯可以作为依托，在江苏都督府有程德全、庄蕴宽等可以密切配合。至于通海地区，自从他的哥哥张詧一度直接参与政权以后，更在实际上成为大生企业系统的天下。张詧虽然没有弟弟那样远大的眼光与宏伟的气魄，但他经过知县之类地方官员职能的历练，其办事的干练甚至可以弥补张謇的不足。特别是由于张詧多次镇压了当地下层群众的反抗，更使张謇感到可以把通海地区作为长治久安的基业，从容实施他那梦寐以求的地方自治与棉铁主义的宏图。

二、农商总长

调停宋案

由袁世凯代替孙中山担任临时大总统，这当然是一个错误的选择，但却是一个无可避免的选择。仿佛不成熟的植株只能结出不成熟的果实，人们在急就章似的辛亥革命以后只能默默地吞咽这个不成熟果实的酸涩液体。

以往的史论未免过于夸大了袁世凯个人野心与谋略的作用，有时也对这本传记的主人公作了不尽符合历史实际的苛求。其实，除非革命能够继续下去，否则就只有袁世凯才能收拾当时的局面。“非袁不可”，“非袁不可收拾”，并不完全都发自中外反动分子之口，其中也包括许多资产阶级代表人物对形势的客观判断。任何一个国家都有自己的政治中心，清帝的逊位意味着原有中心的消亡，需要有其他个人与集团来填补这个真空。革命阵营既然不能实现六路北伐，甚至也不能控制南方全部地区，便只有走上妥协的道路。立宪派比革命派富有经验，但他们的最大弱点是没有武装或武装很少，所以也没有力量控制全国局势。由于革命的很不彻底，旧官僚和旧军队的很大一部分还保持着原有的体系，他们尽管已经动摇和分化，但还保持着相对强大的力量。革命既然已经结束，政治中心只能产生于对立的阵营，而这个阵营的强者便是袁世凯，别无他人可以代替。袁世凯之所以成为几方面都可以接受的人物，虽然主要是由于他掌握了北洋武装，但又不完全都是凭借实力。他在旧官僚、旧军队体系的首脑人物中是知识结构比较近代化，而封建传统束缚也较为松弛的半新半旧的高级官员。直隶新政成绩辉煌也为他赢得了很高的声望，罢官放逐使他与清朝的感情纽带濒于断绝，而强烈的野心则推动他有可能在一定机遇下起而夺取国家政权。久经宦海浮沉的老官僚大多善于揣摩他人心理，工于心计的袁世凯尤其善于此道。他用忠诚的姿态欺骗了清朝皇室，用信守共和欺骗了革命党人，又用统一和秩序欺骗了整个资产阶级。这就为他登上总统宝座铺平了道路。

孙中山本来对袁世凯是有所防范的，但在“漫游燕晋齐鲁”以后思想也有了变化。1912 年 10 月，他在上海国民党欢迎会上发表演说，认为：“革命起于南方，而北方影响尚细，故一切旧思想未能扫除净尽。是以北方如一本旧历，南方如一本新历，必新旧并用。全新全旧，皆不合宜。故欲治民国，非具新思想、旧经验、旧手段不可，而袁总统适足当也。”这番话是在党内讲的，不需要运用外交辞令，因而可以看作孙中山的真实思想。正是从这一认识出发，孙中山决心集中力量从事铁路建设，黄兴也兴致勃勃地组织拓植协会、筹划大规模开发边疆。

可是，1913 年 3 月 20 日国民党领袖宋教仁突然在上海被刺，很快就打破了国内的虚假和平局面，也使许多革命党人迅速觉醒过来。

这个消息传出之后立刻激起国内政局的轩然大波。南方的革命力量非常激动，社会进步舆论也纷纷谴责袁世凯政权的卑鄙罪行；而袁世凯则积极大借外债，调兵遣将，准备乘此一举彻底消灭南方的残余革命武装，实现北洋军阀独霸中国的武力统一。战争可能再度爆发的各种迹象，使正在迷醉于和平发展实业的资产阶级感到极为震恐，他们害怕紧接着辛亥革命又来一次社会较大的动荡。

宋教仁是在3月22日因为伤重逝世的。当天，黄兴除向袁世凯发出宋教仁沉痛要求“开国会、立宪法”的遗电以外，还特地把这个消息通知了赵凤昌。张謇这时正在南通，但对宋教仁的被刺感到非常惋惜。两天以后，他写信给赵凤昌说：“遁初（宋教仁）以调和南北慷慨自任，无端被害，此必有不欲南北调和者。乱人横行如此，世岂可问？拟挽以联云：‘何人忍贼来君叔，举世谁为鲁仲连？’不知联寄何所？想公亦必伤悼之也。”[①] 原来，在张謇等人看来，革命性较强的孙中山一派是“好战的”，而比较温和的宋教仁才是“鲁仲连”式的人物，也就是可以协同他们促成南北妥协的角色。

张謇对于当时的局势，曾经作过相当审慎的观察和分析。他认为：“惟小乱必在意中，大乱殆尚可谈。好勇疾贫之人多，故小乱在意中。两方之力一虚一实，势不相等，又中外人观念绝与前年不同，故可谈。”[②] 所谓“观念不同”，就是害怕动乱、厌倦革命，这是当时资产阶级的基本政治趋向，因此有利于袁世凯的武力统一，而不利于革命党人在各地的起义反抗。正是出于对形势的分析，张謇在东南绅商上层人物的敦促下，参与了一系列调停活动。

他在正式调停以前，首先发出《调和南北致孙少侯、王铁珊函》，全面陈述了自己对于宋案的看法。孙少侯即孙毓筠，是同盟会的变节分子，在卸去安徽都督职务以后，担任薪津很高的袁世凯的“公府顾问”。王铁珊即王芝祥，原为广西布政使，曾协同广西巡抚参与辛亥反正，任军政府

① 《近代史料信札》。

② 张孝若编：《父训》（稿本）。

副都督，是归附革命的旧官僚。他本来和国民党的关系较深，可是一再受到袁世凯排挤以后，却转而趋附于袁。宋案发生后，江西革命党人非常愤激，积极酝酿反抗，王芝祥奉袁世凯之命南下前往“宣抚”，实际上就是设法瓦解革命武装。他们已经打电报给黄兴，公开劝国民党人“持以镇静态度”①，所以张謇便首先选中这两个人作为疏通南北的辅助力量。

致孙、王函的主要内容可以归纳为三点：

第一，极力主张“刺宋”和“大借款”两案“法律解决”，坚决反对南方革命党人发起武力讨袁。他说：“若因一法律可解之案，一议案可稽之事，不凭法律，不凭议案，而徒逞私臆，先自南北分裂，以供伺侧者之有所借口而瓜分，国也堕于万劫不复之乡，是害之矣。”这是再一次利用帝国主义可能瓜分中国来恐吓革命党人，告诫他们千万不得轻举妄动。

第二，夸大辛亥革命期间人民生命财产损失的严重，并且攻击革命领导人说：“风云倏忽，荣悴顿殊。宫室车马子女玉帛之奉，过于昔日之王侯；剽略劫勒叫嚣隳突之风，甚于平常之军队。”他以资产阶级代表身份明确表示：“孰肯以汗血所得之金钱，供二次、三次革命不已之挥霍，自买今年、明年纠缠不了之苦痛。人心如此，钱从何来？无所得钱，凭何革命？”总之，他们认为革命党人已陷于孤立，武装起义必定招致失败。

第三，致力于分化国民党内部，而首先是想把多次武装起义的领导人黄兴劝说过来，使国民党失去最有威望的军事领袖。他利用黄兴所表现出来的举棋不定的迹象，扩大南方革命派内部的裂痕，说是“两晤黄君，论及宋案，而愤恨则有之，实未尝几微有南北分裂之见端。窃疑国民党人，或者假以为帜耳。……党人而欲自利乎？则自居其名，啸呼而起，何必假黄君之名”②。这表面上好像是同情黄兴和为他洗刷，但实际却是想使黄兴与“武力讨袁”派互相猜疑以至决裂。黄兴最后虽然参加了讨袁战争，但在很长一段时间也强调“法律解决”，表现出很大的动摇性，这与张謇等人的游说与施加影响是分不开的。

---

① 黄远庸：《远生遗著》第 3 卷，商务印书馆，1920 年。

② 张謇：《调和南北致孙少侯、王铁珊函》，《张季子九录·政闻录》第 4 卷，中华书局，1931 年，第 9—10 页。

张謇虽然以第三者姿态出现，但是这封信却没有一句话责备袁世凯，而通篇充塞着对革命党人的指控。张謇的信反映的是整个资产阶级的动向，因为稍后全国商会联合会给孙中山、黄兴、陈其美的信件也用的是同样的腔调。商会联合会指出："开岁以来，各省商务甫经发动，不意三、四月间，谣言四起，险象环生。叠接各省商会函电报告，商货停顿，市面凋零，综计暗中损失不啻恒河沙数。匪徒乘机煽乱，意图劫掠，惊风骇浪，尤比他处为甚。……拟请诸公通电各省，表明素志，其有谋为不轨者，一体严拿，尽法惩治。"[①] 在商会这些先生们的眼光里，袁世凯是政局和市场稳定的象征，而孙中山却成了动乱的根源。资产阶级本来是精于打算的一群人，利润高于一切，是非微不足道。由此可见，当时革命派的处境是多么困难。

五月下旬，由于"宋案"和"大借款案"的争执日益激烈，整个政治局势也更加紧张起来，南北之间战争的爆发愈来愈迫近了。全国商会和杨廷栋、赵凤昌等都劝张謇亲自到上海加强调停活动。袁世凯虽然正在积极筹备发动内战，可是为了麻痹革命力量和继续欺骗人民，也虚伪地表示希望张謇"为之调人"[②]。张謇感到各方面对自己都很重视，而且形势又极紧迫，便认为正式"调停诚亦此时矣"，因此回信表示愿意亲来上海。同时，他在5月26日还给黄兴写过一封信，请赵凤昌和杨廷栋、刘厚生等商酌定妥之后再转送过去[③]。给黄兴的这件信稿至今还没有发现，但联系前后的情况来分析，可以推想总不外乎是劝他坚持"法律解决"的主张。当时，"法律解决"的错误主张仍在国民党内部不断蔓延，这未尝不在一定程度上反映了南方资产阶级上层人物调停的功效。

同时，国民党中间的妥协派，由于害怕袁世凯武力的强大，对于武力讨袁完全缺乏信心，因而也在四处奔走求和，其中最活跃的人物就是汪精卫、胡瑛等。他们很快就和张謇、赵凤昌建立了联系，并且把张、赵当成与袁世凯通话的桥梁。

---

① 《全国商会联合会请孙中山、黄兴、陈其美通电表明素志函》，《新闻报》1913年6月5日。
② 张孝若编：《父训》（稿本）。
③ 《近代史料信札》。

6 月 4 日，江苏都督程德全即将派应德闳、杨廷栋北上见袁世凯商讨时局，事先特地请张謇到南京交换意见。第二天，赵凤昌从上海打电报给江苏都督府顾问陈陶遗，说是汪精卫、胡瑛等一致主张和平，请转告袁世凯不要急于撤换江西等省国民党都督，“俾汪更易进行”，劝阻国民党武力讨袁的妥协活动。紧接着汪精卫又通过赵凤昌，电邀张謇和陈陶遗“即日来沪”，以便互相配合展开调停活动①。

张謇从南京回到通州，暂时没有到上海去，可是却在 6 月 9 日给袁世凯一封长信，事实上已经配合汪精卫等向袁世凯进言。

这封信中首先向袁世凯详细分析了政局的发展变化，认为“宋案”虽然引起南北猜疑，波涛起伏，但是现在“众情乃益以宋案听诸司法，而望治之心益热于政府”，国民党在南方越来越难以发动武装反抗，更使形势朝着有利于袁世凯的方向发展。同时，他表示自己将继续诱导“国民党有学识之人”（主要指汪精卫、胡瑛等妥协分子），“劝其转导党员归向平正”（即放弃武力反抗）。最后，他呼吁说：“区区私忱，但求人人知觉中有国计民生四字，彼此相谅，各让一步，使正式政府早日成立，国会渐次宁静。”② “彼此相谅，各让一步”之类语言显然是表面文章，实际上只是要求国民党作单方面的让步以至屈服。不过为了让国民党更容易下台阶，他才建议袁世凯稍微给他们留点面子。

可是，袁世凯的“知觉”中却连民族资产阶级所讲的“国计民生”四个字也没有，他所追求的是在全国范围内实行“统一”的军事专政。正是在 6 月 9 日同一天，袁世凯首先把倾向于武装反抗的国民党江西都督李烈钧免职，他有意挑起一场国内战争，以便完全消灭南方革命武装力量。张謇等最初曾经一度考虑过国民党也许会马上宣告决裂，可是很快却发现国民党妥协派仍然在苦苦求和。因此，张謇经过与陈陶遗、刘厚生等商量以后，在 6 月 13 日把汪精卫等预先拟订的三项妥协条件正式通知袁世凯，并且还特别声明国民党“不以赣令改易”，就是说决不会因为李烈钧免职一

---

①《近代史料信札》。

②《张謇未刊函电》。

事而变更求和方针。

三项妥协条件全文较长，简单归结起来就是：(1) 国民党“为顾全大局计”，决定依然选举袁世凯为正式大总统；(2) 严禁军人（主要指南方国民党都督）干政，并希望袁世凯在临时大总统任内“暂不撤换”江西、安徽、广东、湖南四省国民党都督；(3)“宋案法律解决”，而且将来追究论罪只到洪述祖、应桂馨为止，不再要求法庭传讯第二号主谋赵秉钧[①]。

其中第一、三两项都是国民党单方面向袁世凯的“让步”，连“法律讨袁”的口号都不敢再提了，而且还要保证国民党议员把袁世凯拥上正式总统的宝座。“宋案法律解决”自然也就相应打了很大折扣，不仅不敢追究袁世凯，连赵秉钧也不再加以过问，宋教仁就算是不明不白地被刺死了。只有第二项是对袁世凯提出的要求，然而调子却低沉得可怜，仅仅希望袁世凯“暂时”不要撤换南方四省国民党都督，等他当上正式总统以后再来考虑人事变动问题，这样或许可以使国民党体面下台。

由此可见，以汪精卫等为代表的国民党妥协派已经堕落到什么地步。这三项妥协条件并不是一时权宜之计，而确确实实是他们经过反复讨论，并且征得张謇等“调人”的同意，然后才正式确定下来的求和方案。他们还一再向张謇等解释，说是这三项妥协条件确已得到国民党领导人的赞同。从赵凤昌藏札中剪贴的一张报纸来看，这三项妥协条件当时还曾在报上全文披露过。汪精卫等在反动统治者面前乞求“谅解”的可耻面目完全暴露无遗。

国民党妥协派越是委曲求全，袁世凯越是气焰嚣张。6 月 14 日，他进一步撤换广东都督胡汉民。两天以后，他又通过给张謇的复电，气势汹汹地质问国民党：“调人络绎，名曰维持，而暴烈进行，仍不住手，无非甘心鄙人，破坏民国。即不为一身计，宁不为一国计？……倘伟人果肯真心息兵，我又何求不得。如佯谋下台，实则猛进；人非至愚，谁肯受此?”明明是自己正在调兵遣将，却反咬国民党“暴烈进行”；明明是自己正在独裁专政，却反咬国民党“破坏民国”。所谓“伟人”，指的就是孙中山和

① 《近代史料信札》，《张謇未刊函电》。

黄兴。袁世凯这个电报除了颠倒黑白，混淆是非，借以欺骗人民而外，主要在于逼迫国民党领导人最后摊牌，或战或降，别无其他抉择。

张謇第二天就把袁世凯的复电抄寄给赵凤昌，请他转达汪精卫等国民党代表。张謇特别强调，袁世凯“不能放心处甚多，非将孙、黄必有正当之宣布（指正式放弃武装反抗。——引者）告之不可，但不知孙、黄之观念又何如也”①。这实际上是协同袁世凯施加压力，逼迫国民党领导人公开屈服。

汪精卫等惟恐袁世凯翻脸，再一次表示让步。所以赵凤昌复信告诉张謇：“汪已赴粤劝导同志归于稳定一致。……昨今两约蔡、胡（蔡元培、胡瑛）过谈，出抄电（指上述袁世凯复电。——引者），俱说电令最要在‘如佯谋下台，实则猛进’一语。……现在此间仍宗前议，不以赣、粤改辙；孙、黄必当表示以安定人心，惟待汪回沪商定表示之法耳。”② 所谓“仍宗前议”，就是仍然维持上述三项妥协条件，不过在5天以前还只说是“不以赣令改易”，现在却又进而声明“不以赣、粤改辙”了（即绝不因为李烈钧、胡汉民被免职而改变求和方针）。国民党妥协派的退让几乎是没有止境的，现在他们和南方资产阶级上层分子更紧密地配合起来，企图再一次共同迫使革命派向袁世凯屈服。

6月30日，袁世凯又悍然撤销安徽都督柏文蔚的职务，同时北洋军队也步步加紧了对于江西和南京两地国民党武装的围逼，一场国内战争已经无可避免了。南方资产阶级上层人物和国民党妥协派，毕竟无从最后阻止以孙中山为首的革命民主派所发动的武装反抗。7月12日，江西湖口国民党军队在忍无可忍的紧急形势下，对北洋军队的猖狂进攻展开英勇反击。3天以后，黄兴在抵抗派的推动下，领导另外一部分国民党军队在南京宣布独立。湖北、湖南、安徽、上海、福建、四川等地的国民党抵抗派，也纷纷策动起义或正式宣布独立，武力讨袁的革命旗帜终于举起来了。

张謇等人这一年多以来所最担心而又恐惧的“二次革命”到底还是爆

---

①《近代史料信札》。

②《近代史料信札》。

发了，这自然使他们感到非常恼怒。7 月 17 日，他在给赵凤昌的信中愤然说："吾两人为人利用，信用失矣。实业生计大受损害，外交亦恐生危阻，殊可痛也。"他们利用了国民党妥协派，而自己又为袁世凯所利用；但他们没有一句话责备袁世凯，却将战争爆发的责任全部推到革命派身上。于是，张謇断然表示停止调停，而且公开表明拥袁反孙的政治立场，把北洋军队称为"国军"，而把讨袁武装称为"叛军"。不管他自己是否已经意识到，他所说的国家就是袁世凯所掌握的反动军政体系。

7 月 27 日，张謇在给赵凤昌的信中又指责国民党抵抗派："沪上罔死之民之众，损失市产之巨，彼作难者何词以对吾民。即通（州）实业之受损亦数十万矣。可恨!"[①] 在资产阶级看来，为了保持市场稳定和避免货物滞销，人们就得忘记政治上的是非，容忍袁世凯的专横暴虐，而这才算得上是"顾全大局"。

辛亥革命后民族工商业的复苏，反而使资产阶级在政治上趋于保守，这是由于相对丰厚的利润模糊了他们的眼光。以大生一厂的纯利增长为例，1911 年只有 201 520 两，利润率为 17.83%；1912 年增至 326 985 两，利润率为 28.94%；1913 年更增至 367 691 两，利润率也增至 32.54%。大生二厂在 1911 年纯利只有 112 962 两，利润率为 13.05%；1912 年增至 257 410 两，利润率为 29.73%；1913 年增至 286 821 两，利润率也增至 33.13%[②]。资产阶级看不到革命对于民族工商业的促进作用，却把这一切归功于袁世凯的相对稳定统治带来了市场的繁荣，因此就纷纷抵制一切反袁斗争。

袁世凯为了孤立革命派而对资产阶级的拉拢与哄骗，更为增强了张謇等上层绅商的幻想。早在"二次革命"爆发前夕，袁世凯就装成资产阶级保护人的模样，命令各省官员"督饬军警竭力保护，如有匪徒藉端扰乱，损害商人，惟该都督、民政长是问。本大总统誓将牺牲一切，以捍卫我无罪之良民也"。这样他就把发动战争的责任推到革命派身上去了。"二次革

① 以上引文凡未注明出处者，均见于《近代史料信札》、《张謇未刊函电》。

② 转引自《大生资本集团史》（初稿），纯利小数均已略去。

命”失败以后，他更应允黎元洪等人的请求，特地褒奖了资产阶级，说是“而抵拒邪谋，倡提正论，则尤得各省商会维持之力。……各商界烛其奸邪，绝其资助，遂使逆谋无由大逞，乱事得以速平，曲突徙薪，功匪鲜浅”①。因为帮助帝国主义及其走狗抵制资产阶级革命而受到北洋军阀的夸奖，这真是历史对于中国资产阶级的莫大讽刺。

“二次革命”的失败几乎是无可避免的。革命赢得了共和，但免不了以或多或少的破坏为代价。正如梁启超早先曾说过的，在旧物已拆而新物未成之际，往往是瓦砾狼藉，器物散乱，“其残破苍凉更有甚于旧物尚在之日”②。况且革命党人为了鼓动群众，往往作过高的许诺，仿佛只要革命一经胜利便会民富国强，这便难免使群众期望过多而失望也更大。早在1912年4月，孙中山即已有所察觉群众心理的变化，他说：“现在人民每谓共和不如专制，不知共和之结果，须在十年以后。譬如生子虽好，返哺必在二十年以后，若产下数月，即望食报可乎?”③ 革命者以为革命是最高的神圣，理应以无条件奉献自励与自律；但一般民众却有权利向革命索取切身利益，因为革命的目的和宗旨本来就是谋求人民福祉。最初革命党人似乎不大懂得这层道理，他们起于草莽而革命的胜利又来得太快，因而多少有点迷信革命（即武装起义）万能，从而采取单一的军事行动，甚至流于军事冒险。但他们迟迟未能接受这个教训，所以“二次革命”只不过是此后一系列挫败的开始。

调虎离山

但是，“二次革命”被镇压下去以后，东南地区上层绅商渴望的和平与秩序，并没有立刻全部恢复。他们为了维护市场稳定，继抵制革命派的讨袁战争之后，还不得不防止清朝帝制复辟势力的真正捣乱。或许可以说，在“二次革命”前后，他们是在两条战线上维护切身利益，而所有这些努力都有利于袁世凯的集权统治。

---

① 徐有朋：《袁大总统书牍汇编》第1卷，上海广益书局，1914年。

② 梁启超：《过渡时代论》，《清议报》第82期。

③ 孙中山：《国父全集》第2册，（台北）近代“中国”出版社，1973年，第230页。

早在1912年夏天，一些不甘心于清朝覆灭的王公、遗老在青岛秘密计议，颇想利用辛亥革命已经失败而袁世凯的统治尚未巩固的时机，依靠愚昧的张勋辫子军于1913年春天在济南发动武装复辟。不过由于袁世凯防范严密，此次“癸丑之春举兵济南”的冒险计划未能实现①。

及至“二次革命”爆发，国内局势极为动荡，清朝复辟势力再次怂恿张勋乘机扩大地盘，以谋逐步颠覆共和，恢复清朝统治。张勋狂妄而又愚蠢，他一味“攘地贪功”，不惜付出重大代价于9月1日抢先攻入南京。辫子军进城以后，兽性大发，烧杀淫掳，造成极大的混乱与损害，同时又误伤3个日本人，引起了日本政府的严重抗议。一向以长江流域为势力范围的英帝国主义，对于这种局势更加表示极大的忧虑。张謇等江浙上层绅商抵制“二次革命”，本来是企望维持市场的稳定，却不料镇压“二次革命”又出现这样的后果，因此也非常不满而又焦急。

不久，他们就经由赵凤昌出面，写信向已经出任内阁总理的熊希龄告急：“日来宁省（南京）怪象百出，人民之怨愤焦虑非可言喻。上海如《德文》、《文汇》、《大陆》、《字林》各西报亦一再切切言之，且有称南京公民哀吁各国元首书，则甚谬妄。路透电传，伦敦《泰晤士报》责洹上（袁世凯）手段未合，未能禁阻殃民军队，英政府对于借款诸事当变更态度。内失人心，外失信望，皆张勋一人酝成之也。南京现在情形令人惊骇，至今不悬国旗，红旂但见张字。见人礼节称谓，局属名称，悉照前清。用人则以前清时曾办某事作弊者，今令仍办某事，其居心实不可测。……吾辈自组织全国联合会，成统一党，力主统一之宗旨，拥护中央，至今如昔。今张勋之行为，必毁我江苏，毁我民国，且毁洹上。”② 同时，他们还在上海报刊上发表许多抨击性的时论文章，纷纷要求袁世凯立即制止张勋的反动暴行。

张勋攻占南京，归根到底是为袁世凯火中取栗。因为经过这次战役，辫子军战斗力损伤很大，而江北地区全被袁世凯嫡系军队控制，张勋甚至

① 陈毅：《丁巳同难图记》，《郇庐遗文》，松柏独秀斋，石印线装。
② 《近代史料信札》。

连原来据守的老巢兖州也丢失了。但在一段时间里，这却又造成极为复杂而又微妙的局势。原来，“二次革命”爆发以后，袁世凯兵分两路进攻江西与南京的讨袁军，分别以段芝贵、冯国璋任第一、二两军的军长，张勋的辫子兵即属于第二军。按照袁世凯的意图，江苏都督的职位预定留给冯国璋，因为张勋并非北洋嫡系而且还有自己的政治野心。只是由于张勋抢先攻进南京，袁世凯才不得不暂时任命他为江苏都督，借以酬劳他的战功并表示笼络之意。但张勋是清朝最忠实的鹰犬之一，对民主共和怀有刻骨仇恨，无时无刻不想实现清帝复辟。事实上，他已成为南方复辟势力的中心，并且与北方以恭亲王溥伟、肃亲王善耆为首的清朝宗室中的复辟势力，以及西北以升允为代表的另一支“遗臣”复辟势力互相呼应。

袁世凯的帝制思想也未尝不浓，但他想的是如何一步一步把中国变成世代相传的袁家天下，而决不容许前清遗老们恢复爱新觉罗氏天下。张謇等东南上层绅商则是真正反对清帝复辟，因为他们已经比较清醒地察觉，民主共和是时代的潮流。君主专制体制的复活决不会为广大人民所容忍，而只会引起新的动乱以至战争。同时，退一步说，即使是仅仅作为对于统治者的选择而言，他们也认为袁世凯比清朝皇室高明得多。因为他们相信袁世凯具有控制全国局势的实力与手腕，而清朝皇室早已经过历史验证确实是昏庸无能。尽管张謇等原来曾是帝党中的骨干分子，但是现在却与帝党中的顽固分子决裂了。汤寿潜早已同沈曾植撕破了脸，张謇也拒绝与他们一起为清朝充当殉葬品。资产阶级总归是实利主义者，他们既然已经在袁世凯统治的民国获得源源不绝的丰厚利润，又何必拘泥于陈腐透顶而且只是忠于爱新觉罗一姓的封建名节观念呢？因此，帝党中的复辟分子对他们是耿耿于怀的。江西最为顽固的复辟分子胡思敬为陈三立六十寿辰写的贺诗中，有“前朝物望推元礼，故国朋交失郑虔”两句，并且特别注明“郑虔”指的就是“张謇、汤寿潜、熊希龄诸人”[①]。这实际就是指责张、汤等晚节不终，说明彼此之间已经没有共同语言。

张謇等人抵制复辟活动的表现，除了在舆论上加以抨击之外，主要还

① 胡思敬：《退庐全集》。

是极力敦促袁世凯赶紧把张勋调离南京。可是，由于张勋手头掌握了为数较多的军队，加以还有日本政府插手其间，袁世凯也不敢操之过急。这一点，在熊希龄给赵凤昌等人的复电中表露得很清楚："南京事，东人（日本）志在开衅。一方面阴主联合苏督（张勋），并有运用溥伟入南京，为库伦第二之密报；一方面又要求革斥苏督，使中央与彼生恶感。现正竭力交涉。……南方各报似应在外交上注意，望勿专主攻击苏督，致令外人得手。此间业经决定调虎离山之计，幸秘勿宣。"① 所谓"调虎离山之计"，说来也很简单，无非是利用帝国主义的压力，采取比较和缓的方式，调换张勋的职务与任所。9 月 6 日，袁世凯给张謇的复电，也透露了同一意向。

粗鲁莽撞的张勋自然斗不过老谋深算的袁世凯，所以在 12 月 16 日终于被调任虚有其名的长江巡阅使，江苏都督的职务由冯国璋接任。在这次"调虎离山"过程中，张謇也曾参与某些计议。据韩国钧（子石）回忆："八月初七日（阳历 9 月 7 日），政府命令余任江苏民政长。张季直电邀至通，嘱勿辞。乃电请先定军、民权限并财政系统，始就职。十五日奉复电（指北京政府复电。——引者）云：'已饬知都督（指张勋。——引者）照办，并令遵照画一官厅组织办理。'旋张都督电催，遂于十六日起行。十九日至沪，二十一日赴苏接任，二十四日至南京晤张都督。"② 韩国钧出任江苏民政长，可以看作袁世凯部署"调虎离山"的一个伏笔；而且事先一定通知过张謇，不然张謇就难以那么及时地邀请韩国钧到南通共商对策。任命韩国钧为江苏民政长的用意有二：一是借口划清军民权限，尽量缩小张勋的职权范围；一是接管江苏省级机构，为最后调走张勋预作准备。其结局亦如韩国钧自己所回忆的那样："适以张军戕害日人一案，政府拟调张都督巡阅长江，而以冯国璋华甫军长继其后，特派怀宁阮忠枢斗瞻、段芝贵香岩先后来宁劝导。适中央命下，张部汹汹，余为百端设法消弭，又密商徐州张文生司令（亦属张勋部下。——引者）负责维持。张督索款百万，百计罗掘，甫有以应。濒行，又有要索未遂，竟欲以兵围民署，经段

---

① 《近代史料信札》。

② 韩国钧：《止叟年谱》，1938 年，线装本。

香岩军长力阻始罢。”[①] 韩国钧是张謇的故交，长期相处无间，以后历任江苏省民政长和省长，如果没有袁世凯的背景和张謇等人的实力支持，这个无兵无勇的官僚决不敢出面与残暴成性的“辫帅”争权。

张勋在南京的这番骚扰，还产生一个意外的效果，就是促使张謇决心入京参加以熊希龄为首的“名流内阁”。

早在8月28日，熊希龄已经电请张謇出任工商总长。当时，张謇因为讨袁战争尚未结束，南方局势还不稳定，所以不愿到北京入阁，第二天就复电婉言谢辞。8月31日，熊希龄再次电请张謇出山。9月1日，袁世凯又亲自来电劝驾。这时，随着张勋进入南京以后局势的变化，张謇对于参加内阁的态度也发生明显变化。9月3日，他代表江苏绅商向袁世凯电陈“任张（张勋）督苏之失”，请求立即撤换张勋。两天以后，他另复一电专谈入阁问题，所表示的态度是“未辞亦未允行”，这种半推半就的姿态，与其说是为了抬高自己的身份，倒不如说是为了促使袁世凯尽早调走张勋。果然，9月6日袁世凯来电隐约透露上述“调虎离山”计谋，张謇终于作了进京入阁的思想准备[②]。

总长政绩

张謇对于此次北上，态度极为严肃而又持重。直到10月5、6两日，他还先后邀请汤寿潜、刘垣、孟森、雷奋等到南通“来商进止”，商谈的结果是决定立即北上。10月10日，他乘北京政府专门派来迎接的飞鹰兵舰到达浦口，然后转乘津浦路火车进京。

10月16日，张謇到达北京，第二天就与熊希龄、梁启超等到总统府商议大政方针。袁世凯不过是暂时利用这些东南名流来拉拢资产阶级并笼络南方人心，实际上是把他们当成为自己实现独裁专政铺平道路的垫脚石。可是，这些书生气十足的“第一流人才”，却对袁世凯的虚伪表态寄予厚望，颇想利用中央政权来推行他们思谋已久的那套治国安民的方针政

① 韩国均：《止叟年谱》，1938年，线装本。

② 以上均见《近代史料信札》。

策。从张謇来说，尤其希望在农商总长任内实现他梦寐以求的棉铁主义①。

任农商总长时的张謇

从1913年10月到1915年11月，张謇在北京政府担任了两年农商总长（其间有时在南方活动或请假）。这两年的主要工作，可以借用他自己的话来加以概括："光复而后，国体改革，以为自治中一切实业、教育之障碍，渐可解除。重承大总统再三之命，促就农林、工商之职。私计实业之事万端，我国民智待牖；必有法律而后有准绳，有技术而后有规划，有经济而后有设施。故拟首订法律，次事查勘，次设劝业银行。法律则延揽通晓工商法之人，编辑各条例，先后已成二十余种。进是须用农工商技术专家，即需经费，而财政竭蹶，无可措手。就部樽节，所得无多，曾不足以展规划至小之一事。顾犹于国外作输入母财之希望，至欧战发生，并借贷之源而亦绝。虽中法第一劝业银行，粗已签字，而履行固无定期。是謇就职时之设计已穷，日在官署画诺纸尾。所从事者，簿书期会之无聊，府吏胥徒所可了。其于国民实业前途，茫无方向，伐檀素食，时切疚心。"②

① 《张謇日记》九月十七日（阴历，下同），"下午三时至京。秉三、任公来晤"。十八日，"赴总统府议大政方针"。二十一日，"午后二时到工商部，三时到农林部"。是为到任视事之始。二十三日，"定间日至一部"。此后，到总统府、国务会开会频繁，自十月十一日到院"议工商保息法"开始，又连续议定其他有关工商农业诸法，可见办事之勤奋与认真。

② 张謇：《请解除农商部长职专任水利局务呈》，《张季子九录·政闻录》第9卷，中华书局，1931年，第20页。农林、工商原为两部，后合为一部，简称农商部。

由此可见，两年的政绩，主要表现于经济立法。规划虽然做了一部分，但由于经费奇缺，大多流于纸上谈兵。

张謇根据自己多年从事实业的机会，并且结合考察日本及欧美经济发展的历史经验，深知健全经济立法实为发展民族农工商业之前提。他在就职之始发表的政见中，列举“扶植、防维、涵濡、发育”实业的4件大事，第一件就是“乞灵于法律”。他向国会报告说：“故农林工商部第一计划即在立法，将来提出关于农工商法案，若耕地整理法，森林保护工场法，及商人通则，及公司法、破产法，运输保险等规则，尚望两院平心审择，迅予通过，俾本部得所依据，用策进行。”①

张謇办事非常认真，从其记事日程来看，“当时每颁布一项法规，先要规划制定方针，统一内部意见，然后写出说帖，分送各有关单位和人员，以制造舆论，再拟具提案到国会上争取通过。还要到一些带有学术性专门会议上作演讲，扩大社会影响，还须拟写具体实施方案，到国务院会议上发言。在搜罗多方意见后，再将法规条文改送法制局审议，最后送大总统批准颁布”②。

通过这两年农商部所制定的各种法令、条例、计划，我们可以考察一下张謇当时的经济思想。

在这些法令和条例中，张謇基本上仍然保持着过去“民办官助”的主张。他一上任就宣布政见说：“謇意自今为始，凡隶属本部之官业，概行停罢，或予招商顶办。惟择一二大宗实业，如丝、茶改良制造之类，为一私人或一公司所不能举办，而又确有关于社会农、商业之进退者，酌量财力，规划经营，以引起人民之兴趣，余悉听之民办。此謇对于官业之主张，至扩张民业之方针，则当此各业幼稚之时，舍助长外，别无他策。而行此主义，则仍不外余向所主张之提倡、保护、奖励、补助以生其利，监

① 张謇：《实业政见宣言书》，《张季子九录·政闻录》第7卷，中华书局，1931年，第1页。其他三件事为“求助于金融，注意于税则，致力于奖励”。

② 中国第二历史档案馆、沈家五编：《张謇农商总长任期经济资料选编》，南京大学出版社，1987年，第1页。

督制限以防其害而已。”[①] 张謇当时在政治上虽然靠近袁世凯，但在经济上毕竟与交通系的财阀们有所不同。一般说来，他不主张把工商企业与国家政权直接结合起来，而是希望政府能够容许私人资本自由发展，并尽量促使他们走向繁荣。

在实业的各个部门中间，他仍然主张把发展的重点确定为纺织和钢铁，这也就是他所一贯标榜的“棉铁主义”。他极力主张在15至25年以内把棉纱纺锭增加到300万枚，认为只有这样才能勉强与英、日竞争。他经常强调纺织工业应该“听之民办”，并且特别鼓励人们向一直比较薄弱的织布企业投资。至于钢铁工业，他认为所需要的投资数额太大，为一般资本家所难以承担，最好由国家直接经营。不过当时北京政府的财政极为困窘，自然也无从向钢铁工业投入大量资金，所以他又主张对铁矿采掘业实行“开放主义”，即吸收外资。但须特别注意“条约正当，权限分明”[②]，以免外国资本家乘机攫夺过多的权益。

为了推行这些方针和“主义”，他曾先后主持拟订并提请公布了工商保息法、农林工商官制、矿法、公司条例、矿业条例、商人通例施行细则、公司条例施行细则、商业注册公司注册规则等等。同时，他还先后主持拟订了筹办棉、糖、林、牧等场的计划，以及扩充改良棉田5 500万亩、经营全国山林、东三省林垦、整理茶业、扩充制糖原料产地1 320万亩、整理糖业、整饬国货等等方案、计划或办法，准备利用欧战所提供的空隙，加强与外国资本主义竞争一番。真可以说是雄心勃勃，颇思有所作为。

张謇当时发展民族资本主义（特别是棉纺织业）的心情非常迫切。他曾经向袁世凯呼吁说：“自我国奖励植棉条例公布后，各国颇为重视，而日尤甚。日本与印度有十年内在中国地方增设纺机一百五十万锭之约。其在日本本国，上冬今春已增锭三十万，在我上海已增锭十万。悍战可畏！果如所计，我国枝节进行，已病驽钝；若更迂滞，则市场充塞，十年之后

① 张謇：《宣布就部任时之政策》，《张季子九录·政闻录》第7卷，中华书局，1931年，第4页。
② 张謇：《宣布就部任时之政策》，《张季子九录·政闻录》第7卷，中华书局，1931年，第5页。

我国棉业岂复有申展之余地?”① 同时他还到处奔走鼓吹，精心设计，渴望推动民族资本主义迅速发展。可是，在那样贫穷残破的半殖民地半封建社会中，在那样贪婪残暴的北洋军阀统治之下，大规模发展民族资本主义的愿望是根本不可能实现的。“国体改革”已经流于形式，“实业之障碍”依然没有解除，而民族资本主义首先面临的一个大难题就是资金极端缺乏。作为经济基础薄弱的中国资产阶级的代表，张謇于是又企望从借重外国投资方面寻找出路。

直到这时，他对日本帝国主义还是有所戒备。例如，他所拟订的大规模发展棉纺织业和扩大改良棉田等等计划，显然是以日本垄断资本作为主要的假想敌。再如，他建议把汉冶萍公司逐步收归国有以及疏通经营辽河等等，也主要是为了抵制日本帝国主义对于这些企业和地区的侵占。但在另一方面，他对美国的幻想却愈来愈浓厚，甚至认为：“美人素持门罗主义，其于财政方面，亦不愿溢入他国。”② 这显然是把美国企图独霸美洲的“门罗主义”，错误地理解为没有侵略野心的对外经济政策了。当时美国对华投资总额远远少于英国和日本，所以张謇更容易轻信美国垄断资本家的甜言蜜语，积极向他们寻求大量的资金援助。

接任农商总长不久，张謇即已拟订合资、借款、代办等 3 种“利用外资振兴实业”的主要方式。这时美国侵略者也正在积极活动，所以张謇在 1914 年 1 月 13 日以全国水利局总裁的身份，首先和美国红十字会签订导淮借款 2 000 万美元。借款条件是：以导淮区域全部官地和疏浚后受益田地的收益、施垦田地的收入以及当地运河航行的各项税收作为担保。显然，美国侵略者是打着慈善团体的招牌，企图逐步控制淮河流域，把这个地区作为自己的“势力范围”。这里还应该说明一下，在美国红十字会背后实际承担借款的，却是李·希金逊公司、保安信托公司以及卫脱公司等大资本集团。

不久，在张謇的主持下，北京政府又和美孚石油公司订立了 3 500 万

① 《张謇未刊函电》。

② 张謇：《关于导淮借款附致陈兰生函》，《张季子九录·政闻录》第 12 卷，中华书局，1931 年，第 1 页。

美元的借款合同，规定组织中美实业公司，开采陕西省延长油矿和热河省建昌油矿。此事当然触犯当地绅商的利益和自尊心。据说陕西官民曾集资百万，组织保陕公司，以谋抵拒。1914 年 3 月 16 日出版的《京华报》报道："直陕等五省人士尤为焦争（急），最初组织五省联合会，迭次开会，选举孙（孙武）、汤（汤化龙）、梁诸君代表与政府交涉，嗣又改名实业借款研究会。"但张謇力排众议，态度非常坚决，断然对五省代表说："合同已签字，无从商量。"

历史仿佛是清末收回利权运动的重演，但情况毕竟已有新的变化。油矿开采权的争执，其中固然有中外民族矛盾存在，但增添了江浙资产阶级与北方资产阶级之间的矛盾。《京华报》为袁系报纸，反映北洋集团利益，所以对张謇攻击最多。实际上张謇对引进外资可能损害民族权益问题始终是极为注意的，他在上任伊始即谆谆告诫："加以自今而后，经济潮流，横溢大地，中外合资营业之事，必日益增多。我无法律为之防，其危险将视无可得资为尤甚，故农林工商部第一计划即在立法。"[①] 张謇的看法是，根据当代经济发展趋势，引进外国资本与引进外国科技同样为发展本国经济所必须，至于如何维护民族主权与利益，关键在于独立自主而又完善健全的经济立法[②]。这是他的认识水平高于一般只知拒外自守的地方士绅之处。

在"导淮"和石油两项借款合同订立以后，张謇的兴味更浓。他进一步展开多方面的联美活动，渴望实现四年以前中美合办银行、航业的庞大计划，并且特地为此组织了游美实业报聘团，以参加旧金山博览会为名，专门从事联络美国资本家。大生资本集团原来与外国资本很少直接联系，现在也表现出明显的靠拢美国垄断资本的倾向。张謇在拟定招聘团名单后，曾经特地对张詧解释说："游美实业团当时所定人名单，本有兄及健庵。现在部定津贴不过人二千元，估计尚须一二千元不等，且乡里事无人可替，故未列入。但南通所当注意者，除棉业外，尚有油、铁……（油

① 张謇：《实业政见宣言书》，《张季子九录·政闻录》第 7 卷，中华书局，1931 年，第 2 页。

② 宣统三年正月，袁世凯曾托杨士琦问张謇是否可借外债，张答曰："借自可，但问用于何事？用以何法？用者何人？当则借，不当不借。"

业）现拟刘长荫去，刘盖股东而兼办事者也。铁业拟定朱志尧去，以不便多派，故未及仁祖（张謇之子）。……资源归农垦，竞夫与云台归纺织业（指江导岷、沈燮均等分别以农垦、纺织业代表身份去美。——引者）。总计各业二十九人。”[①] 他有意安插一批得力助手，显然是想通过招聘活动加强大生集团与美国大资本家之间的联系。

1914 年夏天，张謇接受了美国“万国大学联合会”的乙级会员证书，并且与该会会长罗杰等协商，准备筹拨“美还赔款”（即庚子赔款）在南通“设立高等师范及机械工科、农事场等”[②]。此外，他还请求袁世凯批准美国东益公司在东三省“代垦”，理由是：“中国人能为地主而资力不足，外国人有资力，又有技术，而不能为地主，非合并而利用之，无以收化荒成熟之效。”[③] 张謇在引进外资开发国土资源方面表现出远见卓识与宏伟气魄，但他的主张的致命弱点却是缺少一个真正能够维护民族主权的国家政权作为后盾。

在此前后，张謇还积极参加了筹设中法劝业银行的活动。原来早在 1913 年 1 月 18 日袁世凯政府即已约定与法国财团合设中法实业银行，并且讲明这个银行的管理权完全由法国财团掌握。到了这年 10 月 15 日，中法实业银行首先和袁世凯政府签订 1.5 亿法郎的“中法实业借款”，并且取得对于浦口建设商埠和北京市政工程的控制权。此后这家银行又和袁世凯政府签订了 6 亿法郎的钦渝铁路借款，企图实现从广州湾，经过广西、云南，一直伸入四川的庞大扩张计划。张謇出任农商总长之后，法国财团代表卜夏、萨科孟等又来劝说他再签订一个中法劝业银行合同。这个合同的原文已经找不到了，只有张謇曾经透露过一点消息：“近法人有与中国合资建劝业地产银行之议，订限六个月成立。缔合之法，为不动产抵押长期借款。”[④] 据当时曾任北洋驻外财政官员的老人回忆：法国资本家原来就在北京、天津、上海、汉口等处设有房地产贷款公司，凡持有房契、地契者

① 《张謇未刊函电》。

② 《张謇未刊函电》。

③ 《张謇未刊函电》。

④ 《张謇未刊函电》。

皆可向该公司抵押借款，过期不赎即由公司将抵押品变卖补偿。中法劝业地产银行于1914年10月9日经农商部批准成立，其性质应当与上述房地产贷款公司相近，都是企图从资金上加强对中国工商业的控制并逐步扩大对中国地产的侵占。

张謇这种寻求外国资金援助的积极性，在客观上适应了美、法等帝国主义加强侵略中国的扩张要求。不过由于欧战迅速爆发，美、法帝国主义暂时无力而且也不愿贸然向中国作大规模投资，因为他们都没有控制中国局势的充分把握。同时，中国社会舆论的强烈抗议，和日、英帝国主义的极力阻挠，也使上述各项合同大多未能实际履行，例如，美国企图独占延长、建昌油矿的野心就没有实现，导淮借款也仅限于付出10万元作为勘测经费，中法劝业地产银行一直未能正式成立。可以说，张謇引进外资未能取得多大成效，当然也就看不出有何种消极后果。

平心而论，在当时的历史条件下，张謇可以说是农商总长的最佳人选。他一上任就锐意改革，颇欲有所作为。譬如，他首先从精简机构、紧缩编制着手，明确宣布："用人之标准，当视办事之范围，有官而无事者存其官，而不必置其人，有事而人多者减其人，以适当于事。"① 他把农林、工商两部合并为一个部，改名农商部，并将原有8个司并为3司1局，对原有员司400余人也进行必要的裁减。再如，他把农商部的工作重点放在宏观指导方面，着重从事经济立法、查勘规划与筹建劝业银行，这都说明他已经开始具有近代经济管理的良好素质。他主张对外开放，提倡在不损害民族权益的前提下引进外资，并且把经济发展战略与在世界市场上的激烈竞争联系在一起。这些都体现了进步的经济思想，而且他主持制定的各项政策、法令、条例、规划，对于当时民族资本主义的发展也确实起了某些促进作用。有的学者把张謇在农商总长任内的努力，归纳为13个方面：(1) 保护幼稚民族工业，招商领办官营企业；(2) 统一度量衡，便利国内外贸易；(3) 统一铸币权，便于金融往来与洋厘控制；(4) 引进外资，兴办实业；(5) 筹开商埠，坚持自主；(6) 裁厘减税，鼓励出口；

① 张謇：《就部任时之通告》，《张季子九录·政闻录》第7卷，中华书局，1931年，第6页。

(7) 招商投标，承运京师食粮；(8) 改组商会，适应民族工商业的发展；(9) 鼓励垦荒，提倡科学种田；(10) 保护森林，提倡植树 (定清明节为植树节)；(11) 筹建植棉等试验场；(12) 奖励海洋渔业，开展水产养殖；(13) 保护珍禽异兽，维持生态平衡。其思路与某些做法至今犹有借鉴意义[①]。只是由于在国内外都筹集不到大规模发展实业所需要的巨额资金，更由于军阀政权对民族资本主义的多方面摧残，张謇在农商总长任内的各项努力都没有取得预期的效果。

张謇辞职回乡以后，曾经感慨万分地回顾说："鄙人待罪农商，稍事讨论我国日用所需最缺乏者，略为统计，又粗订农物产奖励条例及分年进行之计划，亦即昕夕孳孳，分途规划，即果以穷困，察利而祛弊，呈奉大总统公布之矣。岁月以来，人民所以应政府之奖励提倡各自奋进者，寂寥而未有闻。"言之殷切而应者寥寥，这并非由于商民的冷漠，而是由于当时的政府未能为民族资本主义的发展提供必要的条件。张謇因此而增加对袁世凯政权的失望，这是他离开北京政府的重要原因。

张謇刚就职时已曾说过："下走性不爱官，年逾六十，丁此纷庞之世，宁有问政之思。此次各方敦迫，趑趄就任，任事之久暂，视志愿之行否、气体之胜否为衡。"[②] 志愿既然难行，做事亦流于空言，这对于羁留官署的张謇当然是莫大的痛苦，所以他还是回去从事自己的村落主义。

最后的决裂

张謇刚刚入阁时，曾与"第一流内阁"其他成员一样，对袁世凯政权寄予厚望。但是，他们很快就发觉，情况并非他们所想象的那样美妙。

张謇到任不久，就亲见袁世凯解散国会之举。袁世凯由于已经"当选"为正式大总统，并且得到列强相继承认，便觉得国会不再有多大用处，而且反过来成为推行独裁专制的障碍物了。因此，他在 1913 年 11 月 4 日断然下令解散国民党，并且追缴国会中国民党议员的证书，使国会由

---

① 中国第二历史档案馆、沈家五编：《张謇农商总长任期经济资料选编》，南京大学出版社，1987 年，第 2—16 页。

② 张謇：《就部任时之通告》，《张季子九录・政闻录》第 7 卷，中华书局，1931 年，第 6 页。

于达不到法定人数而从此不能开会，实际上就是打算尽快解散国会。

进步党对国会的态度在此前后有很大的变化。当国民党在国会占据多数，极力利用国会限制袁世凯的权力膨胀，并且企图建立自己的责任内阁时，进步党的报刊拼命攻击国会，指责国民党议员实行“暴民专政”云云。可是，在“二次革命”期间，国民党议员内部严重分化，许多人被袁世凯收买；进步党实际上已能左右国会，所以他们又转而以国会的维护者姿态出现，希望通过国会来扩大自身的政治势力。当然，其中也不乏真正信仰民主共和的有识之士，在艰难的情况下向袁世凯的专制独裁进行温和而又迂回的斗争。

11 月 4 日，进步党人知道袁世凯下令取消国民党“从乱”议员 170 余人资格，立即感到很大的忧虑。当天晚上和第二天晚上，梁启超都焦急地与张謇商议如何保存国会①。11 月 7 日，张謇与梁启超一起去谒见袁世凯，提出“维持国会”建议，即请总统府电令各省立即送候补议员入京，以便国会补足开会法定人数。

可是，袁世凯权势欲日益膨胀，他不仅要防止进步党分取政权，而且还要彻底铲除辛亥革命留下的共和政体。1914 年 1 月 10 日，袁世凯利用北洋将领和各省都督的武力威胁，发表强硬声明，正式下令解散国会。事隔未久，又进一步下令停止地方议会。梁启超等人从清末以来追求了近 20 年的议会制度，在袁世凯一纸命令下就这样被轻易破坏了，这不能不使他们逐步产生怨恨之情。而更令这些名流们感到难堪的，则是这几项最后旨在消除议会制度的命令都曾经由内阁总理熊希龄副署。

尽管进步党人仍然委曲求全，袁世凯已经不再愿意保留“第一流人才内阁”，他决心把全部权力集中到自己手里。他在利用熊希龄的副署解散了国会以后，便授意以梁士诒为首的“交通系”在财政上困逼这个内阁，又反过来利用安徽、四川、江苏等省都督对熊希龄肆意点名攻击。在极为

---

①《张謇日记》民国二年阴历十月七日，“午后三时院约临时会议，知总统令解散国民党从乱议员百七十余人。任公来谈”。八日，“午后至院，集论国务员职权。任公、燕生（梁士诒）晚来”。十日，“与任公谒总统，筹论维持国之法。总统以事属整治内乱，无与国会，已电各省速集候补议员云”。

难堪的情势下，熊希龄被迫于2月10日呈请辞去内阁总理职务。梁启超等知道袁世凯独裁野心已经无可遏制，便相继联袂辞职[1]。

袁世凯在批准熊希龄辞职的同一天（2月12日），曾派杨士琦询问张謇是否与总理“同进退”。张謇当即明确答复：“就职之日，即当众宣布，余本无仕宦之志，此来不为总理，不为总统，为自己志愿。志愿为何？即欲本平昔所读之书，与向来究讨之事，试效于政事。志愿能达则达，不能达即止，不因人也。”[2] 应该认为，这番话是真诚的，张謇不是政客，更不是官迷，他一心一意只想发展实业、教育。就任农商总长还不过数月，如果不作任何革新的努力即撒手归去，那是不符合张謇志趣的。

当然，如果说张謇对袁世凯称帝野心毫无觉察，那也不符合事实。2月17日，就是杨士琦前来探询的5天以后，张謇曾写信劝告袁世凯，说是“解散国会、改总统制、祀天用衮冕”等已经在国内外广泛引起“帝制复活”的流言；而“近日宁、沪乱谣之多，京、津车栈之暗杀，白狼之糜烂光州数县”，又表明了“内患”极可忧虑。他借用苏东坡的话来讽喻袁世凯：“操网而临渊，自命为不取鱼，不如释网而人自明也。”[3] 就是劝说袁世凯不要酝酿恢复帝制，以免成为革命党人从事舆论攻击以至武力反抗的口实。张謇固然早已承认民主共和是不可阻挡的时代潮流，但更重要的是他误将袁世凯当成惟一能够维持政局稳定的中心人物，因此惟恐他将因为轻举妄动的政治冒险而丧失统治地位。

头脑发热的袁世凯自然不会按照资产阶级上层人物的意愿办事，他首先考虑的并不是如何维持资产阶级所需要的市场稳定，而是如何满足自己称帝的政治野心。从这年5月1日开始，他撤销国务院，改在总统府内设政事堂；首先从一系列官制变更上恢复清朝体制，一切军国大事均由该堂议决，简直是军机处的复活，这样便把最高统治权集中在袁世凯手中。政事堂设国务卿，由徐世昌担任，他只是赞襄大总统政务，而且无须向任何

---

① 梁启超于2月18日提出辞职，次日召集属员发表谈话，说明此次辞职“并非以部务办理棘手，纯系他方面之政治问题”。见于丁文江编：《梁任公先生年谱长编》。

② 张謇：《啬翁自订年谱》民国三年阴历正月十八日。

③《张謇未刊函电》。

机构负责，这就与国务院总理存在着根本区别，而很像以前的首席军机大臣。此外还规定各部“直隶大总统”，只有执行部务之权，处理日常例行公事，不再能够通过国务院会议过问全国性政务。通过这一系列官制变更，帝制阴谋已经日益暴露。张謇不愿与袁世凯共同承担恢复帝制的责任和风险，因此于这年10月以“勘视淮灾”为名再次请假南下，而到11月更正式请求辞职。不过没有得到袁世凯的批准。

1915年春天，袁世凯急于实现帝制，不惜与日本就“二十一条”进行最无耻的政治交易，企图以出卖民族利权来换取日本帝国主义对恢复帝制的支持。张謇一贯亲美仇日，从此更加深了与袁世凯之间的政见分歧。3月3日，张謇再次具呈请假。袁世凯可能是感到张謇对他的“联日”外交有些碍手碍脚，不仅立即准了假，而且还派亲日派周自齐署理农商总长。及至张謇南下以后，袁世凯更正式批准张謇辞去农商总长职务，这表明他们两人在政治上已经明显地疏远起来了。

6月6日，张謇曾给总统府机要秘书张一麐（仲仁）写信，表明了对于中日交涉的关注，实际上也就是对于袁世凯的规劝。信中说：“顷见报载中日交涉已启，南满将如香港，为永远租界；中外土地利害关系，辟为公共市场，利多害少；永远租界，则利少害多。今所定者，不知何属？究以永远租界论，又不知所指之区域四至何在？租期又是几年？……遥度现势，似北满受逼之形尚不在近，然亦须有扎硬寨打死仗之决心。且非用社会名义不可，而又非得政府毅力主持一切为之后盾不可，非仅不掣肘所能济事也。”① 这封信虽然主要是表达了南方资产阶级谋求抵制外来侵略与加速自行开发东三省的意愿，但已经明确提出对日交涉需采取“扎硬寨打死仗”的强硬方针，因此自然没有可能被醉心帝制的袁世凯接受。

同年7月中旬，张謇因为还没有辞掉全国水利局总裁职务，所以曾经一度重来北京。这时，袁世凯的帝制阴谋更加公开化了，北京城闹得乌烟瘴气，刘师培等甚至想把张謇拉进筹安会为袁世凯帝制丑剧捧场。张謇在日记上记录了这些现象与自己的担心：六月二十三日（阴历，下同），“都

---

①《张謇未刊函电》。

下谣言益甚”。二十七日，“秉三（熊希龄）以母病乞假归”。七月二日，“杨（度）、孙（毓筠）、刘（师培）、胡（瑛）、严（复）、李（燮和）诸人设筹安会，进行颇急”。四日，“奉批，以年老（指张謇）不允去美”。六日，“具呈请假”。八日，“奉批允假。闻有贺振雄者（湘人）请诛六贼，即杨、孙等也”。在政海波涛中饱经沧桑的张謇，敏感地意识到一场新的反袁风暴已经无可避免，断然拒绝与“六君子”一起跳火坑。8 月 14 日，筹安会正式公布发起宣言。两天以后张謇再次请假，南下以后又正式辞去全国水利局总裁以及参政职务，完全摆脱与袁世凯政府之间的关系。此后，他决心暂时跳出帝制与反帝制斗争的漩涡，在经营村落主义的同时，密切注视着变幻诡谲的政治局势①。

同年 12 月 12 日，袁世凯封建性的权势欲发展到顶点，悍然不顾舆论的反对而正式表示承受帝位。他自以为既然已经用武力统一了全国，而且又集中了全部军政大权，当皇帝大概是万无一失。可是却没有想到，历史的车轮毕竟是不可逆转的，人民的意志也是不可违背的。袁世凯一坐上龙椅，就把自己置于人民的火山口，而且吓走原来曾经拥护过他的资产阶级上层人物，甚至在北洋军阀内部也造成了严重的离心离德局面。袁世凯自己最后孤立了自己，他重复着清王朝走向毁灭的老路。他曾经利用北洋武装强大无敌的神话欺骗了各种各样的政治力量，为自己赢得了如日中天般的最高权势地位；现在这个神话却反转来欺骗他自己，而他的命运终于和这个荒诞的神话一起破灭。

1916 年上半年讨伐袁世凯的护国战争期间，张謇没有像梁启超等人那样积极控制反袁斗争的领导权，却只退缩通海一隅尽力保全自己的企业系统。虽然他和赵凤昌等曾经再度联络黄兴，希望他早日回国协同“调和南北”，也曾经劝说冯国璋在南京成立中央政府，抛弃袁世凯以换取全国“统一”和“秩序”的恢复②，但是都没有取得什么实际的效果，张謇已经很难像辛亥革命时期那样影响时局了。他剩下来的只有一个主要的期望，

---

①《张謇日记》民国四年阴历十一月二十日：“见沪报，知京又有太傅之风说，恐是谣传，何为若是之纷纷逼迫耶！”

② 这些信件均收于《近代史料信札》。

那就是：袁世凯早点下台，讨袁战争早点结束，国内局势早点稳定。

袁世凯在败亡前夕，还曾经通过徐世昌再一次邀请张謇北上，想利用他的声望为自己作尽可能的转圜。张謇这次表现得倒比较坚决，他明确地答复说："比闻桂继滇、黔起……目前则粤继之，浙又继之矣"，"武力与调和皆不易解决"。因此谢绝北上并且劝袁世凯"急流勇退"，以平民愤而使战争早日结束[①]。同时，他还公开向袁世凯、冯国璋及其他各省当权人物发出同一内容的电文，特别强调"列强干涉"的威胁极大，要求袁世凯立即下台。结论是："民国既已明白回复，则据约法自有代理人之可属(指应由黎元洪接任大总统。——引者)。……若再迁延，必更祸己祸国，尚何言哉！"[②] 以前，袁世凯曾以清王朝当牺牲品换取南北的妥协，现在同样的命运也落在他自己的头上了，历史就是这样无情！

袁世凯虽然拖延不肯辞职，但他的病亡却消除了护国战争直接反对的目标。南北军阀于是迅速谋求妥协，中央政权主要落在段祺瑞一派手中，以梁启超为首的一批进步党连忙靠拢皖系军阀，而以孙中山为代表的革命民主派再一次受到排挤和叛卖。段祺瑞曾经一再敦请张謇北上，但是他都断然拒绝了，回信说："下走老矣，饱尝世变，实不愿再涉政界。"[③]

在得到袁世凯病死消息的那天晚上，张謇感慨万分地在日记上写道："三十年更事之才，三千年未有之会，可以成第一流人，而卒败于群小之手，谓天之训迪吾民乎？抑人之自为而已。"他对当时中国历史发展和袁世凯失败原因的认识都不尽切合实际，但这却很能说明他原来对袁世凯的期望是何等殷切。袁世凯死了，张謇通过中央政权推动民族资本主义全面发展的幻梦也就最后破灭了。此后，军阀统治从表面的统一变成公开的分裂，南北混战不已，张謇只能退而期求在地方军阀庇护下发展自己的企业系统，但是就连这样有限的愿望也没有可能得到实现。

从全国范围来说，张謇终于退出政治舞台了。不过当时欧战正紧，中

---

① 张謇：《劝告袁氏退休致徐菊人书》，《张季子九录·政闻录》第4卷，中华书局，1931年，第15—17页。

②《近代史料信札》。

③《张謇未刊函电》。

国仍然处于帝国主义侵略稍为缓和的间隙，大生企业系统的迅速扩大与源源而来的巨额利润，暂时又弥补了他在政治上的失望。

三、 大生兴衰

黄金时期

1912 年到 1921 年，在整整 10 年中间，大生企业系统获得空前的发展。这也就是近代中国民族工业仅有的一个所谓“黄金时期”。

在 1917 年大生纺织公司 20 周年纪念会上，张謇不无得意地向股东报告：“若营业之赢利，则自己亥（一八九九年）开车至去年年终，股东得正息一百六十七万七千余两，得余利二百七十三万三千余两，两共四百三十九万余两。以年分计，自以本届六十六万余两为最。然第七、八届时，亦有赢至四十万零与四十八万零者，其时只四万锭，股本只一百三十万两耳。今则加锭至六万六百，益以布机四百架，增股至二百万两，锭视前加半，股视前加倍。”[①]

和国内一般民族轻工业情况大体相近似，大生系统发展最快的时期还是 1918 年到 1921 年这 4 年。截至 1921 年，大生一厂的资本增加到 2 500 000 两，历年纯利总额累增到 11 619 155 两；大生二厂的资本增加到 1 194 390 两，历年纯利总额累增到 5 016 714 两；两厂合计，资本共为 3 694 390 两，历年纯利累增总额共为 16 635 869 两。应该说明一下，在这 1 600 多万两历年纯利总额中，有三分之二以上都是在欧战期间获得的，而在 1919 年，一、二两厂的纯利竟分别占资本的 106.08%和 113.02%[②]。这样优厚的利润，在旧中国民族工业发展的历史上不仅是空前的，恐怕也是绝后的。

源源而来的大量利润，激起了张謇等人扩张实业的热情。1914 年张謇出任农商总长以后，就在海门常乐镇南开始创建大生三厂，并且拟订了建

---

① 张謇：《大生纺织公司二十年纪念会开会词》，《张季子九录·实业录》第 6 卷，中华书局，1931 年，第 1 页。余利为红利中分配给股东部分，故数字较前述纯利为小，希读者注意两者区别。

② 根据本书编写组编：《大生系统企业史》，江苏古籍出版社，1990 年，第 126—128 页。

张謇在巴拿马国际博览会获得的大奖奖状

立四厂于四杨坝、五厂于天生港、六厂于东台、七厂于如皋、八厂于南通江家桥、九厂于吴淞（以后又名大生淞厂）的庞大计划。六厂于1919年开始筹建，但不久流产。八厂则于1920年开始筹建。到1924年，大生一厂、二厂、三厂、八厂共4个厂，资本总额共达770余万两，纱锭共15万枚，布机共1 500余台，实力已经相当可观。

淮海实业银行外景

张謇等主要依靠调拨大生一、二两厂的资金，围绕着纺织工业这个中心，又相应地扩充了其他一些实业。他们在原来通海实业公司十几个企业单位的基础上，特别着重兴办和扩充金融业及交通运输业。为了适应大生企业扩充的资金需要，他们从1918年起开始筹办淮海实业银行。此行于1919年11月正式开幕，资本总额号称500万元，但实收不足100万元，而行长就是张謇的独生子孝若。为了适应大生公司的运输需要，他们又陆续筹建大达轮船公司、南通大储栈等好几个单位。其中以大达公司最有成绩，先后自置江轮 7 艘，代管大储栈驳轮 2 艘及广祥轮船 1 艘，通行沪扬、沪海两条航线。

此外，张謇等人还创办（或协助创办）了大昌纸厂、通燧火柴厂，以及许多服务性的企业单位，如有斐馆、桃之华、南通俱乐部等旅馆、浴室、饭店联合企业，遂生堂、延生堂等药店，以及沁生冰房、南通绣织局、天生港大包结绳厂、大达公碾米厂、通成纸厂、玻璃制品工厂等等。

大达轮船公司董事楼

盐垦企业系统也有很大发展。由于通海垦牧公司在 1910 年以后垦成熟地增多，收益较大，同时又由于大生各厂对于棉花的需要量日益扩大，所以张謇等从 1913 年开始又掀起一个兴办盐垦公司的热潮。到 1920 年为止，先后成立了大有晋、大豫、大赉、中孚、遂济、通遂、大丰、大祐、通兴、大纲、阜余、合德、华成、新南、新通等公司，于是南到长江口附近的吕四场，北到海州以南的陈家港，包括南通、如皋、东台、盐城、阜宁、涟水等县，在滨连黄海 200 余英里沿岸的冲积平原上，都成为盐垦公司的广阔舞台。这些公司已投资资本总额共达 21 190 000 元，所占土地总面积共有 4 550 000 亩，已垦土地面积也有 70 万亩之多①。为便于读者进一步了解，列表如下：

公司名称	所在地	成立时间	资本总额	田亩总数
大有晋盐垦公司	南通三余镇	1913 年	720 000 元	276 000 亩
大豫盐垦公司	如皋掘港	1917 年	1 500 000 元	310 000 亩
华丰垦植公司	大豫公司之西	1915 年	400 000 元	28 000 亩
大赉盐垦公司	东台角斜以北	1915 年	800 000 元	200 000 亩

① 张謇：《如通泰各盐垦公司募集资金之说明》，《张季子九录 · 实业录》第 8 卷，中华书局，1931 年，第 16—26 页。

续表

公司名称	所在地	成立时间	资本总额	田亩总数
泰源垦植公司	东台三仓河	1920 年	700 000 元	180 000 亩
中孚盐垦公司	东台潘家墩	(缺)	800 000 元	142 000 亩
东兴垦植公司	东台竹港以北	1919 年	400 000 元	50 000 亩
遂济盐垦公司	东台小海	1920 年	140 000 元	318 000 亩
通遂盐垦公司	东台西团	1919 年	350 000 元	110 000 亩
裕华垦植公司	东台新丰镇	1922 年	1 250 000 元	220 000 亩
大丰盐垦公司	盐城太和乡	1917 年	2 000 000 元	900 000 亩
泰和盐垦公司	盐城六大股	1919 年	1 200 000 元	170 000 亩
大祐盐垦公司	阜宁大兴镇	1918 年	80 000 元	100 000 亩
大纲盐垦公司	阜宁大兴镇	1916 年	1 200 000 元	160 000 亩
合德垦植公司	阜宁合兴镇	1919 年	700 000 元	40 000 亩
合顺垦植公司	大纲公司之北	1920 年	200 000 元	10 000 亩
耦耕垦植公司	阜宁通洋港	1919 年	120 000 元	10 000 亩
阜余垦植公司	阜宁海河镇	1917 年	600 000 元	50 000 亩
华成盐垦公司	阜宁千秋港	1917 年	2 500 000 元	750 000 亩
新农垦植公司	阜宁沈庄以北	1925 年	200 000 元	80 000 亩
新南星垦植公司	新农公司北	1920 年		20 000 亩
新通垦植公司	新南公司北	1915 年	60 000 元	130 000 亩

注：新农、新南、新通并未动工。

1920 年前后，张謇的经济事业真可以说是进入了鼎盛时期。据日本驹井德三调查，当时张謇身兼南通实业、纺织、盐垦总管理处总理，大生第一、二纺织公司董事长，通海、新成、华成、新通等盐垦公司董事长，大达轮船公司总理，南通电厂筹备主任，大生第三纺织公司董事长等等职务。驹井德三生动地描绘说："是故张謇在实业上之势力，以南通江北一带为根据。在上海之地，以金融之关系，在九江路设事务所，掌南通关系各银行公司之交涉事务及生产品之交易。又于黄浦江沿岸法租界邻接地之十六铺，建有巨大之仓库及埠头，以大达轮船公司之名，营仓库及航行之业。在吴淞商埠所有之地产，占该埠形胜之区，现正建设埠头，进行都市之计划……”①

天生港发电厂外景

南通大达轮船公司的大穌轮

张謇当时不仅对吴淞开埠寄予很大期望，并想使它“与世界名埠之先进者争辉誉于地上”②；同时还想通过美国前任驻华公使芮恩斯，重温中美合办银行及太平洋航业的旧梦。向美国寻求资金援助虽然没有结果，张謇却又经过梁启超的说合，一度打算与比利时政府合资筹办中比航业贸易公司，开辟中国往来西贡、新加坡、法国、比利时、德国各大商埠之间的海洋航线，然后再向其他各种企业大量投资。这个企业方案的规模很大，预计：“航业公司股本定为一万万佛郎，比国占五十五份，计五千五百万佛

① 驹井德三：《中国江苏省南通州张謇有关事业调查报告书》，抄件。

② 张謇：《万国航业伦敦大会报告书序》，《张季子九录·文录》第8卷，中华书局，1931年，第5页。

郎；中国占四十五份，计四千五百万佛郎；贸易公司股本定为一千万佛郎，中比各半入股，计中国方面占五百万佛郎，合计中国应任股资五千万佛郎。”[①] 当时中国民族工商业还比较景气，所以江浙大资本家对于这个方案兴味很浓。经过有关方面的共同讨论，徐新六代表张嘉璈的中国银行系统，答应承担70万至100万两，张謇答应承担20万两，徐静仁、陈光甫、吴寄尘、刘厚生（垣）等各自负责募集20万两，还剩下无人承担的七八十万两，由张謇专断决定以大生一、二两厂上年积存余利全部拨充。在这年5月底，刘厚生已经通知梁启超，说是即将在南通召开华股创办人谈话会，却不料这件事在比利时方面根本没有落实，而梁启超又不肯承担任何实际责任，以致张謇等人空忙了一阵[②]。

尽管发展海外航运、贸易的计划落空了，但这几年毕竟是张謇企业活动登峰造极的时期。张謇的各项企业为什么在此期间发展得如此迅速呢？这里面有一般性的原因，也有它自己的特殊原因。

从一般性的原因来看：欧战爆发以后，欧美列强对中国的棉纱倾销顿形减少。日本和印度（实际是英国）虽然一向对中国的棉纱倾销量极大，但由于正在国内大力发展织布业，因此也相应地减少了棉纱的外销数量。在这样的历史条件下，中国的棉纱进口总额大大减少。例如，在1909—1913年之间，棉纱进口总额高达1 320 197公担，而在1919—1923年之间，棉纱进口总额下降到807 249公担[③]。这就在中国国内市场上为民族棉纺织工业让出一部分活动余地，使之暂时得到普遍的迅速发展。中国纱厂纱锭总数在1913年只有484 192枚，而到1921年就增加到1 248 282枚。大生纱厂也正是在这样比较有利的形势下得到迅速发展的。

但是，大生纱厂还具有若干比上海一般纱厂优越的条件。因为大生纱厂处在比较偏僻的江北通海地区，不像上海中国纱厂那样直接遭到洋纱的排挤和打击，同时它仍然保持着传统的市场和原料供给地，而就近在农村

① 张謇：《为中比航业致大生纱厂董事诸君函》，《张季子九录·实业录》第6卷，中华书局，1931年，第10页。

② 其间经过，《梁任公先生年谱长编》亦有记载。

③ 严中平编：《中国近代经济史统计资料选辑》，科学出版社，1955年，第74页。

招收工人更便于压低工资水平等等。这样，大生纱厂不仅对洋纱具有较大的对抗力量，就是对上海中国纱厂的产品也往往在竞争中占优势。1917 年以后纱价逐年上涨，大生纱厂更是大发其财。据当地《通海新报》报导，1919 年春南通棉纱每箱成本不过 170 元，而市价已经涨到 240 元，每箱获利竟达 70 元之多。大生纱厂源源而来的大量利润，又转化成为投入其他各类企业的资金，所以张謇的整个企业系统才能如此迅速膨胀起来。

大生第一纺织公司蓝魁商标

还须要看到，辛亥革命以后张謇弟兄在政治上地位的上升，也为他们的企业发展提供了某些方便条件。早在 1912 年春天，已经有人把张詧称为“通州土皇帝”，并且讽刺说：“如司令者（当时张詧任通州总司令。——引者），其在满清则以一平民而观察，在民国又以一观察而司令长，司令长诚有其弟矣（指以张謇为靠山）。若其弟之热心学务，力任实业，委身从公，不及私蓄；得司令长兄之搜刮经营，储蓄产业，为子孙万世久长之计，弟亦可谓有兄。”① 这当然不无夸大攻讦之处，但确实说明了两者依存关系。权与利常常结合在一起，例如大豫盐垦公司在掘港盐场的四五十万亩土地，就是张謇在光复不久利用盐政总理的名义，移请江苏都督程德全委任张詧“测量绘图”，这样才逐步加以占有的。

张謇出任农商总长以后，权势自然又有所增长。1913 年年底，因为要创设大生三厂，他就利用职权之便与英国公使商定向好华特厂订购纱锭和引擎，并委托汇丰银行代办国外汇款②。1914 年春，他在游美实业报聘团中安插一批亲信，乘机考察纺织、油、铁等有关企业生产情况，并且打算借助美国投资。稍后，当无锡新冶厂依据公司条例向农商部呈请立案时，

① 《天铎报》1912 年 3 月 7 日。

② 张謇：《张謇日记》民国二年阴历十一月二十七日。

他一得到消息便立即通知自己经营的资生铁厂负责人，命令他们赶紧放手收购原料，预先设法堵死无锡新冶厂的出路，使之无法与资生竞争①。甚至在1915年春辞去农商总长职务之前，他还曾经以“南通教育、慈善、公益”名义，一次就向北洋政府请领了15万亩荒地。

1915年秋天以后，张謇虽然脱离了北京政府，可是仍然与江苏的军阀政府（主要指直系）保持比较经常的联系。例如，华成盐垦公司的成立，主要就是依靠冯国璋的撑腰，所以才能在阜宁一带获取盐场大量土地。据说一共只花六七万元，竟得地40余万亩之多。此外，江苏省长韩国钧、通海镇守使管云程等都曾经从多方面为张謇提供了便利条件。所以驹井德三在考察张謇离开北洋政府后与各派军阀的关系时指出：“要之，张謇对于现在中国之政界；表面上虽无何等之关系，然以张公在经济上、地方自治上有坚固之基础，不仅大总统及现任内阁，即地方政府亦无如之何也。张公虽持重自下，然在中国政界之潜势力可谓不薄。”②

所谓“地方自治上有坚固之基础”，重要的一点就是张謇弟兄在辛亥革命以后直接或间接控制了南通地方政权。张詧最初担任总司令，军政分府撤销后改任民政长，可以说一直是大权独揽。1913年民政长改称县知事，由江苏省政府改派田荣宝接任。此后张謇家族虽然不再接充地方长官，可是这些县知事（县长）、镇守使之类文武官员怎敢违逆堂堂实业总长的意旨呢？至于垦区的特别区公所，名义上属于县政府，实际上却等于是直接为垦牧公司服务的相对独立的政权机关。各个盐垦公司的董事会实际上都成为独霸一方的小朝廷，而张謇则是凌驾于这些小朝廷之上的最高权威。

正因为如此，不仅其他资本集团无从伸入通海地区，就是在大生资本集团内部，张謇也是唯我独尊，可以任意提取余利甚至将公积余投资于其他各种企业。同时，张謇凭借其社会地位和声望，只要投入少量资金就能对一些企业加以控制。再则南通、上海金融界极为重视张謇的权势地位和

---

① 《张謇未刊函电》。

② 驹井德三：《中国江苏省南通州张謇有关事业调查报告书》，抄件。

大生纱厂的优厚利润，纷纷争先提供贷款，造成大生集团畸形的信用膨胀，这些更使他得以加紧向各种企业扩张。

以上说的是大生集团迅速发展的自身特殊原因。透过这些事实可以看出，张謇的“地方自治之坚固基础”，怎样帮助了他的企业发展；但同时也必须看到，这些企业的发展反过来又巩固和加强了他的“地方自治之坚固基础”。张謇正是在离开北京政府并失去依靠中央政权推动实业发展的希望之后，才重新标榜“村落主义”并抓紧推行他那一整套地方自治方案。

1919 年，大生企业系统继续迅速发展，而且国外正在举行巴黎和会，国内南北军阀之间也正在举行和平谈判，张謇仿佛已经看到一片“繁荣”、“和平”的远景，因而经济、政治方面的雄心壮志都同时有所复苏。他已经不满足于仅仅在通海地区独树一帜，还非常希望把整个江苏纳入他所追求的地方自治轨道。这年 9 月，他和江苏一批上层绅商筹划在上海设立“中华模范地方自治讲习所”。他们宣称“准世界立国公理，以讲习地方自治学术并预备实行自治为宗旨”，并且打算首先培训一批推行地方自治的骨干人才。可是皖系军阀掌握的北京政府却立即加以阻止，并且在张謇等人的呈文上批示：“本部（内务部）拟于中央设置地方自治模范讲习所，咨取各地方具有法政知识并富有自治经验者入所肄业。”① 其实，他们根本没有打算办什么“自治讲习所”，只不过由于正在积极推行“武力统一”政策，害怕地方势力的任何增长，所以才以此为借口断然拒绝了张謇等人有关地方自治要求罢了。

1920 年，直皖战争爆发以后，国内和平幻景顿时消失，而张謇却更加致力于地方自治，幻想利用这个方法来保持江苏或至少是通海地区的安宁，也就是企图在军阀混战的既成局面下求得苟安。他曾经发起成立“苏社”，标榜“苏人治苏”，希望通过他那一整套地方自治方法，“置苏省于最完全最稳固之地位”②。同时，为了“外以示四方之型，内以作一县之

① 北洋政府内务部档案原件。

② 张謇：《苏社开幕宣言》，《张季子九录·自治录》第 3 卷，中华书局，1931 年，第 1 页；张謇：《敬告苏社诸君》，《张季子九录·自治录》第 3 卷，中华书局，1931 年，第 2 页。

气”，他又在南通成立了自治会。南通自治会由张孝若担任会长，其内部机构设置和职权分工与地方政府很相仿佛，大权掌握在上层绅商手中，只不过多了一层民主议会的形式而已。由于张謇的势力雄厚，南通自治会对于县政府确实能够左右一切，因此它才敢于喊出“自存立，自生活，自保卫”的口号。张謇曾经打算发行地方自治长期公债 200 万元，作为举办各项事业的经费。他显然是想成为国内地方自治的样板，并且夸耀地方自治乃“二十世纪世界之大潮流”。

其实，所谓“世界大潮流”只不过是国内军阀混战夹缝中的一个小小漩涡。张謇所宣传和从事的地方自治，与当时南方一些资产阶级政客所鼓吹而又为一些地方军阀所利用的“省宪运动”、“联省自治”等等基本上是相互呼应的。尽管张謇竭力想把自己的地方自治与南方军阀割据式的“自治”区别开来，并且曾经批评说：“北之统一，南之自治，又曰联省自治，皆军阀争权其实。”[①] 但由于他自己没有掌握正式的军队，因此在实际上仍然不能不依赖于地方军阀如齐燮元之流的庇护；这样，他所推行的地方自治，便不仅无从改变南方军阀割据和争权的既成事实，而且还在客观上成为江苏军阀统治的点缀和补充。孙中山以后在共产党人的帮助和影响下，曾经正确地批判过这种“地方自治”或“联省自治”的言论，强调指出：“吾人不谋所以毁灭大军阀之暴力，所不得挟持中央政府以为恶，乃反欲借各省小军阀之力，以谋削减中央政府之权能，是何为耶？推其结果，不过分裂中国，使小军阀各占一省，自谋利益，以为挟持中央政府之大军阀相安于无事而已，何自治之足云？”[②] 这真是一针见血地击中了“地方自治”或“联省自治”的要害。

不过，张謇与军阀之间毕竟是有矛盾的。军阀为了利用所谓“模范县”来装点门面，可以容许张謇在南通狭小的地区以内扩充自己的经济、政治实力，但是却绝不容许张謇的地方自治范围扩大到整个江苏，因为那将妨碍他们漫无止境的残暴压榨。正是由于这个原因，南通自治会虽然忙

① 张謇：《劝南北息争通电》，《张季子九录·政闻录》第 5 卷，中华书局，1931 年，第 7 页。
② 孙中山：《孙中山选集》下卷，人民出版社，1981 年，第 523 页。

得热热闹闹，“苏社”成立后却始终冷冷清清，而后来连“苏人治苏”的微弱要求都被迫取消了，张謇的地方自治始终未能越出南通范围。1922 年以后，在帝国主义新的侵略狂潮的冲击下，民族近代工业的暂时繁荣一去不复返，而军阀混战的炮火更直接扩大到江浙地区，甚至连张謇在南通的地方自治小王国也岌岌可危了。

好景不长

正如整个先天不足的中国民族近代工业一样，大生资本集团在欧战爆发后的暂时繁荣，缺少真正可靠的巩固的社会基础；因此，就在各项企业迅速发展的过程中，已经孕育和滋长着失败的契机。张謇读过《易经》，他懂得盛衰盈亏之间的相互依存与相互转换关系。早在 1920 年那样的鼎盛时期，即已告诫部属：“营业之道，先求稳固，能稳固即不致失败，即失败亦有边际，企业者不可不知也。大凡失败必在轰轰烈烈之时……”[①] 但这竟仿佛是一个不祥的预兆，而促使大生系统失败得没有“边际”的又正是张謇自己。

因为急于建立一个比较完整的企业体系作为加强地方自治的经济基础，同时也由于这几年大生纱厂营业的特别得心应手冲昏了他的头脑，张謇失去了自己惯常强调的冷静与稳健。为了迫不及待地向新企业投资，他任意调拨大生一、二两厂的余利甚至公积金。例如创办大生三厂时，即曾从大生一、二两厂调拨公积金各 20 万两。大生八厂创办之后资金极端短绌，大生一厂由于曾经为它担保借债，竟不得不勉强抽拨 80 万两巨款作为“收并”资金。在淮海银行最初的资金中，大生一、二两厂余利占 70 万两。为了创办中比航业贸易公司，又一次截留了大生一、二两厂的余利 72 万两。大达轮船公司开办费 100 万元，完全由大生驻沪账房代为筹垫。至于张謇系统的十几个盐垦公司，资金周转也主要依靠大生纱厂调拨或代为在外挪借，所以前后拖欠大生的债务达到 130 多万两。这种盲目的东扯西拉式的经营和发展企业的作法，不仅严重地抽空了大生一、二两厂的资金储备，而且还造成整个大生资本集团的恶性信用膨胀，从而最后成为金融资

① 张謇：《告诫实业同人书》，《张季子九录·实业录》第 6 卷，中华书局，1931 年，第 8 页。

本重利盘剥和严重侵蚀的牺牲品。在这样外强中干的局面下，只要一旦金融收缩或者营业本身遭到意外挫折，大生企业系统便要立刻发生无可挽救的全面的财政危机。

大生一厂的细纱机

张謇在投资新企业以前并没有经过通盘的精心规划，经营的方面很广，资金又很不充足，所以基建工程进展极为缓慢，往往因此失去赢利机会。在这种情况下，建成一个新厂往往等于多背一个沉重包袱。例如，大生三厂早在1914年就开始动工，可是由于资金不足，拖拖拉拉直到1921年秋天才算勉强正式开车；而此后民族纺织工业的“黄金时代”已经迅速消逝了，所以大生三厂刚刚开工就亏蚀不堪。大生六厂虽然早在计划之列，但迟到1919年才开始动工。由于资金严重缺乏和外汇暴涨，不仅厂未建成，就连已经筹集的60万两也蚀去一大半。大生八厂更是迟到1920年才动工，在建厂期间即已负债累累；1924年建成后，大生一厂本来还想加以“收并”，后来由于自顾不暇，只得出租给永丰公司经营。至于盐垦系统的十几个公司，则是愈来愈蜕化成为纯粹的土地投机集团性质，既缺乏起码的资金准备，又不能认真从事水利建设工程，以致土地收益既迟又少，历年负债总额极为庞大。张謇自己虽然辩解说是垦牧系统只拖累大生纱厂120多万元，但实际上却远远不止此数。所以，垦牧系统竟从原料基地变成大生资本集团最为沉重的包袱，一旦遇到风潮大灾，各盐垦公司的严重损失，又必然要转嫁到基础已经极为脆弱的大生纱厂身上。

大生二厂的细纱机

同时，张謇等人由于一向满足于大生纱厂在通海地区的独占地位，而且主要又是依靠压低工价和花价来降低成本，所以对于设备更新和改进技术不够注意。加以多数股东所奉行的是“有利尽分”的短见原则，不愿保留“折旧”等项必要的资金积累，使大生纱厂已经深感不足的资金更加陷于短绌，自然也就没有足够力量实现机器设备的更新。所以大生纱厂的技术、设备一般都比较陈旧落后。一厂的设备情况前面已有介绍。二厂也是接收山西商务局在义和团运动时期遗留在塘沽码头的一批破烂机器。三、六、八厂虽然分别订购了一批比较新式的机器，可是生不逢辰，还没有来得及为自己的主人发财致富，就已经堕入出租、夭折或抵押的厄运。大生纱厂技术设备的落后，使它更加缺乏足够力量抵敌帝国主义侵略的新狂潮。

正是由于上述各种原因，加以欧战以后帝国主义重新加强了对华侵略，大生企业系统的内部危机终于在1922年以后总爆发了。

在1921年，张謇还兴高采烈地积极筹备在第二年举办南通地方自治第二十五年报告会，借以隆重庆祝他自己的七十大寿。7月1日成立了报告会的筹备处，并且正式报请北京政府备案，打算邀请“各省、各县、各公司”以至英、美、德、法、日、荷、奥各国，选送“农、工、林、矿、商、运物品材料”到南通来陈列展览。他满心指望乘此大大显示一下南通地方自治的成绩，使“各县、各省、各国、各世界之人士，因南通有此创

各国来宾庆祝张謇七十寿辰的合影

举，闻声麇至”①，从而进一步扩大南通在国内外的影响。可是就在一切“规划略备”，正拟兴工建设展览、会议和外地来宾休息等等场所的时候，突然来了一场台风暴雨大灾。以后又是连续4天“疾风盛雨”，正巧又碰上秋潮大汛汹涌而来，于是通海一带外江内河同时泛滥成灾，所造成的各方面损失极为严重。在地方自治各项事业当中，水利本来是张謇最得意的大手笔之一，可是老天爷偏偏在这个节骨眼上捅了个大娄子。张謇不得不叹息说：“此非常之灾不能御，宁得谓自治？宁堪报告？”②

不过张謇当时还没有向困难屈服，他决定把报告会推迟到1927年举行，作为庆祝南通地方自治30周年。张謇幻想在此后5年中间或许能够时来运转，争取使自己的各项企业获得更大的繁荣。可是，他却没有想到，既然外强中干的大生企业系统连一场局部性的短暂自然灾害都经受不住，又怎么能够抵制得住帝国主义侵略狂潮更为严重的袭击呢？

即以纺织工业为例：外商在中国设立的纱厂纺锭总数在1921年有631 466枚，到1922年增加到879 674枚，而到1924年更增加到1 181 244枚③。其中以在华日商纱厂发展最快，如果以1913年的日商纱锭、布机总

① 张謇：《呈报南通地方自治第二十五年报告会筹备处成立文》，《张季子九录·自治录》第3卷，中华书局，1931年，第15页。

② 张謇：《自治报告会因灾重展期至民国十六年举办通告》，《张季子九录·自治录》第3卷，中华书局，1931年，第20页。

③ 严中平编：《中国近代经济史统计资料选辑》，科学出版社，1955年，第134、135页。

数作为基数（100），那么到1922年其纱锭总数即增加到542.31，布机总数增加到447.79[①]。外国纱厂一般技术设备比较先进，而且又享有各种优惠特权，因此绝非基础薄弱的华商纱厂所能对抗，于是洋纱空前泛滥于中国市场，华厂产品的销路立刻大为缩减。同时，外国垄断资本更乘机设法控制以至并吞中国纱厂。据初步统计，从1917年到1927年，在这10年之中曾经向英、美、日（主要是日本）财团借过大批款项的共有15个中国纱厂，其中就有4个厂最后被外国资本家收买、接管或出卖[②]。此外，帝国主义还逐步加强控制中国的棉花生产、原料供销以至纱、布的运输和销售，简直把中国民族近代纺织工业逼得无路可走。

在帝国主义支持和怂恿下的军阀混战，也给民族近代工业带来无穷无尽的灾难。从1920年到1922年，3年之间连续发生规模较大的直皖战争、粤桂战争和奉直战争，战祸遍及两湖、河北、两广、四川、陕西等省，人民生命财产损失极为惨重。而为了筹措军费和搜刮自肥，北京和各地军阀又横征暴敛，勒索无已；仅北洋政府发行内债一项，从1912年到1926年即共达6亿元以上，而战区无限制的摊粮派款，更残酷到敲骨吸髓的地步。军阀的虐民暴政加上连年灾荒不断，使得整个国民经济陷于凋敝残破。军阀何尝能够为张謇提供他所需要的和平、统一与秩序，就是他那似乎名噪一时的地方自治，也在军阀混战的威胁和冲击下摇摇欲坠。因此，张謇不能不悲叹："欧战告终，内战不已，川、陕、湘、鄂之民，堕于兵革蹂躏之中极矣！……天灾洊水旱矣，犹煎以人祸；商市涸金融矣，犹挤及贫农。"[③] 通海地区的企业王国，正是在这样兵荒马乱、哀鸿遍野的情况下走向最后崩溃。

1922年，大生纱厂因为赔累不堪，不得不把厂基作价70万两抵押给永聚银团，并且聘请永聚大股东费善本作为该厂经理，这是大生企业系统濒于全面崩溃的第一个信号。大生六厂在筹建过程中由于资金不够而夭折，这在前面已经叙述过了。大生八厂本来已经请求一厂给以合并，但一

① 朱斯煌：《民国经济史》，上海银行学会银行周报社，1948年，第137页。

② 严中平编：《中国近代经济史统计资料选辑》，科学出版社，1955年，第137页。

③ 张謇：《为江浙和平通电》，《张季子九录·政闻录》第5卷，中华书局，1931年，第20页。

厂本身正陷于债丛，岂有力量解除八厂的困难，因此只有忍痛把它出租给永丰公司经营。

大生企业系统的两根台柱——一厂和二厂，在 1922 年情况都非常不妙。在这一年，一厂结亏为 39 万多两，二厂结亏为 31 万多两。也是在这一年，一厂负债总额达到 12 428 720 两，而其中“借入款”一项竟达 7 097 950两；二厂负债总额为 3 520 004 两，其中“借入款”一项也占 1 255 837两。这些大额借款主要并非用于大生一、二两厂本身生产经营的需要，绝大部分都是作为支付盐垦系统拖欠和“地方事业”垫款之用。还有，在大生一、二两厂 1922 年的资产负债表中，所谓“借出款”一项竟分别达到 4 731 328 两和 1 255 837 两，这表明任意抽调挪用资金的严重现象仍然有增无已。

“地方事业”垫款大多用于非生产性开支，自然很难指望在短期内归还。就是这时曾经被看作财源利薮的盐垦事业，由于资金短绌，投机性大，水利问题没有完全解决，再加上风潮大灾，多数赔累不堪，而转嫁到大生一、二两厂账册上的“盐垦拖欠”一项，也就永无还清之日。例如大有晋公司在 1921 年碰到大水灾，已经收获的棉花被冲得一干二净。大丰公司在 1922 年播种面积达 15 万亩之多，可是秋季碰上一场台风暴雨，结果也丝毫未收。新南、新通等公司成立不久就倒闭了。仅仅大豫、大赉、大丰 3 家公司的负债总额，到 1922 年就多达 2 548 310 两。其他一些盐垦公司情况也相类似。

自此以后，大生资本集团只有到处求援借债，以求苟延残喘。1922 年向银钱业抵押借款已达 397 万两之多①，可是仍然如同杯水车薪，无济于事。债务逼集，责难纷至。张謇在穷途末路上只有把“得救”的希望寄托于“利用外资”。他认为要想复兴纺织和盐垦两大企业系统，10 年之内需要运用三四千万元的巨额经费，国内资本家既然没有能力提供资金，那就“不得不出于借外债”。正是在如此困窘不堪的境况下，张謇碰到了日本人驹井德三。

---

① 以上所引有关大生公司账目数字，均参见《大生系统企业史》，但其中小数均一律抛除。

1922年从4月27日到5月中旬，张謇连续有二十几天参加各个纺织、盐垦公司的董事会，由于企业经营失败惨重，到处包围着他的是一片责难和争吵的声音。大约在8月间，他委托裕华垦牧公司经理陈仪、大有晋盐垦公司经理章亮元、大生纱厂高级职员张同寿前往日本，正式向日本资本家涩泽等提出大借款的请求。日本资本家对此很感兴趣，立即派驹井德三到南通来调查并且直接与张謇接洽。驹井于11月23日到达南通，第二天张謇就在濠南别业宴请驹井及其秘书中山，而在驹井去盐垦地区考察归来后，又约他"小饮"，并"共说参观计划书"，此外还连续两天为驹井"作书"，可见对驹井此行的重视。驹井于12月10日才回到上海，在这17天里都受到张謇极为优渥的款待。

驹井除先后到唐家闸工业区和华成、大丰垦区调查参观以外，大部分时间都是与张謇商谈大借款问题。驹井与张謇的谈话内容虽然没有具体记载，但是双方的主观意愿则都是不言而喻的：张謇是为了借钱救急，而日本垄断资本则是打算乘机加强对中国的经济侵略。根据驹井德三的报告，可以知道张謇曾想以大生3个纱厂作为担保，向日本资本家商借800万元。至于驹井本人的主要兴趣，则显然在于变中国为日本纺织工业的原料基地。他鼓吹说：日本资本家应该"于此际进而与该国（中国）之实业家提携，给以资金或技术上之援助，使其国人得完成棉花改良增植之大事业者，最紧要之事也。今日幸而中国之大资本家且以棉业为中心事业之张謇，先望与日本提携矣，此岂非天与之好机会乎"[①]。

可见，驹井德三来华的使命，主要是为了实现"工业日本，农业中国"的侵略计划。可是急于借款救厂的张謇，却轻信了驹井德三的花言巧语，在一定程度上接受了日本资本家的建议。他在1923年2月18日写了一篇《商榷世界实业宜供求统计中国实业宜应供求之趋势书》，大意是："日人致力于纺织，而无地植棉；中有甚广之地可以植棉，而力不足以自谋发展，是为两穷。"补救之道是实行"经济互助"，由外国提供资金和技术援助，在中国大量植棉，以满足各国纺织工业原料的需要。他主张各国合办"集一银公司，以棉、铁为主要，以类于棉之稻、麦，类于铁之煤为从要，凡有一地、一矿视为可以经营

① 驹井德三：《中国江苏省南通州张謇有关事业调查报告书》，抄本。

者，视其地、其矿、其事之所需，为之考虑其策划，详确其预算，等差其年度，支配其用数，程序其设施，检核其成绩，而又均势以平等其资本，公开以昭布其条件，以互输产品保公司之利，以不犯土地尊主国之权，如是十五年小效，三十年大效，可以预言”①。这种预言真好像是“天方夜谭”！在当时的历史条件下，要求作为债权国的帝国主义列强尊重债务国的主权，真无异于鸡群要求黄鼠狼尊重其生命安全。

由于迫不及待地向日本寻求贷款，张謇简直把外国垄断资本幻想成为“救世救民”的善士。他虽然还在标榜“棉铁主义”，但是这种“棉铁主义”正在走向自己的反面，不仅不能有助于民族经济的独立发展，反而在实际上为外国垄断资本控制中国工农业的野心计划帮腔。张謇在经济思想上为什么会发生这样明显的后退现象？根本的原因还是由于他所代表的那个阶级在经济上和政治上的软弱。他们在竞争一再失败之余，为了保全个人的或集团的经济实力，往往忽略民族的整体利益，逐步倾向于与外国垄断资本妥协，有些人甚至走上屈服以至勾结的道路。正如《向导》杂志当时所批评的那样：“近日南通父子（张謇与孝若。——引者）向日本借款的事情，不过为私人资本主义附属于国际资本主义之下的必然现象罢了。假使今后私人资本主义越发达，中国便只有越陷在国际帝国主义的附属地位中而不能自拔，结果全国大产业，不久便会变成国际资本家的私产；华盛顿会议所规定之工商业之‘门户开放’、‘机会均等’，以及隐在这种术语背后的‘国际共管’，即使国际帝国主义不作显然出面的督促，也必然会实现起来的。”② 这里需要说明一点，中国私人资本主义的发达，在当时的历史条件下本来是进步的，而且是与国际资本主义的发达相矛盾的。但是，接受外国资本制约的私人资本主义的发达，则必然会加深本国对于帝国主义列强依赖的程度。这当然不符合张謇的主观意愿，但却是他在晚年迭遭挫折之余不得不勉强吞咽下去的苦果。

不过，由于张謇长期以日本作为竞争的对手，日本方面对于贷款问题

---

① 此文已收于张謇：《商榷世界实业宜供求统计中国实业宜应供求之趋势书》，《张季子九录·实业录》第7卷，中华书局，1931年，第1—10页。

② 《向导》1922年第1卷第3期。

张謇之子张孝若像

的态度相当持重。尽管驹井德三已经作了周密的调查，贷款拖延了两年之久还不能正式成立。张謇走投无路，于是又“舍近求远”，转而再一次求助于他历来抱有好感的美国资本家。1923 年秋天，直系控制的北京政府为了笼络张謇，以实业专使名义派张孝若到欧美考察，当时张謇已经产生向福特、大赉等资本集团借款的念头。正巧这时美国有些资本家也在酝酿组织一个“中国企业公司”，准备在中国设立绸布、玻璃、陶器、汽车等制造公司，并且还打算在中国 2 000 个城市遍设电影院。这个企业的母公司的理事，美国方面预定由前英美烟草公司的特马斯等 5 人担任，中国方面预定由周自齐、王正廷、张謇等 8 人担任①。张孝若不迟不早正在这个时候到美国考察，可能与美国资本家的这种积极姿态有关。

张謇在 1924 年年初，连续写信对出使在外的儿子说：“上海银根本紧，又有兵事风声（指江浙战争将起。——引者），益觉惊慌，是非惟一注意输入外资不可；除日外，止有美。”又说：“以欧洲战后情形测之，恐无力及外。最后惟冀美国，美国以福德（即汽车大王福特。——引者）为第一，大赉次之，此须有说入之机会矣。以垦业论，不得大宗助力，终是跼蹐。”② 可是，尽管张孝若远涉重洋，到处奔走游说，向美国大借款的计划也没有能够得到实现。

对外大借款何以始终没有成为事实？其中原因确实比较复杂。根据张謇以后自己的分析，说是本来打算向日本或美国借 3 000 万至 6 000 万元，“说有绪矣，前阻于临城，后阻于长沙，无可言者”③！“临城”指 1923 年 5 月山东临城土匪抢劫火车，绑走 20 多名外国侨民一事。“长沙”则指同年 10 月下旬谭延闿和赵恒惕隔江炮战，以致英侨全部撤走，并引起美国领

① 《向导》1923 年第 1 卷第 16 期。

② 《家书》。

③ 张謇：《为实业致钱新之函》，《张季子九录·实业录》第 8 卷，中华书局，1931 年，第 29 页。

事强烈“不满”一事。总之，他认为主要是由于军阀混战和社会动荡不安，妨碍了外国财团向中国投资。

从表面上来看，张謇的分析好像很有道理，因为不久就爆发了规模更大的江浙战争与第二次奉直战争，而且战火竟一直延烧到张謇企业小王国的边缘。南通对江的太仓、嘉兴、昆山、宝山、常州等地都遭到严重的灾祸，有一万多难民过江逃避到通海一带。南通自身也成为江浙战争的左翼前线，直系军队在这里过往频繁，到处都是一片战乱现象。在这样的情况下，美、日资本家当然不会贸然向南通大量投资。可是，张謇没有察觉，帝国主义虽没有投资帮助他复兴各项企业，但却正在以更大的投资通过各派军阀混战来争夺统治中国的霸权。当时中国共产党曾经指出：“直接是直系与反直系的战争，间接乃是英、美与日、法帝国主义的战争。”“直胜则英国将扶助直系在中国政治的统一压制，以成就英国在中国经济的统一侵略。”“直败，则为日本势力结合安福、奉张，支配中国的政治、经济。”[①] 鹿死谁手？尚未可知，江浙局势尤其是变化多端，这才是美、日垄断资本暂时不愿向张謇大量贷款的根本原因。并不是军阀混战阻碍了帝国主义的对华投资，相反的，帝国主义正是为了争夺对华投资的独占地位而不断支持军阀混战。

江浙战争给大生企业系统带来极为严重的损害。在1924年，各盐垦公司所欠大生纱厂债务已经达到二百五十六十万元，“而纱之滞销，则因南北及奉直及川、湘、赣之世局，并布计之，殆400万元（指营业亏损。——引者），总合其数乃过六百数十万元，宁云不重”[②]。这就使曾经幻想得到北洋军阀庇护的张謇，不能不对他们产生很大怨愤：“未解江南战，生愁赵北人。……辟兵如辟役，明旦荐盘辛。”“天下车书说一家，江南城邑乱如麻。……老夫那得春中酒，愁听昏昏白发加。”[③] 客观事实终于使他痛

① 《中共中央第三次时局宣言》，中国社会科学院现代史研究室编：《中国共产党历次代表大会》，中共中央党校出版社，1982年。

② 张謇：《拟发展盐垦借款成立后宣言》，《张季子九录·实业录》第8卷，中华书局，1931年，第27页。

③ 张謇：《除夕阴雨》，《张季子九录·诗录》第9卷，中华书局，1931年，第29页；张謇：《江南》，《张季子九录·诗录》第10卷，中华书局，1931年，第2页。

感："中国之乱，在乎军人割据，换言之，即争夺地盘而已。"① 可是，怎样结束军阀混战的恶劣局面呢？他除了摇头叹息而外，也找不到任何解救良策。大生资本集团的情况愈来愈恶化。到了1925年，仅大生一厂的债务已经高达9 069 000两以上，为资本总额的258.89%②。金融资本终于征服工业资本，大生资本集团只有向雄心勃勃的新兴江浙财团全面屈服。这年7月，由上海方面的中国、交通、金城、上海四行和永丰、永聚钱庄组成债权人团，全部接办了大生各厂。此后，大生纱厂原来的董事会和张謇董事长的名义虽然存在，但是各个企业的经营实权都控制在江浙财团所派来的代理人手中，而张家的老班底则大多在"厂务改革"的名义下被排挤出去了。不幸的是，江浙财团也未能使老旧残破的大生纱厂恢复青春活力，在世界资本主义经济危机的影响和日本纱厂的加强排挤下，大生纱厂越来越陷于困境，而不久便落入官僚资本控制中③。

---

① 张謇：《致吴将军电》，《张季子九录·政闻录》第6卷，中华书局，1931年，第21页。

② 本书编写组编：《大生系统企业史》，江苏古籍出版社，1990年，第224页。

③ 据《大生系统企业史》记述：1924年10月至12月，先是由南通债权人张得记等9家钱庄组织维持会负责经营。该会急于取偿债务本息，给工厂带来很大损害。上海债权人对此颇为不满，遂由中国、交通、金城、上海4家银行和永丰、永聚钱庄组成银行团共同接管大生各厂。上海银团在机械设备方面虽有所整顿更新，生产能力有所增加，成本也略有降低，但十余年间大生纺织企业仍然债务丛集，处境相当困窘。1935年二厂被迫关厂清算，随即以40万元低价拍卖给杨子公司。抗战爆发以后，日军于1938年3月侵占南通，随即全面控制大生各厂并终于实行"军管理"。抗战胜利以后，国民党政府经济部派原大生官股董事洪兰友、陆子冬二人接收大生纺织公司及所属各厂，并组织"临时管理委员会"作为最高管理机构，由陆子冬任主任委员。此后，大生企业遂为国民党官僚资本所控制，但工人的反抗与大生股东的反控制斗争从未中断。不过这已经不属于本书论述的范围了。

第五章　晚晴篇

一、老骥伏枥

张謇的晚年，是在军阀混战的痛苦岁月中度过的。

在他最后的一批诗作中，有一首长诗是这些年他的境遇与心情的生动写照：

治乱有常理，祸不降自天。一从纲纽解，土崩帝制专。长星彗六叶，旧除新亦淹。

昔惟一家孽，失政召覆颠。得鹿苟有人，斯须奠元元。今孽众争作，民命转可怜。

始假节钺地，终遂神器涎。惟运五祀促，竞求一日先。战斗必借兵，拥兵须金钱。

况今尚枪炮，一弹十百千。坐使乡里空，征税并后前。文网致鳞介，川涂搜车船。

兵垒之所在，依附燎炎炎。兵锋之所指，鬼惊逃踆踆。兵过之所扰，拉夫势汹喧。

兵去之所遗，破家哀咽咽。农有不得粟，兵腹果便便。商有不得鬻，兵腰累缠缠。

敲剥及搢绅，无论闾肆廛。驴牛鸡豕罄，狗马随燔煎。柴薪门户折，斧斤断屋椽。

衣裳褥袴帕，衾褥袴絮毡。尊彝鼎钟表，金银钗钏钿。语大无苹荦，语小无戋戋。

不能荷者毁，不能攫者残。炊罂釜亦破，汲过甑不完。劫男不问岁，视其家输缗。

生可蔓三族，死可抵九泉。逼女不论姿，视其发鬒鬒。少壮若化鬼，老者亦婵娟。

缁不悯于佛，黄不度于仙。人物付诸劫，鬼神盲无权。沧胥甚齐鲁，呼暴彻赵燕。

漳卫河洛地，弥漫森戈铤。横纵概秦陇，西南北东川。岷江下三峡，淫波潏湘沅。

公侯将相地，一旦蛟龙渊。度岭而桂界，而黔南而滇。疲氓食不足，分兵就邻边。

蜀粤承其祸，粤祸弥蔓延。极流于赤水，肇源于金田。焚玉何惜石，化茅吾哀荃。

同室引外寇，大声张六拳。章贡有传檄，闽峤无安眠。吁嗟吴与越，动受四面牵。

幸哉一隅地，假息得苟全。太平在何时？今年待明年。呜呼覆巢之下无完卵，野老洒泪江风前。[①]

张謇痛恶军阀混战，然而张謇为了通海一隅之地的苟全，却不得不与各派军阀联络周旋。在他看来，发展实业、教育需要和平、秩序，而和平、秩序有赖于各级政权的维持。因此，他总是尽一切可能寻求各级政权的庇护与支持。1916 年袁世凯病死以后，各派军阀之中暂时还没有任何一个集团能够以武力统一全国。中国已经再一次失去自己的政治重心，军阀混战就是这一政治态势的体现。以张謇为代表的东南地区上层绅商，已经不再幻想贤良的中央政府的出现，而只是企望通过联络个别军阀头子以保持局部地区的安宁。

张謇在自己生命的最后 10 年中，煞费苦心地酬应周旋于相互对立争战

① 张謇：《有人归自京师，述所见闻，慨世乱之未已，悲民生之益穷，成诗一篇，寄此孤愤》，《张季子九录 · 诗录》第 10 卷，中华书局，1931 年，第 27 页。

的各派军阀之间。1919 年以后，他曾经先后担任过皖系政府的扬州运河督办，直系政府的吴淞商埠督办、扬子江水道委员会副委员长之类无足轻重的闲职，并且让儿子孝若先后出任过直系政府的出国考察实业专使与驻智利公使（未到任）。同时，他又同意把华成、裕华两个盐垦公司的经理朱庆澜、陈仪，调到奉系军阀那里分别担任北满对俄军司令和高级幕僚，以后朱庆澜还曾就任哈尔滨特区行政长官兼中东铁路护路总司令等要职。1922 年，张謇命张孝若以答谢各界人士为他庆祝七十大寿名义，先后到洛阳、奉天访问吴佩孚与张作霖。这些活动的意图，已经被驹井德三一语道破："此张謇所巧于回避奉直战争之责任也。"换句话说，就是同时敷衍激烈对抗的两大军阀集团以图委屈求全；这并不表明张謇有什么过人机智，倒正反映了他的处境特别艰难。

1924 年，直系军阀在第二次奉直战争中惨败，连一向盘踞江苏并与张謇关系较深的齐燮元也"下野"了，这就使张謇更加感到无所凭借。次年(1925 年)，孙传芳就任五省联军总司令，迅速把势力扩张到江苏各地。于是，张謇又不得不加强与孙传芳的联络，如写信祝贺"大捷"，请求维持治安并提倡丝、茶业等①。这年冬天，孙传芳为了笼络与利用江苏上层绅商，特地乘专轮到南通访问。张謇只能表示热烈欢迎，当天南通报纸全部改用红色并且增发号外，更俗剧场也特地在戏单上加印欢迎孙传芳的字样。据说，在张謇父子举办的欢迎宴会上，还有一道别出心裁的"华盛顿汤"，借以表示对于"孙联帅"的良好祝愿。直到病逝以前，张謇还让孝若出任直、奉两系联合控制的"摄政内阁"的扬子江水道委员会委员长。张謇就是这样艰难地在军阀重重矛盾的夹缝中求得苟安。

所谓苟安主要是指维护企业体系的存在，决不能认为张謇就安于那样混乱、腐败的政治局面。实际上他的内心对现实是非常不满的。在 1921 年，他曾向友人倾吐自己的愤懑："仆恶议会之龌龊久矣，此孽自项城造之，而致项城之造此孽者又有人在。其故皆由于浮慕欧风，一若议会之有政党，政党之用金钱魔力，彼固有之。不知施于我国曾无一致常识之人

① 《张謇未刊函电》。

士，乃适得其弊。予金钱者，窃国而不止侯；受金钱者，窃钩而不胜诛。风掀雷颠，波谲云诡。凿混沌之顽窍，荡廉耻为灰尘，愈演愈奇，至有今日。仆之不能远引沈溟者，一以生平村落主义尚未贯彻，一以国将不国，而子孙将为奴虏。是以有时不胜愤，则尽一度之忠告。宁不知其言之无用，顾一息尚存，良心未泯，诚有所不忍耳。……仆尝谓中国人心，非更大受惩创，不能笔洗，此岂一二人口舌之力所能挽救？”①

信中所提到的“忠告”，与以前他对清廷、袁世凯所进的“忠告”已有很大的区别，实际上只限于是调门很低的休战呼吁。例如，1918 年，他在护法战争前后曾经向南北双方通电劝和。1919 年，曾向齐燮元、卢永祥等江浙督军通电劝和。1920 年，先曾建议南北双方各派代表举行和平谈判，后来又竭力劝阻直皖战争。1921 年，再度通电劝说南北息争，并参加张一麐等发起的“国是会议”，支持张绍曾等在庐山召开各省会、教育会、农会、商会联合“自动”举行的“和平会议”②。1922 年曾先后通电劝阻直奉和江浙战争，恳切表示：“我江浙人民既不愿以一官一职供人之政争，更不愿以一人一饷助人之暴行。”1923 年曾再次劝阻江浙战争，凄恻陈述：“但求政变自政变（指直系逼黎元洪退位。——引者），江浙自江浙，江浙不愿供政变之牺牲，政变亦勿用江浙为矛盾。謇等为人民计，目前苟全乱世，无以逾此。”同时，他还与香港何东等人商谈合作发起和平会。1924 年奉直战争和江浙战争相继爆发，对人民生命财产以至大生系统经济利益危害更大，张謇又再三向各方面通电劝和。1925 年还曾分别通电劝阻南方和北方军阀的内部大混战。直到 1926 年，大概他感到实在无能为力，所以才没有继续进行劝和活动。

张謇这些翻来覆去的劝和活动，从来没有取得任何积极效果，而每逢军阀战争终于大打起来以后，他又只有劝说交战双方尽量“缩短时间，缩小范围，毋滋蔓以增民仇怨”③。这就是希望军阀最好不打仗，如果实在要

① 《为省会答沪友》，《张謇未刊函电》。此函已收入《张季子九录·政闻录》，标题改为《为苏议会事复段王诸君函》，文字亦有稍许更易。

② 这个会议实际上是吴佩孚指使张绍曾召开的，见陶菊隐：《吴佩孚》，上海书店，1998 年。

③ 张謇：《为江浙和平通电》，《张季子九录·政闻录》第 5 卷，中华书局，1931 年，第 20 页。

打呢，最好打得少一些、小一些、快一些。如果有哪派军阀打败了，张謇又立刻劝他们（如段祺瑞、吴佩孚、齐燮元等）赶快下野退隐或出国游历，以免引起新的争战。张謇晚年谋求国内“和平”、“统一”、“秩序”的活动能量不过如此而已。

军阀与战争本来相依为命，劝说军阀不要打仗岂不等于与虎谋皮，所以张謇终于不能不感到完全绝望。“军阀之拥厚赀者，大名鼎鼎，少亦数百万，多至数千万，而川、陕、湘、鄂、粤人民所受焚、杀、掳、掠、勒逼、压制之痛苦，至不胜数。”[①] 最后，竟连江浙“一隅不净而净”之地也没有给他保留下来。

张謇直至晚年仍然不愧为一个真诚的爱国者，即使在最艰难的时刻他也没有忘记维护民族的尊严。

他对于欧战以后帝国主义新的侵华浪潮感到触目惊心，特别是对于日本侵略者表现出更多的不满与警惕。所以，他在1919年通电反对皖系政府的亲日卖国外交，大骂他们“悬‘亡国奴隶’四字为帜，无南北无智愚不肖皆耻之，行见举国沸腾也”[②]。1921年太平洋会议召开，他虽然谢辞北京政府赴太平洋会议高等顾问的任命，但却极力主张出席代表应“即将撤废21条协约及收回胶济路自办，慷慨提出大会，要求各国评断”[③]。他呼吁各派势力停息内争，捐除成见，勉趋一致，共同对外。他恳切奉劝南北各方：“帜自治者，勿更树异要求各国不可必得之承认，与要求不承认太平洋会议之代表，勿更弄飞机助战增兵接厉之锋。帜统一者，勿更护惜官吏凭借名号，因缘为奸利之窟宅，增人民之恶感，勿更以军阀为天下无敌万世可传之事业，勿更以军阀召集国会，收买政客议员，为不二之秘诀，贻人口实，毒我民生。庶几外可泯列邦乘机侮我之野心，内尚留国民一线未绝之元气。”[④] 甚至到1924年，尽管他正在积极谋求日、美两国给予大量

---

① 张謇：《劝京广湘鄂息内争通电》，《张季子九录·政闻录》第5卷，中华书局，1931年，第9页。

② 张謇：《为中日交涉致徐总统电》，《张季子九录·政闻录》第4卷，中华书局，1931年，第28页。

③ 张謇：《为鲁案致徐总统电》，《张季子九录·政闻录》第5卷，中华书局，1931年，第11页。

④ 张謇：《劝南北息争通电》，《张季子九录·政闻录》第5卷，中华书局，1931年，第8页。

贷款，但仍然公开指责巴黎和会及华盛顿会议，“其于敝国条约之根本错误，乃未因参战之谊有所救正，反将辛丑公约一一加以束缚。谓领判权可以撤销，惟待司法改良，经各国调查承认以后。谓税则止许加至十二五，亦另有待关税会议决定之条件。盖与辛丑订约以来情形丝毫无异，此国民所以根本不满于华盛顿会议之议案，而有彻底改良一凭国际公理不受议案拘束之决心也”①。他要求废止不平等条约，取消租界、领事裁判权以及关税协定等，这些都是值得赞许的。

但是，张謇所有这些呼吁与劝说，也没有取得任何实际效果。譬如，他对巴黎和会寄予满腔希望，曾代表中国各“商界团体”，以极其委婉的言词要求到会各国代表赞同取消对华不平等税则：“美国威尔逊总统在感谢日宣言云：‘吾人完全之胜利，所获者不独和平。吾人深信世界行将开一新纪元，以公道驱除武力及国际间一切忌妒诡谋’云云。吾人深望切祷协约各国政府能以公道待遇中国人民，俯允吾人之请求。”② 结果巴黎和会暴露为完全是一次分赃会议，“公理战胜强权”依旧像一个摇曳在天空的彩色气球，美丽然而可望不可即。所以张謇在此会 5 年以后曾以失望的笔调向美国友人追述：“上海昔年组织税法平等会，仆谬承众意推为领袖。斯时正贵国威前总统行将莅欧主持大战以后之和议。敝国国民以威前总统力持人道主义……故有不平求助之同情。会巴黎约成，敝国且以有所迫而退出签字之列。威前总统亦未竟所怀而返。此次所欲得援助之意，遂根本无效。”③

公理需要实力作为后盾，离开实力而向帝国主义列强乞求正义，正如劝说军阀停止混战一样，无非是徒费唇舌。

当时，无论在世界，还是在中国，都存在着真正为公理而斗争的新的力量。但是很可惜，张謇对于这种实力却存在着疑惧以至与其对立，因而

---

① 张謇：《为取消不平等条约致美友书》，《张季子九录·政闻录》第 6 卷，中华书局，1931 年，第 17 页。

② 张謇：《主张国际税法平等致巴黎和会电》，《张季子九录·政闻录》第 4 卷，中华书局，1931 年，第 36 页。

③ 张謇：《为取消不平等条约与美友函》，《张季子九录·政闻录》第 6 卷，中华书局，1931 年，第 17 页。

他晚年的政治活动便游离于历史主流以外。

在张謇一生的最后十年，世界与中国出现了空前的大变局。1917 年，十月社会主义革命的胜利与第一个苏维埃国家的建立，开辟了世界历史的新纪元，推动了西方无产阶级革命与东方民族解放斗争两大潮流的汇合与蓬勃发展。1919 年，五四运动使新文化运动进入一个崭新的阶段，马克思列宁主义传入并且与群众运动结合，无产阶级开始以独立的姿态登上政治舞台。1921 年，中国共产党诞生，中国的整个革命面貌为之一新。然后是 1924 年的第一次国共合作，以及以"五卅"为标志的全国范围的工人、农民、知识分子运动的迅速高涨。一场新的更为雄伟的革命大风暴迅速酝酿成熟，时间距离辛亥革命不过十多年，恰好与辛亥革命距离戊戌变法的时间跨度大体相当。如果说，张謇为了理解辛亥革命和支持民主共和，曾经支付了十年以上的时间；那么，他一生的最后十年，还不足以使他理解与同情新的思想潮流与革命潮流。

五四运动揭开了新民主主义革命的序幕，并且把群众性的反帝爱国浪潮带进一向比较平静的通海地区。张謇对此颇为震恐，指责学生罢课引起"商罢市，工罢工，金融停滞，水陆不通，举国骚然，若丧家之狗，计学生损失贵重之光阴，工商损失生计之本息甚剧"[①]。他劝说学生放弃政治斗争，应该努力募集资金 2 500 万元至 5 000 万元，用以发展棉、铁或其他工农实业，只有这样才是"真学生爱国之效矣"。

五卅运动给通海地区带来更大的冲击。南通学生成立了五卅惨案后援会与南通学生联合会，通电全国，罢课游行，并且在县城与附近集镇宣传打倒帝国主义，发动抵制英、日商品。邻近南通的如皋，也爆发了罢课、罢市运动，还举行了万人示威游行。张謇对此更感不安，认为："推原其故，肇始于五四……愈推愈广，愈演愈奇，乃成今日最剧之焦点。外人冷眼而睨其侧，政府束手而无如何?"尽管他自己具有真诚的爱国精神，并且不断要求废除不平等条约，摆脱殖民主义枷锁。但他却批评群众的反帝爱国运动是"不学问之争，而徒很血气之斗；不事理之准，而徒高呼叫之

① 张謇:《敬告全国学生》,《张季子九录·教育录》第 4 卷，中华书局，1931 年，第 16 页。

声。不镜历史，不根法理；不量己力，不审敌情”[1]。

张謇既不满于帝国主义的侵略与各派军阀的混战，又惟恐反帝爱国的群众斗争激化矛盾，引起社会更大的动荡不安。政治上看不到光明的前途，经济上更面临着破产的威胁，因此他晚年的思想便难免在一定程度上流于颓唐。他早年并不信佛，可是晚年却广修佛寺，延请高僧，讲经说法。有人问他何以“昔不信佛而今信佛”，他回答说：“世乱极矣，人祸深矣，其萌芽皆生于人心。……虽老之教、耶之教，皆可引为救世之药，而况大悲如佛之教乎？”[2] 他没有认识到，在半殖民地半封建的社会环境里，如果离开反对帝国主义和封建主义的人民革命斗争，如果没有社会制度的根本变革，单纯依靠实业或是单纯依靠教育都难以挽救自己的国家。他把深重民族灾难的成因归咎于人心，因而便必然要以作为精神鸦片的宗教作为救世的良药。这与其说是想要麻醉别人，倒不如说是自己麻醉自己，借佛法以填补思想的空虚并安抚内心的郁愤。

张謇曾经说过：“一个人一生要定三个时期：30 岁以前是读书时期；30 岁到 60、70 岁，是做事时期；70 岁以后，又是读书时期。”[3] 张謇在 70 岁以前确实是全力做事，岁岁忙碌，很少休息。70 岁以后，由于体质衰退，加以各项事业停滞不前，逐渐注意经营别墅亭榭，读书吟咏其间，领略山林田野的情趣。但是，张謇毕竟不是与世隔绝的隐士，即使在徜徉山水之际，他的内心也难以得到平静。有一年中秋之夜，他想登楼赏月而未成，便赋诗一首：“雨云漠漠战云昏，江北江南总断魂。庾亮兴随风月浅，晏殊吟废管弦温。鹳鹅突阵皆吾土，鸡犬偷安有此村。闻道捉人无主客，石壕吏卒夜呼门。”[4]

平心而论，张謇直到晚年，他的人生态度从总体上来说仍然是积极的。他曾经叙述过自己平生的志趣：“仆兄弟农家子也，祖父耻负债，生

---

① 张謇：《正告南通自立非自立各学校学生及教职员》，《张季子九录·教育录》第 6 卷，中华书局，1931 年，第 7 页。

② 张謇：《重修兴化禅寺记》，《张季子九录·文录》第 4 卷，中华书局，1931 年，第 3 页。

③ 张孝若：《南通张季直先生传记》，中华书局，1930 年，第 415 页。

④ 张謇：《中秋五月，江南战事亦未止，欲与鹿笙、烈卿登楼不果》，《张季子九录·诗录》第 9 卷，中华书局，1931 年，第 19 页。

平耻随人世间一切浮荣虚誉，及流俗猥下之是非，向不以为轻重。徒以既生为人，当尽人职，本吾所学与吾所志，尺寸行之，不可行则止。世不论治乱，亦无所为厌。自投身实业以来，举所岁得，兄弟次（第）经营教育、慈善、地方自治公益事业，凡所当为者，自无至有，自塞至通，自少至多，自小至大，既任建设以谋始，复筹基本以虑终。乡党戚好，间有助者，将伯之呼，从未敢出南通一步。此区区不欲倚赖他人之心，辄欲随一事而矢诸百年以后。是以行年七十，不敢自暇逸，几与老而务得夜行不休者等。”[①] 张謇的这段自白是朴实而又真诚的，他的晚年虽然迭遭颠蹶，境况艰难，然而忧国忧民之心始终未泯，兴利除弊之志未尝稍减。他就自己力所能及，仍然做了大量有益于故乡经济、文化发展，有益于中国近代化的工作。

张謇全家合影（1923 年摄）

展现在我们眼前的是一幅悲壮的图景；张謇虽然已经进入衰暮之年，但仍然迈动着稳健的步伐，在崎岖的道路上走完人生的最后旅程，身后留下一连串清晰的开拓者足迹。

① 张謇：《谢教育慈善募捐启》，《张季子九录·文录》第 12 卷，中华书局，1931 年，第 4 页。

二、 夕阳无限好

早在 1929 年冬天，胡适曾经如此评价过：张謇在近代中国史上是一个很伟大的失败的英雄，他做了 30 年开路先锋，造福于一方，影响于全国①。应该认为，这个评价是符合历史实际的。

实业是张謇一生事业的主体。大生企业系统虽然在张謇生前即已破产易手，但这无非是产权的转移，他几十年辛苦经营的各种企业，毕竟为通海地区的近代化奠定了比较坚实的物质基础。

1925 年，张謇在《大生纱厂股东会宣言书》中曾对自己兴办实业的全过程做了一个初步的总结："张謇农家而寒士也，自少不喜见富贵人。即有声望之要人，亦不轻见，见必不为屈下。盖自恃无往而不得其为贫贱一语，而以读书励行取科名守父母之命为职志。年三四十以后，即愤中国之不振。四十年后，中东事已，益愤而叹国人之无常识也，由教育之不革新。政府谋新矣而不当，欲自为之而无力，反复推究，当自兴实业始。然兴实业则必与富人为缘，而适违素守，又反复推究，乃决定捐弃所恃，舍身喂虎。认定吾为中国大计而贬，不为个人私利而贬，庶愿可达而守不丧。自计既决，遂无反顾。一厂计自丙申至己亥，为负谤含诟，强力图成，无息赔息之节。自庚子至辛丑，为渐转复厄，支柱危险之一节。自壬寅至丙午，为日进有功之一节。自丁未至乙卯，为平流而进之一节。丙辰一年独亏折，而尚有官利之一节。自丁巳至庚申，为大顺而退机四动之一节。自辛酉至壬戌，为败见急救，第三度被困忍辱之一节。然辛酉一年，余利尚不薄。二厂计自丁未至戌申，为整地建厂，无息赔息之一节。己酉至乙卯，为岁获赢余之一节。丙辰一年同一厂。丁巳至辛酉，为有利且优之一节。言乎股东本息，一厂自未开机前五年，年即付息八厘。开机后息多者，自四五分至八九分。总凡二十七年，赢利兼正、余二者，凡九百九十六万四千六百余两。二厂未开机前亦付息，开机后十六年，赢利兼正、

① 《胡适之先生序》，张孝若：《南通张季直先生传记》，中华书局，1930 年。

余二者，凡三百五十一万七千一百余两。合共一千三百四十八万一千七百余两。言乎基产，一厂纱机，自二万四百锭，增至九万三百八十锭，又线机二千锭，布机七百二十张，折价合计近十万锭。二厂机自一万二千锭，增至三万五千锭，又布机二百张，折价合计近三万七千锭。共凡十三万七千锭，今按锭计价，每锭作平均六十两，值可八百余万两；即每锭从廉作价五十两，亦值近七百万两。然一厂资本今仍二百五十万两，二厂资本今仍一百十九万四千三百九十两耳。合共三百六十九万四千三百九十两，以锭相衡，裁十之五强。"①

张謇计算的这笔总账是有说服力的，因为无论如何，以 20 400 锭起家增至 137 000 锭，以 360 多万两资本赢利达 1 300 余万两，不能不承认这是一个极大的贡献，也是不可磨灭的功绩。有人责难说，大生的蹉跌是受到"盐垦转调"的牵累。张謇理直气壮地回答：盐垦转调之款不过 120 余万两，且不说投资盐垦是为大生建立原料基地，即已垦未垦之地自足以偿债而有余。又有人责难说，大生的支绌是由于地方公益垫款过多。张謇则为之辩解，通、崇、海地区既是大生原料基地，又是大生主要市场，"生货便入，熟货便出，获利非他处可能比，其负地方义务，似亦非他处所得同"。而且，张謇是以"二十余年自己所得之公费红奖"大部分用于教育慈善公益；其由纱厂垫支部分，张謇也认作自己所负之厂债，愿以股息及"退隐费"（即退休金）分年偿还。因此，这些垫款也不会给纱厂带来更大损害。张謇创办了大生，大生留给了社会。张謇以大生为凭借，发展了整个通、崇、海地区的经济与文化，其意义又远远超过创办若干个纱厂。所以张謇自觉问心无愧："此所不得不胪经过之得失，与身受困辱而不堪以久之故，撮要言之，磊磊落落，直往直来，使天下知张謇自有为张謇者在也。"②

张謇是农民出身的士人，商人当中的书生。尽管他的后半生大部分时

① 张謇：《大生纱厂股东会宣言书》，《张季子九录·实业录》第 8 卷，中华书局，1931 年，第 35 页。

② 张謇：《大生纱厂股东会宣言书》，《张季子九录·实业录》第 8 卷，中华书局，1931 年，第 34—36 页。

间用于企业活动，他却认为与商人为伍是“捐弃所恃，舍身喂虎”。他办实业的目的是为发展新式教育，只有在创办各级学校的活动中他才真正感到如鱼得水，志气发舒。他以武训为立志兴学的榜样，曾说：“不观夫名满海内山东之武训乎！武一乞丐，幕天席地，四大皆空，是真丝毫无凭借。然一意振兴教育，日积所乞之钱，竟能集成巨资，创立学塾数所，是真士大夫对之而有愧色者也。人患无志，患不能以强毅之力行其志耳。”[①]可以这样认为，张謇正是以强毅之力行武训之志，为发展南通近代教育事业呕心沥血，直到生命的最后一息。

1924年，张謇曾对自己的兴办近代教育作过简略的回顾：“吾通因世界之趋势，知文化必先教育，教育必先实业。于清光绪二十二年，即一千八百九十八（六）年，因南通棉产著名，首先创设大生纱厂。二十八年，创立师范学校，以为普及教育之基础。纺纱须棉，须增产棉地，乃创设通海垦牧公司。在棉产地，须讲求改良棉种及种法，又创设农业学校，此校亦在省立农校之前。纺纱须纺织专门人才，又设立纺织学校，此校为全国所仅有。又设商业学校。南通实业逐年发达，各省旅学于南通各校者亦逐年加多，乃注意卫生，设立医校及医院。更进而有图书馆，有博物苑，有气象台。此南通已成立之文化事业也。总计开办至今，除本省本县外，其他各省青年远道而来者，凡浙江、江西、安徽、福建、湖南、湖北、山东、山西、陕西、甘肃、云南、贵州、四川等十三省。现在各校已有之基产，计地十二万亩，及通海垦牧公司股本值银二十万元。”[②] 南通不过是中国1 700余县中的一个普通的县，张謇以私人的力量使当地较早形成近代文化教育事业网络，并且吸引着国内外名流学者与青年学子，他当然完全有理由为此感到自豪。

在《张季子九录·诗录》中收有一首《送王生毕业归天水》的长诗，是赠给通州师范第20届本科毕业生王新令的。诗云：“王生天水之少年。十七南学，赢粮两月，道路经六千。比于王伯舆，跋远而志坚。五载不归

① 张謇：《北京商业学校演说》，《张季子九录·教育录》第3卷，中华书局，1931年，第21页。

② 张謇：《致美国政府请求以退还庚子赔款酌拨补助南通文化教育事业基金意见书》，《张季子九录·教育录》第6卷，中华书局，1931年，第1页。

去，朱丹肆摩研。独爱文学探陈编，攀窥汉魏唐宋诸儒贤。吐尽世俗里儿语，侏僪兜眛尤弗专。不知所造浅深与高下，英气超绝尘垢缠。岁时休暇窃娱乐，从人更受丝桐传。出视所蓄命操缦，欲其正直如朱弦。为语文法及书法，略指途径犹蹄筌。生家固有秦渭田，有父有母俱华颠。学成合籍授经养，思归动引义以宣。河洛甲兵，秦陇风烟。行不由陕，其必由川，川中四将兵满前。忧非五盘岭栈三峡船，闻生戒路心凛然。天下蜩螗羹沸煎，读书奉亲命苟全。奚世不谐无违天。生为奏一曲，吾为歌一篇。炯炯风义江云骞，行矣无慕何蕃欧阳詹。”新令于1926年夏毕业后，先后供职于方振武、于右任、邓宝珊部下，1935年去南京，当了十几年监察院委员，抗战期间曾加入民盟，与章士钊、沈尹默等亦颇有交游，1949年以后仍留居大陆。这首长诗，新令视若拱璧，珍藏终身。1937年3月出版的《文艺》双周刊，曾发表其通师学友公毅（署名则为怡生）撰写的《啬庵师送王生毕业归天水诗卷跋》，述其经过甚详。文云：“以甘肃言，先后毕校业者，狄道七，天水四，武山一，凡十有二人。皋兰刘太史尔炘榜书‘西被流沙’为师校颂。师应陇上学校之请，书校内‘坚苦自立，忠实不欺’成训赠之，而以南北学风有大同之一日相勖焉。……新令将归，求师书奉其父正平先生。师为写一诗：‘王翁七十姥五八，经义晚婚森四男。伯氏服农儒季子，天西弱岁客江南。学勤好古诸生冠，归有余师二曲参。游笈到家嬉白发，寿觞充溢酒泉甘。’旋就中公园南楼饯新令。……师即席诏新令者恳切周详。新令为鼓琴适然亭上，师闻之，掀髯而笑。明日贻新令长句，即此诗卷。……此民国十五年即师校创设之二十有四年。未逾两月，而师归道山，则此卷也，几于绝笔矣。新令之归，公毅私以何时再见此卷为叹，不图仅阅十年，又得珍重审览。吾师当年饯别之心情，授书之神态，如复见之。……新令游国外之志未遂，历浙皖豫晋青海诸省，军书政牍，时有杂遝之感，而未尝一日废书。今列监察院，闻其爱文学，探新编，窥摩汉魏唐宋诸儒，仍一如诗所云。新令持此卷若拱璧，为言从师校归去，国民军败衄，道路为梗。惧此卷之失也，内之铁匣，付诸邮传。途次检查苛，编《韵句探字》，竟全损。贤韵句宋字，前韵句将字，船韵句岭字，并损。又言天水为匪害数年，家人苦心护持，此卷得未罹兵燹，言之不胜累欷太息之情。”师生之间的深厚情谊往往超越时空。张謇对学生的厚爱，学生对张謇的景仰，通过这些诗文至今仍令我们深受感染。

张謇尽管晚年实业顿挫，但他仍然继续扶持南通教育事业的发展。1920年，他已经将医、纺、农3个专科学校合并为以后的南通大学。1924年，他又向美国政府谋求退还庚子赔款资助南通教育事业向高层次发展，包括完善南通大学农科设备，工科增设印染专业，水利交通添设河海工程，商业从中专提高为大学，文科分设哲学、经济、历史、地理四个专业，等等。同时，他仍然极端注意普及国民教育。也是在这一年，他向前来南通参观的日本青年宣布：“南通现已有初级小学校三百余校，鄙人尚拟扩充至一千所以上。”[①] 直到1926年最后病倒之前，他还参加了南通女师范二十周年纪念并发表演说，又撰写了《女师范纪念小学校记》。他念念不忘于男女师范迄今尚无基产，特地购买沙田产权作为两校基金来源。他发现一个甘肃籍姓王的师范毕业生（即王新令）“资禀颖秀，惜根柢尚浅”，便亲自给予指点，教以如何好学深思，如何练习书法[②]。6月间，也就是病逝前一个月，他还参加了南通全县童子军会操，并且发表演说：“鄙今日希望于南通童子军者，即就童子军现有之规律，能切实做去，以养成将来军国民之人格，并非希望将来吾通出一督军、师长。”[③] 这竟仿佛是他留给青少年的恳挚遗言。

张謇由于在兴办实业的过程中深切体会到科学技术的重要，所以他非常重视培养和运用科技人才。欧战期间，他曾商请北京政府与江苏省政府，留下在华德国科技人员十几人，分任学校、工厂教授、技师及顾问，较好地利用了他们的知识才能。对于中国第一个科学社团——中国科学社，张謇更是关心备至。他再三商请江苏省政府给以房屋，提供社址与实验室，使之得以开展活动。1920年，中国科学社在南通举行第七届年会，

---

① 张謇：《欢迎日本青年会来通参观演说》，《张季子九录·政闻录》第6卷，中华书局，1931年，第19页。

② 张謇：《为师范甘肃毕业学生演说》，《张季子九录·教育录》第6卷，中华书局，1931年，第17页。

③ 张謇：《全县童子军会操演说》，《张季子九录·教育录》第6卷，中华书局，1931年，第18页。

张謇亲自致欢迎词，对这个科学社团寄予很高期望："闻昔英伦，皇家学会，实启权舆，培根功最。春雷一声，万绿茁起，欧美学者，纷然继轨。唯心唯物，各著其精，以促实业，腾茂蜚英。遂开新纪，诞孕文明，孰甘厥后，而不奋争。返观禹域，声教寂寂，若论先民，亦曾著绩。胡至后世，寖以萎折，探思其故，我心欲绝。秦汉而降，士尚拘虚，穷年矻矻，比迹书鱼。以此为学，学益支离，人进我绌，夫固其宜。亹亹诸子，今之先觉，知耻则奋，殚精科学。格物致知，相励以智，利用厚生，相程以事。假之时日，必集大成，东西一冶，同声同气。"① 年会闭幕之日，张謇又亲自发表送别演说，勉励科学家要面向社会，讲究社会效益，努力用科学方法研究社会心理与量度社会经济。

张謇尊重科学，爱护人才，扶植新建学术社团，提倡科学应该为社会经济服务的正确方针，因而赢得科学家们的敬爱与推重。他与许多第一流科学家建立了友谊，相互理解，相互支持。1922 年 8 月 18 日，中国科学社以新建的生物研究所奉献给张謇，以表彰他对科学的倡导与支持，题词说："本社名誉社员张季直先生，耆年硕德，利用厚生，科学昌明，群资先导，同人敬献生物研究所，以志纪念。"② 在中国第一代企业家当中，只有张謇当之无愧地享受了科学家们给予的这样崇高的荣誉。

张謇认识到医药关系到国民的身体素质和健康，因此也极力谋求改良和发展。他主张引进西医学说以辅中医之不足，设立医校的宗旨也在于"沟通中西"。他还发起修订《中药经》以发明《本草》之学，其办法是集资 10 万元，"聘吾国老于药业明于药学者三数人，按《本草》之适时用者，于各地求之。先延德密勒君（柏林大学药学教授。——引者）来华，就南通农科大学化验室，为化学分析之试验，得其定性定量。然后以所得之药，所验之表，寄往大学托姆斯君（亦为柏林大学药学教授。——引者），

① 张謇：《中国科学社年会欢迎词》，《张季子九录·教育录》第 5 卷，中华书局，1931 年，第 5—6 页。按：中国科学社创立于 1914 年 6 月，发起人为赵元任、周仁、胡达、秉志、章元善、过探先、金邦正、杨铨、任鸿隽等，主要是美国留学生。该社随即筹办《科学》日报，以"提倡科学，鼓吹实业，审定名词，传播知识为宗旨"，胡适亦曾赞助并参与该社活动。

② 转引自张孝若：《南通张季直先生传记》，中华书局，1930 年，第 365 页。

征验所得定性定量之异同。然后要求东西各国之药物学大家复验之，必举世之大同，而后定一物之真用，而后辨吾古说药性与气味之确否，而后著录以成经”①。以私人力量，用科学方法，想在三五年内修成一部新的中药典，在当时的历史条件下自然难以取得预期效果。不过张謇关于中西医相互沟通，以及首先加强中药的药理研究与药剂的规范化等主张，都是符合医药事业发展规律的。

张謇又非常注意国民体育锻炼。他所创办的各类各级学校，体育课均与其他学科并重，并且在南通先后建筑两处公共体育场。每逢全县开运动会，张謇必定亲自参加，并且发表演说给以评判。他对军事体育（当时称为营教练）特别重视，提倡民兵制度，期望能够逐步实现：“民不畏兵，兵不侮民，兵与士相出入。是以军以礼而国有威，人可兵而士可将。”这当然是针对军阀割据、混战的痛苦现实而提出的改良主张。1922年，他在南通中等以上学校联合运动会上发表演说，公开指责中国军队的腐败：“我国海军，今日至不可说。陆军多至百五六十万，可与言兵者几人？言兵而不好小勇者几人？其为吾民祸，则人尽知之，厌祸乱者，日求弭兵而终不可弭。由是拥兵者无礼，任兵者无学。无礼无学，则丧无日。”② 他希望通过运动会上的“动作进退”，考察学生平日所受教育如何，自治精神如何，以及“不竞意气不好小勇”的器量如何。提倡体育运动的目的，仍在于从身体和精神两方面提高国民素质，这是他所主张的军国民教育的重要组成部分。

其思想可能起源于1903年的赴日参观。《东游日记》五月初五日记云：“端午风雨。西村小池邀同伯斧，冒雨观大阪市小学校创立三十年纪念会。会场在大阪城南陆军练军场，极宽广。小学生徒，依东南西北四区环列，由西北而东而西南。正西设台，备皇太子坐，其左右由官绅集会处。设军乐于左棚。客至外阑下车，至表门，有事务所人验收请帖，与所佩纪念铜

① 张謇：《拟集资订〈中药经〉征求同意书》，《张季子九录·教育录》第5卷，中华书局，1931年，第1—2页。

② 张謇：《南通中等以上学校联合运动会演说》，《张季子九录·教育录》第5卷，中华书局，1931年，第16页。

正在南通公共体育场操练的队列

章，馈饼一盒，花二片，缀花于襟扣而后入。……时风雨大作，至十点钟，学童奏洋喇叭，军乐继作。日太子与妃乘双马车自东北隅至，周西北南东径去，有栖川亲王陪乘。二卒前导，侍从车二，齐驾一马，一卒前导。日太子去。大阪教育会长、府书记官等，次第正立讲案中外向，对众致词。西村言，学童之集者四万人，风雨交作，而学生行列不乱，三十年之成效也。若非风雨，日太子降车入座，奖其会长，而于学童加勉焉，宁不益彰鼓舞之用。”这次参观给张謇很大启发，也给他提供许多借鉴。他在晚年非常喜欢这种类型的集会与竞赛，因为借此可以“益彰鼓舞之用”。对于一个民族来说，还有什么比人民的体质与精神更重要的呢？

张謇对于发展社会教育（亦称民间教育）也花费了极大的精力。除公共体育场外，他创建了博物苑、图书馆、伶工学社、更俗剧场以及城南五公园、唐闸公园等等。他殚精竭虑，孜孜不倦，希望能为南通居民提供一个优美而又富有教育寓意的社会环境。

南通博物苑是中国最早的博物馆之一，可以说是张謇的掌上明珠，也是南通地方自治经营者们的骄傲。

张謇创建博物苑，也是由于参观日本东京帝国博物馆受到启发。访日归来以后，他曾上书张之洞，请求在京师建立帝室博物馆，并渐次推广于各行省。他指出：“夫近今东西各邦，其所以为政治，学术参考之大部以补助于学校者，为图书馆，为博物苑。大而都畿，小而州邑，莫不高阁广

南通东公园

南通南公园

南通西公园

南通北公园

南通中公园

场，罗列物品，古今咸备。”[①] 实际上，张謇并没有等待政府的倡导与支持。早在光绪三十年，他就在通州师范学校校河对岸，迁荒冢千余并居民29户为基地，营建公共植物园，面积30余亩，这就是南通博物苑的前身。第二年，张謇在植物园的基础上开始规划与营建博物苑，并且为之书写楹联：“设为庠序学校以教，多识鸟兽草木之名。”

张謇很善于用人，大生纱厂依靠沈敬夫、吴寄尘，垦牧公司依靠江导岷、章亮元，都是他的事业成功的重要因素。博物苑的主任，他选择了通州师范的优秀学生孙钺，此人在博物苑工作近30年，勤勤恳恳，精益求

① 张謇：《上南皮相国请京师建设帝国博览馆议》，《张季子九录·教育录》第2卷，中华书局，1931年，第7页。

精，可以说是把一生都奉献给博物馆事业。同时，张謇又决不满足于仅仅是知人善任，他对各项事业创建经营的领导都相当深入细致，对于博物苑的构筑更是倾注了大量心血。在《张殿撰教育手牒》中保存了一件他给孙钺等人的信：

"送去藤本及草树共十余种，专船送校，初六一日种完，免根久露受伤，切切。""应觅各树皆赶觅赶种，正月及二月望前均须种完。苑外南北路若在棚下，则石柱门顾虑逼近苑门之石狮，转不便于人行，故另作一图，移路于棚外。惟紫藤棚是横势，与他藤棚纵势作丁字形，则路须穿紫藤棚下而过。此臆度之说，仍望就地形便否酌之。""石栏外用横木栏（如堤栏）。栏柱不足，用贡院石桌脚改（凿两眼贯木）。原有二根，一根已坏，勿用。用石桌脚四五根足矣，亦度地广狭为之。"

从这封信以及其他有关信件可以看出张謇的工作风格，思路细密，然而又不强加于人，尊重部属的独立见解，强调因地制宜，完全不同于那些惯于说空话、瞎指挥的时髦官绅。

1914 年，经过 10 年辛苦营筑，博物苑已经建成天然（自然）、历史、教育、美术四部。根据同年编印的《南通博物苑品目》记载，天然部包括动物类 460 号，植物类 307 号，矿物类 1 103 号；历史部包括金类 439 号，玉石类 86 号，瓷陶类 51 号，拓本类 45 号，土木类 16 号，服用类 49 号，音乐类 4 号，遗像类 5 号，写经类 3 号，画像类 2 号，卜筮类 2 号，军器类 9 号，刑具类 7 号，狱具类 4 号；美术部包括书画类 101 号，瓷陶类 113 号，雕刻类 43 号，漆塑类 10 号，绣织类 8 号，缂丝类 2 号，编物类 6 号，铁制类 1 号，烙绘类 1 号，铅笔画类 1 号，纸墨类 8 号；教育部包括科举、私塾、学校三类，共 87 号；四部总共 2 973 号。此后历年有所扩充，到 1933 年孙钺辞职清点移交，苑品已增至 3 605 号，据说价值不下 50 余万元。私人办的一个县级博物馆，能够达到这样的规模与水平，即使在今天看来，也是难能可贵的成绩。

博物苑的管理与社会效益均属上乘。张謇病逝 4 年以后，1930 年《通州日报》曾有报道："该苑总理季直先生，下设一管理员（即主任。——引者）及数司事而已。南通各校，凡讲关于动、植、矿物，常由教师率往

南通博物苑南馆

参观，因之人多称为南通各校专设之标本室也。外来参观者，须有参观券，否则无论何人，概不得擅入。（南通近来各项事业发达，他地人士特来参观者踵相接，因之而常苦应接不暇之慨，故印有参观券寄托于淮海银行，分普通参观及特别参观。如参观博物苑、军山气象台、观音院及大生纱厂，皆须取参观券，故谓之特别参观。）”

把戏剧改良与社会进化联系起来，这也是张謇的高见卓识。早在1918年他即打算训练京剧演员，曾对梅兰芳说：“世界文明相见之幕方开，不自度量，欲广我国于世界，而以一县为之嚆矢。至改良社会文字，不及戏曲之捷；提倡美术工艺，不及戏曲之便，又可断言者。吾友当知区区之意，与世所谓征歌选舞不同，可奋袂而起助我之成也。”[①] 他还询问培养合乎规格的戏曲演员，需要用何种训练方法以及场地、师资、时间、费用等等。只是由于梅兰芳感到培养戏曲演员困难甚多，而且又要到日本演出，此事才暂时搁置下来。

张謇与梅兰芳的交谊始于民国初年。早在光绪三十年，张謇已曾撰《记沈雨辰说梅巧林》一文，称赞巧林说：“若巧林者，可谓有志气，识义分，不妄自菲薄。庄生有言，天生之君子也。”而巧林正是梅兰芳的祖父，

① 张謇：《致梅浣华函》，《张季子九录·文录》第11卷，中华书局，1931年，第18页。

也是早期名噪一时的京剧表演家。宣统二年五六月间，张謇到北京对清廷进行“最后之忠告”时，肃亲王善耆派其世子前往车站迎接，此后又曾单独宴请。善耆为满族亲贵中稍有风雅者，据说“书法秀媚，工小词”，而且是个京剧迷。“喜演剧，饰武生，勇捷过杨猴子，常以此自豪。”[①] 旧时宴请往往连同观剧，或去戏园或请戏班在家中演出（堂会）。张謇青年时代就爱好戏曲，每次赴京参加会试多曾听过京戏，此次在京也很有可能看过流行一时且为旗人最喜爱的京剧名角演出。

张謇书赠梅兰芳的对联：
豫章七年芳兰九畹
明珠六寸玉树一丛

1914 年张謇到北京政府任职，公务之余自然有更多机会观京剧名伶演出。如 1914 年 11 月（阴历）19 日，就曾“至公府陪宴观剧”，总统府演出应当不会缺少已经相当走红的梅兰芳。所以次年 6 月 18 日“有观梅郎戏艺作此诗”，第二天又“有重赠梅郎五绝句”，可见“梅癖”渐深。

《张季子九录·文录》收有致梅浣华函 9 件，言挚意深，分类摘录如下：

（1）共同谋求京剧革新：“我国之社会不良极矣！社会苟不良，实业不昌，教育寡效，无可言者。而改良社会措手之处，以戏剧为近，欲从事于此已有年，而求之不得要领。鄙意大要：一地理、历史正旧之谬证，一风俗人事正旧之卑劣粗恶，此言体也。用则一方订旧，一方启新；订旧从改正脚本始，启新从养成艺员始。昔商吾友以为难，诚信吾友之不我欺也。置尊而觉，终不可已，近得欧阳予倩书，愿为我助。予倩文理事理皆已有得，意度识解，亦不凡俗，可任此事。惟积极进行，不得不有望于吾子之助。”（1919 年）

---

① 金梁：《光宣小记》，“肃亲王”，平装铅印本。

（2）关心梅的成长与归宿："思凡，音与节合，容与情称，绝无遗憾。若罗汉一段，尤能状迷罔之态，长进不少。……昨夜之剧，小友艺益精进，欢喜无量。"（1916年）"闻东游已归，当有得于世界之观念，与艺事之观察，甚念。……闻昆曲已能三十余，极佳，舞有所得否？（姚）玉芙、（姜）妙香亦有进境，可喜。艺不习则已，习必求其精，方不同于议员议政。一笑。"（1919年）"新斋须拙书饰壁，以子之故，宁有所靳？适任公告我为子细书妙曲，子之能择人之友，尤见长进，可喜也。""众人极赞浣华之时，即老夫极惜浣华之时。意欲浣华自今每日学画梅花，方求旧本梅花喜神谱及钱叔美画寄赠，尚未得也。专学一艺一事则易精，与浣华体质为近。三五年后，盼浣华专事于此，则老夫惜浣华之意达矣。……（为梅代拟）字曰浣华，畹华为《北史》宫嫔之官，浣华乃西川诗人之里，各撷一字以字小友，亦望小友始于春华之妍，而终于秋实之美，以为何如？"（1917年）"岁月不居，英华易歇，亦愿子（于）艺术之余，留心经济，俾有归宿。"（1918年）

梅兰芳为张謇七十寿辰所绘观音像

（3）探讨京剧表演艺术："葬花，通体婀娜绰约，隐秀无伦。惟看《西厢》一段，黛玉接口说有趣一句可去；黛玉口中以为有趣，只在微笑中露出，剧情似尤超妙。"（1916年）"仆向以为今日有歌而无舞，舞但见昔人之赋，而未见昔人之谱。赋者，第二人序谱之成也；谱者，教第一人开舞之始也。……昨得（齐）如山世兄讯，言以舞鹤赋、舞剑器歌行意授子，乃知确有舞法，不知与古所谓舞者离合如何？恨不得于氍毹之上，赏吾小友轻袂长袖之节，姁媮嫽妙之音也。小友勉之。小友勉之！蔡伯喈、谢仁祖古之名流，皆以善舞闻。若东游日，西游美，舞尤重于歌者。仆以沈女士为作绣谱，自谓空前，亦愿他日为小友作舞谱以为寿，小友勉之！抑有一说，古舞非一人事，一人者其偶，不知玉芙辈能并习之否？""鹤舞赋中将兴中止，若往而归，态有遗研，貌无俗趣数语，妙于形容。其离网前赴，合绪相依，即是对舞，故云非一人事。如山必知之，可问，可领悟其意。"（1919年）

为了探讨舞蹈艺术，张謇在民国九年曾向旅通朝鲜名士金泽荣（字沧江）请教，兹将笔谈稿《与金沧江论舞笔谈》一并转录如下：

（啬）愿闻尖袖舞之名何自始？容节若何？（沧）其源不知，大抵佳妙。（啬）我忆君诗中独不及舞，中国古人诗赤不详于舞；白香山有之，而尚病其略。彼此皆看作寻常事，故并无谱，今苦人思索矣。尖袖或当作纤袖乎？（沧）阮亭白纻词说舞极详，但阮亭之时，舞废则久，则所说亦是说梦。（啬）诗词中但形容得态耳，不言其次第。项庄剑舞与尖袖舞何别？几人为队？（沧）多多益可观。（啬）何种衣裳？（沧）长袖长裙如飞。（啬）有氍毹否？（沧）舞剑时髻上载小园竹笠，其剑有刃，转环着游钉，持此而舞。（啬）剑长几何？剑柄有环乎？（沧）有游环使剑转运。（啬）不知是剑器遗制否？舞时有歌否？古舞必有曲。（沧）有歌亦可，但东（朝鲜）俗用乐以助舞且叶其节；鼓一、缶一、觱篥二、笛一、奚琴一，名曰六角。中国非徒琴亡，乐亦大亡。东乐无论雅俗，皆有十二节，节节渐深，故使人耳悦心感；而中国乐则终始首尾，似无分别。（啬）岂能无首尾，不习者不知耳。从子今何在？岂能识别舞伎操术之优劣乎？今至沪市之美人团，君能知之乎？（沧）初闻此事，非必吾侄能辨其才之浅深也。歌舞苟能为国工，自然名满一国，不劳求泽也。（啬）然则君知今日国工为谁？抑有他友擅长此事者乎？（沧）我在本邦，尚未知谁为国工，况今去国十五年，何能知此乎？若使吾侄从少年冶游探之，必晓然知谁为国工耳。尝于汉阳闻乐队中一琴师之弹琴，其神神妙妙，使人欲舞欲哭，中国之乐，似是首尾皆急，无次第耳。（啬）此人尚在人世否？（沧）壬午年闻之，想已宿草（病故）矣。（啬）有弟子否？（沧）必有。现今少年能琴者甚多，虽未知其与琴师孰为优劣，然比之此间琴客则夔也。大都东国之琴音，可以昌黎听颖诗琴意观之。（啬）昔欧阳永叔论昌黎此诗是琵琶音，非琴音；而永叔琴诗，则亦未是琴。固知琴不易工，作琴诗亦不易工。（沧）乐声由缓而急，节节渐深可也，中乐似是初发已急矣。兵火不入阙里，则夫子庙之乐舞，似不沉沧。（謇）孔庙之舞，家舞之属也，乐则所谓郊庙之乐。今中国世俗之乐非雅乐，益与郊庙有别。古乡里通行所谓墅舞，与庙乐亦不同。（沧）东邦之歌，无用于中国，惟舞与乐可用。乐调大约有二：一曰灵山会上，一曰与民众，即韩世宗时所制之歌曲。新罗时琴学大行，有入山五十年操琴者，其所制曲为数百。若韩则所制曲不多，亦琴学之衰也。歌乐之中，学琴最难；若极聪慧者，数年可学成云。雅乐不可陈于戏园，亦所不敢也，人将闻而坐睡。复舞复琴，必不可已之事也。令舍侄招善工，仍令为之通译何如？但此儿好作贾业，恐难久在此场中。一场舞妓二人为好，若着多人舞，则使人眩乱，反无精采。琴是房中之乐，故尤宜用一人。作校则将因西公园旧屋乎？抑别建乎？（謇）教剧与教乐不同，今名之为伶工学社，须别建。（沧）教育大约以三年为期。舞时有一人在傍执檀板以为节。尖袖舞，妓二人；剑器舞，妓二人（或一人能兼之）。执檀板者一人，琴师一人，六角六人，求时探问可也。韩廷壬午以后，遣驻美公使令带六角以往。美总统令陈于庭中，闻之大称好云。日本无乐，故亦好用韩之六角。日本学乐于百济，而今其乐不足可观可听。永叔不知唐宋之琴，古今殊变，而妄欲讥昌黎乎？乐非可摸捉之物，如大风吹物，往而不返。中国多乱离，乐所以失也。若韩则僻在一隅，自古别无大兵乱，故乐至今能存”。①

1924年，张謇已逾古稀之年，仍然不忘与梅兰芳探讨京剧表演艺术的改革，真可谓“衣带渐宽终不悔，为伊消得人憔悴”。当时梅兰芳正筹划组团赴美演出，与张謇商讨有关事宜颇多。《张季子九录·文录》收有《观梅郎三剧之商榷》一文，似与此事有关，转录如下：

别姬　项羽歌，须按工尺，排成高下疾徐舒促之音节，以写激昂沉郁悲愤之心情，庶可免以二黄调歌诗之弊。唱此歌时，手眼肢体之动作，亦须与歌之音节意思相称。

---

① 张謇：《与金沧江论舞笔谈》，《张季子九录·文录》第12卷，中华书局，1931年，第7—9页。

盗合　红线是薛嵩掌书记之青衣，学剑术有侠行之奇女，服饰须称，未可华靡。

洛神　排场第一幕似应从曹植入朝，曹丕以甄后遗枕示植流泪，丕悔以谗赐后死始。接令太子宴植，赐枕与植。植将枕归藩，休寐轘辂驿，梦见后。此时后身服金色华贵衣为称。第二幕则碧色与水为称。采旄旌旂之间，歌舞后须有水边采芝一段。同场二，妃二人，游女四人，至少二人，分列歌舞，作采珠拾羽之事。第三幕二妃游女散去复有一段舞，舞后辗转与植问答。言语，后宜有歌，本盛年莫当被谗而死之意，可采乐府塘上蒲生行为之。曹植亦宜有歌，歌本"眷眷款实，犹豫狐疑，人神交接，礼防自持"四句意。继之以献明珰解玉珮之事。按赋解珮在前，献珰乃后之答物；然前段难于插入，则一赠一答，移并于此，亦好。

妙香唱"远而望之"四语，头巾气重，须改，否则与全场唱法不类。

翠羽须改，小翠为小鸟，羽岂可大？若采珠作配，须用一小盘，显出二物于游女舞罢之后。

玉锦金带枕，宜以奉直间某县似玉之石，镂空为之。偶忘其县名，琉璃厂玉器铺可知。须比所见者小，略如手枕、耳枕之类；坚实物度是玩具，非寝具。以二金辫作带，围束两端可也。

在此前后，张謇还曾为梅兰芳草拟了访美计划的纲要：

一、宗旨：此行为名为利，须先审定。即云为名，为一人之名？为一国之名？须选。为一人之名则助少效薄，为一国之名则助多效大，须审定。

一、名称：须能代表一国之美艺。

一、须知何剧合欧美人观念心理。

一、不宜单用"二黄"。

一、同行人须妙选，不易得。

一、同行人下妆须大方合于上流，化妆须优美。

一、剧须定何等？恐须改编，不合美人观念者须删节润色。

一、如延聘可同行人，须商得同意。

一、乐器用若干种？以繁为贵，而难其材。

一、每一场若干剧？须预计。

一、时间：时间不宜长，一处至多以若干日为度。

一、人数乐工及前后台约二十至二十四，同行艺员约三十至三十六。

一、通常饰服须一例（律）。

一、剧本须译英，须附各艺员照片、历史。

一、用资：旅费每人平均至少以三千元为度，若六十人即十八万。加以治装、交际、酬劳及他意外费，至少须二十四万元以上。看客带车夫、仆人，必买白票，坐在大屏风两旁的位置上。[①]

据说，“梅兰芳三次到南通，张謇礼遇甚隆。每次他都特派专轮接送于武汉、上海、南京等地，如梅兰芳第一次来通，张謇当日就于更俗剧场举行隆重的欢迎会，并安排他住在自己的别墅——濠南别业，并将著名刺绣家沈寿女士设计，女工传习所师生日夜赶制的淡青色绸底，绣满梅花的绣幅，赠给梅剧团，梅兰芳离去时，张謇又亲率南通各界以及军乐队送至‘候亭’（接送贵宾之处）。第二次、第三次均是一如既往”[②]。这不仅是给予梅兰芳个人的殊荣，也是对于整个表演艺术的高度尊重，特别是对京剧艺术推陈出新的厚望。在当时把听戏当作纯粹消遣，借“捧角”宣泄声色之欲的鄙俗氛围中，社会上能够真正从艺术上理解与呵护京剧演员如张謇者能有几人？

张謇与欧阳予倩的交谊，也是中国戏剧史上长期流传的美谈。张謇对戏剧改革的关心，决非只限于某一出戏或某一演员，他是谋求最能代表中国戏剧的京剧的整体改革和根本改革。1919 年梅兰芳访日归来，张謇曾写

---

① 张孝若：《南通张季直先生传记》，中华书局，1930 年，第 445—446 页。

② 马金科等：《近代戏曲改革的先驱——张謇》，严学熙主编：《近代改革家张謇——第二届张謇国际学术研讨会论文集》下册，江苏古籍出版社，1996 年，第 926 页。此文曾利用张绪武所提供资料，颇为翔实。

梅兰芳赴南通演出时与张謇的合影

信对他说："一方订旧，一方启新；订旧从改正脚本始，启新从养成艺员始。"[1] 就在这一年，他邀请戏剧家欧阳予倩到南通创办伶工学社，同时又建造了更俗剧场，作为戏剧改良的开始。

1919年5、6月间，欧阳予倩来南通演出，张謇特地前往观剧，并就创办伶工学社事有所商谈。张謇对予倩印象极佳，所以写信给梅兰芳说："予倩文理事理皆已有得，意度识解，亦不凡俗，可任此事。"[2] 关于伶工学社与更俗剧场，梅兰芳在《舞台生活四十年》第二集亦曾有所记述："张四先生从上海招聘了欧阳先生去主持伶工学校和更俗剧场这两个有关戏剧的机构，就可以看出他在选才方面，是经过慎重的考虑的。他常对我说：'中国的戏剧，尤其是昆曲，不但文学一部分有价值，传统的优秀演技，也应该把它发扬光大，这是我的意见，你们的责任也。'这一点跟我想提倡昆曲的初意，可说是不谋而合。所以他对我跟欧阳先生两个人的支持与勉励，是曾经给了我们很大帮助的。"

予倩果然不负重托。他于同年7月与薛秉初等前往北京招收30名学生，派人送往南通。欧阳、薛随即前往日本考察东京帝国剧场，并访问了

---

① 张謇：《致梅浣华函》，《张季子九录·文录》第11卷，中华书局，1931年，第19页。

② 张謇：《致梅浣华函》，《张季子九录·文录》第11卷，中华书局，1931年，第19页。

欧阳予倩像

东京舞台顾问小山内氏。与此同时，张謇命徐海萍借南公园布置校舍，置备戏校教学与生活用品。欧阳回国后，又在南通录取 30 名学生，9 月中旬伶工学社即正式开学。更俗剧场亦同步进行，曾参考日本、上海、北京各大剧场特色，1919 年夏季动工，同年 11 月1 日落成。不到半年时间，一所从根本上区别于旧式梨园科班的正规戏剧学校即已建成，并且有可供教学与演出利用的新式剧场，其效率之高与用心之专，确实非他人他地所可比拟。

张謇亲任伶工学社董事长，儿子孝若任校长。但该社办学信条则明确表明："伶工学社是社会效力之艺术团体，不是私家歌僮养习所"；二、"伶工学社要造就改革戏剧的演员，不是科班"。所以，真正主持校务的乃是现代中国戏剧改革者伟大先驱欧阳予倩。教师也大多是从上海请来的优秀人士，如昆曲名宿薛瑶卿等，京剧名角芙蓉草等；文化教师则有春柳社创始人吴我尊等，多为当时文学、话剧、音乐、舞蹈各方面的专家学者。欧阳予倩教授京剧、话剧和艺术概论等课程。张謇还亲自为学生讲修身课，批阅学生的书法习作，并对书法成绩优异者给以具体指点①。

这年冬天，梅兰芳应邀来到南通，事后亦曾作过回忆："第二天我们先去参观伶工学校。校长先生领着我们到课堂、校舍、操场……各处去看。在那时的南方，这个科班的位置，是开风气之先、惟一的一个训练戏剧人才的学校。它在制度、教材方面，都采用了新的方法。如旧科班里的体罚习惯，他们已经废除不用了。课程方面，不单是注重戏剧，就是一般学校的国文、算术，也都照样的悉心教授。所以毕业的学生，在文学上的水准，并不算低。""关于戏剧的科目，是分皮簧、昆曲、武戏……另外还

① 据马金科等：《近代戏曲改革的先驱——张謇》，严学熙主编：《近代改革家张謇——第二届张謇国际学术研讨会论文集》下册，江苏古籍出版社，1996 年，第 916—917 页。

设立一个管弦班，研究乐器，招收的学生共约七八十人。毕业出来的学生，我知道的如林秋雯、葛次江、姚雪涛、李金章、戴衍万。”“那晚我就在更俗剧场演唱《玉堂春》。这剧场是新式的建筑，台上两面有场面楼台，台下座位宽敞，一切装置和整理上，都能保持着整理严肃的作风。场上不准站一个闲人，做到了净化场面的效果。”①

据南通老人回忆，欧阳予倩来南通后，努力改革旧戏，创造新腔，配置钢琴，聘用新式音乐教师，引进西洋交响乐。演出时，演员不用艺名，不跳加官，磕头不抛垫子，台上不喝茶，不用真刀真枪。观众不准吃瓜子，不准怪声叫好，不准随便扔瓜子壳、果皮，也不准茶房任意丢毛巾。这些改革确实为戏剧界带来了新的风气与新的活力②。张謇对欧阳予倩与梅兰芳在艺术上的造诣评价很高，特地在剧场建梅欧阁，并刊印《梅欧阁诗录》以示奖掖。张謇曾为此赋诗云：“平生爱说后生长，况尔英蕤出辈行。玉树谢庭传子弟，衣香荀坐好儿郎。秋毫时节忘嵩岱，雪鹭弥天足凤凰。绝学正资恢旧舞，问君材艺更谁当。”③ 梅兰芳对于张謇的关切亦永志不忘，直至晚年他还感动地说：“这是他（指张謇）有意用这种方法来鼓励后辈，要我们为艺术而奋斗。我这三十年来始终站在自己的岗位上，认真苦干，受我的几位老朋友的影响是很大的。”

张謇推崇梅、欧，不同于一般达官贵人庸俗的捧场“或杂以猥下亵视之意”④。他是艺术家的知音，而且自己也全身心地投入到戏曲艺术的革新潮流之中，他与戏曲的剧作编导、表演艺术家、乐师美工人员，都有许多共同的兴趣与语言，堪称是京剧艺术的真正知音。因此，南通这方热土对于戏剧演员具有磁石一般的吸引力。除梅、欧以外，姚玉芙、王凤卿、姜妙香、小三麻子、张荣奎、程砚秋、朱素云、盖叫天、夏月珊、潘月樵、余叔岩、杨小楼、谭富英、谭小培、筱翠花、文蓉寿、琴雪芳、琴秋芳、

① 梅兰芳：《舞台生活四十年》第二集，平明出版社，1952年，第101—104页。

② 1962年秋作者访问南通老人费范九、管劲丞、徐海萍等老人的记录。

③ 张謇：《人有询梅欧名阁意者，赋长句答之》，《张季子九录·诗录》第7卷，中华书局，1931年，第14页。

④ 张謇：《与浣华笺牍跋》，《张季子九录·文录》第7卷，中华书局，1931年，第20页。

袁寒云等名角都曾应张謇邀请在更俗剧场演出。其中有些年轻演员当时尚未享有大名，还只是蓓蕾初放的新秀，这就更加显示出张謇的眼力敏锐与奖掖后进的殷勤[①]。

南通更俗剧场内景

在《张季子九录·诗录》中，还收有张謇给其他梨园新秀的赠诗。如《赠谭郎二首》："伶官长老数梅谭，梅有孙枝突过蓝。难得谭郎初出手，一声雏凤满江南。长庚名与重臣传，我到京师后一年。眼底谭家又三世，剩谁头白话开天。"此诗有叙，有助于理解。叙云："清咸同间，京师擅声剧艺者，前惟程长庚、余三胜，后为梅巧玲、余紫云、徐小湘、谭鑫培数人而已。光绪己卯，两江总督沈文肃公卒官，城南士大夫至为语曰：'今年中外失两要人，一沈幼丹，一程长庚。'其见重于时如此。谭学于程之高弟也。光绪中叶，惟谭独存。辛亥后，巧伶孙兰芳，殚精艺术，独出冠时，名誉溢流海外，骎骎拂谭之马首矣。谭年几七十，犹时时出游，袍笏登场，神采四映，每观其演艺，叹其壮未尝不怜其遇也。丁巳病卒，嗣响无人。其孙富英，顷来南中，仍世先业，评论者谓其奄有祖风，来通观之不谬。夫鼎门名阀，颓落不竟者，不胜数矣，梅谭顾皆有孙耶！昌黎所谓称其家儿者，良不易也。为与二绝以鼓舞之，人如能自树立，乃能有其祖

① 在张謇未刊函电杂件中，有许多程砚秋、欧阳予倩、梅兰芳等演员写给他的信，1962 年我曾抄录一部分寄给正因病住院的田汉。可惜未曾留底，"文革"后我到南通已未能再见这些函件。

父，谭郎勖哉！”他还有《属富英复演空城计赋赠》一诗：“未容胜负定安危，一局街亭黑白棋。付与谭家成绝唱，耳中有祖有孙儿。”人必自立然后才能继承发扬祖父辈的事业，否则也只能流于颓落而已。张謇虽然已是70老翁，但并未沉溺于怀旧的情思，他总是着眼于革新，着眼于未来，因而也就总是寄厚望于青年。

更俗剧场成为全国屈指可数的戏剧革新中心之一，影响甚大，意义深远。著名电影导演钱千里曾经回忆说：“我1915年3月30日出生于江苏南通，原名钱骏。我从小就是一个戏迷。因为实业家张謇在家乡，非但经营工业，还致力发展文化教育。他热心戏剧，建造更俗剧场，邀请梅兰芳、欧阳予倩等南北名伶前来南通演出，有时也请文明戏名家汪优游等和歌舞班来通演出，盛况空前。……在这样‘戏剧热’的气氛中，我和崇敬中学的同班同学赵丹、朱今明、顾而已等就成了更俗剧场的常客。我们陶醉于艺海之中，培养了对戏剧艺术浓厚的兴趣。”① 文中用“艺海”一词来形容更俗剧场的旺盛辐射力，张謇努力经营南通的艺术氛围，给这片土地增添了新的艺术养分，一代影剧表演大师在这里成长起步，就是对张謇多年劳绩最好的回报。

张謇对刺绣艺术的热爱与扶植，也是中国近代工艺美术史上足以长期流传的佳话。

早在宣统元年，为筹备南洋劝业会，张謇负责主持审查展品。当时，湘、鲁、江、浙绣品云集，商部派绣工科总教习吴县沈寿前来参与审查。沈寿带来自己的佳作意大利皇后像，精美绝伦，展出后得到国内外一致好评。沈寿在审查工作中认真负责，挑选精要，作风严谨。张謇对之极为推重，次年即送女生赴京从沈寿学艺。张謇在《雪宧绣谱序》一文记此事甚详：“清以宣统元年，开南洋劝业会，骈罗百货，俾厉以磨。由是湘鲁江浙之绣，四面而集。謇长审查，而部以绣工科长教习吴县女士沈寿专审查

① 钱千里：《我的影剧生涯》，《南通今古》2000年第2期。赵、钱、朱、顾等中学时代即组成小小剧社，演出《热血忠魂》等文明戏（话剧）。1930年上海左翼戏剧家联盟领导的摩登剧社来南通演出，演员有郑君里、石凌鹤、王莹等，并且给小小剧社许多辅导。小小剧社遂纳入剧联领导下，赵、朱、钱、顾等南通子弟遂走上影剧艺术的不归路。

绣品，自京师至，张所绣意大利后像于会，精绝为世所未有。謇适得露香园绣董书大屏，属别真赝。寿展首帧，即曰此露香园绣也。问何以知？曰：以针法知之。继闻其审查精核持正，不轻假借，为所否者亦翕然。”①所谓露香园绣即顾绣。《上海县志》引《南吴旧话》称：“明顾廷评家多姬侍织纴绣刺绣，冠绝天下。”姜绍书《无声诗史》亦称：“上海顾会海之妾，刺绣人物山水花卉，大有生韵，字亦有法。阅世编露香园绣价最贵，所谓画绣也，今已无传其制者。”沈寿于数百年后能一眼就看出所绣董书大屏确为真品，并且自谦说：“更习二十年，尚不能望其项背。”所以张謇更加珍惜这件绣中瑰宝，以 300 元购归收藏于南通博物苑②，亦可见对沈寿绣艺与鉴赏水平的钦佩③。

宣统三年六月二十日，张謇在北京参加中央教育会，虽然公务甚忙，仍不忘前往绣工科探访沈寿。辛亥革命爆发后，绣工科解散，沈寿避兵出京，借（天津）种植园设（绣工）传习所。张謇于第二年阳历八月北上路过天津，曾前往访问，见其处境“至竭蹶”。张謇惟恐她的高超技艺失传，便在南通女子师范学校附设绣工科，聘请沈寿为主任，其后又另行建成绣织局与女工传习所，仍由沈寿主持其事。沈寿于 1914 年秋来通任教，并请沈立（姐）、金静芬、施宗淑、沈粹缜（侄女）等协同教学。

沈寿精于绣术，堪称一代大师，而在学校教授管理均极严谨，南通妇女入学者甚多，成绩颇为卓著。但是她体弱多病，张謇借宅供她养病。又“惧其艺之不传而事之无终”，乘她病况稍有好转时，由她口授张謇笔录，“审思详语，为类别而记之，日或一二条，或二三日而竟一条。次为程以疏其可传之法，别为题以括其不可传之意。语欲凡女子之易晓也，不务求

---

① 张謇：《雪宧绣谱序》，《张季子录·文录》第 7 卷，中华书局，1931 年，第 18 页。

② 张謇：《记顾绣董香光书昼锦堂记》，《张季子九录·文录》第 2 卷，中华书局，1931 年，第 9 页。

③ 沈寿（1874—1921），江苏吴县人，原名云芝，自幼习刺绣，颇有声名。20 岁与余冰臣结婚，余工书画，相互研习，绣艺大进。光绪二十九年献《八仙上寿图》与《无量寿佛图》，慈禧大喜，手书“福、寿”二字奖赏，因改名沈寿。农工商部筹设刺绣科，延寿主其事。光绪三十年曾偕夫赴日本参观美术教育，此后作品中更吸收西方美术之光影技法。其名作《意大利皇后爱丽娜像》，1911 年在意大利都朗赛会上获优等奖和“世界至大荣誉最高级之卓越奖凭”。清政府以此件作为赠礼，意皇回赠沈寿“最高级圣母利宝星勋章”与镌有皇家徽记的“钻石时针”各一。

南通女工传习所主任沈寿像

南通绣织总局上海销售处

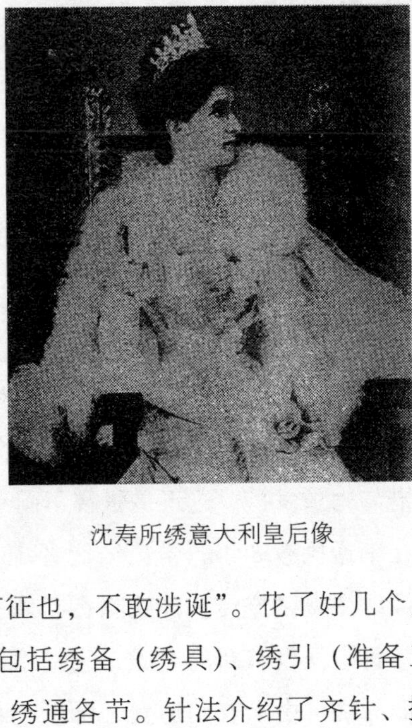

沈寿所绣意大利皇后像

深；术欲凡学绣之有征也，不敢涉诞”。花了好几个月的时间，终于写成《绣谱》一书。此书包括绣备（绣具）、绣引（准备工作）、针法、绣要、绣品、绣德、绣节、绣通各节。针法介绍了齐针、抢针、单套针、双套针、札针、铺针、刻鳞针、肉入针、打子针、羼针、接针、绕针、刺针等十三种普通针法，以及扤针、施针、旋针、散整针、虚实针等特殊针法。绣要则传授了审势、配色、求光、肖神、妙用、缜性等绣法要领。张謇曾经感叹于“莽莽中国独缺工艺之书耳”，《绣谱》的撰写，在一定程度上弥补了这个缺憾。

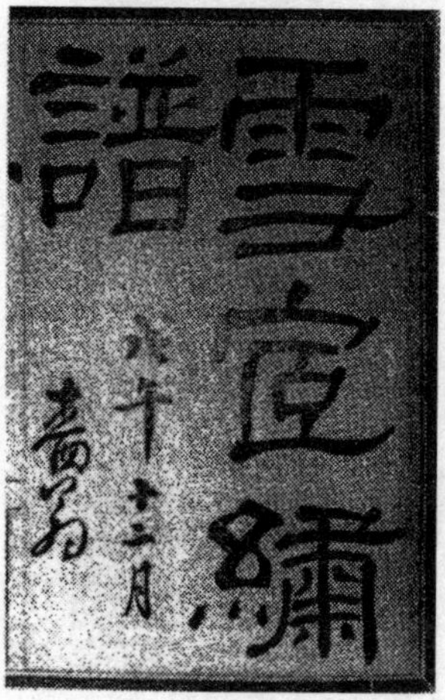

张謇与沈寿合作

完成的《雪宧绣谱》

张謇在《雪宧绣谱序》中曾经介绍此书写作原委。他有感于中国刺绣有悠久的历史。虽然明代露香园彩绣技艺绝精，但技法则未能流传。而“今世觇国者，翘美术为国艺之楚，而绣当其一。日本之为是者，猎我旧制，会以新法，一冶而百辟，一日而千里。而我绣之钝，等于百工也”。所以才发愤与沈寿合作此书。沈寿说：“我针法非有所受也，少而学焉，长而习焉，旧法而已。既悟绣以象物，物自有真，当放真。既见欧人铅油之画，本于摄影，影生于光，光有阴阳，当辨阴阳。潜神凝虑，以新意运旧法，渐有得。既又一游日本，观其美术之绣，归益有得。久之久之，遂觉天壤之间，千形万态，但入吾目，无不可入吾针，即无不可入吾绣。”张謇闻其言而更为增进对沈寿及其绣艺的理解。他“以为一艺事也，而有精微广大之思，而沈寿一女子，于绣得之也”。以状元与总长之尊，亲自为绣工撰写工艺美术经验总结，这也是空前绝后的惊人之举。当时乃至后世有些人，对张謇与沈寿的关系每多误解，那都是世俗陈旧之见。张謇对沈寿，正如对梅兰芳、欧阳予倩、程砚秋一样，寓理解于爱护，是对艺术与美的尊重，也是对传统优秀文化的珍惜与力求发扬，这正是张謇不同于市侩俗吏之处。

沈寿以病弱之躯在南通执教 8 年，学员结业者 150 余人，其中优异人才有 9 人，沈派天香阁绣法得以流传。沈绣除在艺术上推陈出新以外，在工艺美术教育与职业教育方面也有新的突破，它从根本上改变了过去母女相传和师徒传习的陈旧教法。由于有南通女子师范学校作为依托，加上沈寿本人在南北各地进行绣艺教学的切身体验，并且参考日本工艺美术教育的先进范例，南通女工传习所确实建立了一整套行之有效的教学体系。陈佐《张謇与沈寿刺绣艺术》一文曾经总结说：“（该所）根据学生生源情况和他们的实际水平，设置了三种学制：二年制的普通班，四年制的刺绣美术班，五年制的刺绣研究班，根据学制分别学习花卉翎毛、山水、仕女、油画和肖像刺绣。课程除刺绣是专业课外，还要学习国画、算术、图画、写字、音乐、体育和家政等科目。各科都有专业教师授课，图画、水粉、素描和古文等科均请名家上课教授。沈寿还带学生到郊外写生，教刺绣有时还手把手地教授，针对刺绣内容，讲解针法运用，色彩搭配，还比照实物讲解用色用线。当这幅作品完成时，学生在实践中也就领会了这幅作品的各项刺绣要领，因此当年培养出来的学生素质较高。"① 据说，近年来为适应发展外贸需要在农村办厂设刺绣加工点，一般仍然沿袭这种教学方法，很快便可以培养出一批合格绣工。

女工传习所的学员正在上课

沈寿本来就体弱多病，加以多年呕心沥血创作、教学，终于积劳病重，虽经张謇夫妇多方延医摄护也难以挽救其生命。在1920年的张謇日记上，从正月（阴历，下同）上旬开始，可以发现沈寿病情迅速恶化一直延续到五月三日子夜逝世。

正月四日，雪君痈肿未愈。

正月十六日，雪君病甚。

---

① 严学熙主编：《近代改革家张謇——第二届张謇国际学术研讨会论文集》，江苏古籍出版社，1996年，第1066页。

. 正月十七日，雨。为雪君延（俞）汝权诊。汝权丧子不能来。

正月十八日，电（沙）健庵（求出诊），竟夕不能寐。

正月十九日，雪君病甚，再电健庵。

正月二十日，专轮迓健庵，谓险而难治。

正月二十一日，健庵来诊雪君病，谓有可施治。

正月二十七日，以上六日，雪服健方，日有起色。

正月二十八日，健庵回如皋。

二月六日，雪病减而未愈。

二月九日，（以运河工程局事赴扬州），泊霍家桥，夜九时矣。与雪讯。

二月十一日，（扬州盐商及地方官绅公宴于何园），与雪讯。

二月十三日，（运河工程局开局，组织苏社于局）。得雪讯，病未减而增。

二月二十四日，（自十八日起视察盐垦各地）。有寄雪君诗。

（三月以后沈寿病情渐有转机，五月三十日且曾与张謇合宴来访之上海女诗人林风。八月二十四日且“移住绣织局”。九月一日“传习所、绣织局行落成礼。绣工本科完全毕业生九人，艺皆完好，故与湘鲁苏并驾而駸駸突过之矣”。这当然是对缠绵病床已久的沈寿的最大安慰。但是，沈寿在十一月下旬又复发病。）

十一月二十六日，雪君复感痰病，自午后一时至六时甚剧。

十一月二十九日，专轮延健庵的雪梅治病，服羚羊、桂枝、经方加减而平。健庵于医学诣殊有得，雪剧病三次皆至可虑，皆健庵应手而平也。

十二月二十四日，复属周子莲占雪病，得泽雷随卦，云过立春渐退。

十二月二十八日，雪病仍未起，无如何！

民国十年（1921）二月四日，雪宧因胀，饮食大减。

二月二十七日，雪宧因胀，饮食大减。

四月二十九日，健庵诊雪宧脉，谓脉无危象，腹水易放。夏医

（西医夏德门）谓放且复胀，且病人惧痛不愿放，须商。

五月一日，汝权诊雪宧脉亦立放水，但以感凉引动痰饮，大吐痰。

五月二日，夏医来的雪宧放水，重十六斤，腹顿消而气甚弱。

五月三日，“雪宧因胀极苦，足胫揉已见水，乃愿放。夏医于昨日放后，屡来诊视。余亦先令噙吉林参，并因前三日感凉于肺，予以人参、杏仁、苏梗、甘草，于放水后服之，谓可支柱，以待气转。是日为县道行通车礼，故二日夜十时即睡。交十一时三刻忽醒，旋又睡；时仅数分，阿祥来报雪病且革。急起而遽逝之报至矣，时方子正。换尸尚微温，怆痛不可言。幸后事先期已备，遂嘱力殓于房。忆雪宧自丁巳四月病传血，五月下旬至廉亭养病，六月七日愈，七月中旬回传习所复病，八月下旬复移谦亭，十月、十一月上旬连病，随愈随病，随病随愈。戊午正月六日以濠阳小筑借与养病。庚申八月二十四日移绣织局，先后五年。生活与药为进退，而中医、西医药方几厚二寸，迄不获救，哀哉？世安得有是人也。”

沈寿死后，张謇根据其遗言，为之公葬于黄泥山南麓，墓碑书曰“美术家吴县沈女士寿之墓”。此前，张謇曾为她撰写哀词，前有序云：“雪宧，天下之奇女子也，好洁而能忍黯黮之诎，好高而能容易量之善，好胜而能止适当之分。当世士君子可以语此者有几人，而雪宧性之，岂所谓天与之文道与之质者非欤？最近五年病三度，最后之病近百六十日，聆其言颇能遗外生死，而病榻之中，弥留之际，镜奁粉盝不去手，衾枕依倚之具，未尝乱尺寸，食饮汤药无纤污，拂听之言，微闻其喟吁一二而已。生平性好，兹可谓贯彻始终焉。”[①] 随后又在南通县教育会及中等以上各学校共同举行的追悼会上发表演说，再次称赞沈寿的美德，特别指出：“病小愈后，非解事静养一二年不可，而传习所苦无替人。故但非病不能起立，无一日不为诸生勤勤指授，讵知第三次遂不可救。然则谓女士死于病可也，谓死于事亦可也。”又云：“自以濠阳小筑前院隙屋，借予女士为住宅后，一切器具，详记有册。迨移居绣织局时，前借之物，照单归还，无一

① 张謇：《雪宧哀辞》，《张季子九录·文录》第17卷，中华书局，1931年，第6页。

损坏。即周览四壁，亦无纤微污损。居屋三年，整洁若是，古所谓去之日如其始至者何让也。最后之病，几一百六十余日，最重时亦几六十日，视其几席床褥枕衾，无丝毫汤药之污，濒死器具亦未历乱，其精神贯注至死不衰又如此。"①

此外，从阴历六月九日至十四日，张謇每天为沈寿诵《心经》540卷。诵经完毕之日"更诵阿弥陀佛号三千二百四十声"，以寄托深沉的哀思。

红颜薄命，天才早逝，都是人间极大的遗憾，而沈寿则兼有之。沈寿的艺术成就，固然有其天分与悟性的优势，但更多的却是由于刻苦与勤奋。她对刺绣是那样投入，不仅是用手用脑，而且是用心血用生命。她已经与刺绣融为一体，因此便忘记了病痛，忘记了生死，当然更忘记了个人身世的不幸。她一生追求真善美，她就是真善美的化身，她把自己短促的生命化为美，这美不仅是她的绣品，而且也是她的人品。她有异乎寻常的洁癖，那是她既然追求艺术的纯真，就必须首先追求生活的纯真，所以才临死不乱，始终保持着躯体与灵魂乃至栖身之所的洁净。47岁只能说是英年早逝，即令是按当时国人的寿命标准；但她的寿则是表现于艺术生命的绵延，包括她创作的精品与培养的传人。沈寿病逝两年以后，有人持沈绣短屏四帧请张謇鉴审。张謇认为作品出于沈门而非沈己作。他说："顾谛习羽毛针法非沈作。沈作翎毛，无不奕奕有神，栩栩欲活，此犹绣耳，非尽绣也，然亦必出其高第弟子之手，足以追踪露香（指顾绣。——引者）；若沈绣（指沈本人作品。——引者）之开径自行，空前无二，露香且当北面矣。百世下以俟真知者。"②

其实评断何须百世，张謇自己就是沈寿其人其艺的真知者。作为他们共同创作的《绣谱》，"无一字不自謇出，实无一语不自寿出也"。只有张謇对沈绣的"独运之深心，与不可磨之精气"，以及"精微广大之思"，知之最切，理解最深。沈寿生于苏绣的故乡，但沈绣的成熟与发扬光大则在

① 张謇：《追悼女工传习所余沈所长演说》，《张季子九录·文录》第17卷，中华书局，1931年，第9页。

② 张謇：《题沈绣》，《张季子九录·文录》第8卷，中华书局，1931年，第11页。

沈寿所绣耶稣像

沈寿所绣倍克女士像

南通，其原因自然是由于张謇为艺术家提供了一个相当优越的创作与教学的环境。沈绣已经流传于世，并且赢得世界各地的赞誉。1999 年春节期间，也就是在沈寿离开人间半个多世纪以后，台湾佛光山佛光缘美术馆曾举办“中国之宝——沈绣艺术展”，展品号称百幅。新闻媒体介绍说：“沈寿，这位清末杰出的刺绣艺术家，创造了许多的不同凡响的‘第一’。首先，有‘世界美术家’之称的沈寿，是第一位在国际艺坛上（巴拿马太平洋万国博览会获奖）大放异彩的华人。此外，沈寿也是第一位代表中国前往日本考察（刺绣）艺术的华人。尤其值得一提的是，沈寿也是中国大陆首创‘女红传习所’，开中国职业学校之先河的第一位华人。……所谓‘沈绣’，是以沈寿命名的刺绣流派，代表传统‘苏绣’的最高水平。‘苏绣’、‘湘绣’、‘蜀绣’和‘潮州绣’，是中国大陆四大名绣。其中，针法最细腻传神的就是‘苏绣’，也因此，‘沈绣’堪称是以代表中国刺绣的最高水平。”① 沈、张地下有知，当可感到安慰。但主办单位过于强调“宫廷”一词则有失确当，因为“宫廷”艺术并非都是上乘佳作，而沈绣之大放异彩又恰好是在走出宫廷之后。沈、张之间的合作与默契，乃是由于把刺绣看作中华民族的瑰宝，并且认为理应让社会共有共享。由此可见作为

① 台湾“中央”社 1999 年 2 月 23 日台北电。

艺术家的“真知者”也并非易事。

在关怀中外文化交流方面，还应该注意到张謇与朝鲜诗人金泽荣终身不渝的诚挚友谊。

金泽荣，字沧江，1850 年生于朝鲜开城府东部，1927 年卒于南通。1891 年会试中进士，先后任职议政府主事隶编史局、中枢院参书官兼内阁记录局史籍课长、弘文馆纂辑所、正三品通政大夫等。甲午战后日本加强对朝鲜殖民统治，1905 年以后实际上已完全吞并。泽荣愤而辞去官职，携妻女由仁川乘船来华，随身仅带若干书箱，别无其他财物。

泽荣与张謇在“壬午之役”期间即已经由金允植结交，相互常有诗词唱和。1905 年春泽荣到上海后，立即到通海实业账房拜访张謇。张謇同情其悲惨遭遇，而且钦佩其品格高尚，便安排他到南通翰墨林印书局①任编校工作，并为他购买住宅。张謇在光绪三十三年曾撰《金沧江刊申紫霞诗集序》一文，记彼此结交始末甚详。文云：“往岁壬午，朝鲜乱。謇参吴武壮军事，次于汉城。金参判允植颇称道金沧江之工诗，他日见沧江于参判所，与之谈，委蛇而文，似迂而弥真。其诗直窥晚唐人之室，参判称固不虚。间辄往还，欢然颇洽。沧江复为言其老辈申紫霞诗才之高，推服之甚至。予亦偶从他处见申所流传者，盖出入于晚唐北宋之间。甲申既归，遂与沧江睽隔，不通音问。阅二十年，忽得沧江书于海上，将来就我。已而果来，并妻孥三人，行李萧然，不满一室，犹有长物，则所抄申紫霞诗稿本也。久复谋为刊印，然沧江所得书局编校之俸固不丰。又久之，乃为节删而印行焉，犹近千篇；沧江于紫霞之诗，可谓有癖嗜者矣。比与余书：子方劼劼然忧天下之不活，而仆忧诗人之不传，度量相越甚远。余语沧江：活天下难，若子传一诗人亦不易，相与大笑。”② 国破家亡，仓皇出

① 1902 年，张謇创设通州师范学校，为印刷教科书与讲义而开办翰墨林印书公司。最初仅能石印，1904 年由大生纱厂投资 16 690 两，正式建立机器印刷工场，到 1909 年已有大印刷机 7 台，铸字机 4 台，职工 50 余人。该局除承印书籍、讲义、商标、账略、报表外，也承印地方报纸，兼售图书、文具、教学仪器。金泽荣在该局任职 22 年，因年事已高且有语言障碍，分配编校工作并不多，主要是从事自己的撰述。

② 张謇：《朝鲜金沧江刊申紫霞诗集序》，《张季子九录·文录》第 6 卷，中华书局，1931 年，第 6 页。

逃，行李萧然，别无长物，最宝贵的就是他最尊重的前辈的诗稿，而且还念念不忘将其整理付梓问世。浅见者或以为迂而愚，张謇则说是“传一诗人亦不易”，这才真正是情投意合的异国知己。

金泽荣除编印申紫霞诗集以了宿愿外，还在翰墨林出版了自己撰写的《朝鲜历代历史》(28卷)、《校正三国史记》(50卷)、《新高丽史》(53卷目录1卷)、《高丽季世忠臣逸事传》、《沧江稿》(14卷)、《古本大学私笺》等。泽荣著述以史为主，张謇也有说法：“今李氏朝鲜忽焉墟于邻，并其三千二百余年之国社斩矣。金君沧江当其国是抢攘之际，尝一试为史官，度与其志与所学拂戾不能容。而国将不国，乃独懔坚冰且至之惧，本其生平崇敬孔子之志，挈妻子而来中国，以为庶几近孔子而中国居也。既至，不十年，国遂为人摧践以亡，而其祖宗邱墓所在，故国禾黍之悲，耿耿不忘于君之心。于是始终李氏朝鲜之事，成《韩史綮》。居数年，以其书合之于前所作《韩国历代小史》为一书，以仿虞书冠尧典之义。甚矣金君之用力勤，而其志可悲矣。庄生有言：哀莫大于心死，而身死次之。嗟乎！此以人而言也，言乎国，则謇独以为哀莫大于史亡，而国亡次之。国亡则死此一姓之系耳，史亡不惟死不幸而绝之国，将并死此一国后来庶乎有耻之人。……韩之人抱持纶一旅楚三户之志者伙矣。艰哉！读金君书，其亦有慄然而思，瞿然而忧，跔跔然困而弥厉者乎？”[①] “哀莫大于史亡，而国亡次之。”张謇熟谙历史，虽非史学专家，而当今史学专家又有几人能发此警世之言，而当政者又有几人能真正理解此言。

张謇与金泽荣的情投意合不仅在于热爱祖国，而且还在于都能顺应潮流与时俱进。金泽荣与张謇一样，都对帝制向共和的转变表现出开明而诚挚的认同态度。辛亥年秋武昌起义爆发，南通旋即光复，泽荣全家为之欢欣鼓舞，以为万象更新，中国必有希望，韩国应该急起直追。曾作《感中国义兵事五首》，其中有“武昌城里一声雷，倏忽层阳荡入垓，三百年间天帝醉，可怜今日始醒来”，“箕域地灵应愧死，寥寥仅只产安生”等热情诗句。民国肇建，他立即申请加入中国国籍，对刚诞生的共和国寄予厚

① 张謇：《韩国历代小史序》，《张季子九录·文录》第8卷，中华书局，1931年，第1—2页。

张謇的朝鲜挚友金泽荣像

望。但著述署名仍多冠以“韩国遣民”、“韩侨”、“韩客”、“韩产”等词语，以示始终不忘故国。张謇虽然仗义疏财，但交游也讲究慎择。昔日的亲密友人如沈曾植、郑孝胥等，由于对共和态度不一，道不同不相为谋，关系遂渐疏远。特别是在他们参与帝制复辟活动以后，张謇更加有意与他们保持距离，虽未正式绝交，亦已迹近路人。张謇晚年在《沈四兄乙盦曾植挽词》序中曾经有所表述：“与乙盦相闻，自光绪庚辰始。乙酉始见君于宣南珠巢街寓，适与君五弟曾桐同举，朝夕过从者年余。由是己丑、庚寅、壬辰，凡会试必见，见必就君论学讲艺，交日益亲。甲午旅京不及年，综余前后都门旧游，君昆弟外，所与朝夕谈议者，盛意园昱、黄仲弢绍箕、王可庄仁堪、勖藏仁东、丁恒斋立钧、郑太夷孝胥、沈涛园瑜庆、袁爽秋昶、王芾卿倾蔚、濮止潜子潼数人而已。戊戌复一至京，不三月即归。自兹以后，政变锋起，余不复北，君与诸君相率外任，中经多故，踪迹乖疏焉。国事既更，君在沪，余在江北，不能常见。戊午己未间，事变益庞杂，不可究诘。闻君行止，迹危而心苦（指复辟事。——引者）。往与汤君（寿潜。——引者）谈，不得便惬；以是虽余晤君，亦不欲问往事若何，伤君意义。”[①] 两相对照，更可发现张謇与泽荣之交的深刻意蕴。

张謇旅居朝鲜时间虽然不长，但却为这个民族的悠久历史文化蕴藏的魅力所吸引，同时也为这个文明古国的沦亡而感到悲愤。他终生反对日本军国主义，希望中国与遭受日本欺凌的五洲其他各国人民联合起来，共同反抗这个东方最强大的邪恶势力。南通有纪念抗倭名将曹顶的曹公亭，张謇曾赋诗云：“人亦孰无死，男子要自见。曹生磊落人，无畏赴公战。鲸牙白草纤，马革黄金贱。荒原三百年，突兀一亭建。田父何所知，亦说单

① 张謇：《沈四兄乙盦曾植挽词》，《张季子九录·诗录》第8卷，中华书局，1931年，第9页。

家店。"[1] 1922 年泽荣已 72 岁，也满怀激情写《曹公亭歌》以相应和。诗云："往者万历倭寇东，韩臣有李忠武公。奇韬妙略似神鬼，杀倭满海波涛红。当时倭儿患疟疾，背书其名胜药功。三百年后汉江竭，修罗蚀月凶肠充。使我奔伏淮之侧，白头欲举羞苍穹。奈何今日中州彦，籧篨之病颇相同。慨然共思曹壮士，沫血击贼卫南通。奇功垂成身径殒，愤气化为青色虹。吒工筑亭安厥像，横刀立马生长风。请君且揽新亭涕，与我赊酒向新丰。一杯酹我李兵仙，一杯酹君曹鬼雄。巫阳与招魂气返，旌光剑色摩虚空。"泽荣与张謇的心是相通的，两位老人都为祖国的积弱怀有深沉的忧愤，因而通过诗歌呼唤李舜臣、曹顶的英灵，以此来擂鼓高歌，以振奋两国民气，共同抗击日本军国主义的侵略[2]。

泽荣在南通旅居 22 年，属于张謇情趣相投的交游圈，相携徜徉山水，春秋雅集，咏景抒情的诗文唱和也很多。如 1916、1917 年间，张謇曾有《沧江示所和诗复有赠》。诗云："爱客攻吾短，论诗数尔强。时时惊破的，炯炯达升堂。蜡屐吟山出，蜗庐借树藏（沧江寓庐名借树）。众人怜寓卫，后世有知扬。"对泽荣的诗才与人品给以很高评价，一个真率而洒脱的韩国诗翁仿佛就在我们眼前。1920 年，张謇又有《沧江翁今年七十，不以生日告人，八月一日为延客觞翁于观万流亭，赋诗为寿，属客与翁和之》："六十七十翁发皤，旧运新运天旋螺。春秋惟有乱可纪（指翁作《韩史》）。忧乐合以诗相摩。看花老辈应逾共，载酒佳时莫厌多。槛外朝来云物好，从容等视万流过。东北浮云屡变更，秋风落日汉阳城。南坛幕府萦吾梦，左列词曹系子情。一局烂柯嗤对弈，几时得尽话长生。引年送日须歌舞，准备缠头听玉笙。"感时怀旧，人生苦短，昔日豪情不再，惟有以诗酒歌舞自相慰藉。张謇与泽荣唱和诗作甚多，已收入《张季子九录 · 诗录》者尚有《与金沧江同在退翁榭食刀鱼七绝三首》、《己未中秋约沧江叟、吕鹿

---

① 张謇：《曹公亭》，《张季子九录 · 诗录》第 7 卷，中华书局，1931 年，第 27 页。

② 以上有关金泽荣的叙述，均系参考南通市图书馆与博物馆合编《金泽荣资料》（油印，1976 年 8 月，共 45 页）。内容包括：(1) 金泽荣简介；(2) 金泽江年谱；(3) 金泽荣撰辑书目；(4) 金泽荣墨迹遗物书目；(5) 载有金泽荣诗文、资料的书报篇目索引；(6) 金泽荣后人情况一览表；(7) 金泽荣在南通的故居；(8) 附录《金沧江先生出殡狼山》。

笙、张景云、罗生、退翁与儿子泛舟，用东坡八月十五日看潮五绝句韵》、《梅欧阁一月一日，招金、吕、方、刘、欧阳诸君暨怡儿，就阁小饮，即席各有诗》、《视沧江病》等。《视沧江病》大约作于1924年，此时金泽荣已74岁，张謇也有71岁。诗云："闻病抛诗叟，来探借树亭。填栖书锸被，烧坑柮连扁。扶掖怜参术，荒寒满户庭。余年犹兀兀，史笔耿丹青。"对贫病交加的沧江极为同情，且又盛赞其晚年仍能秉笔直书朝鲜历史。

泽荣比张謇早生三年，但却死于张謇病逝之后一年。他亲自送走了这位终生挚友，随后就在凄苦无望的心情下吞鸦片自杀。但是，这位朝鲜学者兼诗人在南通并未虚度余生，他留下了卷帙浩繁的史学著述与诗文佳作，为保存和发扬朝鲜民族文化精魂作出极大贡献，同时也为中朝文化交流填写了美好的篇章。他热爱南通的斯土斯民，南通也永远不忘这位异国友人。他的遗体被安葬在狼山之麓骆宾王墓之上坡，隔江与福山中峰相望。墓碑由张詧手书"韩诗人金沧江先生之墓"，与唐代大诗人的文采前后辉映，把南通的山川形胜装点得更加神韵盎然。

张謇对文化艺术的爱好与支持是多方面的，他与艺术家们结成的深厚友谊也是多方面的，我们很难一一叙述。但仅从上面几个生动事例，已经可以看出，张謇除忙于各项实业、事业的创办与经营外，他还有一个相当丰富而又美好的精神世界。他有自己的业余爱好，更有自己的艺术追求。他爱诗文，爱书画，爱戏曲，爱刺绣，爱园林，爱建筑……爱人世间乃至宇宙间一切美好的东西。他对美的痴迷并非要把美的事物拥为私有，他与世俗的达官贵人富商大贾不同，他对美只有欣赏而不想占有。他的胸怀是博大的，他愿意推己及人，把自己所拥有的美好事物让社会共享。他几十年如一日，勤勤恳恳在南通营造美的文化氛围，渴望建成一个美的南通，包括自然环境、人文景观和居民素质。当然，他绝非独善其身，也绝不满足于在南通营造美。他的一切努力都着眼于全国，着眼于世界。南通只是一个小小的起点，南通有自知之明，南通只是中国很小很小的一部分，正如垦牧乡之于江苏省，南通只能在极为有限的空间与层次发挥自己的作用。但张謇倾注毕生营造的南通也毫无自卑，南通立志充当一个先进的起点，不仅把美好的事物而且把美好的精神，奉献给江苏，奉献给全国，奉献给世界。对于张謇此人，过去的研究者大多侧重于实业与教育，侧重于其实践之事功，而或多或少忽略了对他的精神世界的探索，这倒是今后应该努力加以发掘的历史文化资源。

三、鞠躬尽瘁

张謇的一生是无比勤劳的一生。他的时间与精力固然是有限度的，但他在事业和精神两方面的追求却是无止境的。直到 1926 年，他已经是 73 岁高龄，在他生命的最后几个月中，工作仍然是相当忙碌的。仅从他的日记的极为简略的记载中已可看出：

次年阴历正月四日，当家家户户仍在充分享受节庆欢乐的时候，张謇已经过问南通女子师范学校的工程，4 天以后又亲自前往工地视察。

二月二日，前往“路工处议公共汽车事”，为发展南通现代交通操劳。二十三日，派人分别祭扫特来克、张景云[①]、沈寿三墓，这都是协助他建设新南通的重要功臣啊！二十四日，与沈同午讨论开筑新运河事。二十八日，“以九千九百元币释教育局之汹争，分三千亩之地于两师范校”，实即购买沙田产权作为维持两校生存的基金。

三月六七两日，先后参加女师 20 周年校庆与女师同学会并发表了恳挚的演说。他首先肯定了学校的成绩：“鄙人今将各科成绩略加省视，均觉满意。作文一科，颇不乏文理通顺者。至会场招待，各种设置，亦井然有序，私衷甚慰。”然后追述校史：“本校肇始于清光绪三十一年乙巳，当时代用师范已成立。愚兄弟以地方不可无女学，爰捐私赀，购城北吕家巷陈氏旧宅，葺为校舍，三十二年三月朔开校。宣统元年己酉，来学人数渐增，乃购城北市河岸珠媚园暨左右民房改建。二年六月落成，八月迁入。民国九年庚申，附属小学校招七级，房舍不敷，复购现有地基建筑。十年辛酉二月，师范部迁入。总计二十年来，建筑经常各费，共银三十五万元

① 特来克是荷兰水利工程师，特善治堤岸埽方。1918 年应聘来南通督导保坍工程，三年之间“成江楗十、大二、常二、桥一、计划具备之五涵六七、路三”，可谓忠勤奉职。1919 年急病死于工作岗位。张景云为张謇纺织企业后期得力助手，勤于职，有“商而士”之称，亦不幸猝死。1921 年春，张謇公葬二人于剑山南麓。

有零，愚兄弟及先嫂邵、先室徐设法输助者居多。延范姚夫人长校务，实力经营，俱征孤诣，历十余年开始辞去。其后两经易人，现由鄙人承乏，不过筹措经费，总持大纲而已。所有训育、教务等事，悉由范、罗二生任之，窃喜吾通女界后进，有如二生其人焉。"[①] 女师从无到有，从小到大，从初始到完备，已经在南通这块土地上站稳了脚跟。办学后继有人，前景渐显光辉，何况还有 1 500 亩沙田作为可供依托的基金。张謇怀着欣慰的心情回家，耳边仍然回响着年轻学生的嘹亮歌声："女子有学兮欣欣棣通，女子有学兮，邦家之隆。"那是他亲自为女师撰写的校歌。他忽然又想起了女师的创办人之一、已经故去多年的徐氏夫人。她是多么贤淑而又聪慧，在协助张謇兴办教育方面表现出极大的热忱，然而她们那一代是没有机会接受新式基础教育的。人总是一代胜过一代，因此他又寄希望于青年。

三月九日，去海滨垦牧乡视察工程及"五堤定界"，十一日冒雨归来。道路坎坷不平，车中"颠颠殊甚"，但夹道柏杨，沟渠纵横，阡陌有序，风景颇有佳胜。他又想起"二十三年与海争，指麾千夫万犁耕"的峥嵘岁月，想起"叶翁发白江先秃，多谢阳侯许受盟"；如果没有这么众多忠诚职工对滩涂开发的终生奉献，这一望无际的亘古荒原何日方能苏醒！……长途劳顿归来不过 3 天，他还不忘请著名花匠来教园丁种兰。

三月二十八日，县童子军会操，他应邀前往观操并发表演说，这是南通童子军第一次会操，却是他最后一次演说。他的语言仍然是那么朴实诚挚："童子军能为社会养成军国民之人格，是其优点。盖小儿天真烂漫，喜操作，如模仿，凡一切良善之习惯，易于养成。如露宿救护等事，本无待于童子，但为养成将来军国民之人格起见，不得不制定课程以训练之。……鄙人今日希望于南通童子军者，即就童子军现有之规律，能切实做去，以养成将来军国民之格，并非希望将来吾通出一督军师长。"[②] 他还为此次会操题词，勖词是陆象山的话："夫子曰：吾十有五而志于学。今千百年无一人有志，是怪他不得。志个甚的？须是先有知识，然后有志

---

① 张謇：《南通女师范二十周年纪念演说》，《张季子九录·教育录》第 6 卷，中华书局，1931 年，第 16 页。

② 张謇：《全县童子军会操演说》，《张季子九录·教育录》第 6 卷，中华书局，1931 年，第 17—18 页。

愿。”这竟仿佛是他留给广大青少年的遗言。

四月一日，参加垦牧公司股东会。十四日，“往剑山视工，大风”。二十二日，到唐闸参加大达内河轮船公司常会。午后又参加大赉董事会，还会见了前来访问的英国水师提督嘉美麟司令、少将高梅伦、军需书记白昂。二十八日，“通海官绅会勘县界，至老洪港”。

五月一日，“至东林看稻畦，西林看东桥工”。三日，“往丝鱼港定通、如、海县界”。十五日，嘱人协助无锡杨令茀女士书画会陈列。十六日，“保坍会十七楗沉排，往观，雨阻于西山村庐”。

六月进入高温季节，气温高达华氏百度左右。他身体已感不适，但十六日仍参加剑山文殊院落成典礼。这是他花费6 000余元独建的，可算是对南通人民最后一份献礼。还曾至姚港视察十八楗工程。南通江岸经常受江流冲刷，保坍涉及众多居民切身利益，也涉及南通经济长期稳定发展，因此成为张謇最后的牵肠挂肚的一桩事。

张謇从阳历8月1日起感到遍体发烧，但第二天清早他还是偕同工程师视察江堤，规划保坍工程，南通的江岸坍落，始终是他的一块心病。7日，病势渐重，才开始请医生诊治。21日以后，病情更加危急。24日(阴历七月十七日)中午，这位为发展近代实业、教育奋斗了一生的老人，终于最后闭上了眼睛。他在临终之际没有任何言语，事先也没有留下任何遗嘱。但是可以想见，他所要做的事情还有很多很多，可惜生命有限，他是怀着终天之恨死去的，正如他自己写的《释愁》那首诗所曾表述：“生已愁到死，既死愁不休。”张謇的愁是深沉的，又是广阔的。这不是个人生离死别的哀痛，而是忧国忧民的悲愁。先是在6月14日，他非常惦念羁留在北京的儿子，亦曾赋诗两首以表述自己同样的心绪。其中有几句是：“民生日以蹙，敲椎洞皮骨。盗仍水旱殷，兵使原野竭。若疾中膏肓，欲救非口舌。”[①] 这大体上可以看作他离别人世之际的心理状态。

张謇具有宏大的抱负，也有坚强的性格。他从不害怕挫折与失败，同时也从不满足于已有的各种成就。他曾实事求是地自我评估：“謇营南通

① 张謇：《五月五日忆儿子京师二首》，《张季子九录·诗录》第10卷，中华书局，1931年，第31页。

实业、教育二十余年，实业、教育，大端粗具。言平稳固，言乎完备，言乎发展，言乎立足于千百余县而无惧，则未也未也。实业未至人尽足以谋生，户尽不至乏食，教育未至乡里学龄儿童什七八有就学之所，儿童长成什五六有治生常识，未足云大效。謇方目计之，心营之，而年日以长，力日以薄，智能日以绌，未知观成之何日也?"[①] 严格地说，张謇的性格与那些惟利是图的资本家的性格是有所区别的，他是一个务实的然而又有理想的事业家。为了改良南通的经济结构、文化结构以至整个社会面貌，同时也为了急于将南通的地方自治模式推广到江苏以至全国更多地区，他已办和想办的事情太多，摊子过大，战线过长，远远超过了大生资本集团所能承担的负荷。对于这一点，张謇并非毫无察觉，早在1922年盐垦系统由于连续三年遭到虫雨风水灾害，垦无所获，债息紧逼，并且牵累到大生纺织系统，"乃有踵决肘见之象"，张謇曾自责说："此皆余夙昔自治锐进之说为咎。"[②] 但是此后他对地方公益事业的热心仍然未减，他继续办学校，建公园，兴水利，资助各种体育活动。尽管他的财力已很拮据，但是他可以卖字，典当衣物，仍然乐此不疲。他对自己终生奉行的村落主义的信念，可以说是已经达到虔诚的地步。他从来没有动摇自己的信念，放松自己的追求。然而他也从来没有想过，南通离不开江苏，离不开中国，如果没有社会制度根本性质的变革，没有一个真正属于人民并为人民服务的政府，单纯凭私人的力量是不可能成就一个个孤立的"村落"的革新的。

当然，他的努力决不是毫无成效的。前人称之为失败的英雄，主要是就大生资本集团的破产而言，或者是就他为自己提出的宏伟目标尚未完成而言。但是，他对南通的贡献已经很大了，留给后人的东西已经很多了。在中国近代史上，我们很难发现另外一个人在另外一个县办成这么多事业，产生这么深远的影响。张謇热爱南通，南通怀念张謇，张謇与南通这两个名字已经紧紧连在一起。据张孝若回忆，张謇的出葬是在同年十二月五日，殓服里衣是用大生纱厂所织的南通大布做的。出葬的那天天气晴

---

① 张謇:《南通中等以上学校联合运动会演说》,《张季子九录·教育录》第5卷，中华书局，1931年，第16页。

② 张謇:《啬翁自订年谱》卷下。

张謇墓地今景

朗，霜露凝素，“素车白马，四方来会葬的，和地方上人，共有万余人，都步行执绋。凡柩车经过的地方，那沿路观望的乡人，有数十万都屏息嗟叹，注视作别，送我父到他的永远长眠之地。这坟地是我父生前自己所择定的，已经种了不少树木，前面直对着南山。墓上也不铭不志，只在墓门横石上，题为：‘南通张季直先生之墓阙’”[①]。

“即此粗完一生事，会须身伴五山灵。”[②] 张謇并不怎么注意自己身后人们的评价，但他对历史人物评价却也有独到的看法。1925年，他在南通追悼孙中山大会上演说，结尾一段话是：“若孙中山者，我总认为在历史上确有可以纪念之价值。其个人不贪财聚畜，不自讳短处，亦确可以矜式人民。今中山死矣，其功其过，我国人以地方感受观念之别，大抵绝不能同。然能举非常大事人，苟非圣贤而贤哲为之左右，必有功过互见之处。鄙人愿我国人以公平之心理、远大之眼光对孙中山，勿爱其长而因护其短，勿恨其过而并没其功，为天下惜人才，为万世存正论。”[③]

但愿本书读者，对于张謇其人其事，也能勿爱其长而因护其短，勿恨其过而并没其功，为天下惜人才，为万世存正论！

---

① 张孝若：《南通张季直先生传记》，中华书局，1930年，第521—522页。

② 此为张謇自拟生圹墓门联语。

③ 张謇：《追悼孙中山演说》，《张季子九录·文录》第17卷，中华书局，1931年，第12页。

附录一　大事年表

清咸丰三年癸丑（1853 年）　五月二十五日卯时生于江苏海门常乐镇。

咸丰六年丙辰（1856 年）　3 岁　冬，父亲（彭年）教读《千字文》。

咸丰七年丁巳（1857 年）　4 岁　入海门邱大璋学塾读书，命名吴起元。

咸丰八年戊午（1858 年）　5 岁　仍从邱大璋读书。

咸丰九年己未（1859 年）　6 岁　仍从邱大璋读书。

咸丰十年庚申（1860 年）　7 岁　仍从邱大璋读书。祖母吴氏病故，治丧期间，奉父命习字记小账。

咸丰十一年辛酉（1861 年）　8 岁　仍从邱大璋读书。

同治元年壬戌（1862 年）　9 岁　仍从邱大璋读书。

同治二年癸亥（1863 年）　10 岁　仍从邱大璋读书。曾以“日悬天上”，对师所命“月沉水底”句，父大喜，谓可读书。

同治三年甲子（1864 年）　11 岁　延西亭宋效祁在家授读，謇兄弟三人自任洒扫粪除。六月，奉父命随雇工锄棉田草。

同治四年乙丑（1865 年）　12 岁　读完《论语》、《孟子》、《诗经》、《尚书》、《周易》、《孝经》、《尔雅》，始习试帖、制艺。宋师或挈至西亭诗社，分题作诗，或限字为诗。

同治五年丙寅（1866 年）　13 岁　读《礼记》、《左传》，制艺成篇。五月，余东灶民抗争，清军镇压，乡民惊惶逃徙。宋效祁以兵警归，未几病卒。至西亭从宋琳读书。

同治六年丁卯（1867 年）　14 岁　仍从学于西亭，读《仪礼》，苦不甚解。

同治七年戊辰（1868 年） 15 岁 仍从学于西亭。冒籍如皋张氏，改名张育才。应如皋县、州、院试皆中，取附学生员。

同治八年己巳（1869 年） 16 岁 仍从学于西亭，读《纲鉴易知录》、《通鉴纲目》。

同治九年庚午（1870 年） 17 岁 仍从学于西亭。科试一等十六名，乡试未中。冬，订婚海门徐氏。

同治十年辛未（1871 年） 18 岁 从海门训导赵彭渊学，读桐城方氏所选四书文、朱子四书大全及宋儒书。院试取录。为冒籍事，苦于勒索，家渐不支。十月，自行检举，请褫衣顶归原籍。

同治十一年壬申（1872 年） 19 岁 仍从海门赵彭渊学，读《通鉴》。冒籍事费经周折，时在海门，时至如皋，时至通州，一岁殆无宁日。

同治十二年癸酉（1873 年） 20 岁 仍从海门赵彭渊学，读《三国志》、方望溪集、姚惜抱集。冒籍事了结，以如皋生员归通州原籍，但家益不支，兄弟析产分居。是岁始有日记。

同治十三年甲戌（1874 年） 21 岁 应孙云锦邀，任江宁发审局书记。五月，随孙云锦勘淮安渔滨河积讼案。八月，见张裕钊问古文法。十月，岁试，取一等四名，经古五名，补增广生。十二月，与徐氏结婚。

光绪元年乙亥（1875 年） 22 岁 六月，借住江宁惜阴书院肄业，以避发审局同事忌妒。八月，应恩科乡试未中。

光绪二年丙子（1876 年） 23 岁 仍借惜阴书院肄业。四月，应科试，经古制艺正复四场皆第一，补廪膳生。闰五月，至浦口，入吴长庆幕。乡试未中。典质度岁。

光绪三年丁丑（1877 年） 24 岁 仍在吴长庆幕，读《史记》、《前汉书》。九月，岁试经古制艺正复四场皆第一。十一月，具呈学官，改名謇，字季直。

光绪四年戊寅（1878 年） 25 岁 仍在吴长庆幕。十二月，以军书促迫，在营中度岁。

光绪五年己卯（1879 年） 26 岁 仍在吴长庆幕。正月，协助吴长庆督兵开朱家山河。五月，应科试，经古制艺正复四场皆第一，优行试亦第一。七月，应总督、巡抚、学政三院会考优行生试，取第一。乡试不中。

光绪六年庚辰（1880 年） 27 岁 仍在庆军幕府。四月，随吴长庆陛见。五月，在京师与袁昶、张华奎等结交。是年冬，随吴长庆移驻山东登州、黄县。

光绪七年辛巳（1881 年） 28 岁 仍在登州军幕。随吴长庆至济南，与巡抚商海防事。四月，为袁世凯正制艺。军中事简，读《老子》、《庄子》、《管子》。

光绪八年壬午（1882 年） 29 岁 仍在登州军幕。六月，吴长庆奉命督师援朝，謇为之理画前敌军事。七月，随庆军赴朝。著《壬午东征事略》、《乘时规复流虬策》、《朝鲜善后六策》。

光绪九年癸未（1883 年） 30 岁 仍在汉城庆军幕府。八月叔兄詧至汉城军中。十一月，与沈燮均办理通海花布减捐。

光绪十年甲申（1884 年） 31 岁 正月，办理通海滨海渔团。四月，吴长庆调防奉天金州，闰五月病卒。七月，謇归通州。辞直、粤李、张二督招请。

光绪十一年乙酉（1885 年） 32 岁 三月，至江宁为孙云锦襄校府试卷。四月，至京师，始与盛昱、黄绍箕、沈曾植、梁鼎芬等结交。六月，国子监考到，取第一名，录取第四名。应顺天乡试。九月，听录，中第二。潘祖荫、翁同龢命为《乡试录》前、后序。

光绪十二年丙戌（1886 年） 33 岁 会试不中。五月，南归，读《管子》、《晏子》。为乡里兴蚕桑。

光绪十三年丁亥（1887 年） 34 岁 仍在乡里兴蚕桑。五月，随孙云锦赴开封府任。八月，郑州黄河决口，协助孙云锦查灾。九月，河南巡抚倪文蔚属为主河工计划，草拟《疏塞大纲》。十一月，南旋。

光绪十四年戊子（1888 年） 35 岁 三月，长赣榆选青书院，兼修县志。恢复海门溥善堂。

光绪十五年己丑（1889 年） 36 岁 正月，会试不中。九月始与山阴汤寿潜结交。是岁著《棉谱》，辑《志例》。

光绪十六年庚寅（1890 年） 37 岁 二月，会试不中。

光绪十七年辛卯（1891 年） 38 岁 至东台校县试卷，修《东台县志》。著《周易音训句读》。

光绪十八年壬辰（1892 年） 39 岁 会试不中，乃尽屏试具。十二月，营柳西草堂。

光绪十九年癸巳（1893 年） 40 岁 长崇明瀛州书院。

光绪二十年甲午（1894 年） 41 岁 二月，恩科会试，中一甲一名进士，授翰林院修撰。九月，疏劾李鸿章战不备，败和局。父丧南归。

光绪二十一年乙未（1895 年） 42 岁 总办通海团练。十月，列名开上海强学会。十二月，应张之洞之聘，长江宁文正书院。为通海花布商议办认捐。

光绪二十二年丙申（1896 年） 43 岁 二月，至江宁，主持文正书院。又应兼安徽巡抚沈秉成之聘，任安庆经古书院院长。三月，与刘坤一议办通州纱厂。

光绪二十三年丁酉（1897 年） 44 岁 长文正书院。三月，至武昌，与张之洞议纱厂事。十一月，定《厂约》。

光绪二十四年戊戌（1898 年） 45 岁 仍长文正书院。三月，大生纱厂兴工，为刘坤一修改《开垦海门荒滩奏略》。闰三月，入都销假。四月，为翁同龢起草大学堂办法。六月，请假南归。七月，任江苏商务局总理。

光绪二十五年己亥（1899 年） 46 岁 仍长文正书院，任学部咨议。四月大生纱厂开车出纱。

光绪二十六年庚子（1900 年） 47 岁 仍长文正书院。五月，筹议东南互保。闰八月，筹建通海垦牧公司。

光绪二十七年辛丑（1901 年） 48 岁 二月，作《变法平议》。三月，辞文正书院。七月，为刘坤一订初高等两级小学、中学课程。十一月，通海垦牧公司开工。

光绪二十八年壬寅（1902 年） 49 岁 五月，订垦牧公司《招佃章程》，筹建通州师范学校。九月，作《中国师范学校平议》。

光绪二十九年癸卯（1903 年）　50 岁　四月，师范学校开学，赴日本参观大阪博览会。七月，筹建吕四盐业公司、渔业公司。

光绪三十年甲辰（1904 年）　51 岁　三月，任商部头等顾问官。四月，为张之洞、魏光焘起草请求立宪奏稿。六月，刻印《日本宪法》。筹建上海大达轮步公司。七月，筹建大生二厂。

光绪三十一年乙巳（1905 年）　52 岁　二月，任上海震旦学院院董。八月，任江苏教育会会长。十一月，创建南通博物苑。

光绪三十二年丙午（1906 年）　53 岁　创建吴淞商船学校。闰四月，任苏省铁路公司协理。创设通州法政讲习会。十一月发起成立预备立宪公会。

光绪三十三年丁未（1907 年）　54 岁　四月，参与创设中国公学。七月，大生一厂举行第一次股东会。

光绪三十四年戊申（1908 年）　55 岁　五月，奉旨筹备江苏咨议局。

宣统元年己酉（1909 年）　56 岁　八月，江苏咨议局开会，当选为议长。发起国会请愿运动。九月，被推为中国图书公司总理。

宣统二年庚戌（1910 年）　57 岁　二月，江宁举办南洋劝业会，议设劝业研究会。六月议设全国农业联合会。八月，江苏咨议局欢宴美国商团大赉等人。十月，在上海与大赉等讨论中美合营实业。

宣统三年辛亥（1911 年）　58 岁　四月，被推为沪汉粤津商会代表，赴京陈请报聘美国。五月，至汉口议租纱布丝麻四厂。过彰德，访袁世凯于洹上村。入京，见摄政王。六月，去东三省考察。主持中央教育会会议。八月，去鄂，参加大维纱厂开工典礼。九月，辞农工商大臣、东南宣慰使。十月，任江苏两淮盐政总理。十一月，参与创设中华民国联合会、统一党，任南京临时政府实业部总长。十二月，辞实业总长。

民国元年壬子（1912 年）　59 岁　三月，参与创设共和党。六月，创建盲哑学校。八月，在北京见袁世凯，陈说改革盐法。十一月，任导淮督办。

民国二年癸丑（1913 年）　60 岁　正月，营筑军山气象台。三月，调解宋案。九月，入京，任农商部总长。十一月，任全国水利局总裁。

民国三年甲寅（1914 年）　61 岁　二月，组织游美报聘实业团，参加旧金山博览会。四月，与荷兰工程师勘察淮河。八月，创设河海工科专校。

民国四年乙卯（1915 年）　62 岁　二月，辞农商总长。十一月辞水利局总裁并参政职。

民国五年丙辰（1916 年）　63 岁　五月，被举为中国银行股东联合会会长。十一月，盲哑学校、气象台开幕。

民国六年丁巳（1917 年）　64 岁　四月，图书馆落成开幕。七月，公园落成，并作歌。

民国七年戊午（1918 年）　65 岁　十月，电陆征祥嘱于和会提出修改税法及撤消领事裁判权。十一月，主张国际税法平等会在沪成立，被推为会长。撰《绣谱》。

民国八年己未（1919 年）　66 岁　正月，北京组织国际联盟同志会，被推为理事。六月，任运河督办。筹建更俗剧场、大生三厂。八月，伶工学校落成。十一月，淮海实业银行南通总行开幕。梅欧阁落成。

民国九年庚申（1920 年）　67 岁　正月，定岁时团拜之例。二月，组织苏社。四月，杜威来通演讲。八月，绣织局与女工传习所同时落成。九月，县自治会举行第一届开会式。十二月，侨吴淞商埠局督办。

民国十年辛酉（1921 年）　68 岁　正月，自常乐试行汽车至南通。二月，检旧存文字，订为《九录》。七月，中日菲远东运动会推任名誉会长。八月，运河救灾。十一月，至沪参加国是会议。

民国十一年壬戌（1922 年）　69 岁　四月，盐垦股东会议议决设盐垦纺织总管理处以应付危机。五月，主持南通中等学校联合运动会。

民国十二年癸亥（1923 年）　70 岁　二月，自订 70 岁前年谱。四月，通州师范学校开二十周年纪念会，发表演说。大生纱厂股东会，面临大厄。

民国十三年甲子（1924 年）　71 岁　四月，各公司开董事会，应付危机。参加全县高小联合运动会。八月，江浙战争，典衣捐 2 000[①] 救济江

① 此处没有单位，原文如此。

南灾民。

民国十四年乙丑（1925 年）　72 岁　三月，开会追悼孙中山，发表演说。四月，视察垦牧公司。六月，各校暑期讲习会开会，发表演说。

民国十五年丙寅（1926 年）　73 岁　二月，购沙田作为男女师范基产。三月，参加女子师范学校二十周年纪念会，发表演说。五月，视察南通保坍工程。七月十七日，病逝。

附录二　主要征引书目

《张季子九录》，张孝若编，中华书局 1931 年版，附荣哀录。

《张謇全集》，张謇研究中心、南通图书馆编，江苏古籍出版社 1994 年版。

《张啬庵先生九录》，顾公毅编，南通翰墨林印书局 1947 年版。

《张啬庵先生实业文钞》，曹文麟编，南通翰墨林印书局 1948 年版。

《啬翁自订年谱》（原稿石印本）。

《张殿撰教育手牒》（影印本）。

《啬翁垦牧手牒》（影印本）。

《梅欧阁诗录》（影印本），张謇辑，中华工商联合出版社 1999 年版。

《张謇未刊函电》（稿本，不全，我只看到 7、8、26、27、29、31、32、33、34、35、36 等册）。

《来函汇集》（原件），扶海垞辑藏。

《张謇存稿》，杨立强等编，上海人民出版社 1987 年版。

《父训》（原件），张孝若辑藏。

《张謇致沈敬夫函札》（原件），沈燕谋辑藏。

《柳西草堂日记》（台北文海出版社 1967 年影印本，自同治十二年癸酉九月至光绪十八年壬辰五月）。

《张謇日记》（江苏人民出版社 1962 年影印本，亦即《柳西草堂日记》，自光绪十八年壬辰至民国十五年六月）。

《近代史料信札》（即《赵凤昌藏札》，共 109 册，其中 107、108、109 册亦名《辛亥要件》）。

《翁文恭公日记》，商务印书馆 1925 年影印本。

《翁松禅致张啬庵手书》(影印本)。

《翁同龢诗词集》，朱育礼校点，上海古籍出版社 1998 年版。

《南通张季直先生传记》，张孝若撰，中华书局 1930 年版。

《张謇传记》，刘厚生撰，龙门联合书局 1958 年版。

《通州兴办实业之历史》，南通翰墨林印书局 1910 年版。

《通海垦牧公司开办十年之历史》，南通翰墨林印书局。

《南通地方自治十九年之成绩》，南通翰墨林印书局 1915 年版。

《二十年来之南通》，南通县自治会编，南通翰墨林印书局 1930 年版。

《近代南通土布史》，林举百著，南京大学学报编辑部 1984 年版。

《中国江苏省南通州张謇关系事业调查报告书》，驹井德三撰，抄件。

《张謇农商总长任期经济资料选编》，中国第二历史档案馆、沈家五编，南京大学出版社 1987 年版。

《清代科举考试述录》，商衍鎏著，生活·读书·新知三联出版社 1958 年版。

《通报》。

《新通海》。

《通海新报》。

附录三　主要参考书目

《论张謇——第一届张謇国际学术研讨会论文集》。

《近代改革家张謇——第二届张謇国际学术研讨会论文集》，严学熙主编，江苏古籍出版社 1996 年版。

《张謇著作及其事业档案资料篇目索引》，倪友春等编，江苏人民出版社 1999 年版。

《甲午战争与翁同龢》，常熟市人民政府、中国史学会编，中国人民大学出版社 1995 年版。

《大生系统企业史》，本书编写组编，江苏古籍出版社 1990 年版。

《大生纺织公司年鉴（1895—1947)》，张季直先生事业史编纂处编，江苏人民出版社 1998 年版。

《大生纱厂工人生活的调查》，穆烜编著，江苏人民出版社 1994 年版。

《光绪朝东华录》，朱寿朋编，中华书局 1958 年版。

《宣统政记》，金毓黻编，辽海书社 1934 年版。

《清朝续文献通考》，刘锦藻编，上海商务印书馆 1955 年版。

《大清会典》，上海商务印书馆铅印本。

《钦定科场条例》，礼部编纂。

《清史稿》，赵尔巽编，中华书局 1977 年版。

《清季重要职官年表》，钱实甫编，中华书局 1959 年版。

《皇朝经世文续编》，葛士濬辑，上海广百宋斋光绪二十八年印本。

《皇朝经世文三编》，陈忠倚辑，龙文书局石印本。

《张文襄公全集》，张之洞，北平文华斋民国 17 年刻本。

《刘坤一遗集》，刘坤一，中华书局 1959 年版。

《清稗类钞》，徐珂编纂，中华书局 1999 年版。

《远生遗著》，黄远庸著，商务印书馆 1920 年版。

《梁任公先生年谱长编》，丁文江编，1936 年油印本。

《三水梁燕孙先生年谱》，风岗及门弟子编，1946 年版。

《袁大总统书牍汇编》，徐有朋编，上海广益书局民国三年版。

《黎副总统书牍汇编》，汪钰孙编，新中国图书局民国十七年版。

《民国文牍》，新黄岷编，上海广益书局 1912 年版。

《辛亥革命回忆录》，中国人民政治协商会议全国委员会文史资料研究委员会编，中华书局 1961 年版。

《文史资料选辑》第一、二辑，南通市政协文史资料委员会编，南通市政协 1981 年版。

《洋务运动》，中国科学院近代史研究所史料编辑室、中共档案馆明清档案部编辑组编，上海人民出版社 1961 年版。

《戊戌变法》，中国史学会编，上海人民出版社 1961 年版。

《义和团》，中国史学会编，神州国光社 1951 年版。

《辛亥革命》，中国史学会编，上海人民出版社 1957 年版。

《辛亥革命前十年间时论选辑》，张枬、王忍之编，生活·读书·新知三联书店 1960、1963、1977 年版。

《中华民国开国五十年文献》，本书编纂委员会编，正中书局 1963—1965 年版。

《革命文献》，国民党党史史料编纂委员会编，兴台印刷厂版。

《中国近代经济史统计资料选辑》，严中平等编，科学出版社 1955 年版。

《中国近代手工业史资料》，彭泽益编，生活·读书·新知三联书店 1957 年版。

《中国近代工业史资料》，孙毓棠、汪敬虞编，科学出版社 1957 年版。

《中国近代农业史资料》，李文治编，生活·读书·新知三联书店 1957 年版。

《中国近代对外贸易资料》，姚贤镐编，中华书局 1962 年版。

《中国近代铁路史资料》，宓汝成编，中华书局 1963 年版。

《中国棉纺织史稿》，严中平著，科学出版社 1955 年版。

《戊戌以后三十年中国政治史》，李剑农著，中华书局 1965 年版。

《戊戌变法人物传稿》，汤志钧著，中华书局 1982 年增订版。

《革命逸史》，冯自由编，商务印书馆 1945—1947 年版。

《北洋军阀统治时期史话》，陶菊隐著，生活·读书·新知三联书店 1962 年版。

《立宪派与辛亥革命》，张朋园著，台北商务印书馆 1969 年版。

《袁世凯与中华民国》，白蕉著，人文月刊社 1936 年再版。

《共和关键录》，欢渡庐（伍廷芳）著，著易堂书局民元版。

《癸丑祸乱纪略》，介北逸叟，上海有益斋 1913 年版。

《中华民国史》第一、二编，李新等主编，中华书局 1981、1987 年版。

《张謇と辛亥革命》，藤冈喜久男著，北海道大学图书刊行会 1985 年版。

《中华第一共和制と张謇》，藤冈喜久男著，汲古书院 1999 年版。

Samuel C. Chu，Reformer in Modern China，Chang Chien，1853—1926，New York 1958.

Marianne Bastid，L’ Evolution de la Societe Chinoise A la Fin de la Dynastie des Qing，1873—1911，Paris 1979.

我与张謇研究（代后记）

我对张謇这个历史人物产生兴趣，是从1961年开始的。

那年秋天，在武昌举行的纪念辛亥革命50周年学术会议上，上海哲学社会科学研究所（现今上海社会科学院的前身）的徐崙宣读了《张謇在辛亥革命中的政治活动》这篇论文，引起十分热烈的反响。其所以如此，一是由于他运用了较多的原始文献，特别是人们还不太熟悉的赵凤昌藏札（张静庐抄本）；再则是他认为“张謇在经济上是民族资产阶级上层，在政治上是反革命的助手”，当时，这个结论很难为众多学者所认同。中央领导已经再次重申“双百”方针，提倡实事求是学风和学术上的自由讨论，张謇的阶级属性与政治倾向遂成为会上争论的热点之一。在此前后，上海的《文汇报》等报刊也发表好多篇争鸣文章，人们的学术思想逐渐从1958年以来愈演愈烈的“左”倾思潮禁锢中解放出来。

从1960年开始，我在研究辛亥革命时期的中国资产阶级，所以对有关张謇的讨论很感兴趣；但由于接触原始史料很少，难以形成真正属于自己的学术见解。会后，我深感自己并没有具备从宏观上研究中国资产阶级的基本条件，必须先从企业和企业主的个案研究着手，然后再逐步扩大自己研究的广度与深度。至于是否以张謇研究作为起点，我一时还拿不定主意，因为对于这个内容极为丰富而又复杂的课题实在了解太少。幸好，南通在1962年率先做了大量工作，如《张謇日记》的影印出版，曹从坡《张謇的悲剧》一文的发表，《大生资本集团史》初稿的完成与修订，以及管老（劲丞）发表《张謇在辛亥革命中的政治活动考察》一文与徐崙辩论等。这种种因素形成一股强大的吸引力，把我这个刚刚在史学海洋上启航的年轻舟子召唤到张謇的故乡。

1962年9月下旬，我从上海乘轮船前往南通。当时国家经济情况刚刚好转，好些地方粮食供应仍然很差，大哥怕我旅途挨饿，还把家里节省的两斤白面连夜做成大饼让我带上。船过崇明时，海上风浪大作，我第一次看到黄海，看到崇明、吴淞，看到长江入海处这一大片土地，这不就是张謇曾经长期开发与经营过的热土吗！我带着颇为兴奋的心情登上南通码头。60年代的南通还保持着较多原有历史风貌，市容整洁，民风淳朴，连为我提供住宿的旅舍也基本上沿袭着张謇时代的格局。除那个宽阔的天井和典雅的木栏杆外，给我印象最深的则是那一排光洁明亮的红漆木柜似的公共“马桶”，人们可以并排坐着方便乃至聊天，并不像外地一般公厕那样气味难闻。一日三餐的供应也很好，菜肴可口，分量充足，我带来的两斤大饼已无用武之地。

我结识的第一个南通人就是穆烜，当时他似乎正负责南通革命史调查研究工作，同时也参与张謇历史资料的搜集与管理。随后又经过他与时任市委宣传部长后任副市长的曹从坡相识。穆烜的诚朴谦虚与从坡的才思敏捷，都给我留下极为深刻的印象。由于从坡公务很忙，主要是穆烜不断为我介绍有关情况，并且把最珍贵的未刊稿本借给我阅读，此外还安排我到有关历史遗址参观。可以说，我的张謇研究直到此时才说得上正式起步。滞留南通期间，还有幸见到费范九、管劲丞、徐海萍等对张謇了解较多的老人，他们或参加座谈，或个别会晤，或导引参观，为我提供许多书本上所没有的感性认识。费老的平易近人，管老的滔滔雄辩，徐老的冲淡闲逸，都是我永远难以忘却的记忆。国庆期间，秋高气爽，省市领导又在景色如画的狼山欢宴南通各界知名人士，我则作为惟一的外地来宾应邀出席。狼山椒鸡，阳澄湖蟹，还有以桂圆、红枣之类酿成的美酒，主人殷勤劝饮，客人频频举杯，这是我生平第一遭醉酒。我不知何时席散，也不知被何人扶到楼上僧房，下午酒醒已是夕阳西下，只见偌大僧床上横七竖八躺着十来个醉汉，最后离开狼山时还不得不留下一个实在难以行动的老醉翁。我一直认为，是南通人的纯真热情使我醉倒，我的张謇研究在如此温馨的氛围中开始，这是一生莫大的幸福。

1963年至1964年，学校慷慨地给我一年多进修时间。恰好原华中师院老院长杨东莼，时任全国政协副秘书长兼文史资料委员会副主任，他便以协助该会征集北洋政府时期史料名义把我借调到北京。我到北京以后，发现北洋史料征集工作并不繁重，大部分时间都可以用于张謇研究，而且全国政协还为我提供了相当优越的工作与生活条件。起初是独自住在白石桥社会主义学院招待所，离风景幽美的紫竹院与玉渊潭甚近，每天前往北海旁边北京图书馆善本室阅读并抄录赵凤昌未刊函札之类珍贵原始文献，早晚则可在寂静的公园里散步遐思。1964 年春，东老与近代史研究所的刘大年、黎澍等著名学者，根据正在医院养病的胡乔木的建议，筹组中国社会历史调查委员会，让我也参加若干前期工作。该会办公室设在中华书局，我便作为“常驻”人员迁居“中华”。中华书局的物质条件与自然景观虽然不及社会主义学院，但是标点“二十四史”的多位前辈学者集中在这里，可以随时请教；还有大量藏书（其中不乏珍本），借阅也就更为方便。此外，祁龙威当时也在这里校注《张謇日记》，我们正好从事同一历史人物的研究，朝夕相互切磋，获益更属匪浅。李侃时任中华书局近代史编辑室主任，对我的工作与生活都非常关切。记得我撰写的张謇传记初稿，他们两位都曾经审阅过一部分并提出宝贵意见。

在这一年多时间，我的基础工作包括两方面：一是为张謇、赵凤昌等部分未刊函电做笺注，以求把相关人、时、地、事弄清楚；一是以《啬翁自订年谱》与《柳西草堂日记》为基干，把《张季子九录》及其他重要相关人士的文集、函电加以排比，做较详细的史料长编。最初的传稿就是在这个基础上写成的，同时还先后发表了《论张謇的矛盾性格》（《历史研究》1963 年 3 月）、《辛亥前后张謇和袁世凯的关系》（《光明日报》1963 年 4 月 7 日）两篇文章，大体上表述了我对张謇一生的基本理解。当时真正集中力量研究张謇的学者并非甚多，扎扎实实做原始文献搜集、整理等基础工作者更少，所以这两篇早年习作虽不成熟，却能引起一些同行学者的重视。多年以后才知道，海外若干知名学者早已在其专著中引用过这两篇文章，如张朋园的《立宪派与辛亥革命》、藤冈喜久男的《张謇と辛亥革命》等。“文革”前我们与海外国家和地区谈不上有什么学术交流，他们能够认真阅读我的论文并且认同其中若干论点，也算是难能可贵的了。

这部40万字左右的书稿虽然是在中华书局写的，然而根据事前的稿约却应交由上海人民出版社出版。中华书局对于此事颇为豁达，自始至终对我的写作给以多方面帮助，表现出一代出版家的大度与高尚，这是我应该向广大读者加以说明的。书稿写成寄交上海人民出版社后，责任编辑看得很认真也颇为重视，但在当时“左”倾思潮干扰下，他们认为不宜为张謇出这样大部头的学术传记，同时又建议在评价方面注意“降调”。因为急于自己的处女作早日问世，我便遵照责编的意见将书稿压缩到20多万字，并且加强了对张謇的“阶级局限”的分析。修改稿寄到上海人民出版社后很快又寄回来了，上面几乎有一半稿纸上都粘满了密密麻麻建议再加修改的签注。这些意见大都重复，无非是：(1) 建议删削或压缩，(2) 不宜肯定过多。这些意见是否都出于责任编辑的本心，现今已无从查考，但在“千万不要忘记阶级斗争”口号响彻云霄的当年，它们的重复出现自然是可以理解的。但是，我看到这么多签注以后，颇有无可奈何之感。如果按照签注意见修改，则大概只能剩下10几万字，相当于一般普及性知识丛书的分量，而更严重的是传主面貌将被改得面目全非，与我已发表的《论张謇的矛盾性格》一文的基本观点相距甚远，等于是自己打自己的耳光。但如果坚持己见，不加任何修改，则出版社也有自己的难处，决不可能付印发行。正在不知如何办才好的时候，我那篇评李秀成的急就文章“东窗事发”，中宣部通知湖北省委宣传部召我回校接受批判。《开拓者的足迹——张謇传稿》(简称《张謇传稿》) 的修改问题只有搁置下来。

“文革”期间我被列为全校重点批斗对象，罪名之一就是为大资本家树碑立传，连这部书稿也被抄家时拿去作为反面教材。我的张謇研究被迫中断前后达14年，直到“文革”结束后经过落实政策发还书稿，我才摘要写成《从状元到资本家》、《在两个世纪之间》两篇文章，在《华中师院学报》1978年第2、3两期连续发表。但1980年以前，我的主要精力还是用于《辛亥革命史》三卷本的编写；从1981年开始，我才回复到江浙资产阶级的研究，当然其中也包含张謇研究。《近代史研究》1981年第1期发表拙作《翁张交谊与晚清政局》，可以看作我在新的历史时期重新研究张謇的发端，细心的读者不难发现我的研究视野较前开阔，学术见解也略有变异与深化。

但是“左”倾影响相当深远，并非短短两三年时间所能肃清。记得1982年在南京举行江苏省现代经济史学术讨论会，会上谈到“文革”对南通张謇研究及历史文物的冲击，包括把张謇铜像拆除并“游斗”等。我忍不住建议说，应该重新为张謇塑像，与会许多江苏同行都表示赞同。当时江苏省政协有位副主席也参加此次会议，最后作总结发言的好像就是这位资深官员。他字斟句酌地说：“为张謇塑像是必要的，但无需塑全身铜像，也许塑个半身的石膏像就可以了，因为中央对历史人物塑像有若干具体规定。”他说完后，大家都沉默无语，没有任何人公开表示异议，而其实是没有一个人同意他的说法。这位副主席德高望重，平易近人，并且自己也曾历经磨难，所以大家明白他是出于对我们的爱护，怕我们为此类敏感话题惹祸，才如此说的。会议结束以后，大家带着多少有点沉重的心情回去，不过重新研究张謇的热情并未受到任何影响。正是在这次会上，我结识了南京大学历史系的严学熙，他对张謇研究的满腔热忱，以及对江苏各市、县风土人情的极为熟悉，都给我留下相当深刻的印象。好像就是在这次会后，他陪我再次前往南通。

南通毕竟不愧为张謇的家乡，南通人对张謇的研究仍然走在全国的前列。尽管受到“文革”的严重冲击，一贯关心并带头研究张謇的地、市领导如邹强、曹从坡等，又重新站出来与其他热心人士共同努力振兴旧业。南通市图书馆于1979年率先挂出“张謇研究室”的牌子，并且编印了《张謇研究资料》，还组织人力编辑了1962年抄存的张謇未刊函稿。从坡虽然已不再担任市府领导职务，但对张謇研究的热心支持仍然一如往昔，穆烜则已出任博物苑馆长，可以全力投入研究，已经退休的管霞起老人也是整天忙于校注张謇资料。我们的重逢恍若隔世，这20年经过多少重大的劫难啊！遗憾的是费范九、管劲丞等前辈均已辞世，还有好些疑难问题已无从向他们请教。我们在南通看了几天资料以后，又前往大丰考察当年盐垦遗址，同行的似乎还有姚谦。我是第一次看见黄海之滨辽阔无际的已垦和未垦滩涂，张謇为垦牧乡所写诗文的情景仿佛历历在目。这次考察弥补了我前此感性认识的不足，而所拍“滚地龙”照片则为当年盐垦先驱者的居住条件留下了历史见证。

张謇研究的发展势头很好。南通在1984年成立了张謇研究中心，1985年8月为张謇铜像重立揭幕，举行了隆重的庆典，我也应邀前往参加，并有幸结识了海内外不少张謇后裔，特别是柔武、绪武姐弟。我再一次参观了张謇的生地、故居与其他相关遗址，尽可能追寻与捕捉自己对张謇已有的和未曾有过的感觉。我研究历史非常注意史感，即把握当时的历史情境，也就是历史唯物主义常说的，一切依时间、地点、条件为转移，而我则习惯地称之为“设身处地”。在张謇研究中断20多年以后，两次去南通参观访问都使我受益匪浅。好像就是在1985年，南京大学与南通张謇研究中心决定在1986年，为纪念张謇逝世60周年，举办第一次张謇国际学术研讨会。也正是在1985年，中华书局的李侃和陈铮建议抓紧把张謇传的旧稿加以修订，争取在国际研讨会前夕出版。中华书局历来以出版作风严谨著称，但毛病是出版周期往往过长，此次能允诺一年之内出书，自然是很难得的事。加以“文革”又已过了7年，上海人民出版社始终没有重新与我联络有关张謇传出版问题（可能因人事变动较大），20多年以前的稿约业已自然失效，所以我便接受了中华书局的建议。这部书稿本来是在中华书局写的，经过20多年风风雨雨之后，终于又回归由中华书局出版，这大概可以看作一种宿缘吧！

但是，从写作时间来说，我却远远没有20多年以前那么宽裕。也许是历史的误会，1983年经过民意测验，我居然被国务院任命为华中师范学院院长（1985年以后改为华中师范大学校长）。1984年春正式就职，自此家无宁日，除每周上6天行政班外，回家也是电话铃声不断，不速之客常来，连书房也成为校长办公室的外延，有时连星期天也要处理比较紧急的偶发事件。在6年任职期间，我主要是靠早上4时至8时写作，因为这段时间大多既无访客也无电话，可以聚精会神做点学问。《张謇传稿》的修订就是利用每天这段黄金时间，1985年秋由于交稿期迫，只有请假15天到南通最后定稿。我与从坡、穆烜等南通友人虽然相交已数十年，但却以这次在南通相聚时间最久。从坡仍然是那么儒雅而又干练，他把我安排在啬公园附近一所职业学校的招待所，环境幽美安静而且离市图书馆也很近，便于借阅相关资料进行必要的校核。可能是由于从坡的叮嘱，职校对我照顾得无微不至。宽敞明亮的招待所（两层楼房）离教学区较远，而且只有我一人借住，客厅周边摆满盛开的菊花，推开后窗可以看见大片大片的菜地、农舍，稍远林木葱茏处便是张謇永远安息于斯的啬公园。几乎到处都可以感觉到张謇的存在，我在修订书稿时不断与传记的主人公心灵对话，这可以说是自己一生中的最佳写作状态。对于从坡用心细密精微之处，我在内心深深为之倾倒。

由于时间的限制，我不可能对旧稿作较大的变动，尽管它是写于 20 多年以前。我的修订工作主要有二：一是对引用原始资料再次进行核对，一是在对张謇其人的解读方面力求有所深化。对资料的核对无须在这里赘述，对张謇理解的深化则在《张謇传稿》自序中已经有所说明。张謇是过渡性时代、过渡性社会中的一个过渡性人物，他一生的发展变化既有纵向的攀升也有横向的演进。我主要是引进了社会学对于群体的理论分析，说明他如何从一个普通农家子弟经过科举成为士人群体的成员，又从士人群体的低层逐步攀升到高层，然后再从士人群体向绅商群体演变，终于进入新兴资产阶级的行列。我在 80 年代中期不断强调史学必须加强社会环境与社会群体的研究，《张謇传稿》的修订就是力图在这个方面有所前进。

中华书局言而有信，此书果然在 1986 年 12 月出版，装帧和版式都很讲究。恰巧张謇国际学术研讨会因故推迟到 1987 年举行，我这本传记便得以及时送给到会的中外学者。日本北海道北海学园大学的藤冈喜久男教授与我在会上一见如故，因为他也是长期从事张謇研究的史学家，而且在 1985 年已经出版了《张謇と辛亥革命》一书。他粗略地阅读了我这本传记，并且利用会下时间与我多次晤谈。我们的学术观点，包括对张謇的某些看法（如参与立宪运动）不尽相同，但他认为我利用的大量原始文献，如《张謇未刊函电》、《来函汇集》、《近代史料信札》等，在日本很难见到而且也非一般日本学者所易于解读，便自告奋勇要求代为译成日文出版。我很高兴结识这位比我年长 5 岁的东瀛知音，相信以他对张謇史料的熟悉和研究之深入，必定能把此书准确地介绍给日本读者，所以便表示欣然同意。懂行的学者大多都能理解翻译史学专著的难度，用老友陈志让的话来说，就是比自己写论文还要困难得多，因为自己写作可以避开某些尚未弄清楚的史实和资料，但翻译则必须忠实于原著，一个字也不能马虎。藤冈回国以后，在一年多期间不断与我书信往还，商讨某些艰深诗文的翻译细节，我认为他的汉学功力很深而治学态度尤为严谨，可以说是此书最恰当的日文译者。由于他的不懈努力，这本传记经由东京东方书店于 1989 年 10 月出版，封面设计古朴典雅，非常符合传记主人公的身份与性格。

此次张謇国际研讨会，不仅在中国是首届，就是在国际上亦属发端。但凡较知名的国内外张謇研究学者都来参加，提交的论文大多言之有物，不乏新见，讨论也热烈而又深入，可以说是张謇研究的一次大检阅。我在会上宣读了自己的论文《对张謇的再认识》，除对过去的“左”倾思潮影响有所清算外，特别强调张謇在谋求南通地区经济、文化发展的过程中，具有相当自觉的总体协调（即整体性）的特点。正好吴承明亦曾提出“南通模式”问题，所以引发热烈讨论，我认为这是张謇研究渐趋成熟的表现。其他许多论文也能从不同角度提出若干新的思路，可惜我已经无法吸收到已经出版的传稿中了。这次会议显然对张謇研究起了促进作用，所以会议前后出现了小小的“张謇热”，已经有更多的海内外学者对这个重要历史人物产生兴趣。报刊上发表的相关文章逐渐增多，而且海内外都有研究生把张謇研究作为自己撰写博士学位论文的课题。在此期间我也曾发表过一系列论文，如《张謇与中国近代化》、《对外经济关系与大生资本集团的兴衰》、《张謇与近代化模式》、《张謇与中法银行》等，或多或少为张謇研究的发展起了一点推波助澜作用。

但是到了 90 年代我却成为张謇研究的落伍者，因为从 1990 年 8 月到 1993 年我先后在美国普林斯顿、耶鲁、加州等大学任教或合作研究，主要研究方向已经转为教会大学史，而由于资料的限制遂与张謇研究隔绝。1994 年回国以后，又由于整理贝德士文献并且着重翻译抗战期间南京安全区国际委员会的原始档案，迟迟未能恢复张謇研究。直到去年春天绪武专程来访，恳切希望重新修订张謇传记，我这才下定决心重操故业。但是由于文债累累，积压的写作任务甚多，加上还得参加好几个海外的会议，所以直到暑假才挤出时间重新认真阅读《柳西草堂日记》和《张季子九录》

等系统资料，并且根据新的认识和修订构想又做了一部分笔记。10 月中旬从美国旧金山开会回武汉后，便集中精力从事张謇传记的再次修订工作。因为毕竟是轻车熟路，思路也比较清晰，所以进展还比较顺利，到今年 1 月中旬已经有了 10 万字左右的修改稿。1 月下旬按惯例到广州女儿家春节团聚并避寒，为了利用寒假做进一步修改，还把这 10 万字手稿放在旅行箱中随身携带。不料正碰上春运高潮，广州火车站人群拥挤且秩序极乱，就在出站后叫出租车时被人从背后把衣箱偷（几近于抢）走。真是人海茫茫，呼天不灵，呼地不应，瞬刻之间书稿就从此消失了。当即向公安局报案，随后也曾多方打听，但始终未能找回收有书稿的衣箱。对于一个年逾古稀的老年学者来说，偷走 3 个月的劳动成果就等于是偷走 3 个月的生命啊！为了安慰比我更为焦急的亲人，我只有强作欢笑说："大概是稿子写得不好，老天爷有意让我重写吧！"

于是，我又在女儿为我在阳台精心布置的简易书房中重新开始修改书稿，幸好南方的冬天比较温暖，加以窗外绿树成荫，鲜花环绕，工作效率比在寒冷的武汉要高得多。遗失的稿子逐渐补写出来，而我本人又安然无恙，全家总算松了一口气。3 月初回到武汉以后，资料查阅虽然比较方便，但各种会议、媒体采访、讲演邀请，加上永远填不尽的形形色色表格，其间还曾应邀到台北参加东吴大学百年校庆，精力反而比在广州时分散。不久，和平又从北京打电话告诉，出版社要求 4 月底以前交稿（比绪武原来约定提前两个月），这对我简直是雪上加霜。幸好我还当过一年多学术刊物编辑，略知如何调节自己的写作计划以保证按时出刊，所以便只有尽力压缩原来设想的增补篇幅。因为大家都希望能在今年 8 月即将举行的国际研讨会上看到新版张謇传记，我不能不在极为紧迫的时间里勉为其难。经过这一个多月的赶工（不敢说是拼搏），同时也感谢打字员小周的密切配合，总算把书稿提前送交原定的一家出版社。可能是应了"好事多磨"的俗语，其间又几经波折，直到 7 月下旬，书稿才送达中华工商联合出版社。

此次修改的着重点是对张謇精神世界的深入发掘，因为《张謇传稿》的社会群体阐释毕竟有一定局限，它虽然能使读者深入了解张謇社会角色的转换，但却难以充分展示传主内在的心理变迁与思想境界。我认为，历史学家写人物传记，不能仅仅满足于社会学的类型区分，也不能仅仅满足于事迹的陈述与功过的评论，更为重要的应该是人性的深层发掘，要写出一个有血有肉有个性有灵魂的人。张謇虽然是伟大的实践家，但是他也有活跃的思想与丰富的感情，或许可以称之为有头脑有抱负的性情中人。他留下的大量诗文函札以及别人给他的信件与唱和诗文，都可以为我们发掘张謇的精神世界和感情世界提供极大方便。但是很可惜，我们过去在这方面注意不够，因而也就往往容易遗漏传主生命中最为珍贵的一些内容。资本家是资本的人格化，这句话从政治经济学的角度来说固然没错，但资本家毕竟是人，不是抽象的经济关系或政治符号。作为历史人物传记，传主应该首先是活生生的富有个性的人，然后才谈得上通过他的言语和行为所体现出的社会角色，任何简单的脸谱化或类型化的陈述都是不可取的。

此次修订对于张謇早年的成长，特别是庆军幕中 8 年的军旅生涯，都有所增补，主要是靠台北影印出版的 1892 年以前的《柳西草堂日记》。1985 年出版的《张謇传稿》虽然已参考过这一部分，但由于时间仓促，来不及过细阅读与消化，所以未能充分运用，现在则着力弥补了这个缺陷。庆军幕中平时的文字工作也许不算繁重，但由于与吴长庆函电往还的那些对象不乏高层重要人物，这对涉世未深的年轻张謇来说，当然是增添社会经验的大好机缘。尤其是壬午之役对张謇的磨练与考验，我们必须给以高度重视。人才仿佛是璞，必须经过反复琢磨才能显示其美质，而朝鲜局势的极端紧急复杂正好为他的舞台亮相提供了机会。张謇纯粹是个文人，但他居然能够从容料理前敌军事；在此以前，他从未跨出过国门，但他居然能够在朝鲜与各种政治人物周旋应对，并且赢得很高声望。对于张謇来说，当时并不缺乏眼光敏锐的伯乐，他们在这个来自农村的青年文士初露才华之际便给以垂青且寄予厚望。而对于我们这些后世的研究者来说，如果看不到壬午之役对于张謇一生事业的重要意义，那才真正是愧对前贤。

对于张謇的科举生涯，过去也是以虚写的笔法为多，以为反正是历史已经给以彻底否定的腐朽制度，犯不着浪费笔墨。其实，正是由于张謇曾有 20 多年之久的科举生涯，而且备试与应试又是其生活中的主要内容，如果不写或虚写科举经历便会使传主 40 岁以前的历史出现一大片空白。科举对张謇的影响是极为深刻的，而且是多方面的。科举应试虽然浪费了张謇的大好青春，然而从当时的历史条件来说，这毕竟还是为处于社会低层的文士提供了一个比较公平的竞技场。何况他一生的学业基础、文化素养乃至思维能力，大多是在反复备试与应试的漫长过程中逐步形成的。而其后张謇从对科举的迷恋中幡然醒悟，转而以全部身心投入兴办新式教育事业，岂不也正是由于他所受科举之害最深，因而对其弊端了解最切，谋求革新最力。科举制度曾经有过千年辉煌，其中必然有不少合理的成分，至少从农业宗法社会与君权时代来说是如此。科举制度的消亡不仅是由于它自身的腐败，更为重要的是它已经无法随着时代的前进而从根本上自我调适，从内容到形式都无法满足转型社会对大量新型人才的急迫需要。多写一点张謇的科举生涯，不仅是增进对这个人物的理解，而且对当前的教育改革似乎也不无借鉴意义。

当然，需要写的内容还有许多许多，譬如水利、盐政、城市规划、慈善事业，乃至宗教思想、书法艺术、工艺美学等等。对于张謇这样丰富多彩的人生来说，传记似乎永远都显得挂一漏万、贫乏单薄，而这也就是几代历史学家难以弥补的遗憾。我常说“史学是永无止境的远航”，正是有感于此而发出的慨叹！但是，我们这一代人的遗憾似乎更为深沉，因为先是连年战乱后是一连串不必要的所谓政治运动耗费了我们大量的宝贵年华。甚至就在“文革”以后，我们也很难将有限的余生，集中用于研究自己最喜爱的学术课题。除必须应付许许多多形式主义的会海文山外，我们还不得不经常挖空心思变换研究课题，借以谋求有限的政府资助与出版机遇，然后便是似乎永远也难以了结的赶稿与“还债”……回想起来，自己这半个世纪的学术生涯经常处于紧迫状态，而且还有许多非学术因素的干扰，并非总是平平顺顺地做学问。学术研究需要有长期的连贯性，因而也就需要相对宽裕的时间保证，同时更需要比较广阔的思维空间，但愿今后对学术研究的管理工作能够有所改进。

我很高兴看到海内外有这么多年轻学者热心地投入张謇研究的行列，这才真正是希望之所在。他们是在新的条件下和较高的起点上开始自己的研究的，而且再也不会遭受我们曾经遭受过的那些严重禁锢与劫难。我深信必将有一批符合学术规范的张謇研究佳作陆续问世，其中包括超过我这两本旧传的新传。青出于蓝而胜于蓝，这是学术正常发展的客观规律，也是我们这一代人最殷切的期待。但是我们内心也不无忧虑，因为时下学风渐趋浮躁，真正甘于寂寞且扎扎实实做学问的年轻学者并非甚多。原因是多方面的，既有商品大潮的冲击，也有政策导向的缺失，还有上述学术管理工作中存在的许多问题，但学术上的不懈追求最需要的毕竟是学者自己的献身精神。科学（无论是自然科学或是人文科学、社会科学）是老老实实的学问，靠小聪明，靠花架子，靠投机取巧（且不说弄虚作假），都是不可能真正进入较高境界的。轰动效应造就的浮名，往往与昙花一现的结局相伴随，那可能就是一个年轻俊彦的夭折，并成为期望殷切的师友难以磨灭的遗憾。

这些年由于张謇研究进展比较明显，常有友人询问有无可能产生“张謇学”这一史学分支，我至今仍然感到难以作明确的回答。千年以上源远流长的史学长河，确实经常有或大或小、或断或续的分支出现，但这多半是学术本身自然发展的结果。即令是外在需要的推动（如政治、经济、军事、外交等），也必需这一学术分支相对成熟然后才能长期绵延。而且，即令是没有社会的迫切需要，比较成熟的学术的分支也必然以其内在的魅力，吸引着一代又一代学人为之奉献终生，并且为全国乃至世界所关注，成为真正超越于时空的显学，如古代的诸子学乃至近世的所谓红学（《红楼梦》研究）等。张謇确实是一个值得长期研究的重要历史人物，无论就其思想还是就其事功而言都属如此，何况还有那么多卷帙浩繁的文献资料可以提供研究。即使从现实需要而言，张謇研究有待于不断加强也是众多人士的共识。但是恕我直言，张謇研究毕竟起步较晚，还有大量的基础工作要做，而且一定要做好，然后才有可能出现一批真正可以传世的学术佳构，乃至一批处于国内外先进行列的张謇研究者。只有到那时，“张謇学”才是水到渠成、实至名归了。至于那时究竟是何时，历史学家不是预言家，也订不了日程表，一切都取决于众多有志于张謇研究的学者（特别是青年学者）的共同努力，也有赖于社会各界热心人士的大力扶持。至于我本人，当然期望乐观其成。

目前最需要重视的还是基础工作。

从研究整体而言，资料就是最重要的基础工作。在这方面，南通已经做了大量富有成效的工作，如《张謇存稿》、《张謇全集》以及其他资料性和工具性书籍的先后出版，都为我们提供了极大方便。但是各种报刊、中外公私档案的相关资料，似乎还需要进一步搜集整理；而即令是已经编辑出版的大型资料，如果没有较细密的校注笺证工作，也很难得心应手地充分运用。凡是认真阅读过张謇和赵凤昌函电稿本的学者都知道，其中隐语、典故多如牛毛，即令是并非隐语、典故，对人之称呼有名、字、号或笔名、地名之别，若非详加考订，稍一不慎就会闹大笑话。而现今之世，又有多少人能够长期潜心做此类校注笺释工夫？

从研究者自身来说，也要打好必备的学业基础，包括语言文字、理论思维、方法训练、学术素养、资料积累等方面，借用影视业一句流行语："一个也不能少。"我常爱对年轻学者说，武林高手最重视腰腿工夫，那就是他们的基础，离开腰腿的刻苦锻炼，任何好看的招式都只能属于花拳绣腿，好看不中用，明眼人一瞥即知。史学研究如果不打好坚实的基础，任何光彩耀眼的皇皇巨著必然如同建立在流沙上的大厦，迟早是会倾倒成为一片废墟的。真正有志于在张謇研究这一领域建功立业的年轻俊彦应该懂得这层道理，要决心在相当长的时间甘于寂寞，安于清贫，扎扎实实打好自己的基础，然后才有可能像张謇那样的大器晚成，越来越显示出自己"可持续发展"的雄浑后劲。当然，政府与社会也应该理解史学的特点和史学家成熟的艰难，给以必要的关心与扶植，促使青年一代学者更为健康地成长。

张謇研究现今虽已取得显著成绩，但从总体来看学术水平仍然不算很高，至少是与已成显学的孙中山研究、陶行知研究相比。我们在做好基础工作的前提下，还必须进一步扩大研究的广度与深度，并且不断更新研究的视角与方法。而就目前急需加强的工作来说，比较研究似乎还没有引起更多的学者注意。迄今为止的学术论著（包括本人在内）大多是就张謇论张謇，就南通论南通，因而往往存在较大局限。应该把张謇与其他同时代中外大企业家放在一起，把南通与其他中外后起中等城市放在一起，认真加以比较研究，必然会有许多新的重大突破。当然，社会现实需要提出的一些问题，如现代化模式、市民社会发育、城市建设规划、商业伦理重建、企业经营管理，乃至张謇早就提出的“政、学、业”三者之间的良性互动关系等等，也都需要我们在张謇研究学术论著中给以积极的回应。

回顾自己的学术生涯，实在很难说是一个称职的张謇研究者，而宁可说是一个张謇研究的落伍者。这既意味着水平不高，更惭愧的是三心二意。“文革”期间的被迫中断非我之罪，但“文革”以后我的主要精力却大多投入辛亥革命研究，从80年代后期开始又转向教会大学史研究，以及与此相伴随的侵华日军南京大屠杀研究。这些研究虽然与张謇研究不无相关或相通之处，但一个人的精力毕竟是有限的，有得则有失，顾此必失彼。因此，我已经没有多少时间系统阅读这些年已经出版和尚未正式出版的大批文献资料，甚至也很难认真阅读国内外有关张謇的最新论著，这些都使我自己的张謇研究难以有更大的进步。不过我对张謇研究兴味仍浓，贱躯尚健，脑力未衰，愿与老一代和新一代的张謇研究者共同努力，为这一学术领域添砖加瓦。

也许在不久的将来，期盼已久的张謇学会翩然到来，是所至愿！

2000年8月

文集后记

年届九旬的章开沅先生是国内外著名历史学家和教育家，不仅在中国近现代史多个重要研究领域开拓创新，取得颇受关注与好评的丰硕成果，而且培养了一批又一批博士和硕士，其中不少人现今也已成为海内外知名的近代史学者。章开沅先生还曾出任华中师范大学校长，及至晚年仍不断为当下中国高等教育的发展指陈利弊，建言立说，屡有发人深省之语。

章开沅先生作为华中师范大学中国近现代史学科的开创者和引领者，已经圆满而出色地完成了自己的历史使命，为华中师大中国近代史研究所在海内外近代史学界奠定了显著地位，而这一重点学科在今后的进一步深入拓展，则有待我们后辈一代又一代学人不间断的艰辛努力。学术研究的持续发展依赖于薪火相传，继往开来，编辑出版章开沅先生的文集正是出于这一目的。

从早期对近代重要历史人物张謇的深入探讨，到辛亥革命史研究的蜚声海内外，以及对近代商会研究的倡导与近代资产阶级的开创性研究、思想文化史与近代社会的“历史社会土壤学”研究，再到后期的南京大屠杀研究、近代中国教会大学史研究和近代中国基督教史研究等，章开沅先生曾涉足近代史诸多研究领域，并在许多重要领域都是开拓者或先行者，留下了重要的研究成果，为中国近代史研究的不断发展作出了卓越贡献。除此之外，章开沅先生还曾在海内外举行过无数次学术演讲，接受了许多海内外知名报刊和电视台的访谈，晚年还撰写过一些回忆性文章，所有这些文字也都收录至文集之中。因此，可以说该文集是集中展现章开沅先生学术与人生的皇皇大著。

严昌洪教授曾在2013年江苏人民出版社出版的《史海远航——章开沅传》（作者刘莉）一书中概括描述章开沅先生说：他是史学家，曾将国内辛亥革命史研究推向世界，又曾将国外中国教会大学史研究引进本土；他是教育家，是享誉国际的华中师范大学历史研究所（现更名为中国近代史研究所）和中国教会大学史研究中心的创办人和领导人，后担任华中师范大学校长六年，育人无数；他是思想家，通过历史研究寻求前人智慧，对一系列攸关中国和世界前途的问题进行深沉思考，从而参与历史的创造。严昌洪教授写下的这段文字，称得上是对章开沅先生突出贡献的准确概括。

在庆贺章开沅先生九十华诞之际，我们遵从章先生本人的意愿，不举行任何祝寿活动，只是以这套十余卷的大型文集和另一部正在编辑的纪念文集，表达研究所以及学界同仁的良好祝愿。这部文集能够得以出版，应该感谢具有学术传承使命的华中师范大学出版社。范军社长等出版社领导，主动提出出版章开沅先生文集的意向，并征得章先生同意，随即与近代史研究所多次商议相关具体事宜，最终确定了文集的编辑方案，而且愿意不计成本，制作装帧精美、印刷优良的图书精品，为章开沅先生九十华诞奉献一份厚礼。

《章开沅文集》的顺利编辑出版，再次集中体现了我们研究所在章开沅先生的开创与培育下所形成的优良学术传统。多年来，研究所全体人员除各自拥有自己的专攻研究领域之外，也形成了积极合作、共同从事重大项目研究的传统，由此推出了一部又一部大型学术成果，受到史学界好评。该文集的收集整理与编辑，尤其是增补注释内容，工作量较大，单靠一二人将耗时甚久，只有研究所全体人员共同分担，才能在较短的时间内完成任务。不仅如此，文集如何分卷、各卷内容如何排列，以及相关各方面一系列具体技术问题的处理，研究所全体整理编辑人员曾经多次开会讨论，运用集体智慧一一予以解决。

具体负责文集各卷相关编辑整理工作的人员名单如下：第一卷至第三卷：何卓恩、许小青、付海晏、章博；第四卷和第五卷：田彤；第六卷：周月峰、徐炳三；第七卷：彭剑；第八卷：严鹏；第九卷和第十卷：郑成林、刘莉；第十一卷：魏文享。此外，刘莉承担了与出版社的相关联络事宜，黄丽为各卷文章的收集付出了努力，各卷编辑者所指导的研究生也参与承担了不少具体工作。在此，一并表示衷心感谢。

最后，还有几个具体问题需要略予说明。

第一，收入文集的早期著作与论文，由于当时在注释的完整性要求上与现今相比较并不十分严格。对于这种情况，我们虽尽量进行了补充，力图按照现在的规范要求，使注释达到完整的程度。但由于受客观条件限制，仍有少数注释没有达到这一要求，敬请读者谅解。

第二，文集中涉及的我国历代纪元按要求应该在其后加注相应的公历年，但考虑到公历年与阴历年并非一一对应，为避免错讹，一律不加注。

第三，由于文集所收各著作均在当时特定的历史条件下写就，有些观点不免带有时代的痕迹，为尊重历史，文中均一仍其旧。

“历史是已经划上句号的过去，史学是永无止境的远航。”章开沅先生的这一题词，是勉励我们后辈学人在学术研究的艰难道路上不断前进的持续动力。

朱 英

2015 年 2 月春节写于桂子山